960
—
1127

續宋編年資治通鑑
點校

　　本書是全國高校古籍整理研究工作委員會直接資助項目結項成果（編號爲1617）。

　　本書的出版得到教育部人文社會科學重點研究基地——河北大學宋史研究中心基地建設經費、河北大學歷史學强勢特色學科建設經費、河北大學中國史"雙一流"學科建設經費的資助。

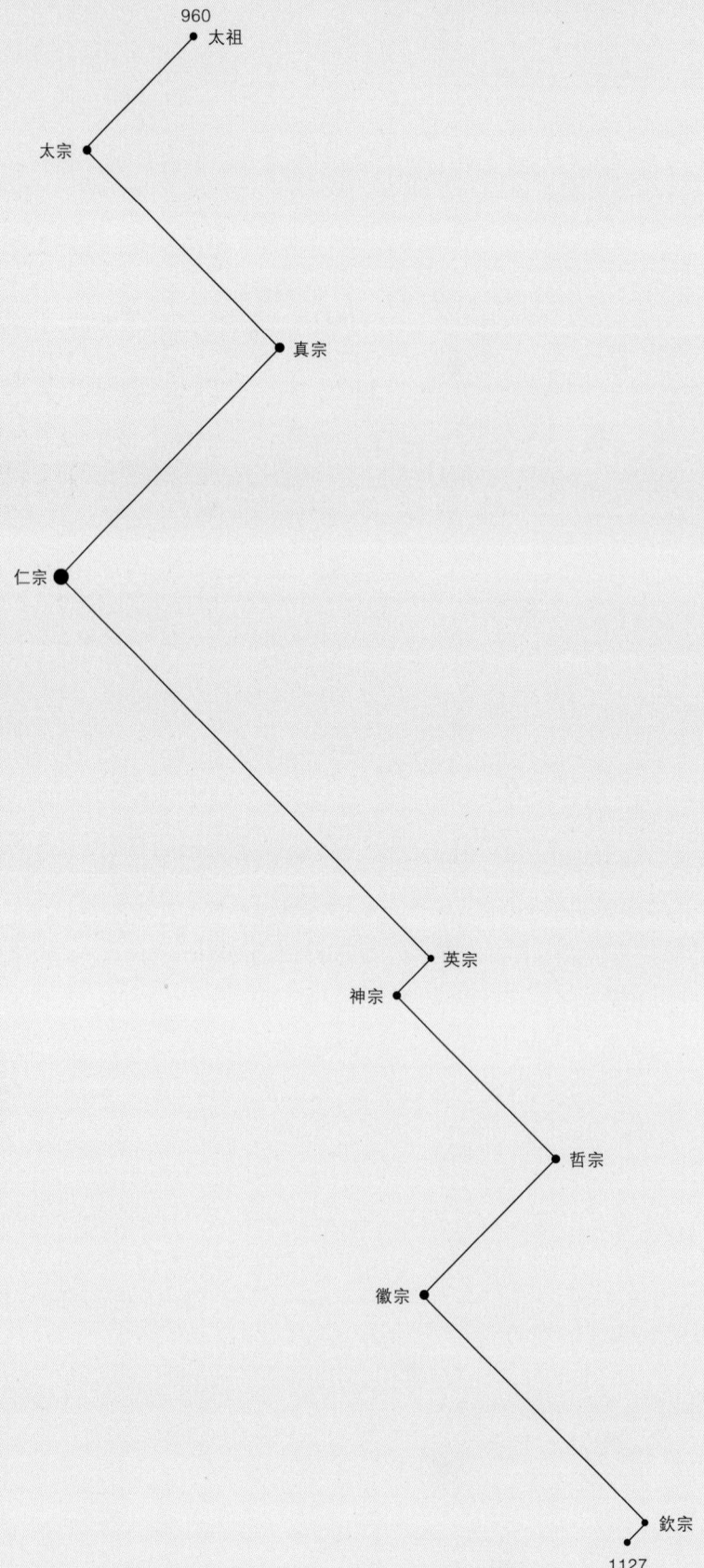

續宋編年資治通鑑點校

李金鬮　丁建軍／點校

中州古籍出版社
·鄭州·

圖書在版編目（CIP）數據

續宋編年資治通鑑點校 / 李金闖，丁建軍點校 . —鄭州：中州古籍出版社，2024.3（2025.7 重印）
ISBN 978-7-5738-1368-8

Ⅰ.①續… Ⅱ.①李…②丁… Ⅲ.①中國歷史 – 北宋 – 編年體 Ⅳ.① K244.043

中國國家版本館 CIP 數據核字（2024）第 064010 號

續宋編年資治通鑑點校

出 版 人	許紹山
策劃編輯	劉　琳
責任編輯	劉　琳　吳勝蕊　周　貝
責任校對	李接力
美術編輯	曾晶晶
裝幀設計	張　勝

出 版 社	中州古籍出版社
地　　址	河南自貿試驗區鄭州片區（鄭東）祥盛街 27 號 6 層
	郵編：450016　電話：0371-65788693
發行單位	河南省新華書店發行集團有限公司
承印單位	河南金寶麗印刷科技有限公司
開　　本	787 mm×1092 mm　1/16
印　　張	25.5
字　　數	500 千字
版　　次	2024 年 3 月第 1 版
印　　次	2025 年 7 月第 2 次印刷
定　　價	89.00 元

本書如有印裝質量問題，請聯繫出版社調換。

目　録

點校説明 …………………………………… 一
進續資治通鑑長編表 ……………………… 五

卷之一　宋太祖一 ………………………… 一
卷之二　宋太祖二 ………………………… 二八
卷之三　宋太宗一 ………………………… 五〇
卷之四　宋太宗二 ………………………… 六八
卷之五　宋真宗一 ………………………… 八八
卷之六　宋真宗二 ………………………… 一一一
卷之七　宋仁宗一 ………………………… 一三四
卷之八　宋仁宗二 ………………………… 一五六
卷之九　宋仁宗三 ………………………… 一八六
卷之十　宋英宗 …………………………… 二一六

卷之十一	宋神宗一	二三三
卷之十二	宋神宗二	二五三
卷之十三	宋哲宗一	二七七
卷之十四	宋哲宗二	二八八
卷之十五	宋徽宗一	三〇九
卷之十六	宋徽宗二	三三四
卷之十七	宋欽宗一	三六〇
卷之十八	宋欽宗二	三八五

點校說明

《續宋編年資治通鑑》是一部關於北宋一祖八宗九朝一百六十七年的簡明編年史，其中第一、二卷記太祖朝史事，第三、四卷記太宗朝史事，第五、六卷記真宗朝史事，第七、八、九卷記仁宗朝史事，第十卷記英宗朝史事，第十一、十二卷記神宗朝史事，第十三、十四年卷記哲宗朝史事，第十五、十六卷記徽宗朝史事，第十七、十八卷記欽宗朝史事。

關於《續宋編年資治通鑑》的作者，該書元代刊本和收入清朝《四庫全書》"史部"的浙江鮑士恭家藏本均題"朝散郎、尚書禮部員外郎、兼國史院編修官李燾經進"。李燾（1115—1184），字仁甫，一字子真，號巽巖。眉州丹棱（今四川省丹棱縣）人。南宋官員，著名史學家、目錄學家、詩人，唐太宗第十四子曹王李明之後。南宋紹興八年（1138）登進士第，授華陽縣主簿，未就任，於丹棱龍鵠山讀書，至紹興十二年（1142）方纔赴任。其後歷官州縣及朝廷史職，宋孝宗朝仕至同修國史，終高、孝二朝，始終未受重用。淳熙十一年（1184），以敷文閣學士致仕，不久即逝世，享年七十歲。累贈太師、温國公，謚號"文簡"。李燾以名節、學術著稱，長於吏治，關心民瘼。又博覽群書，仿照司馬光《資治通鑑》體例，耗時四十年撰成《續資治通鑑長編》（以下簡稱《長編》）九百八十卷。對南宋儒學和史學的發展有很大貢獻。一生著述宏富，除《長編》

外，另有《巽巖文集》《四朝通史》《春秋學》《六朝制敵得失通鑑博議》《説文解字五音韻譜》等五十多種著述，多已佚失。《兩宋名賢小集》《全宋詩》等録有其詩。《宋史》卷三百八十八有傳。

關於本書假託李燾之名，《四庫全書》對本書的提要中已經指出了該問題：

> 《續宋編年資治通鑑》十八卷，浙江鮑士恭家藏本，舊本題"朝散郎、尚書禮部員外郎、兼國史院編修官李燾經進"，考《宋史·藝文志》及燾本傳惟載所著《續通鑑長編》，無此書之名。此本目録末有"武夷主奉劉深源校定"一行，亦不知爲何許人。書中所記皆北宋事迹，體例與《宋史全文》約略相似，而闕漏殊甚，蓋亦當時麻沙坊本因燾有《續通鑑長編》，託其名以售欺也。

另外，對《續宋編年資治通鑑》一書，宋代著名藏書家尤袤（1127—1194）的《遂初堂書目》，晁公武（1105—1180）的《郡齋讀書志》《讀書附志》，陳振孫（1179—約1261）的《直齋書録解題》均不見著録，元代所修《宋史·藝文志》《宋史·李燾傳》中也没有提到本書。故本書諸本的作者署名爲"李燾"，可以確認係後人假託名人之舉。其真實情況是，本書是由元代建安書坊請文人編纂的。經過與《宋史全文》比對，我們發現本書是參考《宋史全文》的形式編纂的，不僅體例與《宋史全文》一樣，而且不少內容也與《宋史全文》一致或相似，極有可能是從《宋史全文》中節選的北宋九朝之內容。

《續宋編年資治通鑑》在元代共有三個刊本，即建安陳氏餘慶堂刊本、建安朱氏與畊堂刊本和雲衢張氏集義堂刊本，並且這三個元刊本均有傳世存本。

建安陳氏餘慶堂刊本《續資治通鑑》十八卷，題李燾撰。四周雙邊，黑口，雙魚尾，半葉十三行，行二十二字，原框縱19.4厘米，橫13.3厘米。有牌記，中刻花魚尾，現藏於中國國家圖書館。

建安朱氏與畊堂刊本《續資治通鑑》卷一至卷十四，元皇慶年間刊刻，四周雙邊，雙魚尾，綫黑口，半葉十三行，行二十二字。書中鈐有"吳興包子藏書畫金石記""嚴蔚""歸安陸樹聲所見金石書畫記"等印。原框縱19.2厘米，横12.6厘米。現藏於日本静嘉堂文庫。

雲衢張氏集義堂刊本《續資治通鑑》十八卷，題李燾撰，書前有"集義書堂，宋朝長編資治通鑑，李燾經進本"刊記和"宋朝世系之圖"及"中興世系之圖"，有乾道四年（1168）李燾上表、目録。書高26.5厘米，寬16.5厘米，框縱20.5厘米，横13.6厘米。每半葉有界欄，十五行，行二十四字，四周雙邊，黑口，雙黑魚尾，有眉標。目録後有刊記"雲衢張氏鼎新刊行"，卷中鈐"林氏藏書""林氏傳家圖書""淺草文庫""昌平阪學問所""日本政府圖書"諸印記。此本現藏日本國立公文書館。

《續宋編年資治通鑑》的書名也有一個演變過程。上述三個元刊本卷首均名之爲《續資治通鑑》，可見其最初名爲《續資治通鑑》，到明朝前期主持編纂過《文淵閣書目》的楊士奇在爲本書寫的跋語中纔名之爲《續宋編年資治通鑑》（明楊士奇《東里續集》卷一七"續宋編年資治通鑑"），此後這個名稱就取代了原書名。《續宋編年資治通鑑》雖是後人所改之名，但比較準確地反映了本書的内容和特點，因此也就爲後世所接受，從而相延至今。

本書正文卷首仍標《續資治通鑑》，則是保持了本書的原始名稱，但每卷卷首除了本卷序號外，還有"前集"二字，其卷一之末作"通鑑前集一卷終"，卷二之末作"續宋資治通鑑卷之二　前集"，卷六之末又作"宋通鑑前集卷之六畢"，即本書各卷末的書名也不統一。關於此《續資治通鑑》需要多説幾句。建安陳氏餘慶堂最初編刊的這部書即命名爲《續資治通鑑》，不僅包括這部十八卷的北宋簡明編年史，還包括題名劉時舉編的南宋前四朝編年簡史《續宋中興編年資治通鑑》十五卷和不著撰人名氏的《宋季三朝政要》六卷，這三部書一起構成了比較系統的趙宋編年簡史《續資治通鑑》的前集、中集、後集。

因爲有《長編》《宋史全文》《宋會要輯稿》《續資治通鑑長編紀

事本末》《三朝北盟會編》《東都事略》《隆平集》等大部頭宋代史書的傳世，相對而言，作爲簡明北宋編年史的《續宋編年資治通鑑》的史學價值就顯得不那麽重要。但是，現存的《長編》是清朝四庫館臣從《永樂大典》中輯佚而成，只剩五百二十卷，不僅比原書九百八十卷少了許多卷，尤其缺少宋英宗治平四年（1067）四月至宋神宗熙寧三年（1070）三月、宋哲宗元祐八年（1093）七月至紹聖四年（1097）三月，以及宋徽宗、宋欽宗兩朝的史事，而且其間有意的諱改訛誤或無意的抄錄訛誤情況極多。而元刊本《續宋編年資治通鑑》則没有諱改，基本保留了宋人史籍語言的原貌，僅這一點就對《長編》具有一定的校勘和補充價值。此外，本書所引用的數部宋代典籍，或已經佚失，或爲清人輯佚而後再傳，故本書對所引用古籍更有其校勘價值。

　　經過認真的比對，本次點校，我們選擇雲衢張氏集義堂刊本《續資治通鑑》十八卷爲底本，以其他兩個元刊本爲對校本，並輔以他書進行參校。首先，校正了原書中的許多可以確定的文字訛誤；其次，對原書殘缺部分進行校補，但對原書有意删節導致的與他書記載之異同，則僅在校勘記中加以説明，而不對底本作校補——這樣做既保持原書基本面貌，又有利於讀者閲讀理解。

　　由於我們學力有限，本次點校工作難免還會有疏漏或錯誤，敬請讀者批評指正。

李金閣　丁建軍
二〇二二年九月八日

進續資治通鑑長編表〔一〕

　　臣燾言：先於去年八月准尚書省劄子，三省同奉聖旨，依敷文閣直學士汪應辰奏，取臣所著續資治通鑑。自建隆迄元符，令有司繕寫校勘，藏之秘閣。臣尋於十四日蒙恩賜對〔二〕，面奉聖旨，令臣早投進。遂除官郎省〔三〕，兼職史局。續又准尚書省劄子，奉聖旨，令臨安府給札。臣今先次寫到建隆元年至治平四年閏三月五朝事迹〔四〕，共一百八年，計一百八卷。內建隆元年至太平興國元年太祖一朝事迹，雖曾於隆興元年臣知榮州日具表投進，已蒙降付史館，後來稍有增益，謹重別抄錄投進外，餘治平以後文字增多，兼見修四朝正史未畢，欲望聖慈特賜寬假，容臣更加整齊，節次修寫投進。疏遠微賤，僭爲此書，罪當誅絶。聖主不即麾

〔一〕 原無此標題，今據宋王霆震輯古文集成前集卷二三前丁集二進續資治通鑑長編表校補。

〔二〕 臣尋於十四日蒙恩賜對　原脱"於十四日"四字，據古文集成前集卷二三前丁集二進續資治通鑑長編表校補。

〔三〕 遂除官郎省　原脱"省"一字，據古文集成前集卷二三前丁集二進續資治通鑑長編表校補。

〔四〕 臣今先次寫到　原脱"今"一字，據古文集成前集卷二三前丁集二進續資治通鑑長編表校補。

斥，迺過聽而兼收之，臣死且不朽矣！臣燾誠惶誠懼〔一〕，頓首頓首。臣竊聞司馬光之作資治通鑑也〔二〕，先使其僚採摭異聞，以年月爲叢目，叢目既成，乃修長編。唐三百年，范祖禹實掌之，光謂祖禹："長編寧失於繁，無失於略。"當時祖禹所修長編蓋六百餘卷，光紬删之，止八十卷，今資治通鑑唐紀自一百八十五卷至二百六十五卷是也。故神宗皇帝序其書，以爲"博而得其要，簡而周於事"。臣誠不自揆度，妄意纂集，雖義例悉用光所創立，錯綜銓次皆有依憑，其間抵牾，要亦不敢自保。區區小忠，前表蓋嘗具之。仰惟祖宗之豐功盛德，當與唐、虞、三代比隆。乾坤之容，日月之光，繪畫臻極，訖弗能近。矧令拙工彊施丹墨〔三〕，臣誠愚闇，豈不知罪？然而統會衆說，掊擊僞辨，使姦欺訛訕不能乘隙亂真，祖宗之豐功盛德益以昭明，譬諸海嶽，或取涓埃之助。顧臣此書，詎可便謂續資治通鑑，姑謂續資治通鑑長編，庶幾可也。其篇帙，或相倍蓰，則長編之體，當然寧失於繁，猶光志云。恭惟皇帝陛下，焕乎文章，固已經緯兩儀，黼黻萬化，如臣薄技，又安足陳？陛下徒以祖宗之孫謀彝憲往往在是，委曲加惠，導之使前。承命距躍，冥冒來獻。貪緣幸會，得御燕閒。千百有一，儻符神指。更擇耆儒，正直若光者，屬以删削之任，遂勒成我宋大典，垂億萬年，如神宗皇帝所謂"博而得其要，簡而周於事"者，則將與六經俱傳，是固非臣所能。而臣之區區小忠，因是亦獲自盡，誠死且不朽矣！所有續資治通鑑長編一百八卷，今寫成一百七十五册，并目錄一册，謹隨表上進以聞。臣燾誠惶誠懼，頓首頓首，謹言。

乾道四年四月　日
朝散郎、尚書禮部員外郎、兼國史院編修官臣李燾上表

〔一〕誠惶誠懼　"懼"，古文集成前集卷二三前丁集二進續資治通鑑長編表作"恐"。

〔二〕資治通鑑　原脱"資治"二字，據古文集成前集卷二三前丁集二進續資治通鑑長編表校補。

〔三〕彊施丹墨　"彊"原作"疆"，據古文集成前集卷二三前丁集進續資治通鑑長編表校改。

卷之一

朝散郎、尚書禮部員外郎、兼國史院編修官李燾經進

宋太祖一

庚申　建隆元年春正月甲辰，上受周禪，即皇帝位。先是，辛丑朔，鎮、定二州言契丹、北漢連兵犯邊，周帝命上領宿衛諸將禦之。上在周朝掌軍政凡六年，士卒服其恩威，數從征伐，立大功，於是主少國危〔一〕，中外始有推戴之議。壬寅，殿前副都點檢慕容延釗帥前軍先發〔二〕。癸卯，大軍繼出。軍校苗訓號知天文，見日下復有一日，黑光相盪，指謂上親吏曰："此天命也。"是夕，次陳橋驛，軍士聚於驛門，議曰："主上幼小〔三〕，我輩出死力破賊，誰則知之？不如先立點檢爲天子，然後北征。"都押衙李處耘具以事白上弟匡義及掌書記趙普，因共以事理曉譬之，諸將不可。乃遣人馳告殿前都指揮使石守信、都虞候王審琦，二人皆素歸心上者。將士環列待旦。上醉臥，初不省。黎明，軍士擐甲執兵，直叩寢門，曰："諸將無主，願策太尉爲天子。"上驚起披衣，未及應，則相與共扶出廳事，或被上身以黃袍，自羅拜庭下，呼万歲，

〔一〕　主少國危　九朝編年備要卷一同，長編卷一、宋史全文卷一"危"作"疑"。

〔二〕　殿前副都點檢慕容延釗　"副都"原顛倒，據長編卷一、東都事略卷二〇慕容延釗傳乙正；原脫"延"一字，據長編卷一、宋史全文卷一、九朝編年備要卷一校補。

〔三〕　主上幼小　"小"，長編卷一、九朝編年備要卷一、宋史全文卷一均作"弱"。

上固拒之，不可，共扶上馬，擁逼南行。匡義叩馬請曰："夫濟天下者，當使百姓戴若君父。京師，天下根本，願號令諸將禁戢奪攘。"上曰："甚善。"乃攬轡誓諸將曰："汝等自貪富貴，立我爲天子，能從我命則可，不然，我不能爲若主也。"衆皆下馬曰："唯命是聽。"上曰："少帝及太后皆我北面事之，公卿大臣皆我比肩之人也〔一〕，汝等無得凌暴〔二〕。近世帝王初入京城，皆縱兵大掠，擅劫府庫，汝等無得復然，事定，當厚賞汝。不然，當族誅。"諸將皆拜，乃整軍自仁和門入，秋毫無所犯。

　　呂中曰：潁濱謂孟子不嗜殺人之言，至是又驗矣。蓋自後唐以來不五十年，天下五易，天人之厭亂極矣。蓋其使干戈糜爛不已〔三〕，而海內無一統之期哉！唐明宗有天生聖人之祝，而太祖實生於是年，則天命所歸，不待指日光相盪而後知也。自其掌軍政之時，士卒服其恩威，中外同於推戴，則人心所屬不待次陳橋驛而後見也。漢、唐初興亦不過是。然高祖之取天下出於沛父老之請，太祖之得天下亦出於軍士之擁迫，不得已而爲之。其與唐太宗陷父於不義以起兵者異矣〔四〕。抑五代之亂，帝王屢易者，莫非藩鎮士卒也。翊又有如石守信、王審琦者爲將，豈能帖然於下哉？一號令之間秋毫無犯，不惟救生靈塗炭之苦，亦可革叔季兵戈之禍，自非聰明神武而不殺者，孰能與於此？

先遣客省使大名潘美見執政諭意，又遣楚昭輔慰安家人，殿前都點檢公

〔一〕 公卿大臣皆我比肩之人也　"我"原作"可"，據涑水記聞卷一、長編卷一、九朝編年備要卷一、宋史全文卷一校改。

〔二〕 汝等無得凌暴　涑水記聞卷一作"汝曹今日毋得輒加不逞"，長編卷一、宋史全文卷一作"汝等無得輒加凌暴"。

〔三〕 蓋其使干戈糜爛不已　"蓋其"，宋大事記講義卷二作"豈真"。

〔四〕 以起兵者異矣　"起"原作"都"，據宋大事記講義卷二校改。

署在左掖門內，時方閉關，設守備，及昭輔至，開關納之。宰相早朝未退，聞變，范質下殿，執王溥手曰："倉卒遣將，吾輩之罪也。"爪入溥手，幾出血，溥噤不能對〔一〕。天平節度使〔二〕、同平章事韓通自內庭奔歸，將率衆備禦，王彥昇逐之至第，殺之，并及妻、子。上歸公署，諸將擁范質等至，上嗚咽流涕曰："吾受世宗厚恩，爲六軍所逼，一旦至此，慚負天地，將若之何？"質等未及對，羅彥瓌挺劍而前曰："我輩無主，今日必得天子。"上叱之，不退。質謂太祖曰："太尉既以禮受禪，則事太后當如母，養少主當如子。"太祖揮涕許諾，乃奉上詣崇元殿，行禪代禮，班定，獨未有周帝禪位詔書。翰林承旨陶穀出於袖中，遂用之。宣徽使引上就龍墀下北面拜受訖，上升殿，易服東序，還，即位。質頗誚讓太祖，且不肯拜，王溥先拜，質不得已從之，且稱萬歲，奉周帝爲鄭王，太后爲周太后，遷居西京。詔因所領節度州名，定有天下之號曰"宋"，大赦，改元。

　　帝王之興，自有天數。始周世宗一日於宮中篋笥得一木牌，題曰"殿前點檢爲天子"，世宗每見臣下有面方耳大者必殺之，而太祖爲點檢，日侍帝傍，而帝不之覺，豈非天命而有歸乎？昔蜀先主謂諸葛亮曰："我兒可輔則輔之，不可輔，爾自取之。"亮不取之，而後主果不能承先帝之業。今世亂主幼，太祖以英武之資不乘時自取，則天下之亂何時而治乎？故陳橋之變，雖人心之已去，皆天命之有歸也。

　　超石守信爲侍衛馬步軍副都指揮使〔三〕，高懷德殿前副都點檢，張令鐸爲

〔一〕　溥噤不能對　"噤"原作"禁"，據長編卷一、宋史全文卷一校改。
〔二〕　天平節度使　"平"原作"下"，據長編卷一、長編紀事本末卷一校改。
〔三〕　太平治迹統類卷一太祖受禪載："辛亥，石守信、高懷德、張令鐸、王審琦、張光翰、趙彥徽官、爵、階、勳並從超等，酬翼戴之勳也。"可見"超石守信爲侍衛馬步軍副都指揮使"之"超"，即爲"官、爵、階、勳並從超等"之意。

馬步軍都虞候，王審琦升防禦爲節度、爲殿前都指揮使[一]，張光翰爲馬軍都指揮使[二]，趙彥徽爲步軍都指揮使，酬翼戴之勞也。以趙普爲右諫議大夫、樞密直學士。韓通追贈中書令。以彥昇專殺，終身不受節鉞。尊母大夫人杜氏爲皇太后[三]，皇弟匡義加睦州防禦使，賜名光義。立太廟。

曾鞏政要曰：堯、舜、禹皆立二昭二穆，與始祖之廟而五。商人祀湯與契，及昭穆之廟而六；周人祀后稷，及親廟而七；漢初立廟不合古制，至晉採周官定七廟之數，而虛太祖之室。隋興，但立高、曾、祖、禰四廟而已。唐初因其制，正觀立七廟[四]，天寶祠九室。梁氏以來，皆立四廟。宋興，采張昭、任轍之議，追尊僖、順、翼、宣四祖，而立其廟，用近制也，蓋自禰至於高祖，親親之恩盡矣[五]，故有四廟之制。前世祖有功，宗有德，不可預爲其數，故有五廟、六廟、七廟之禮。先儒以謂有其人則七，無其人則五，此古今之文，損益之數，昭昭可考者也[六]。

定色赤，臘用戌，有司言周木德，木生火，故宋繼周，以火德王天下。

曾鞏政要曰：博士和峴言禘始伊耆，而三代有嘉平、清祀、禘祭之名。禘，臘之別名也。漢承火德，以戌日爲臘。臘，接也，言新以相接，

[一] 爲殿前都指揮使　長編卷一無"爲"一字。
[二] 張光翰爲馬軍都指揮使　原脫"爲"一字，"馬"下原有"步"一字，據長編卷一校補、刪。
[三] 尊母大夫人杜氏爲皇太后　"大夫人"，長編卷一、太平治迹統類卷一太祖受禪、宋史卷一太祖本紀一作"南陽郡夫人"，九朝編年備要卷一作"太夫人"。
[四] 正觀　即唐太宗年號"貞觀"，宋人避宋仁宗諱，改"貞觀"爲"正觀"。
[五] 親親之恩盡矣　原脫一"親"字，據元豐類稿卷四九本朝政要策校補。
[六] 昭昭可考者也　"可"原作"有"，據元豐類稿卷四九本朝政要策校改。

故田臘取禽，以報百神，享宗廟，旁及五祀，以教孝盡虔。晉、魏因之。唐以土王，正觀之際尚用前寅禓百神，卯日祭社宮，辰日臘宗廟。至開元，始定禮制，三祭皆於臘辰，以應土德，議者是之。宋興，推應火德，以戌日爲臘，而獨以前七日辛卯禓，不應於禮。請如開元故事，禓百神，祀社稷，享宗廟，同用戌臘，如禮便。制曰：可。

改周樂，文舞崇德之舞爲文德之舞，武舞象成之舞爲武功之舞，十二順爲十二安，樂章皆竇儼所定。

曾鞏政要曰：周世宗患雅樂陵替，得王朴、竇儼考正之。宋興，儼定文舞爲文德之舞〔一〕，武舞乃武功之舞，大朝會用之。又定十二曲名以爲祭祀、會朝、出入之御焉。朴、儼所考備，和峴繼成之，然裁減舊樂乃太祖之聖意，章聖用隨月之律，主上新皇祐之制〔二〕，雅樂備焉。

賜諸鎮詔，諭以受禪意。

上親征上黨，懷州刺史馬令琮日夜儲蓄以待王師，上善之，亟使以團練使授令琮。執政言大軍北伐，方藉令琮供億〔三〕，不可移他郡，遂升爲懷州團練使授之。

富弼曰：太祖賞功任人，深得其術〔四〕，懷州刺史知車駕將至，日夜儲蓄以待王師，故有團練之命，用賞其勞。又以移別郡則他官供億未必練其事，必不能繼令琮之功，故特升本州使名以授之，恩寵如是之異，其得

〔一〕　儼定文舞爲文德之舞　原脱第一個"文"字，據元豐類稿卷四九本朝政要策校補。
〔二〕　主上新皇祐之制　"新"原作"親"，據元豐類稿卷四九本朝政要策校改。
〔三〕　方藉令琮供億　"藉"原作"籍"，據長編卷一、宋史全文卷一校改。
〔四〕　深得其術　"術"原作"人"，據資治通鑑後編卷一校改。

人不盡力乎？

　　上親征澤潞李筠，以石守信爲帥。筠自周朝以來擅其鎮賦，頗招集亡命，嘗以私忿囚監軍使，世宗不能堪，但下詔詰責而已〔一〕，至是始懷叛逆之圖。初，上遣使諭以受周禪，筠即欲拒命，左右爲陳曆數，乃黽勉下拜，貌甚不恭。及使者升階，置酒張樂，遽索周世祖像掛廳壁，慟哭不已。賓佐惶駭，告使臣曰："令公被酒〔二〕，失其常性，幸勿見訝。"筠長子守節涕泣切諫，筠不聽。上手詔慰撫，因除守節爲皇城使。筠遂遣守節入朝，且伺朝廷動止。上迎謂曰："太子汝何故來？"守節曰："陛下何言此，必有讒人間臣父也〔三〕。"上曰："吾亦聞汝數諫〔四〕，老賊不汝聽，不復顧籍，故遣汝來，欲吾殺汝矣。盍歸語而父，我未爲天子時，任汝自爲之，我既爲天子，汝獨不能小讓我耶〔五〕？"守節馳歸，具以告，筠反謀益急。及將舉兵，令幕府爲檄書，辭多不遜，從事閭丘仲卿獻謀於筠曰〔六〕："公以孤軍舉事，其勢甚危，雖倚河東之援，亦恐不得其力。大梁兵甲精銳，難與爭鋒。不如西下太行，直抵懷、孟，塞虎牢，據洛邑，東向而爭天下，計之上也〔七〕。"筠曰："吾周

〔一〕　但下詔詰責而已　"已"原作"巳"，據宋史卷四八四李筠傳校改。宋朝事實卷一七削平僭僞作"但下詔責讓而已"。

〔二〕　令公被酒　"酒"原作"病"，據長編卷一、太平治迹統類卷一、宋史卷四八四李筠傳校改。

〔三〕　必有讒人間臣父也　太平治迹統類卷一太祖平澤潞作"必有讒人間臣父子也"。

〔四〕　吾亦聞汝數諫　"聞"原作"間"，據長編卷一、宋史全文卷一、太平治迹統類卷一太祖平澤潞校改。

〔五〕　汝獨不能小讓我耶　原脱"獨"一字，據長編卷一、宋史全文卷一、太平治迹統類卷一太祖平澤潞校補。

〔六〕　從事閭丘仲卿　原脱"卿"一字，據長編卷一、東都事略卷二二李筠傳補。

〔七〕　不如西下太行直抵懷孟塞虎牢據洛邑東向而爭天下計之上也　原脱此二十六字，據太平治迹統類卷一太祖平澤潞校補。

朝宿將，與世宗義同兄弟，禁衛皆舊人，聞吾之來〔一〕，必將倒戈歸我〔二〕，況有儋珪槍、撥汗馬，何憂天下哉！"儋珪，筠愛將，善用槍。撥汗，筠駿馬，日馳七百里。筠恃勇而寡謀，故及於敗。北漢主傾國南下，群臣餞之汾水，趙華曰："李筠舉事輕易，必無成。陛下抒境赴之，臣未見其可。"北漢主拂衣上馬，軍於太平驛，遣其平章事衛融、宣徽使盧贊將兵救筠。筠留其長子守節守上黨，自帥其衆南出，與守信等遇於長平，守信等大破之，盧贊溺死，筠走保澤州，諸將進圍之。六月，下澤州，李筠赴火死，獲北漢衛融，進攻潞州，筠子守節以城降。北漢主遁歸，謂趙華曰："果如卿言，吾幸全師以歸，但恨失衛融、盧贊爾。"融之被執也，對上曰："犬各吠非其主，陛下宜速殺臣，臣必不爲陛下用。"上怒，命左右以鐵檛擊其首〔三〕，流血被面，融呼曰："臣得死所矣。"上曰："忠臣也。"釋之，命以良藥敷其瘡。上命融致書於劉鈞〔四〕，求周光遜、李廷玉，約亦歸融太原，鈞不報〔五〕，融遂留。

　　三月，上親試進士楊礪等一十九人，以礪爲第一。唐主景遣使來賀登極。上命崔頌教國子〔六〕，乃聚生徒講書〔七〕，遣使者賜酒果以寵異學者。上親征揚州，李重進赴火死。初，太祖受禪，以韓令坤代重進領侍衛指揮之職，加重進中書令，令移鎮青州。重進自見與帝俱事周室，分掌兵柄，常心憚之，至是愈

〔一〕　聞吾之來　"吾"原作"君"，據宋史卷四八四李筠傳校改。

〔二〕　必將倒戈歸我　原脫"必將"二字，"戈"原作"戍"，據長編卷一、宋史卷四八四李筠傳、太平治迹統類卷一太祖平澤潞校補、改。

〔三〕　命左右以鐵檛擊其首　原脫"命左右"三字，據長編卷一、九朝編年備要卷一、宋史全文卷一、太平治迹統類卷二太祖太宗親征北漢校補。

〔四〕　劉鈞　"鈞"原作"筠"，據長編卷一、九朝編年備要卷一、宋十朝綱要卷一校改。

〔五〕　鈞不報　"鈞"原作"筠"，據長編卷一、宋朝事實卷一七校改。

〔六〕　上命崔頌教國子　"頌"原作"頒"，據長編卷一、九朝編年備要卷一、宋史全文卷一、宋史卷四三一崔頌傳校改。

〔七〕　乃聚生徒講書　"書"原作"學"，據長編卷一、九朝編年備要卷一、宋史全文卷一校改。

不自安，陰有叛逆之心，及聞移鎮，愈增疑懼。太祖知之〔一〕，遣六宅使陳思誨齎鐵券以賜之，冀安其心，重進猶豫不決，又自以爲周室近親，恐不得全，遂拘留思誨，浚治城隍，繕甲兵，遣人求援於李景，景懼，不納。九月，反狀聞，太祖遣石守信、王審琦、李處耘、宋偓等四將率禁兵先進討。十一月，上親征揚州，次大儀頓，守信遣使馳奏揚州破在旦夕，願車駕臨視，上徑至城下，一日拔之。

呂中曰：上之入京也，韓通率衆備禦；上之即位也，李筠泣周祖畫像以起兵，重進以周祖之甥而起兵，雖在周爲頑民，在商爲忠臣，然三人者，皆不知天命之所歸也。

上既平澤、潞，遂經略淮南，既平淮南，遂使諸將習戰艦於迎鑾，以圖江南。

自五代以來，州郡長吏皆武人，率意用法。金州民馬從玘以子不肖，多爲攘奪，又嘗害其從弟〔二〕，即與妻及次子共殺之。防禦使仇超誅從玘、妻及次子，上大怒，坐超故入罪，流海島，自是人稍知奉法〔三〕。詔改周六廟於西京。上親決庶獄，雖多所矜恕，苟情涉妒害，必加重辟。嘗有民妻擊前夫女，法當徒，上曰："此人虐害孫幼，務恣凶惡。"特命處斬。

上初即位，嘗出微行，或諫曰："陛下初得天下，人心未安，今數輕出，萬一有不虞之變，其可悔乎？"上大笑曰："帝王之興自有天命，求之亦不能得，拒之亦不能止。周世宗見諸將方面大耳者皆殺之，然我終日侍側，不能害

〔一〕 太祖知之　"祖"原作"宗"，據長編卷一、宋史卷四八四李重進傳校改。
〔二〕 又嘗害其從弟　"弟"原作"第"，據長編卷二、宋史全文卷一校改。
〔三〕 自是人稍知奉法　"奉"原作"犯"，據長編卷二、宋史全文卷一校改。

我。若應爲天下主〔一〕，誰能圖之？如不應爲天下主〔二〕，雖閉門深居，無益也。"自是微行愈數，衆心懾服，中外大安。

　　加范質、王溥、魏仁浦官。上初即位，用周朝三相范質、王溥、魏仁浦五年，而後以趙普代之，凡十一年，始以薛居正、沈倫代之。舊制，宰相早朝，上殿命坐，有軍國大事則議之，從容賜茶而退，自餘紙尾用御印可其奏，謂之"印畫"，降出奉行而已。由唐、五代〔三〕，不改其制。宋初得國，范質、王溥、魏仁浦自以前朝舊相，且憚太祖英武，具劄子面取進止，朝退各疏其事，所得上旨，臣等同署字以志之。自是奏御寖多，或至旰昃，命坐啜茶之禮尋亦廢罷〔四〕，今遂爲定式。太祖嘗講求輔相，謂侍臣曰："朕聞范質但有所居宅，不營産，真宰相也。"太宗亦嘗稱質之賢曰："惜也，但欠世宗一死爾。"始，上始澤、潞，至太行山，中書舍人趙逢懼於涉險，妄言墜馬傷足，留於澤州。及車駕還京，逢當草制，又稱疾不入，上怒，謂宰相曰："逢先言墜馬，不肯登山，今又托疾不入草制，爲臣之禮如此，豈得無罪？"即日貶房州司户參軍，群臣皆服其威斷。

　　寬商征。自唐末藩鎮擅利，其後諸國分據，故征筭尤繁。是年，詔所在毋得苟留旅人〔五〕，非有當筭之幣，勿搜其篋。

　　辛酉　建隆二年春，發曹、單丁夫數萬浚五丈河，上謂侍臣曰："勞民奉己之事，朕必不爲，今浚河，蓋不獲已也。"上親試進士張去華等十有一人〔六〕，以去華爲第一。上謂宰相曰："五代以來，諸侯跋扈，有枉法殺人者，朝廷皆

〔一〕　若應爲天下主　原脱"主"一字，據長編卷一、宋史全文卷一校補。
〔二〕　不應爲天下主　原脱"天下主"三字，據長編卷一、宋史全文卷一校補。
〔三〕　由唐五代　"由"原作"田"，據宋名臣言行錄前集卷一范質魯國公校改。
〔四〕　尋亦廢罷　"亦"原作"以"，據宋名臣言行錄前集卷一范質魯國公校改。
〔五〕　毋得苟留旅人　"毋"原作"母"，據九朝編年備要卷一校改。
〔六〕　上親試進士張去華等十有一人　原脱"張去華"三字，據宋史全文卷一校補。

置而不問，刑部之職徒爲虛設，且人命至重，姑息藩鎮當若是耶〔一〕？"詔自今諸州決大辟訖〔二〕，錄案聞奏，委刑部覆視之。商河令李瑤受贓〔三〕，左贊善大夫申文緯奉使按田〔四〕，不能舉察，爲部民所訴，詔杖殺瑤〔五〕，除文緯籍爲民。二月，幸國子監。八月，女真遣使奉表稱賀，仍貢馬。九月，以荆南行軍司馬、寧江節度使高保勛爲荆南節度使；以魏丕爲作坊副使。上嘗召丕諭之曰："作坊久積弊，今以授卿，當爲朕修整之。"丕在職甚力，以久次轉正使，至開寶九年領代州刺史，凡典工作十餘年，討澤、潞，下荆、廣，收川峽〔六〕，征河東，平江南，皆先期諭旨，令修備器械，無不精鋭。上擢用臣下多自宸衷，內外臣僚有公清才幹、文學政事，爲時所推者，不以官職高下，別置簿書錄其姓名，每遇華要任使，即於簿中選擇，故時無遺材，而所舉皆當。以齊州防禦使李漢超兼關南兵馬都監。漢超在任十七年，爲政簡易，吏民信愛，邊境有急，即馳騎奔赴之，故胡騎畏服，終漢超任不能窺關南。然漢超武人，始正所爲多不法，久之關南百姓詣闕，訟漢超貸民錢不還，及掠其女爲妾。上召百姓入見便殿，賜以酒食，慰勞之，徐問之曰："自漢超在關南，契丹入寇者幾〔七〕？"百姓曰："無也。"上曰："往時契丹入寇，邊將不能禦〔八〕，河北之民歲遭劫虜，汝於此時能保其貲財〔九〕、婦女乎？今漢超所取，孰與契丹之多？"又

〔一〕 當若是耶 "耶"原作"也"，據宋朝事實卷一六、宋史卷三太祖本紀三校改。

〔二〕 詔自今諸州決大辟訖 "自今"下原衍"詔"一字，據文意刪。

〔三〕 商河令李瑤 "商"原作"南"，據長編卷二、九朝編年備要卷一、宋史卷一太祖本紀一校改。

〔四〕 左贊善大夫申文緯 "申"原作"車"，據長編卷二、宋史全文卷一、宋史卷一太祖本紀一校改。

〔五〕 詔杖殺瑤 "瑤"原作"滛"，據長編卷二、宋史全文卷一、宋史卷一太祖本紀一校改。

〔六〕 川峽 "峽"原作"陝"，據玉海卷一八三食貨宋朝軍器五庫校改。

〔七〕 契丹入寇者幾 "幾"原作"數"，據事實類苑卷六君臣知遇李漢超校改。

〔八〕 邊將不能禦 原脱"將"一字，據事實類苑卷六君臣知遇李漢超校補。

〔九〕 貲財 "貲"原作"貨"，據事實類苑卷六君臣知遇李漢超校改。

問訟女者曰："汝家幾女，所嫁何人？"百姓具以對，上曰："然則所嫁皆村夫也，若漢超者，吾之貴臣也，以愛汝女則取之，取之必不使失所，與其嫁村夫，孰若處漢超家富貴〔一〕。"於是百姓感悦而去。上使人語漢超曰："汝須錢，何不告我，而取於民乎？"乃賜以銀數百兩，曰："可自還之，使其感汝也。"漢超感泣，誓以死報。上以洺州團練使郭進有善政〔二〕，遷本州防禦使，充西山巡檢。進有才力，屢領兵入賊境，擒俘斬馘，戰功居多，又招來山後諸州民三百餘口。進在西山，嘗有軍校詣闕訟進不法事〔三〕，上謂群臣曰："所訴事皆不實，蓋進馭下嚴，此人必有過，畏懼而誣之耳。"遣中使與進，令詰殺之。進方奉表稱謝，會并人入寇，因謂之曰："汝敢言我〔四〕，信有膽氣。今捨汝罪，令汝掩殺并寇，如得勝則薦汝於朝，汝敗，可自赴河死〔五〕。"其人踴躍聽命，果大致克捷，進即以聞，乞遷其職，上悦而從之。

富弼曰：帝王任將，非推誠待之，何以責成功〔六〕？太祖寵任郭進，無所疑間，軍校妄訟，令快意，進使軍校立功贖罪，尋以克獲，又乞進用，太祖一從其請。君以誠待將，臣以忠奉上，上下情通，功濟於時必矣。

十月，上賜近臣冬衣。有司言：累朝故事，止賜將相、學士、諸軍大校。上曰："不賜百官，甚無謂也。"自是文武常參官悉支冬衣自此始。内酒坊火，役夫突入省部盗官物〔七〕，上以酒坊使左承規、副使田處巖縱酒工爲盗，斬

〔一〕 孰若處漢超家富貴　"處"原作"取"，據事實類苑卷六君臣知遇李漢超校改。
〔二〕 洺州　"洺"原作"洛"，據東都事略卷二九郭進傳、長編卷一校改。
〔三〕 詣闕　"闕"原作"國"，據武經總要後集卷八使過校改。
〔四〕 汝敢言我　長編卷四、武經總要後集卷八使過"言"作"論"。
〔五〕 可自赴河死　宋史卷二七三郭進傳作"可自投河東"。
〔六〕 何以責成功　"責"原作"貴"，今據文意改。
〔七〕 役夫突入省部盗官物　九朝編年備要卷一"省部"作"三司"。

五十餘人，承規、處岩亦棄市。

　　林德頌曰：在易之乾，君象也，其德君德也。天以剛爲德，君德而非剛健，何以君天下哉？太祖之開國也，以千百年破碎不可爲之天下，一舉而削平之，強者服，狠者順，俛首聽命，惟恐或後。處藩鎮以環衛，而藩鎮無異辭；授守臣以倅貳，而守臣無異意。是果何道而得此哉？英武自天，雄斷如神。川班妄訴，全班盡廢。雄武肆掠，戮及百人。役夫突入省部，其主將以實極法。吏贓貨賄者斬，官辭濁務者黜〔一〕，威令之不可測如此，其誰敢忤人主之意哉！

　　壬戌　建隆三年南唐、吴越、荆南、湖南、漳泉奉正朔，蜀稱廣政二十五年，北漢天會七年。春，詔長吏勸課農桑。幸國子監。禁火葬。詔曰："朕應運開基，推誠待物，顧干戈之漸偃，欲夷夏之永安，渴聽讜言，庶臻治道。宜令今後内殿起居，百官以次轉對，並指陳時政之得失，明舉朝廷要務，或有刑獄冤濫、百姓疾苦，並當採訪以聞，朕當擇善而從，無以逆鱗爲懼。"

　　上親試進士馬適等一十五人，以適爲第一。

　　夏，大旱，上憂之，形于顔色。詔減常膳，不舉樂。上以樞密使吴廷祚爲雄武軍節度使〔二〕。先是，秦州夕陽鎮西北接大藪〔三〕，材植所出，古伏羌之地。知州事、尚書左丞高防建議就置采造務，調軍卒分番以其材給京師。西戎酋長尚波于率衆來争奪，頗傷役卒，防捕擊其黨，以狀聞。太祖乃命廷祚代

〔一〕　官辭濁務者黜　"官"原作"之"，據宋大事記講義卷二校改。
〔二〕　上以樞密使吴廷祚爲雄武軍節度使　"廷"原作"延"，"雄武軍"原作"天雄軍"，據長編卷三、隆平集卷九樞密、宋宰輔録卷一校改。
〔三〕　大藪　"大"原作"天"，據長編卷三、九朝編年備要卷一、宋史卷二五七吴廷祚傳校改。

防〔一〕,齎詔赦尚波于等,戎人感悦,秋以伏羌地來獻。

王明爲鄢陵令,廉潔愛民,一邑大治。太祖聞明爲政得人心,自鄢陵令擢知廣州。太祖聰明睿武,能知人任使之,下僚中有一行可觀、一才可勝者,皆蒙聖知,不次擢用。是時,李頌自華州司户參軍擢爲左贊善大夫,郭思齊自延州録事參軍爲太子中允,石雄自河陽判官而爲左補闕,劉堪自萊蕪縣令而爲左拾遺。當時州縣無滯才,朝廷稱得人者,皆太祖聰明知人任使之所致也。

呂夷簡曰:舜能自舉十六相,高宗自舉傅説,唐太宗能自舉魏證〔二〕,憲宗能自舉裴度,周世宗能自舉王朴〔三〕,此六君功業獨盛,名流無窮,無他術也,能自舉賢而用之也。夫欲得英雄之心,瓌奇之士,必在人君天資特達,非次擢用,若必待輔臣薦舉,左右論列,其間有孤寒寡援,正直自守,無財勢以自結,羞諂附以自進者,則終身沉困於下僚。雖有忠誠報國之心,經緯致君之道,何由得達乎英主哉?太祖雄才大略,長轡遠馭,籠絡英傑,網羅賢秀,求幹濟之才,不以資次爲限,知人則哲,斷自宸衷,拔擢皆自於聖君,恩澤不歸於私第,故人荷帝力,捐軀盡節以報君,此誠得駕御之至術也。宜乎基業長遠,區宇乂寧,跨三王而越兩漢也。

秋,復書判拔萃科。冬,大閲西郊。高麗來貢。是歲,周鄭王遷居房州。武安節度使周行逢病革,召其將吏,以其子保權屬之,曰:"衡州刺史張文表常怏怏不得行軍司馬,吾死,文表必叛,當以楊師璠討之。如不能,則嬰城勿戰,自歸朝廷可也。"十月,張文表叛,殺廖簡,自稱知留後事〔四〕,具表以

〔一〕 廷祚 原作"延祚",據宋史卷二五七吴廷祚傳校改。

〔二〕 魏證 即"魏徵",係宋人避宋仁宗嫌名諱改。

〔三〕 王朴 原作"楊朴",據舊五代史卷一二八王朴傳、新五代史卷二三一王朴傳校改。

〔四〕 自稱知留後事 "自稱"與"知"原顛倒,據文意乙正。

聞。保權即命楊師璠悉衆禦之。十二月,以武平節度副使、知朗州周保權爲武平節度使。

　　癸亥　建隆四年是年改爲乾德元年。是歲,荆南、湖南平,唐國、吴越、漳泉奉正朔,蜀稱廣政二十六年〔一〕,南漢天寶六年,北漢天會八年。二月,天雄符彦卿來朝。上征荆南,命慕容延釗等會周保權討張文表〔二〕,師出江陵,繼冲來犒師,李處耘遂將輕騎徑往襲之,繼冲大懼,奉表納土。詔授繼冲徐州大都督府長史、武寧軍節度使。高氏據有荆南、歸、峽之地,傳襲三世,至是國除。荆南平,得府州三:江陵、歸、峽;縣一十七,户一十四萬二千二百〔三〕。王師之至湖南也,張文表已敗死,保權拒守。三月,入朗州,獲保權。以是盡復湖南舊地,得州一十四〔四〕:潭、衡、彬、全、道、永、岳、澧、朗、融、敘、辰、錦、溪;監一〔五〕:桂陽;縣六十六,户九萬七千三百八十八〔六〕。周保權詔授右衛上將軍〔七〕,累遷左羽林將軍。

　　吕中曰:善取天下者,先易而後難,先近而後遠,先瑕而後堅,故秦人欲攻諸侯,范雎以爲先韓、魏而後齊、楚;唐憲宗欲平藩鎮,張和靖以爲先淮、蔡而後魏、博;周世宗欲平天下,王朴以爲先江南而後河東。太祖之規模,先澤潞、淮南,次湖南、荆襄,而後及於江南、廣、蜀之地,

〔一〕　蜀稱廣政二十六年　"六"原作"一",據上文建隆三年蜀稱廣政二十五年校改。
〔二〕　慕容延釗　原脱"延"一字,據東都事略卷二〇李處耘傳、宋史卷二五一慕容延釗傳校補。
〔三〕　户一十四萬二千二百　"二百",長編卷一作"三百"。
〔四〕　得州一十四　"四"原作"五",據長編卷四、九朝編年備要卷一、宋史全文卷一、宋史卷一太祖本紀一校改。
〔五〕　監一　"監"上原衍"郡"一字,據長編卷一删。
〔六〕　户九萬七千三百八十八　原脱後一個"八",據長編卷一、宋會要輯稿食貨六九補。
〔七〕　周保權　"保"原作"守",據上文之"周保權"改。

諸國既平，而後及於河東，蓋得後先攻取之機矣〔一〕。

夏四月，赦荆湖〔二〕。上試進士蘇德祥等八人，以德祥爲第一。

上詔兵部、禮部，所補員額取年貌合格，誦書精熟者充，覆試不如者奏，主司坐之。自今後臺省六品、諸司五品，登朝第二任方得補蔭，五府少尹不在此限。上讀尚書，歎曰："堯、舜之世，四凶之罪止於流放，何近代刑法之嚴耶？"

始，帝受禪之初，劍南、交廣、太原各僭大號，荆湖、江表止通貢獻，西戎、北狄皆未賓服，上垂意於將帥，命李漢超屯關南，馬仁瑀守瀛州，韓令坤鎮常山，賀惟忠守易州，何繼筠鎮棣州，以捍北虜。又以郭進控西山，武守琪戍晉州，李謙溥守隰州，李繼勳鎮昭義，以禦太原。趙贊屯延州，姚內斌守慶州，董遵誨守環州，王彥昇守原州〔三〕，馮繼業鎮靈武，以備西戎。其家族在京師者撫之甚厚〔四〕，郡中筦榷之利悉以與之〔五〕，免所過征稅，令招募驍勇以爲爪牙，每來朝必召對，賜坐飲食，賜賚殊異。由是邊臣皆富於財，得以養募死力，使爲間諜，每夷狄入寇，必能先知，預爲之備，設伏掩擊，多致克捷〔六〕。

曾鞏政要曰：太祖之置將也，隆之以恩，厚之以誠，富之以財，小其名而崇其勢〔七〕，略其細而求其大，久其官而責其成，每朝必賜坐，賜

〔一〕蓋得後先攻取之機矣　"後"與"先"原顛倒，"取"原作"進"，據宋大事記講義卷二太祖皇帝平荆南平湖南乙正、校改。

〔二〕赦荆湖　"荆"原作"京"，據九朝編年備要卷一、東都事略卷二本紀二校改。

〔三〕王彥昇　"昇"原作"升"，據下文之"王彥昇"校改。

〔四〕其家族在京師者　"師"原作"西"，據長編卷一七、九朝編年備要卷一校改。

〔五〕郡中筦榷之利　"筦"原作"管"，據長編卷一七、九朝編年備要卷一校改。

〔六〕多致克捷　"克"原作"寇"，據長編卷一七、九朝編年備要卷一校改。

〔七〕小其名而崇其勢　"崇"原作"同"，據元豐類稿卷四九本朝政要策、群書考索後集卷五〇兵門御將校改。

予優厚，撫而遣之。嘗令爲郭進治第，悉用鴟瓦，有司言非親王、公主不得用之，上曰："郭進控扼西山十餘年，使我無北顧憂，我視進豈減兒女耶！趣作，無復言也。"此可謂隆之以恩矣。取董遵誨於仇讎，取姚内斌於俘虜，皆用之不惑。郭進在西山，嘗有軍校訟其不法，上曰："進馭下嚴，是必罪人懼進法〔一〕，欲誣進以免罪也。"使中人執以賜進，令詰而殺之，此可謂厚之以誠矣。西北邊軍市之租多賜諸將，不問出入，往往賞賚又輒以千萬。李漢超守關南，屬州錢七萬貫，悉以給與，又加賜賚。漢超猶私販榷場，規免商筭，有以事聞者，上即詔漢超私物，所在悉免關征。故邊將皆養士足以得死力，用間足以得敵情，以居則安，以動則勝，此可謂富之以財矣。李漢超、郭進皆終於觀察使，所居不過巡檢使之名，終不以大將處之，然皆得以便宜從事。郭進在西山，上每遣戍卒，必諭之曰："汝等謹奉法，我猶赦汝，郭進殺汝矣。"其假借如此，故郭進所至，兵未嘗少卹，此可謂小其名而崇其勢矣。王彥昇之好勇，馮繼業之自伐〔二〕，然用彥昇守原州，繼業守靈州，皆邊境以安，此可謂略其小而求其大。何繼筠屯棣州二十餘年，董遵誨屯通遠軍四十年，其餘皆不減十餘年，邊境賴之，此可謂久其官而責其成矣。夫寵之以非常之恩則其感深，待之以赤心則其志固〔三〕，養之以非常之租則其力足〔四〕。小其名而不撓其權，則在位者有赴功之心，而勇智者得以騁；略其過則材能進，久其任

〔一〕 是必罪人懼進法　原脱"進"一字，據元豐類稿卷四九本朝政要策、群書考索後集卷五〇兵門御將校補。

〔二〕 馮繼業之自伐　"伐"原作"代"，據元豐類稿卷四九本朝政要策、群書考索後集卷五〇兵門御將校改。

〔三〕 待之以赤心　"待"原作"特"，據元豐類稿卷四九本朝政要策、群書考索後集卷五〇兵門御將校改。

〔四〕 非常之租　元豐類稿卷四九本朝政要策作"關市之租"，群書考索後集卷五〇兵門御將作"非常之惠"。

而功利悉，自古用將之術不易於是。太祖兼用之，故以李漢超屯關南，馬仁瑀守瀛州，韓令坤鎮常山，賀惟忠守易州，何繼筠領棣州，以防北虜。郭進控西山，武守琪戍晉州，李謙溥守隰州，李繼勳鎮昭義，以禦太原。趙贊屯延州，姚内斌守慶州，董遵誨屯環州，王彥昇守原州，馮繼業守靈武，以備西戎。如姚内斌、董遵誨之徒，所領不過五六千人，而威名皆行乎夷狄。當此之時，元年六月誅李重進，收揚州；十一月，誅李筠，收潞州；四年，收湖南、北；六年，收蜀；十三年，收南越；十七年，定江表之地。内則吳越、閩海歲奉貢職，外則交州丁璉、高麗王伷請吏嚮化〔一〕，而契丹修好之使數至於闕庭，拱把指麾而天下一定，不知封疆之憂，蓋太祖用將之術如此，故養士少而蓄力多，操術簡而收功博也。

始，太祖受禪，詔有司精考古式，作爲嘉量，以頒天下。其後定西蜀，平嶺南，復江表，泉浙納土，并汾歸命，凡四方斗斛不中法式者皆去之，嘉量之器悉復升平之制焉。先是，守藏吏受天下歲輸金帛，而太府權衡舊式失準，吏得因之以爲姦，故諸道主吏多坐逋負，而破産者甚衆。至是，新制既定，姦弊無所措，中外以爲大便。

置諸州通判，凡軍兵之政皆統治之，事得專達，與長吏均禮，大藩或置兩員，小郡或不置。武臣以屬知州雖小處亦特置，並以京朝官充。廣南小州有以京秩充爲知州事〔二〕，凡軍監小處即以判官兼同判。初，太祖懲五代藩鎮之專恣，罷節度使，頗用文臣知州，以分節度、刺史之權，俄又設通判以貳其事，既非屬官，又非副貳，故常與郡守爭權，舉動頗爲其所制。上聞而患之，下詔

〔一〕請吏嚮化　"請"原作"諸"，據元豐類稿卷四九本朝政要策、群書考索後集卷五〇兵門御將校改。

〔二〕廣南小州有以京秩充爲知州事　宋史卷一六七職官志七作"其廣南小州有試秩通判兼知州者"。

書戒勵，使與長吏協和，凡文書非與長吏簽書者，所在不得承受施行。自是通判之權稍弱。

呂中曰：方鎮猶周之封建也，知州即秦之郡縣也，今不因方鎮爲封建，而乃立郡縣之法，何耶？蓋古人有處天下之定制，而後能享天下之長利，後世雖有封建之虛名，而反受方鎮之實禍〔一〕，以周制考之，賦輸於太宰，則諸侯不得有私財，士貢於京師，則諸侯不得有私人，非牙璋則不得起兵，非賜鈇則不得專征，名山大澤不以封，其餘閒田，使吏治之，則歸地受地，柄常在君〔二〕，有功則加地進律，無功則削地貶爵〔三〕，則一予一奪柄亦在君〔四〕，豈如唐人不敢誰何，而一切行姑息之政哉！至于五代，其弊極矣。天下之所以四分五裂者，方鎮之專地也；干戈之所以交爭互戰者〔五〕，方鎮之專兵也；民之所以苦於賦繁役重者，方鎮之專利也；民之所以苦於刑苛法峻者，方鎮之專殺也；朝廷命令不得行於天下者，方鎮之繼襲也。太祖與趙普長慮卻顧，知天下之弊源在乎此，於是以文臣知州，以朝官知縣，以京朝官監臨財賦，又置運使，置通判，置縣尉，皆所以漸收其權。朝廷以一紙下郡縣，如身使臂，如臂使指，叱咤變化，無有留難，而天下之勢一矣。

〔一〕 而反受方鎮之實禍　"方鎮"原作"天下"，據宋大事記講義卷二太祖皇帝處藩鎮收兵權校改。

〔二〕 柄常在君　"君"原作"官"，據宋大事記講義卷二太祖皇帝處藩鎮收兵權校改。

〔三〕 無功則削地貶爵　宋大事記講義卷二太祖皇帝處藩鎮收兵權"貶"原作"罰"。

〔四〕 則一予一奪柄亦在君　"君"原作"官"，據宋大事記講義卷二太祖皇帝處藩鎮收兵權校改。

〔五〕 干戈之所以交爭互戰者　原脫"以"一字，據宋大事記講義卷二太祖皇帝處藩鎮收兵權校補。

秋，女真來貢，蠲登州沙門島居民租賦，令專治舟船度所貢馬匹。北漢以契丹兵寇平晉軍，郭進往救之，而寇遁。冬十月，作版籍、户帖、户鈔。十一月，郊，奉宣祖配，大赦，改元。太常博士和峴言祭不欲數〔一〕，今十一月十六日親祀南郊，請權停二十九日南至之祀。從之。北漢寇府州，折德扆敗之。

甲子　乾德二年唐國、吳越、漳泉奉正朔，蜀稱廣政二十七年，南漢天寶七年，北漢天會九年。春正月，行四時參選法。上詔陶穀等四十七人，各於見任幕職京官中舉堪爲郡守副佐者一人，除官之日仍書舉主姓名，如敢謬舉，致職仕乖方者〔二〕，並連坐。上試進士李景陽等八人，以景陽爲第一。四月，賢良方正能言極諫科一人，前博州判官穎贄〔三〕。國初，取士有三科，有賢良方正〔四〕、能言極諫，經術優深、可爲師法，詳閑吏理、達於教化。凡三科，應內外職官、布衣草澤皆得充舉，並諸州解送。吏部試論三道，廷試策一道，以三千字爲限。應制科者自贄始。

夏，大旱，上詔諸州長吏視民田，旱甚者即蠲其租，不俟報。范質、王溥、魏仁浦再表求退，並與致仕。以趙普爲相。普始入相，太祖禮遇甚厚。上嘗爲某事擇官，普列二臣姓名以進，太祖不肯用；他日又問，復以進，凡三問，皆不易。太祖大怒，裂其奏，擲殿陛下，普色不動，摺笏帶間徐拾碎紙，袖歸中書。他日又問，則補綴之以進，太祖大悟，終用二臣。

六月，以皇子德昭爲防禦使。自五代離亂，藩臣跋扈，髡黔盜販，袞冕巍峩，八姓十二君僭竊相踵，朱全忠以宣武軍節度使起，李克用以河東節度使起，石敬瑭自保義軍節度使篡唐〔五〕，劉知遠自忠武節度使篡晉，郭威自天雄軍

〔一〕 太常博士　"太"原作"大"，據九朝編年備要卷一校改。

〔二〕 致職仕乖方者　宋史紀事本末卷一"仕"作"事"，似是。

〔三〕 前博州判官穎贄　"州"原作"前"，據長編卷五、九朝編年備要卷一、宋史卷一太祖本紀一校改。

〔四〕 有賢良方正　"良"原作"能"，據上文之"賢良方正"校改。

〔五〕 石敬瑭　"瑭"原作"塘"，據舊五代史卷七五晉書第一高祖紀一校改。

節度使篡漢，當時習見，爲節度使者鮮有不爲亂者矣。藝祖患之，受禪之五月，親征潞州，誅昭義節度使李筠，是年冬親征揚州，誅平盧節度使李重進〔一〕，蓋欲以威武彈壓諸鎮，而未有以處也。一日召普，從容論天下之事，帝喟然歎息曰："自唐季以來，數十年間，帝王凡易十姓，兵革不息，生民肝膽塗地，吾欲息天下之兵，建久長之計，其道何如？"普對曰："陛下之及此言，天地神人之福也！自唐以來，戰鬥不息，國家不安，其故非他，節鎮太重，君弱臣強而已。今欲治之，無他奇策，惟稍奪其權，制其錢穀，收其精兵，則天下自安矣。"上曰："卿勿復言，吾已諭矣。"頃之，上因晚朝與故人石守信、王審琦等飲酒，酒酣，上屏左右，謂曰："我非爾曹之力不得至此，念汝之德無有窮已。然爲天子亦大艱難，殊不若爲節度使之樂，吾今終夕未嘗安枕而卧也。"守信等皆頓首曰："陛下何爲出此言？今天命已定，誰復敢有異心。"上曰："不然。汝曹雖無異心，其如麾下之人欲富貴何，一旦以黄袍加汝之身，雖欲不爲，其可得乎？"皆頓首曰："某愚不及此，惟陛下哀矜，指示生路。"上曰："人生如白駒過隙，所以好富貴者，不過多積金錢，厚自娛樂，使子孫無貧乏爾。汝曹何不釋去兵權，擇便好田宅市之，爲子孫立久遠之業，多置歌兒舞女，日夕相歡，以終其天年。君臣之間，兩無猜嫌，不亦善乎？"皆拜謝曰："陛下念臣及此，所謂生死而肉骨也！"明日，皆稱疾，乞解兵權，上許之，皆以散官就第，所以慰撫賞賚之甚厚，與結婚姻。更擇易制者使主親軍，以備宿衛。諸功臣率皆以善終，子孫富貴至今不絕。

罷節鎮，不領支郡。初，五代節鎮所鎮皆有支郡，如劍南節度使則劍南州軍皆爲支郡，魏博節度使則河北州軍皆爲支郡〔二〕，地大力強，故諸鎮竟起而爲亂。太祖平湖南，始令潭、朗數郡直屬京師，長吏皆自奏事。乾德元年，以

〔一〕 平盧節度使　"盧"原作"虜"，據長編卷一、太平治迹統類卷一校改。

〔二〕 則河北州軍皆爲支郡　"北"原作"南"，源流至論卷之二一別集一君權作"則凡河北州軍皆爲支支郡"，今據改。

隴州、秦州直屬京師。二年,又以階、成、乾三州屬京師;其後大縣屯兵,亦有直屬京師者,興元府三泉縣是也。五年又析慶州、商州;開寶二年又析歸、峽;三年又析澤州、通遠軍並屬京師。其後又以邠、寧、鄜、延、唐、鄧十八鎮所領皆直屬,天下藩鎮,除羈縻外,無復支郡矣。祥符中,王旦嘗謂真宗曰〔一〕:"唐朝將相富貴驕蹇,往往陷於不道者,良由時主姑息之過,每易一帥罕有能奉命者,間或有之,周世宗即大喜,寵之甚厚。自太祖變革制度,藩臣有提兵邊防兼位相者,每被召則奔走而至,此則制御之得其術如此。"

秦隴大木,官禁私販,趙普嘗遣其親吏往市屋材,至京師治第。御史中丞雷德驤劾普強市人第宅,聚斂財賄,上怒罵曰:"鼎鐺猶有耳,汝不聞趙普吾之社稷臣乎?"命左右曳其庭數匝,已而使復官,召外殿戒止之〔二〕。其後普又以隙地私易尚食蔬圃,以廣其居,及營邸店。開寶中,盧多遜召對,指陳其短。會雷有鄰擊登聞鼓,訴堂後官胡贊、李可度等受財曲法,及劉偉偽作符牒補官,皆普庇之。太祖不悅,下御史府按問,各抵其罪。自後始詔參知政事與普更知印押班奏事,以分其權。太祖欲使符彥卿典兵,趙普諫,以爲彥卿名位已盛,不可復委以兵柄。上不聽,宣已出,普復請見,上曰:"卿苦疑彥卿何也?朕待彥卿至厚,彥卿能負朕耶?"普曰:"陛下何以能負周世宗?"上默然。

蜀主懼王師討伐,潛遣諜者孫遇間道齎蠟丸書結太原劉鈞爲援,爲朝廷所獲。太祖得書,喜曰:"吾出師有名矣。"至冬,上命忠武軍節度王全斌等

〔一〕 王旦嘗謂真宗曰 原作"真宗嘗謂王旦曰"。隆平集卷三記載:"真宗謂宰臣曰:'何承矩嘗請與藩臣封戶,何如?'王旦對曰:'唐朝將帥富貴驕蹇,往往陷於不道,良由事勢强大,朝廷姑息太過,每移一帥未有帖然奉命者。至於五代,餘風未殄。太祖制之有術,迄今藩臣有兼相印,提禁旅,及久當邊任者,詔旨亟召,則夙夜奔命。好談古者特思慮未至耳!'上然之。"據此,則是王旦對真宗言,而非真宗對王旦言。今據改。

〔二〕 命左右曳其庭數匝已而使復官召外殿戒止之 九朝編年備要卷二作"引柱斧擊折其上齶二齒,命左右曳出,詔處以極刑,既而怒解,止用闌入之罪黜焉"。與本書文字不同。

率禁軍步騎二萬、諸道兵一萬，由鳳州路進討，以給事中沈倫爲隨軍水陸轉運使，又以江寧軍節度使劉光義、樞密承旨曹彬等率禁軍一萬、諸道軍一萬，由歸州路進討，以筠州刺史曹翰爲西南面水陸轉運使。詔令孫遇等指畫江山曲折之狀及兵寨城守之處道里遠近，俾畫工圖其險要。上問全斌曰："蜀可取否？"全斌等對曰："臣等仗天威，遵廟算，刻日可定。"龍驤都校史延德奏曰："西蜀一方儻在天上，人不能到，固無可奈何。若在地上，以今日之兵威，至即平矣。"上壯其言，曰："汝等果能如此，朕何憂也！"冬暮，京師大雪，上設氈帷於講武殿，衣紫衣貂裘帽以視事，忽謂左右曰："我被服如此尚覺寒，念西征將帥衝冒霜霰，何以堪處？"即解裘帽，遣中黄門馳驛齎賜全斌，仍諭旨諸將，全斌拜賜感泣。

乙丑 乾德三年是歲蜀平，唐國、吳越、漳泉奉正朔，南漢天寶八年，北漢天會十年。春正月，蜀主命太子玄喆爲元帥，李庭珪、張惠安副之。王全斌自利州趨劍門，次益光，得降卒。言益光江東越大山數重有狹徑，名來蘇，蜀人於江西置栅，對岸可渡，自此出劍門南二十里至青彊店〔一〕，與大軍夾擊劍門，破之。蜀將趙崇韜戰敗，猶手斬數人，乃被執。王昭遠棄甲而逃，亦爲追騎所獲。太子玄喆遂奔西川。劉光義等進擊，收復萬、施、開、忠四郡，至遂州，蜀將陳愈率將吏出降，光義即自入城安撫，盡出府庫幣帛以給戰士，國家所取惟土疆爾。至是人皆效命，所至成功，如席卷之易。王師由劍門入，昶惶懼，乃遣使奉表請降。初，昶在蜀專務奢靡，爲七寶溺器，他物稱是，每歲除命學士爲辭題符，置寢門左右，末年學士辛寅遜撰辭不工，昶自命筆題云"新年納餘慶，嘉節號長春"。昶既降，太祖命吕餘慶知成都，"長春"乃太祖誕育之節名也。自始伐至降凡六十六日，昶父子據有西蜀四十一年，至是國除。蜀平，得州四十六、縣二百四十，户五十三萬三千。昶尋至闕下，上表待罪，詔釋罪。

────────

〔一〕 青彊店 "彊"原作"疆"，原脱"店"一字，據長編紀事本末卷二、東都事略卷二十王全斌傳校改、補。

昶入見，上勞撫之，賜賚盛厚。始議伐蜀也，詔有司爲蜀主治第，以待其至。及昶至京師，遂以賜之，詔授開府儀同三司、檢校太師、兼中書令，數日卒，追封楚王。昶卒，母李氏不哭，舉酒醊地，曰："汝不能死社稷，貪生至今日，吾所以不忍死者，爲汝在也。汝既死，吾安用生！"因不食數日亦卒。初，太祖下荆楚，昶欲遣使朝貢，王昭遠方總外内兵柄，固止之。太祖詔：蜀之邸吏、將卒先在江陵者並放還，仍給錢帛以遣。上閱孟昶宮中器用等物有寶妝溺器，遽命碎之，曰："以此奉身，不亡何待！"初收僞蜀回，蜀王乘輿器物咸輦至京師，蜀人奢僭，莫非錦繡珍玩，上視之，此僞主所用皆不合法度，盡命焚之。

　　吕中曰：以劍閣之險，太祖取之，兵不過五萬，自發京師至昶降不過六十六日，何其易耶！觀其遣將之時先爲蜀主治第，以待其至，又命所破郡縣傾府庫以賞戰士，國家所取惟土疆爾，則太祖混一之志固有以知之也。

　　上親試進士劉察等七人，以察爲第一。上以王著罷職翰林，謂宰相曰："學士，深嚴之地，當擇謹重之士處之。"范質曰："竇儀清介謹厚，然在前由學士遷端明，今又官爲尚書，難以復召。"帝曰："禁中非此人不可，卿當諭意勉再赴職。"太祖嘗晚坐崇政殿，召學士儼對，儼至屏樹間，見之不進，中使促，不應。上訝其久不出，笑曰："竪儒以我燕服爾。"遽命袍帶，儼遂趨出。太祖豁達，既得天下，普屢以微時所不足者言，欲潛加害。上曰："不可。若塵埃中總教識天子、宰相，則人皆去尋也〔一〕。"自是普不復敢言。太祖一日以幽燕地圖示普，問所以取幽燕之策〔二〕，普曰："圖必出曹翰。"帝曰：

────────

〔一〕則人皆去尋也　"尋"原作"言"，據宋名臣言行録前集卷一趙普韓國忠獻王、説郛卷一六下引丁晉公談録校改。宋史卷二五六趙普傳"皆去尋也"作"皆物色之矣"。

〔二〕問所以取幽燕之策　原脱"以"字，據三朝北盟會編卷一校補。

"然。"又曰:"翰可取否?"普曰:"翰可取,孰可守?"帝曰:"以翰守之。"普曰:"翰死,孰可代?"帝不語,久之曰:"卿可謂深慮矣。"

丙寅　乾德四年唐國、吴越、漳泉奉正朔,南漢天寶十年,北漢天會十二年。八月,上宴宰相、樞密使、開封府尹等於紫雲樓下,論及民間事,謂趙普曰:"下愚之民,雖不分菽麥,如藩臣不爲撫養,務行苛虐,朕斷不容之。"普對曰:"陛下愛民如此,乃堯、舜之恩也。"責授忠武軍節度使王全斌、武信軍節度使崔彥進爲留後〔一〕。初,僞主孟昶降,諸將會於成都,全斌等不能正身率下,爭開官府取金帛,及掠人婦女,遂致兵師不能戢,會詔追蜀兵赴闕者,人給妝錢十千,全斌等不即時支遣,蜀軍嗟怨,人人思亂,又不即令隨軍使臣部送蜀兵,別委諸州衙校,蜀兵至綿州果叛,劫縣邑,衆至十萬。未發,曹彬等兵率破之。上聞蜀兵爲亂,凡使臣至者,各令陳全斌不法事,盡得其狀。及全斌等歸闕,上召行營都監王仁贍,面詰之,仁贍歷指諸將過失,冀以自解,上曰:"納李庭珪女,開豐德庫取珠貝,此亦全斌等邪?"仁贍惶懼不能對,唯言清廉畏謹、不辜陛下任使者,曹彬一人爾。上即日授彬宣徽南院使,彬入奏曰:"征西諸將皆以獲罪,臣獨受賞,何以寧處?"上曰:"卿有功無過,又不自矜伐,苟有纖芥之累,王仁贍豈爲卿隱耶?勸懲,國之典,可無讓也。"

呂中曰:人言創業之初,貪可使也,愚可使也,詐可使也,苟可以辦吾事而已〔二〕。是不知師之上六"開國承家,小人勿用"之義也。漢高祖雖得韓、彭之力,然終受韓、彭之禍〔三〕。我太祖平蜀之功賞曹彬而責全斌,任義倫而責仁贍,蓋以曹彬用兵秋毫無犯,義倫東歸圖書數卷,而全

〔一〕崔彥進　原作"崔彥遠",宋史全文卷一載"(丁卯乾德五年春正月)甲寅,以王全斌爲崇義留後,崔彥進爲昭化留後",今據改。

〔二〕苟可以辦吾事而已　"辦"原作"辨",據宋大事記講義卷二太祖皇帝平蜀校改。

〔三〕漢高祖雖得韓彭之力然終受韓彭之禍　原脱"韓、彭之力,然終受"七字,據宋大事記講義卷二太祖皇帝平蜀校補。

斌、仁贍之功不足以贖其貪酷之罪。愛民之仁，御將之術，兩得之矣。

上詔諸道籍驍勇兵送闕下，親團結爲雄武軍。命王繼勳主之，仍給婚錢俾取妻，繼勳不能戢其軍，凡百餘人白日掠人妻女於都下，街使不克禁，里巷驚擾，半月方止。帝聞之大怒，即命捕戮之。小黃門閻承翰見而不奏，亦杖數十。

論曰：天下無難事，亦無易事，權柄下移則難於登天，威令既振則易於反掌。晉文公一諸侯爾，春秋之世賞罰最爲有章，城濮之役師還濟河，反命獻俘授馘，飲至大賞，祈瞞干命則誅之〔一〕，舟之僑先濟則賞之，於是民大服，晉之所以伯者〔二〕，文公能用其賞罰也。至於唐之德宗則昧乎此，是時藩鎮跋扈，貢獻不至於朝廷，號令不禀於天子，則是有可誅之罪矣，而德宗則一切不問。自初即位專行姑息之政，至於諸道出師或拔一縣或攻一屯，其爲勞亦小矣，然且奔走獻捷，張皇其功，或一日再賜，或一月累封，凱歌未遂〔三〕，官品已極。唐之所以寖弱者，德宗不能用其賞罰也。偉哉！我太祖之興，其用兵行師，伐叛弔民，尤切留意於賞罰之際。在乾德中，王全斌、曹彬皆平蜀將帥也〔四〕，彬有功無過則擢用而不疑，全斌貪恣以致亂，則貶降而不恤，以至何繼筠赶期而獻戎捷則節鉞以寵之，雄武軍白日剽掠於都市則掩捕而戮之。賞罰如此，宜其平定天下，取五疆國如摧枯拉朽之易也。

上親試進士李肅等八人，擢肅爲第一。賢良方正科姜陟、經學優深科郝

〔一〕 祈瞞干命則誅之　宋大事記講義卷三太祖皇帝明賞罰"祈"作"祁"。
〔二〕 晉之所以伯者　宋大事記講義卷三太祖皇帝明賞罰"伯"作"霸"。
〔三〕 凱歌未遂　"遂"原作"還"，據宋大事記講義卷三太祖皇帝明賞罰校改。
〔四〕 皆平蜀將帥也　原脱"平"一字，據宋大事記講義卷三太祖皇帝明賞罰校補。

益對策疏略，賜酒食遣之。上以眉州通判段思恭有扞禦之功，令知本州事。先是，眉州會大兵之後，亡命結集，群盜蜂起，迫州城，刺史趙延進懼賊之衆，力不能敵，將以麾下奔嘉州，思恭止之，因率屯兵與賊戰彭山，軍人皆觀望無鬥志，思恭募先登者旌以厚賞，於是諸軍賈勇力戰，群盜敗走。思恭矯詔以上供錢帛給之，後度支以擅用官錢請繫獄議罪〔一〕，上嘉其果幹，詔勿劾〔二〕，令知州事。内臣王繼恩平蜀回，有大功，朝臣論將以樞密使賞之，上曰："此輩不可使居權要之職。"於是，立昭宣景德殿使以寵異之。

太祖數出微行，以偵伺人情，或過功臣家，不可測。普每退朝不敢便衣冠。一日大雪向夜，普謂帝不復出矣，久之，聞叩門聲，普亟出，帝立風雪中。普惶懼迎拜，帝曰："已約晉王矣。"已而太宗至，共於普堂中設重裀地坐，熾炭燒肉，普妻行酒，帝以嫂呼之。普從容問曰："夜久寒甚，陛下何以出？"帝曰："吾睡不能着，一榻之外皆他人家也，故來見卿。"普曰："陛下小天下耶，南征北伐今其時也，願聞成筭所向。"帝曰："吾欲下太原。"普默然久之，曰："非臣所知也。"帝問其故，普曰："太原當西北二邊，使一舉而下，則二邊之患我獨當之，何不姑留以俟削平諸國，則彈丸黑誌之地將安所逃〔三〕？"帝笑曰："吾意正如此，特試卿爾。"遂定下江南之議。帝曰："王全斌平蜀多殺人，吾今思之猶耿耿，不可用也。"普曰："全斌平蜀殺降兵三千人，時曹彬不從，但收文案而不署字。"普於是薦曹彬爲將，以潘美副之。上以給事中沈倫爲户部侍郎、樞密副使。初，王全斌等收蜀，上命給事中沈倫爲隨軍水陸轉運使，全斌入成都，取民家玉帛子女，倫獨清廉無欲，僞蜀群臣有以珍異奇巧爲獻者，倫皆拒之，東歸之日，篋中所有惟圖書數卷而已。

〔一〕請繫獄議罪 "請"原作"盡"，豫章文集卷二遵堯錄一太祖作"請繫獄治罪"，今據改。

〔二〕詔勿劾 "勿"原作"無"，據長編卷六、豫章文集卷二遵堯錄一太祖校改。

〔三〕彈丸黑誌之地 "誌"原作"詰"，據東都事略卷二六趙普傳校改。按："誌"同"痣"。

帝悉知其事,遂貶全斌等,擢倫樞密副使。

十一月,初用雅樂,上以雅樂登歌命太常寺和峴討論,峴請以司天臺景表石尺爲準,取王朴所定尺校之,短於石尺四分,上乃依古法別造新尺,使工人校其藝,果下於朴所定管一律,遂別造十二律管,以取聲音,始和暢,至是用之〔一〕。上嘗幸作坊,召從官燕射,酒酣,顧王彦超曰:"卿昔在復州,朕往依卿,何不相納?"彦超降階謝曰:"當時臣一刺史爾,勺水豈能容神龍乎?"上大笑,彦超謝表待罪,上亟遣中使撫存之。

〔一〕 至是用之　原脱"之"一字,據宋大事記講義卷三太祖皇帝制禮樂校補。

卷之二
朝散郎、尚書禮部員外郎、兼國史院編修官李燾經進

宋太祖二

丁卯　乾德五年，唐國、吴越、漳泉奉正朔，南漢天寶十年，北漢天會十二年。上御長春殿，謂宰相等曰："自古爲君鮮能正躬〔一〕。朕觀唐太宗受人諫疏，常自引咎，而不爲恥，其能受諫也如此，然朕所見不若自不爲非，使無可諫之爲愈也。"詔："諸道州府，有遁迹丘園，孝友行能，爲鄰里所重者，各舉一人，仍給資裝赴闕，朕當親令引對，並與録用。"後成都府奏有孝子爲親守墳三年，有芝草、甘露之異，太祖嘉之，用爲延州主簿。又密州奏齊得一能講五經，每於鄉里教授，學者不遠百里而至。太祖用爲齊州章丘縣主簿。三月〔二〕，五星聚奎。初，竇儼與盧多遜、楊徽之周顯德中同爲諫官，儼善推步星曆，嘗謂徽之等曰："丁卯歲，五星聚奎，主文章〔三〕，又在魯分，自此天下始太平。二拾遺見之，儼不與也。"

六月戊午朔，日有食之。上試進士劉蒙叟等十一人，以蒙叟爲第一。

〔一〕　自古爲君鮮能正躬　長編卷一六作"古之爲君鮮能正身自致無過之地"，且此事係於開寶八年春正月。

〔二〕　三月　"月"原作"州"，據長編卷八、九朝編年備要卷二、宋史全文卷一校改。

〔三〕　主文章　"主"原作"且"，"章"原作"明"，據長編卷八注文校改。

七月，詔曰："夏秋以來，水旱作沴，言念民庶，恐致流離，其令州府長吏預告人户，有災傷處並放今年租賦。"以秦再雄爲辰州刺史。先是，五代時，鼎、澧、辰、沅、邵五州之境各有蠻洞保聚〔一〕，依山阻水〔二〕，逮十餘萬〔三〕。馬希範、周行逢時，數出寇邊，殺掠民畜〔四〕，歲歲不寧。太祖既下荆湖，思得通蠻情、習險陀、智勇可任者，以鎮撫之。有辰州酋豪秦再雄者，長七尺，武健多謀，在周行逢時屢以戰鬥立功〔五〕，蠻黨畏服。太祖召至闕下，察知可用，以一路事付之。再雄起蠻酋，除爲辰州刺史，官其一子爲直殿，賜予甚厚，仍使自辟吏屬，盡與一州租稅。再雄乃遣親校二十八人分使諸蠻，以傳朝廷懷柔之意，莫不從風而靡，各得降表以聞。太祖大喜，再召至闕，面加獎諭，改授辰州團練使，又以門客王乃成爲本州推官。再雄盡瘁邊圉，故終太祖世無蠻貊之患，五州延袤數千里，不增一兵，不費帑庾〔六〕，而邊絶風塵之警〔七〕，由神機駕馭用一再雄而已。

　　戊辰　乾德六年十一月改開寶元年。唐國、吳越、漳泉奉正朔，南漢天寶十一年，北漢主劉繼元立，改天會十二年爲廣運元年。春，上試進士柴成務等十一人，以成務爲首選。時翰林承旨陶穀子邴登第，上曰："穀不能訓子，邴安得登第？"遽命中書覆試，因詔自今舉人，凡食禄之家皆令覆試。上命增修大内，賜諸門名，

〔一〕蠻洞　宋朝事實卷一六兵刑作"蠻猺"。

〔二〕阻水　宋朝事實卷一六兵刑作"阻江"。

〔三〕逮十餘萬　"逮"，宋朝事實卷一六兵刑作"殆"，似是。

〔四〕殺掠民畜　"畜"原作"産"，據宋朝事實卷一六兵刑、事實類苑卷五八將帥才略秦再雄、宋史卷四九三蠻夷列傳一校改。

〔五〕屢以戰鬥立功　"以"原作"有"，據宋朝事實卷一六兵刑、事實類苑卷五八將帥才略秦再雄校改。

〔六〕不費帑庾　"不"原作"之"，宋朝事實卷一六兵刑、宋史卷四九三蠻夷列傳一均作"不費帑庾"，事實類苑卷五八將帥才略秦再雄作"不費帑庫"，今據改。

〔七〕而邊絶風塵之警　原脱"而邊"二字，宋朝事實卷一六兵刑作"而邊境妥安"，事實類苑卷五八將帥才略秦再雄作"而邊境安妥"，今據補"而邊"二字。

上坐寢殿，令洞闢諸門，皆端直軒豁，無有壅閉，因謂左右曰："此如我心，少有邪見，人皆見之矣。"又嘗語宰相曰："古之爲君鮮能正身，自致無過之地。朕嘗夙夜畏懼，防非窒欲，庶幾以德化人之義。如唐太宗受人諫疏，直詆其失，曾不愧恥，豈若不爲之而使下無間言哉？"

　　呂中曰：天下之事千條萬緒，而皆經綸於人主之一心。人主之心正，則天下之事無一不出於正；人主之心不正，則天下之事無一得由於正。是以人主以渺然之身居深宮之中，其心之邪正若不可窺，而其著見於外者，常若手指目視而不可揜也。此堯、舜相授，所以有"惟精惟一"之戒。以太祖立國之初，規模廣大如漢高帝，謀慮深遠如漢光武，而正心符印，密契三聖之傳於數千載之上。朱文公曰："太祖不爲言語文字之學，而方寸之地正大光明，直與堯、舜之心合。"信哉斯言！

　　上憫河北之民苦於貴鹽，乃降墨敕，聽民間賈販，惟收稅錢，不許官榷。其後有司屢請，上皆不許。上立養兵之法，常戒禁兵之衣長不過膝。更制更戍之令，欲其習山川勞苦，遠妻孥、懷土之戀〔一〕，兼外戍日多，在營日少，人人少子，衣食易足。詔諸州度支經費外，凡金帛悉送闕下，無得占留。初，唐自開元、天寶以後，藩鎮屯重兵，租稅所入皆自贍，其上供者鮮矣。五代疆境蹙偪，藩鎮益強，率令部曲主場務厚斂，其屬三司者〔二〕，補大吏以臨之，輸額之外以入己。太祖受命，周知其弊，即位之後務恢遠略。乾德三年始有此詔，藩鎮有闕，稍令文臣權知，所在場務或以京朝官監臨，凡一路之財置轉運使以掌

─────────

〔一〕　懷土之戀　"戀"原作"憂"，據夢溪筆談卷二五雜志二校改。
〔二〕　其屬三司者　原脫"者"一字，據長編卷六、宋史全文卷一校補。

之，雖爲節度、防禦、團練、觀察〔一〕、刺史，皆不預簽書金穀之事〔二〕。至是外權浸削〔三〕，而利盡歸公上矣。

秋七月，北漢主鈞卒，養子繼恩立，遣使告終於契丹，契丹許之，然後即位。初，漢世祖女適薛氏，生子繼恩，再適何氏，生子繼元，俱幼孤，世祖以鈞無子，使養之，皆冒姓劉氏。鈞寢疾，召平章郭無爲，執繼恩手付以後事。繼恩嗣位，謐鈞爲孝和皇帝。九月，郭無爲弒其主，繼恩弟繼元立。李繼勳擊北漢，敗之。

冬十月，吳越王俶遣子惟濬來貢。

十一月，郊，大赦，改元。先是，上親享太廟，見其所陳籩、豆、簠、簋，問曰：「此何等物也？」左右以禮器對，上曰：「吾祖宗寧識此。」亟命撤去，進常膳如平生。既而曰：「古禮亦不可廢也。」命復設之。以右贊善大夫錢文敏知瀘州。太祖召文敏於講武殿，謂之曰：「瀘州最近蠻獠，尤宜綏撫。聞前守臣郭思齊等倍斂於民，頗爲不法，恃其地遠，以爲朝廷不知。卿至則爲朕鞠之，凡有一毫侵民，朕必不赦。」

己巳　開寶二年唐國、吳越、漳泉奉正朔，南漢天寶十二年，北漢廣運二年。春二月，命曹彬伐北漢。上親征，三月圍太原，決晉祠水以灌之〔四〕，從陳承昭之策也，後又決汾水灌之。初，上料契丹必由鎮、定入援太原，乃使韓重贇倍道兼行赴之，又命瀛州防禦使何繼筠領精兵數千，越石嶺關拒之，因謂繼筠曰〔五〕：「翌日亭午俟卿捷奏至也。」繼筠敗契丹於陽曲，重贇亦擊破其眾於定州之境。翌午，太祖御北臺以俟，見一騎自北來，果繼筠子承睿來獻戎捷。始，并人恃險爲援，至是捷奏至。太祖命以所獲首級、鎧甲示於城下，并人喪氣。以

〔一〕　觀察　「觀」與「察」原顛倒，據宋朝事實卷九官職乙正。
〔二〕　皆不預簽書金穀之事　「事」原作「書」，據宋朝事實卷九官職校改。
〔三〕　至是外權浸削　「外」原作「利」，據宋朝事實卷九官職校改。
〔四〕　決晉祠水以灌之　原脫「祠」一字，長編卷十作「決晉祠水灌城」，今據補「祠」一字。
〔五〕　繼筠　原作「繼筠」，據上文之「何繼筠」校改。

繼筠功拜建武軍節度使、判隸州。閏五月〔一〕，詔班師。

> 呂中曰：太祖之未能取河東，猶太宗之未能取燕薊，而太祖之不盡銳於偏方，亦猶太宗之不窮其力於北伐也。時之未至，聖人不能先時而強爲，時之既至，聖人不能後時而不爲，此平河東必在於太平興國之四年。而太祖之規模宏遠，遲之數年，其終亦必能取幽薊也。

五月，命諸州恤刑，以暑氣方盛，詔諸州獄吏灑掃洗滌，貧者給食，而疾病者給藥，小罪即時決遣。六月，唐主煜使弟從謙來貢。上親試進士安德裕等七人，擢德裕爲第一。創景福內庫以貯金帛，爲珍虜之策。冬十月，上宴藩臣於後苑，酒酣，從容謂之曰："卿等皆國宿舊〔二〕，久臨劇鎮，王事鞅掌，非朕所以優賢之意也。"彥超喻上旨〔三〕，即自陳請老，於是及武行德、郭從義、白重贊、楊庭璋皆罷節鎮。是歲，契丹弑其主，述律伯父之子明記立。

庚午　開寶三年唐國、吳越、漳泉奉正朔，南漢天寶十三年、北漢廣運三年。春，詔舉孝悌德行，諸州滿五千戶聽舉一人，奇才異行不在此數。召處士王昭素。上令有司造宅以賜郭進，令悉用甋瓦，有司執以爲非親王、公主之第不可用，帝怒曰："郭進控扼西山十餘年，使我無北顧之憂，我視進豈減於兒女。亟往督役，無妄言。"宅成，遂以賜進。上親試進士張拱等八人，擢拱爲第一。夏四月辛卯朔，日有食之。重縣宰之職。初，五代任官，凡曹、掾、簿、尉有齟齬無能，以至昏老不任驅策者，始注爲縣令，故天下縣邑率皆不治，甚者誅求刻剝，民力大困。太祖欲稍革其弊，建隆初始以朝官爲縣宰，其後參用京官，

〔一〕　閏五月　原脫"五"一字，據長編卷十校補。

〔二〕　卿等皆國宿舊　"舊"原作"將"，據九朝編年備要卷二、宋大事記講義卷二太祖皇帝處藩鎮收兵權校改。

〔三〕　彥超喻上旨　"喻"原作"謂"，據九朝編年備要卷二、宋大事記講義卷二太祖皇帝處藩鎮收兵權校改。

自是懲五代弊政，尤重親民之職，民政稍稍修舉。自五代以來，藩侯補署親隨爲諸縣鎮將，同掌巡察盜賊之事，與縣令抗禮，凡公事專達於州，故諸縣皆闕簿、尉。建隆三年復置縣尉〔一〕、主簿掌鄉村盜賊，其鎮將所主郭内而已，自是稍統於縣。至太平興國間又禁藩侯不得差親隨爲鎮將，以本州諸校爲之縣尉，專治盜賊，而民始無擾矣。除河北鹽禁，任商旅貿易，收其征。九月，上命潘美等伐南漢，進拔富州、賀州、昭州、桂州，所至克捷，以次下連州、韶州、雄州、廣州〔二〕。

　　辛未　開寶四年是歲南漢平，唐國、吳越、漳泉奉正朔，北漢廣運四年。春二月，潘美克廣州，劉鋹降，南漢平。鋹先遣使乞降，美因諭以上意，以爲彼若能戰則與之戰，不能戰則勸之守，不能守則諭之降，不降則死，不能死則亡，非此五者不能受。使者泣，即部送闕。未幾，鋹復遣其弟保興率衆拒戰，鋹衆十五萬阻山谷，堅壁以待。美用火攻大破之，遂至廣州，鋹出降，美承制釋之。有閹工五百餘輩盛服請見，悉命斬之，擒劉鋹及僞將相龔澄樞、潘崇徹等，俘送闕下。澄樞等伏刑，特釋鋹罪，詔授金紫光禄大夫、右衛大將軍〔三〕，封恩赦侯。上嘗賜鋹酒，鋹疑不敢飲，捧之乞貸死，上笑曰："朕推赤心置人腹，安有此事。"取其酒自飲，别酌以賜鋹。初鋹爲政酷烈，作燒、煮、剥、剔、刀山、劍樹之刑，賦斂繁重，人不聊生。開寶初，鋹反及舉兵寇道州〔四〕，刺史王繼勳上言鋹爲政昏暴，民被其毒，請朝廷出師討伐。太祖猶難其事，止令江南李煜遣使以書諭鋹，敕令歸湖南舊營之地〔五〕，鋹不從。時舊將多以讒間誅死，宗室

〔一〕　建隆三年　"三"原作"二"，據長編卷三、九朝編年備要卷一、宋史全文卷一校改。
〔二〕　廣州　"廣"原作"黄"，據宋史卷二五八潘美傳校改。
〔三〕　右衛大將軍　東都事略卷二太祖本紀作"右千牛衛大將軍"，隆平集卷十二僞國作"右千牛衛上將軍"，長編卷十二作"右千牛衛大將軍，員外置"。
〔四〕　鋹反及舉兵寇道州　宋史卷四八一南漢劉氏世家作"鋹又舉兵侵道州"。
〔五〕　敕令歸湖南舊營之地　宋史卷四八一南漢劉氏世家作"使稱臣歸湖南舊地"。按："舊營"似爲"舊管"之訛。

鋹滅殆盡，掌兵惟宦者數輩，戎器皆腐壞，自晟耽於遊宴，城隍之處多飾爲宫館，至是内外震恐。先是，鋹愛將邵廷琄言於鋹曰〔一〕："漢承唐亂居此五十年，幸中國有故，干戈不及，而漢亦驕於無事〔二〕。今兵不知旗鼓，人主不識存亡，夫天下亂久矣，亂久而治，自然之理也。今聞真主已出，必將盡有海内，其勢非一天下不已。宜修兵爲備，不然，悉珍寶奉中國〔三〕，遣使通好。"鋹憪然不以爲意，惡廷琄直言，恨之。未幾，潘美等進攻，遂及於敗。鋹體質豐碩〔四〕，眉目疏竦，有口辨，性絶巧，嘗以真珠結鞍勒爲戲龍之狀以獻，尤爲精妙。詔以示諸工官，皆駭服。太祖以錢百五十萬給其直〔五〕，謂左右曰："鋹好工巧，遂習以爲成性，儻以習巧之勤移於治國，豈至滅亡哉？"太宗即位，常俸外加以他給，會將討晉陽，召近臣宴飲，鋹預坐，自言："朝廷威靈及遠，四方僭竊之主今日盡在坐中，旦夕平太原，劉繼元又至〔六〕，臣率先來朝，願得執斑爲諸侯降王之長〔七〕。"太宗大笑，其談諧皆此類也。嶺南平，得州六十、縣二百一十四，户十七萬二百三十六〔八〕。

　　吕中曰：以汴梁之地視江南爲近，視嶺南爲遠，何先遠而後近耶？蓋聞劉鋹奢侈，則曰"吾當救一方之民"，則先取南漢，所以争民命。江南

〔一〕　愛將　太平治迹統類卷一太祖平廣南作"内侍"。
〔二〕　而漢亦驕於無事　"亦"，新五代史卷六五南漢世家作"益"。
〔三〕　不然悉珍寶奉中國　"悉"原作"垂"，據新五代史卷六五南漢世家校改。
〔四〕　豐碩　原作"豐順"，據太平治迹統類卷一太祖平廣南、長編卷十二校改。
〔五〕　錢百五十萬　原脱"百"一字，據長編卷十二校補。
〔六〕　劉繼元又至　"又至"原作"僞主"，據長編卷二十、宋史卷四八一南漢劉氏世家校改。
〔七〕　願得執斑爲諸侯降王之長　"斑"，太平治迹統類卷一太祖平廣南作"梃"；"諸侯"，太平治迹統類卷一太祖平廣南作"諸國"。
〔八〕　縣二百一十四户十七萬二百三十六　太平治迹統類卷一太祖平廣南作"縣二百四十，户十七萬二百六十三"。

亦有何罪，但卧榻之側豈容鼾睡，則後收江南，所以一天下。

四月，詔除嶺南苛政，弛酒麴禁，榷鹽許官賣，以佐州縣之費。

七月，減廣南租耗米。右補闕梁周翰上疏請寬民力，其略曰："西蜀、淮南、荆潭、桂廣之地皆已爲王土，陛下誠能以三方所得之利，減諸道租賦之入，則德澤均而民力寬矣。"知廣州王元吉至任歲餘，受贓七十萬。上以嶺南初下，懲姦吏之掊克，特詔棄市。初，乾德中收蜀，得士卒精者置川班内殿直，廩賜優異，與御馬直等。上以御馬直扈從郊祀〔一〕，特命增給錢人五千。川班内殿直不得如例，乃相率擊登聞鼓上訴陳乞〔二〕。帝怒，遣中使謂曰："朕之所與即是恩澤，又安有例哉〔三〕？"命斬其妄訴者四十餘人，其都校皆決杖降職〔四〕，遂廢其班。上試進士劉寅等十人，擢寅爲第一。

上親征河東〔五〕。三月二十一日，王師傅於城下，命李繼勳軍於南，趙贊軍於西，曹彬軍於北，黨進軍於東。四月四日，遣海州刺史孫方進率兵數千人圍汾州。五月八日，上幸城北，引汾水入新堤灌其城内。十二日，上幸城東南，命水軍乘小舟載強弩，以迫其城。二十一日，命諸軍進攻西門，知嵐州趙文度來歸順，賜襲衣、玉帶，其官屬賜物各有差。閏五月二日，太原城堞摧圮，大水注於城中，并人莫之禦〔六〕，太祖遽幸長隄觀焉。是時，太原可取，上不欲多殺，故緩師。太常博士李光贊上言曰："陛下應天順人，體元御極，戰無不勝，謀無不臧，四方恃險之邦、僭竊帝王之號者，今則盡爲臣妾矣。蕞爾

〔一〕 上以御馬直扈從郊祀　原脱"上以御馬直"五字，文意不完，據長編卷十二校補。
〔二〕 乃相率擊登聞鼓　原脱"相"一字，據長編卷十二校補。
〔三〕 又安有例哉　原脱"哉"一字，據長編卷十二校補。
〔四〕 決杖降職　"降"原作"除"，據長編卷十二校改。
〔五〕 上親征河東　"河東"原作"河南"，據下文之"汾水""太原"校改。
〔六〕 并人莫之禦　原脱"并"一字，據宋會要輯稿兵七之校補。

晉陽豈須親討〔一〕，重勞飛輓，騷動黔黎，得之未足爲多，失之未足爲辱。國家貴靜，天道惡盈〔二〕，切慮向來恃險之邦聞是役也，人人各有覬覦之心，豈若回鑾復都，屯兵上黨，使夏取其麥，秋芟其禾，既寬力役之勞，即是蕩平之策。況時屬炎蒸，候當暑雨，儻或河津泛溢，道路阻艱，輦運稽遲，恐勞宸慮。"帝覽奏甚喜，復以問宰相趙普，普亦以爲然，即日遂班師。上初率諸軍攻城，殿前指揮使都虞候趙廷翰上言，以城壘未下，諸班衛士咸願登城死力，以圖攻取。帝曰："汝等皆朕躬自訓練，以一當百，所以備肘腋、同休戚也。一旦以小寇未平，而欲先登陷敵，吾寧不得太原城，不欲令汝輩蹈必死之地。"左右皆感泣再拜，呼萬歲。帝天性至仁，初征太原，道經潞州麻衣和尚院，躬祝於佛前曰："此行止以吊伐爲意，誓不殺一人。"真宗嘗謂宰相："以河東之役，兵力十倍，當一舉克捷，良由上黨發願之時左右頗有聞者。賊聞此語，知神兵自戢，故堅守不下，至煩再舉。"吳越王遣子惟濬來貢。十一月癸未，郊，初用繡衣鹵簿。契丹寇定州，六萬騎入寇，上命田欽祚曰："彼衆我寡，但背城列陣以待之。"虜圍遂城，欽祚度城中糧少，整兵開南門，突圍一角出，是夕至保塞，軍中不亡一矢。北邊傳言三千打六萬，捷至，上喜，謂左右曰："虜數犯邊，我以二十匹絹易一胡人首，其精兵不過十萬人，止費我數百萬匹絹，則虜盡矣。"自是益修邊備。

壬申　開寶五年，江南、吳越、漳泉奉正朔，北漢廣運五年。上親試進士安守亮等十一人，擢守亮爲第一。守亮即德裕之子也。禁鋪翠。皇女嘗以鋪翠襦入宮，上曰："主家服此，宮闈戚里必相傚，京師翠羽價高，小民逐利，傷生浸廣，實汝之由。"又謂之曰："我以四海之富，宮殿悉以金玉爲飾〔三〕，力亦可辦〔四〕，

〔一〕　親討　原作"進討"，據太平治迹統類卷二太祖太宗親征北漢校改。

〔二〕　天道惡盈　"惡"原作"貴"，據長編卷十校改。

〔三〕　金玉　長編卷一三、太平治迹統類卷二太祖聖政均作"金銀"。

〔四〕　力亦可辦　"辦"原作"辨"，據長編卷一三校改。

但念爲天下守財耳。古稱以一人治天下，不以天下奉一人。"

  呂中曰：創業之君，後世所視，以爲軌範也；宮闈之地，四方所視，以爲儀刑也。一人之奢儉者雖微〔一〕，而關於千萬世者爲甚大；致謹於服色者雖小，而關於千萬里者爲甚遠。可不謹哉！

  夏四月，大水。五月，廢媚川都〔二〕。先是，劉鋹於海門鎮募兵能採珠者三千人〔三〕，號"媚川都"，歲溺死者甚衆，鋹所居皆飾以玳瑁、珠翠。至是詔罷之。大霖雨，命掖庭出宮女五十餘人。上性恭儉，不邇聲色。自初即位，後宮不過三百，至是霖雨災傷，慮幽閉所致，復出五十餘人。九月丁巳朔，日有食之。改司寇院爲司理院。先是，五代時諸州皆有馬步獄，以牙校充馬步都虞候掌刑法，謂之馬步院。太祖受命，明謹庶獄。開寶初，始詔改爲司寇參軍，其後復改司寇院爲司理院〔四〕。司寇院以士人理參軍，選在位清白能推獄者爲之。自端拱、淳化以來，諸州司理參軍皆上躬自選清白能推獄者爲之，仍詔考掠囚徒皆依律令，不得非理考掠，其司理參軍仍不得兼職。太平興國二年，鳳翔司理楊鄴、許州司理張睿並坐掠囚致死所，而請爲公罪，上曰："國家重惜人命，豈有考掠無辜以致死所而爲公罪，傷損和氣，莫此之甚！"遂詔定爲私罪。

  癸酉　開寶六年江南、吳越、漳泉奉正朔，北漢廣運六年。三月，周鄭王殂於房州，上發哀，輟視朝十日〔五〕，命還葬慶陵之側，曰順陵，謚曰恭帝。上親試

〔一〕　一人之奢儉者雖微　原脱"者"一字，據大事記講義卷三校補。

〔二〕　媚川都　"都"原作"郡"，據九朝編年備要卷二、大事記講義卷三校改。

〔三〕　三千人　"千"原作"十"，據九朝編年備要卷二、大事記講義卷三校改。長編卷一三作"二千人"。

〔四〕　其後復改司寇院爲司理院　按長編卷二〇載："（太宗太平興國四年十二月丁卯），以司寇院爲司理院"。

〔五〕　輟視朝十日　"輟"原作"輒"，據長編卷十校改。

進士宋準等十一人,擢準爲第一。江南後主以銀五萬兩遺普,普白太祖,太祖曰:"此不可不受,但以書答謝,少賂其來使可也。"既而後主遣弟從善入貢,常賜外密賫白金如遺普之數,江南君臣始震駭,服上之偉度〔一〕。太祖幸普第,時兩浙錢王俶方遣使致書及海物十瓶於普,普置於廡下〔二〕,會車駕至,倉卒出迎,不及屏也。上顧,問是何物,普以實對,上曰:"此海物必佳。"即命啓之,皆滿貯瓜子金也。普惶恐,頓首謝曰:"臣未發書,實不知。若知之,當聞奏卻之。"上笑曰:"但受之無妨,彼謂國家事皆由汝書生爾。"上之大度皆如此也。四月,行開寶通禮。初,中丞劉温叟等上開寶通禮二百卷;至是,盧多遜上開寶通禮義纂一百卷,詔付有司施行,改鄉貢開元禮爲開寶通禮〔三〕,並以新書試問。八月,趙普罷。九月,以薛居正、沈義倫同平章事。倫自樞密副使除中書侍郎、同中書門下平章事、進賢殿大學士、兼提點劍南諸州水陸轉運使。先是,與盧多遜同列,多遜坐齊王廷美通謀事發〔四〕,倫前已病復告求致仕。太宗責其坐觀同列,不先覺發,而稔其醜迹,遂罷倫相。多遜貶崖州。始,多遜父有高識,聞其與趙普爲仇,嘆曰:"彼元勳也,而小子毀之,禍必及我。我得早没,不見敗,幸也。"竟以憂卒,未幾,多遜敗。

　　甲戌　開寶七年吳越、漳泉奉正朔,江南只稱甲戌,北漢廣運七年。春二月庚辰朔,日有食之。夏四月,遣使按廣南民田。秋九月,上命曹彬、潘美、曹翰伐江南。初,李景襲位,以宋齊丘爲宰相。周廣順初,遣其將邊鎬平湖湘,復失之。顯德二年,世宗征淮南,破景衆於山陽,遂進圍壽州。太祖總禁兵破景將何延錫於渦口,又擒皇甫暉於滁州。景大懼,奉表獻濠、壽、泗、楚、光、海六州之地,願罷兵。世宗未之許。四年春,世宗破景軍於紫金山,克壽州;冬

〔一〕　服上之偉度　原脱"服"一字,據宋江少虞皇朝類苑卷一校補。

〔二〕　普置於廡下　"置"原作"致",據太平治迹統類卷二、宋史卷二五六趙普傳校改。

〔三〕　改鄉貢開元禮爲開寶通禮　"改"原作"故",據長編卷一四、九朝編年備要卷二校改。

〔四〕　齊王廷美　"廷美"原作"延美",宋宰輔編年録卷二作"秦王廷美",今據校改。

克濠、泗二州。是年，王師克楚州，又進克揚州，將議濟江，景大懼，請割江北之地〔一〕，畫江爲界，稱臣於中朝，歲貢土物數十萬。世宗許之，始稟周之正朔。景既失淮南之地，頗躁憤，其大臣宋齊丘、陳覺、李證古皆殺之。建隆元年，太祖受命，遣使以書諭景。初，顯德中江南將校相繼來降凡三十四人，皆在京師，至是悉遣就國。自是，景遣使貢金帛、羅紈、土産、珍異，動以萬計。帝答賜稱之。車駕親征李重進，駐蹕廣陵，景遣左僕射嚴續來犒師，俄遣其子蔣國公從鎰朝行在所，上皆厚賜之。初，景之襲父位也，屬戎虜犯闕，中原多故，盧文進、皇甫暉之徒皆奔於景，跨據江淮三十餘州，擅魚鹽之利，即山鑄錢，物力富盛，嘗試貢士高祖入關〔二〕，頗有覬覦中土之意〔三〕。自世宗平淮甸浸以衰弱，及太祖既平揚州，日習馬舫戰艦於京城之南池〔四〕，景聞益懼。未幾，景以疾卒，子煜嗣。煜神骨秀異，駢齒，一目有重瞳，少聰悟，篤信佛法，喜讀書、屬文，工書畫，知音律。建隆二年，景遷洪州，立爲太子監國。是秋，襲位於建康，遣使奉表陳紹襲之意。每聞朝廷出師克捷及嘉慶之事，必遣使犒師修貢。五年，長春節，別貢錢三千萬，太祖以煜弟從善爲泰寧軍節度使，賜第留京師。煜雖外示畏服，修藩臣之禮〔五〕，而内實繕甲募兵。太祖慮其難制，令從善諭旨於煜來朝。先是，太祖命有司造大第，號"禮賢宅"，以待李煜及錢俶，先來朝者賜之。又遣李穆諭旨召赴闕，煜皆稱疾不朝，但奉方物爲貢。帝怒，遣曹彬、潘美、曹翰伐之。彬辭才力不逮，乞別選能臣。潘美盛言江南可取。帝大言諭彬曰："所謂大將者能斬出位犯分之副將，則不難

〔一〕 江北之地 "北"原作"南"，據舊五代史卷一一八周書世宗紀第五校改。
〔二〕 嘗試貢士高祖入關 "高祖"上原有"宋"一字，宋史卷四七八南唐李氏世家作"嘗試貢士高祖入關詩"，今據刪"宋"一字。
〔三〕 中土 "土"原作"止"，據宋史卷四七八南唐李氏世家校改。
〔四〕 日習馬舫戰艦於京城之南池 "戰艦"原作"戰濫"，原脱"池"一字，據宋史卷四七八南唐李氏世家校改、補。
〔五〕 藩臣之禮 "藩"原作"蕃"，據長編卷十三、宋史卷四七八南唐李氏世家校改。

矣。"且以匣劍授彬曰:"副將而下,不用命者斬之。"諸將皆失色。將行,夜召彬入禁中,上謂彬曰:"南方之事一以委卿,切勿暴略生民,務廣威信,使自歸順,不須急擊也。"帝親酌酒,彬醉,宫人以水沃其面,既醒,帝撫其背以遣,曰:"會取會取,他本無罪,只是自家着他不得。"蓋欲以恩德來之也。上以彬之厚重、美之明鋭更相爲助〔一〕。仍命吴越王錢俶出兵夾攻之。十月,曹彬收硤口寨,克池州,進拔蕪湖、當塗二縣,駐軍於采石磯。錢俶舉兵應之,克常州。閏十月,煜遣弟從鎰來貢,上留之不遣。及江南捷書累至,群臣入賀,從鎰奉表請罪,上嘉其得禮,命李穆送從鎰歸其國,手詔促國主來朝,且令諸將緩攻以待之。十一月,大江浮梁成,令前汝州防禦使陸萬夫往守之。先是,江南布衣樊若水舉進士不第,上書言事又不報,遂謀北歸。先釣魚於采石磯上,以小舫置絲繩其中,維南岸而疾棹至此,以度江之廣狹,凡十數往返,而得其丈尺之的,遂詣闕上書,請造浮橋以濟師。太祖令朗州造大橋〔二〕,順流而下,維繫既纜北岸,置兵於上,順水勢以赴南岸,軍人登岸,輦土,負甖爲城,一宿而就,吴人未之覺也。遂下池陽,命若水知池州。初造浮橋,議者謂自古未有作浮梁渡大江者,恐不能就。乃先試於石牌口,渡江者若履平地。煜初聞朝廷作浮梁,語其宦臣張洎,洎對曰:"載籍以來,長江無爲梁之事。"煜曰:"吾亦以爲兒戲爾。"及王師渡江,委兵柄於皇甫繼勳,委機事於陳喬、張洎,每軍書告急,多不時通,以及於敗。

乙亥〔三〕 開寶八年是歲江南平,吴越、漳泉奉正朔,北漢廣運八年。春正月,曹彬圍金陵凡十月,江南平,彬遣田欽祚敗江南軍於溧水,斬其統軍張雄等十七人。初,李景之割江也,雄爲江南義軍首領,拒周有功,歷袁、汀二州刺史,

---

〔一〕 美之明鋭 原脱"鋭"一字,據宋邵伯温聞見前録卷一、宋朱熹五朝名臣言行録卷一校補。

〔二〕 太祖令朗州造大橋 原脱"令"一字,據文意校補。

〔三〕 乙亥 原作"己亥",據宋史全文卷二校改。按:據干支排序,"甲戌"之後亦應爲"乙亥"。

至是爲統軍使，戒諸子曰：“吾必死於國難，爾曹其勉之。”是役也，雄父子八人偕死，不同行者亦没於他陣。彬遂進圍金陵。江南朱令贇自湖口以衆入援，號十萬，順流而下，將焚采石浮梁。王明率所部屯獨樹口，遣其子馳入奏，且請增造戰船，以襲令贇。上曰：“此非救急之策也。令贇朝夕至，金陵之圍解矣。”乃密遣使，令明於洲浦間多立長木，若帆檣之狀。令贇望見，疑有伏，即稍逗留。時江水淺涸，不利行舟，令贇獨乘大航，建大將旌旗，至皖口。步軍都指揮使劉遇急擊之，令贇縱火拒戰。會北風甚，火反及之，其衆大潰，遂生擒令贇等。金陵獨恃此援，於是孤城愈危蹙矣。王師初起，江南以京口要害，當選良將以守，劉澄舊事藩邸，國主尤親任之，乃擢爲潤州留後。澄至鎮，無鬥志，吳越兵初至，營壘未成，左右請出兵攻之，澄不從。聞金陵圍急，遂以城降。彬等列三寨，遣使以三城圖來上，帝視潘美北寨，謂其使曰：“此宜深溝自固，吳人必夜寇其壘，爾去亟令彬等督其役，併力速成之，不然爲其所乘矣。”彬等承命，盡夜濬之，纔畢，吳人果來寇，美等據新溝以拒之，吳人大敗，悉如帝料焉。李從鎰至江南諭上旨，李煜欲出降，陳喬、張洎廣陳符命，以爲金陵之固易守難取，北軍旦夕當自退矣。煜疑而止〔一〕。李穆既還，上復命諸將進兵。及潤州平，外圍愈急，始遣徐鉉來入貢求緩兵。大臣言鉉博學有才辯，宜有以待之，上笑曰：“第去，非爾所知。”既而鉉至，言煜以小事大，如子事父，其説累數百。上徐曰：“爾語父子者〔二〕，爲兩家，可乎？”鉉不能對。鉉還，尋復入奏言：“李煜無罪，陛下出兵無名。”辭氣益厲。上怒，按劍謂鉉曰：“不須多言，江南亦有何罪，但天下一家，卧榻之側，豈可容他人鼾睡乎？”鉉皇恐而退。

始，王師征金陵踰年，未校勝負，亦彼此相當。上頗有厭兵之意，朝議令築廣陵，休士馬，以爲後圖。盧多遜爭不能得。會侍御史侯陟知揚州受財不

〔一〕 煜疑而止　原脱“止”一字，據九朝編年備要卷二校補。
〔二〕 爾語父子者　“語”，九朝編年備要卷二作“謂”，似是。

法，爲部内所訟，追詣闕，陟自度繫獄必窮屈，性果悍，好大言，在廣陵知吳人窮蹙，素與多遜善，求見上。太祖令皇城卒夜負入見，即大言曰："江南滅亡在旦夕，陛下奈何欲班師？願急取之。"上因屏左右，召陟升殿問狀，時已發使詔彬罷兵，亟命追之。江南平，釋其罪，以爲左司員外郎、度支判官。金陵被圍，自春徂冬，勢愈窮蹙，上因使者諭彬以城陷之日，戒無殺戮一人。設若困獸猶鬥，則李煜一門不可加害，但可示以兵威，俾自歸順。彬累遣人告李煜曰："十一月二十七日，城必破，宜早爲之圖。"煜將遣其愛子清源郡公仲寓入覲，彬屢遣督之，言："郎君到寨，四面即罷攻。"煜惑左右之言，以爲堅壘如此，天象無變，豈可計日而取。蓋敵人之言豈足爲信。但報言："行李之物未備，宮中之宴餞未畢，將以二十七日出。"一日，彬忽稱疾不視事，諸將來問疾，彬曰："諸公若共爲信誓，破城日不妄殺一人，則彬之疾愈矣。"諸將皆許諾，遂相與焚香約誓，彬乃稱疾愈。二十七日，城陷，整軍成列，至其宮城後門，李煜方開門奉表納降，彬答拜爲之盡禮。先是，宮中積薪，煜誓言若社稷失守，當攜血屬以赴火。既見彬，彬諭以歸朝俸賜有限，費用至廣，當厚自齎裝。既歸有司之籍則無及矣。遣煜入治裝，禆將梁迥、田欽祚皆力爭，以爲苟有不虞，咎將誰執？彬曰："非爾所知。觀煜神氣懦夫女子之不若，豈能自引決哉！"彬給五百人，與之運宮中金寶財帛。時煜以國亡爲憂，無意於蓄財，所取亦不多，故比諸降王獨貧。至太宗即位，煜自陳貧乏，詔增給月俸，仍賜錢三百萬。

　　呂中曰：自古平亂之主，其視降主，不啻仇讎，而太祖待之極其恩禮。劉鋹卮酒〔一〕，飲之釋疑；李煜一門，戒無加害；故僭僞之豪悉得保全，老死於牖下。自古攻取之主，其視生民殆若草菅，而太祖待之曲加存撫。江南興師，不戮一人；平蜀多殺，每以爲恨。故新集之衆不啻如赤子

〔一〕劉鋹　原作"劉悵"，據大事記講義卷二、長編卷一六校改。

之仰父母,仁心仁聞,三代而下未之聞也。

江南平,得州一十九、軍三、縣一百有八,戶六十五萬五〔一〕。江南官吏親屬有爲軍士所掠者,彬即時遣還之,因大搜軍中,無得匿人妻女,吳人大悦。倉廩府庫委轉運使,按籍檢視,一無所問。及還,舟中惟圖籍衣衾而已,乃以捷書聞。

曹彬遣使送李煜至闕,有司議獻俘之禮如劉鋹〔二〕,上曰:"煜嘗奉正朔,非劉鋹比也。"乃授煜光禄大夫、右衛上將軍,封違命侯,而録用其子弟、大臣。召見徐鉉,責以不早勸煜歸朝,聲色甚厲。鉉對曰:"臣爲江南大臣,而國滅亡,罪固當死,不當問其他。"上曰:"忠臣也,事我如事李氏。"賜坐,慰撫之。又責張洎曰:"汝教李煜不降,使至今日。"因出帛書示之,乃王師圍城,洎所草召江上救兵蠟彈書也。洎頓首請死曰:"書實臣之所爲也。犬吠非其主,此其一爾,他尚多。今得死,臣之分也。"辭色不變。上初欲殺洎,及是奇之,謂曰:"卿大有膽,朕不罪卿。今事我,無替昔之忠也。"以鉉爲太子率更,洎爲太子中允。鉉質直無矯飾,故人子弟及親族之孤貧者來依鉉,鉉必分俸開館以納之。初,洎在江南,與陳喬同建不降之策,及事急,相要以同死社稷。然洎實無死志,入見國主,喬引咎自殺,洎乃曰:"臣當俱死,但念陛下入朝,誰與辨明此事,所以不死者,將有所待也。"江南將咼彦馬承信及弟承俊俱率十數百人力戰而死。勤政殿學士鍾倩朝服坐於家,兵及門,舉族死之。江南主以徐元瑀、刁衎爲内殿傳詔,邊書告急,元瑀等匿之,北軍屯城南十餘里,江南主猶不知也。昇州既拔,曹彬命李煜手書告諭統内州縣皆以城降,江州刺史謝彦賓集衆謀納款,指揮使胡則謂其下曰:"吾屬世受李氏恩,安可負之。刺史不忠,欲背國,爾曹能從我乎?"衆皆聽命,乃與同列宋德明等攻彦賓,彦賓逃簪雷中,執而殺之,據府第,號令驅迫

〔一〕 戶六十五萬五　明邵經邦弘簡録卷八六作"戶六十五萬五千六十"。
〔二〕 劉鋹　原作"劉倀",據長編卷一六校改。下同。

丁壯，日夜守禦。曹翰圍之，屢遣使招諭，則不從，城陷，翰執之，數其距命之罪，對曰："犬吠非其主，公何怪也？"翰腰斬之，并殺宋德明。上初命右補闕張霽知江州，與翰偕來。既入城，兵掠民家，民訴於霽，霽按誅翰兵。翰以江民拒守，又忿其訴〔一〕，發怒屠城，死者數萬人，投尸井坑既滿，餘棄江中。先是，上以江州垂破，遣使持詔，諭翰毋殺戮。使者至獨樹浦，值大風〔二〕，不能渡，至，既屠矣。民家財貨鉅萬〔三〕，翰悉取之。彬之子孫貴盛累世，翰没未久，子孫有乞丐者。

始，唐季之後諸方割據，大并小，彊吞弱，歷五代五十三年，及帝受周禪，凡得州府軍監總一百三十九，四面皆有昔日藩臣割據，僭偽假竊之國也。帝受命，憫生民罹亂，土宇蕩析，英武大度，必欲混一車書，凡一世英雄豪傑之才盡在術中，而其屠君幼主，視之如机上肉爾。蓋其神機妙算，高出前世，譬之天之覆育萬物，役使退聽而不露其迹。建隆三年始出師援湖南，高繼沖望風送欵，次年，湖南亦平；又三年平蜀孟昶；又六年，江南李煜來朝；又四年俘嶺南劉鋹〔四〕，而錢俶自帝始受命則傾國貢獻，略無虛歲，至太平興國四年克復江東，則天下一統，靡不臣妾矣。是年，宋興已二十載矣。世之議者乃謂昔王朴嘗論用兵之略，云淮南可最先取，并必死之寇最後亡。其後太祖、太宗平定四方，惟并獨後，如朴言是。不然，太祖既得天下，破上黨，取李筠，征維揚，誅李重進，皆一舉破蕩，知兵力可用，僭僞可平矣。嘗語太宗曰："中國自五代以來，兵連禍結，帑藏空虛，必先取西川，次及荆湖、江南，則國用富饒矣。今

〔一〕 又忿其訴 "又"原作"人"，據九朝編年備要卷二校改。
〔二〕 值大風 "值"原作"植"，據九朝編年備要卷二校改。
〔三〕 財貨鉅萬 "鉅"原作"詎"，據九朝編年備要卷二校改。
〔四〕 劉鋹 原作"劉倀"，據上文之"劉鋹"校改。下同。

之勁敵獨在契丹，自開運以來，益輕中國。河東正扼北蕃，若遽取河東，即與契丹接境，莫若且存劉繼元爲我屏翰，俟我富實，取之未晚。"故太祖末年方征河東。太宗即位，再舉乃平。由是言之，則帝豈畏幷必死之寇哉！特以其施設自有先後爾，非朴之所知也。太祖、太宗之取天下也，純用仁德，無赫然暴曜之功，而天命自集，非如漢、唐、晉、宋之君，以兵革毒天下生民，百戰而得之也。死，其仁德所以浸灌海內，二百年間生民不識兵革，蓋天地還以此報之爾。其待遇諸國降王則極其恩禮，周保權以左羽林將軍奉朝請十八年而終，高繼冲以徐州大都督府長史鎮彭門幾十年而終，李煜以列侯奉朝請者八年，劉鋹以右千牛大將軍領宿衛者五年，錢俶以淮南國王賜玉冊金印，富貴安榮十二年而終。由是言之，則帝之所以待降王者可謂無負矣。而黜盧陰猜，妄生疑忌。太祖嘗幸講武池，從官未集，劉鋹先至，詔賜金巵酒，鋹泣曰："臣承祖、父基業，違拒朝廷，勞王師致討，罪固當死，陛下赦之不殺，願延旦夕之命，以全生成之恩〔一〕。"太祖笑曰："朕推赤心於人，安有是事。"命取鋹酒自飲，別酌以賜，鋹大慚。錢俶初入朝，既而復令歸國，群臣多請留俶，而使之獻地，太祖曰："朕方征江南，得俶歸國，因使治兵，則吾兵力可減半矣。江南若下，俶敢不歸乎？"既而皆如所料。高繼冲始以荊南節度納土歸朝，帝復之出鎮彭門，而境內亦治；周保權始則擁眾交鋒，拒敵王師，既不勝，則焚廬舍，空府庫，驅掠居人奔竄山谷，城郭爲之一空，至其勢窮力竭則哀鳴乞降，而帝一切不問，惟以恩禮厚待之。帝之大度可謂如天地之無不覆載，江河之無不涵容矣。

〔一〕 陛下赦之不殺願延旦夕之命以全生成之恩　宋歐陽修新五代史卷六五南漢世家作"陛下不殺，臣今見太平，得爲大梁布衣足矣。願延旦夕之命，以全陛下生成之恩，臣未敢飲此酒"。宋羅從彥豫章文集卷二尊堯錄一作"陛下既待臣以不死，願爲大梁布衣，觀太平之盛，未敢飲此酒也"。

上嘗衣澣濯之衣，寢殿靑布緣葦簾，晉王光義言服用太質素，上正色曰："爾不記居甲馬營中時耶？"三月，契丹來聘，初通使於契丹。教坊使衛德仁〔一〕乞補外，且引後唐莊宗事，求領一郡。上曰："用伶人爲刺史，亂世之事，豈可效耶？"宰相爲擬上州司馬，上曰："此輩只於樂部中遷轉，上州佐官乃亦不可輕授。"乃除太常太樂令。六月，彗出柳，長數丈〔二〕。秋七月辛未朔，日有食之。遣使契丹。先是，三月契丹來聘，進獻方物，至是遣使報聘。上召隨州留後〔三〕王全斌授武寧軍節度使。初，全斌以伐蜀私取錢物貶秩，至是，帝謂之曰："朕以金陵未平，常慮平江南諸將恣行貪暴〔四〕，抑卿數年，爲朕立法。今江南既平，還卿節鉞。"又別出器幣、錢物數萬賜之〔五〕。九月，畋近郊。上因逐兔馬蹶而墜，因引佩刀刺馬，殺之。既而悔曰："吾爲天下主，而輕事畋遊，非馬之罪也。"自是不復獵矣。冬十月，修西京宮闕。

丙子　開寶九年十月太宗即位，十二月改太平興國元年。吳越、漳泉奉正朔，北漢廣運九年〔六〕。春二月，上尊號，請加"一統太平"，以燕、晉未平，不許。以曹彬爲樞密使，領忠武節度，以山南東道節度潘美領宣徽北院使。初，彬之行，上許彬以使相爲賞，及還，語彬曰："姑徐之，更爲我取太原。"因密賜錢五十萬。彬退而嘆曰："好官亦不過多得錢爾，何必使相也。"昭憲太后聰明有智度，嘗與太祖參決大政，及疾篤，太祖侍藥餌，不離左右。太后曰："汝知所

〔一〕　衛德仁　原作"衛得仁"，據長編卷一六、九朝編年備要卷二校改。
〔二〕　長數丈　宋史卷三太祖本紀三作"長四丈"。
〔三〕　隨州留後　長編卷一七作"崇義留後"。
〔四〕　常慮平江南諸將恣行貪暴　原脱"南"一字，據下文之"今江南既平"校補。
〔五〕　初全斌以伐蜀私取錢物貶秩至是帝謂之曰朕以金陵未平常慮平江南諸將恣行貪暴抑卿數年爲朕立法今江南既平還卿節鉞又別出器幣錢物數萬賜之　長編卷一七所載與此文字有不同："上謂全斌曰：'朕頃以江左未平，慮征南諸將不持紀律，故抑卿數年，爲朕立法。今已克金陵，還卿旄鉞。'仍加厚賜。"
〔六〕　廣運九年　"九"原作"元"，據宋史全文卷二校改。

以得天下乎？"上曰："此皆祖考與太后之餘慶也。"太后笑曰："不然。正由柴氏使幼兒主天下爾。"因戒太祖曰："汝萬歲後，當以次傳之二弟，則并汝之子亦獲安矣。"太祖頓首泣曰："敢不如母教。"太后因召普於榻前，以約誓書，普於紙尾自署名云"臣普書"，藏之金櫃，命謹密宮人掌之。吳越王俶來朝，命居禮賢宅，寵錫甚厚。俶辭歸國，上賜以黃複，封緘甚固，曰："途中宜密視之。"及啓之，皆群臣乞留俶奏疏也〔一〕，俶益感懼。三月，上如西京，謁安陵。上生於洛陽，樂其風土，意欲留居之。起居郎李符上言陳八難，節度使李懷忠乘間言曰〔二〕："東都有汴渠之漕，坐致江、淮米四五十萬，都下百萬之師仰給焉。帑藏、重兵皆在東京〔三〕，而陛下欲都此〔四〕，將誰與處也。"晉王亦言非便。上曰："遷河南未已，久當遷長安。"晉王叩頭切諫〔五〕，上曰："吾將西遷者無他，欲據山河之勝而去冗兵爾。"因謂左右曰："晉王之言固善，今姑從之。不出百年，天下民力殫矣。"

　　呂中曰：國初，所以不都關中而都汴者，以靈武、燕薊之地未復也。然洛與汴皆河南之土，洛之險猶可恃，而汴則無險可畏也。欲爲四方有事之備，則當都洛陽，高城深池，堅甲重兵，以杜諸夏不虞之備，伐北夷深入之謀。若已都汴，則不得不以守四夷爲説〔六〕，此我太祖所以有都西京

〔一〕皆群臣乞留俶奏疏也　"群"原作"賜"，據九朝編年備要卷二校改。

〔二〕節度使李懷忠乘間言曰　"節度使"，長編卷一七作"鐵騎左右廂都指揮使"，宋史全文卷二作"左右廂都指揮使"。按：李懷忠爲節度使，乃宋太宗太平興國二年冬，開寶九年便稱其爲節度使，誤矣。"乘"原作"承"，據長編卷一七、宋史全文卷二校改。

〔三〕東京　原作"西京"，文意不通。長編卷一七作"大梁"，今據文意校改爲"東京"。

〔四〕而陛下欲都此　"欲"原作"與"，據文意校改。

〔五〕叩頭　原作"扣頭"，據長編卷一七、宋史全文卷二校改。

〔六〕以守四夷爲説　"爲"原作"之"，據宋史全文卷二、宋大事記講義卷二校改。

之議也〔一〕。然都汴固不得已，都西京亦不得已也。使太祖收靈夏，復燕薊，則必都長安矣。

夏四月庚子，郊，大赦。秋八月，命黨進伐北漢。以楚昭輔、王仁贍分領宣徽南、北院。上親試進士王嗣宗等三十一人〔二〕，擢嗣宗爲第一〔三〕。上覆試禮部舉人王式等，謂之曰："向者登科名級，多爲勢家所取，甚塞孤貧之路〔四〕。朕今親試，盡革昔弊。"式等稽首謝。於是内出試題，得王嗣宗以下三十一人〔五〕。初，徐鉉來朝，欲以口舌存其國，謂太祖不文，盛稱其主博學多文，有聖人之能。使誦其詩，曰："秋月之篇，天下傳誦之。"太祖大笑，曰："寒士語爾！吾不道也。"鉉内不服，謂太祖大言無實，數請聖作。殿上驚惶，相目失色，太祖徐曰："吾微時自秦中歸，道華下，醉卧田間，覺，月出〔六〕，有句云：'未離海底千山黑，纔到中天萬國明。'"鉉大驚，群臣稱壽。冬十月癸丑，上崩於萬歲殿，年五十，在位十七年。諡曰英武聖文神德，廟號太祖。上仁孝豁達，有大度，陳橋之變迫於衆心，洎入京師，市不易肆，專務抑奪諸侯，愛養民力。自五代以來，藩鎮强盛，每移鎮守代，皆先命近臣諭旨，仍發兵備之，尚或不奉詔。上之受禪也，異姓封王及帶相印者猶不下十數人，上漸削其權，專任儒臣，分理郡國。自是諸侯勢輕，禍難不作矣。末年，有州

〔一〕 此我太祖所以有都西京之議也　原脱"我"一字，據宋大事記講義卷二、宋史全文卷二校補。

〔二〕 三十一人　宋史卷三太祖本紀三同，但長編卷一六、宋史全文卷二均作"三十人"。

〔三〕 擢嗣宗爲第一　原脱"宗"一字，據上文之"王嗣宗"校補。下同。

〔四〕 甚塞孤貧之路　"甚"，長編卷一六、宋史全文卷二均作"致"，似是。

〔五〕 按：長編卷一六、宋史全文卷二、宋史卷三太祖本紀三均記載此事，並係於開寶八年二月；宋史卷二八七王嗣宗傳亦作"開寶八年，登進士第"。可見本書將王嗣宗登第時間係於開寶九年是錯誤的。

〔六〕 月出　"月"原作"日"，宋陳師道後山詩話作"覺而月出"，今據改。按：趙匡胤微時所作此詩名爲咏月，故作"月"是。

二百九十七、户二百五十萬云。先是，上於壬子夜召晉王至宮中，晉王疑而生異心，左右退，但遥見燭影下晉王離席，若有遜避之狀，既而上引柱斧戳地，大聲曰："好爲之。"須臾上崩，時漏下四鼓矣。后見晉王，愕然，遽呼曰〔一〕："吾母子之命皆托於官家。"晉王泣曰："共保富貴，莫憂也〔二〕。"甲寅，晉王即皇帝位，改名炅，大赦。先是，太祖嘗謂左右曰："觀晉王龍行虎步，異日必爲太平天子，非吾所能及也。"以廷美爲開封尹，封齊王。太祖第三子〔三〕。德昭封郡王，德芳節度使。乃太祖第二子〔四〕。以薛居正、沈倫爲左右僕射，盧多遜中書侍郎並平章事，曹彬同平章事。詔場務不聽人添額買撲〔五〕。

十一月，罷俸户。追册尹氏淑德皇后。令轉運以三科察舉：政績尤異爲上，恪居官次、職務粗治爲中，臨事弛慢、所涖無狀爲下，歲終以聞。以張洎直舍人院。十二月，大赦，改太平興國元年。置三司副使，以賈琰爲之。

是歲，高麗王昭死，弟伷立〔六〕。

〔一〕遽呼曰 "遽"原作"渠"，據長編卷一七、宋史全文卷二校改。
〔二〕莫憂也 "莫"，長編卷一七、宋史全文卷二均作"勿"。
〔三〕太祖第三子 誤。按：趙廷美是宋太祖二弟，杜太后第三子。
〔四〕乃太祖第二子 誤。按：趙德芳乃宋太祖第四子。
〔五〕詔場務不聽人添額買撲 "場務"下原衍一"人"字，據文意删。
〔六〕是歲高麗王昭死弟伷立 長編卷一七、宋史全文卷二均作"是歲，高麗國人金行成始入學於國子監"。按：據長編卷一七"開寶九年九月庚午"條又載："高麗國王王昭卒，其子伷權領國事。庚午，遣使趙尊禮入貢，且請命。"這裏有"子"與"弟"之異；宋史卷三太祖本紀三亦載：開寶九年九月庚午，權高麗國事王伷遣使來朝獻。有具體年月日的事件，通常不會置於一年的末尾，籠統地説"是歲"。

卷之三
朝散郎、尚書禮部員外郎、兼國史院編修官李燾經進

宋太宗一

丁丑 太平興國二年吳越、漳泉奉正朔，北漢廣運十一年。春正月，上初即位，顧謂侍臣曰："朕欲博求俊彥於科場中，非敢望拔十得五，止得一二亦可爲致治之具矣。"於是禮部上所試合格人姓名，上御講武殿覆試呂蒙正等一百九人，以蒙正爲第一。越二日，覆試諸科，得二百餘人，並賜及第。又詔禮部閱貢籍，得十舉以上至十五舉進士、諸科一百八十餘人，並賜出身，九經七人不中格，上憐其老，特賜同三傳出身，凡五百餘人皆賜袍笏，賜宴開寶寺，上自爲詩二章賜之。第一、第二等進士及九經授將作監丞、大理評事、通判諸州，其餘皆優等注擬，寵章殊異，歷代未有也。初，太祖幸西都，張齊賢以布衣獻策，召見，問以所言，齊賢以手畫地條陳下并汾、富民、封建、崇學、舉賢、太學、籍田、選良吏、懲姦、卹刑十策，太祖善其四，齊賢堅執其餘皆善，太祖怒，令武士拽出。及車駕還京，太祖曰："我幸西都得一奇士，我不欲爵之以官，異日汝可收之爲相也。"至是放進士榜，有司偶失選掄，置在三甲之末，及注官，有旨盡與京官通判〔一〕。王化基亦聯名釋褐，受贊善大夫、知嵐州。趙韓王以驟進少年，無益於治，抽詔改授幕官，化基歎曰："不幸丞相以

〔一〕有旨盡與京官通判 "官"原作"州"，據宋宰輔編年錄卷二校改。

舊勳自恃，特忌晚進。男兒既逢明時，豈能事幕府承迎於婉畫之末。"抗疏自薦，表稱真定男子，嘗慕范滂爲人，有攬轡澄清天下之志，遂進澄清五略，皆切於時要。太宗壯之，曰："化基能自結人主，慷慨不群之士也。"亟用之，由著作郎、三司判官、左拾遺召試中丞、知制誥。上之英武〔一〕，不次用人多此。二月，廢江南李煜舊用鐵錢。置江南榷茶場〔二〕，仍嚴茶鹽禁。三月，置榷易局，出官庫香藥寶貨〔三〕，許商人入金帛買之。賜白鹿洞九經，洞在廬山之陽，學徒常數百人。夏四月，葬太祖於永昌陵，祔廟以孝明皇后王氏配。契丹主遣使來會葬，尋遣辛仲甫使契丹，契丹主問曰："聞中國有黨進者真驍將，如進之比凡幾人？"仲甫對曰："名將甚多，如進鷹犬之材〔四〕，何可勝數。"上詔轉運使考按諸州，凡諸職任，第其優劣，復遣使分行州縣，廉察官吏。

五月，河南府法曹參軍高丕、伊闕縣主簿翟嶙、鄭州滎澤縣令申廷溫皆以罷軟不勝任〔五〕、惰慢不親事免官。八月，陳洪進來朝。令支郡得專奏事，至是天下節鎮無復領支郡矣。九月，嚴私鑄錢禁。容州初貢珠。築講武臺於城西楊村，大閱。冬十一月丁亥朔，日有食之，既。渤尼國遣使來貢。上以右武將軍趙延進有捍虜功，遷右屯衛大將軍、知鎮州。初，延進爲定州駐泊鈐轄，契丹入寇，上詔延進與大將軍崔翰、李繼隆將兵八萬以禦之，詔賜陣圖，分爲八陣，俾奉之從事。師次城外，虜騎奄至，延進乘高望之，東西亘野，不見其後。翰等方按圖布陣，相去各百步，士衆疑懼，略無鬥志。延進謂翰等曰："主上委吾等以邊事，蓋期於克敵爾。今虜若此，而我師星布，其勢相絶，若馳突我師，將何以濟？不如合而擊之，可以決勝。違令而獲利〔六〕，不猶愈於辱

〔一〕 上之英武　"之"原作"不"，據朱氏與畊堂刊本校改。
〔二〕 榷茶場　"榷"原作"確"，據九朝編年備要卷三、宋史卷四太宗本紀一校改。
〔三〕 香藥寶貨　原脱"貨"一字，據九朝編年備要卷三注文校補。
〔四〕 如進鷹犬之材　"犬"原作"大"，據長編卷一八、宋史全文卷三校改。
〔五〕 申廷溫　"廷"原作"延"，據長編卷一八、宋史卷四太宗本紀一校改。
〔六〕 違令而獲利　"令"原作"例"，據長編卷二○、宋史卷二七一趙延進傳校改。

國乎？"翰曰："萬一不捷，則若之何？"延進曰："儻有喪敗，則延進獨當其責！"於是改爲二陣，前後相副，士衆皆喜，三戰，大破之，斬獲踰倍。上嘉其功，故有是命。

戊寅　太平興國三年是歲吳越、漳泉納土，北漢廣運十二年。春正月，開襄漢漕渠。二月，趙普入見。上更置三館，賜名崇文院，上幸新修崇文院，觀群書久之，詔親王、宰相恣其檢閱問難。以虞部郎中王龜從、水部員外郎王素、左拾遺畢士安、秘書丞張茂直充諸王府記室參軍，召見，謂之曰："諸子生長深宮，未知世務，必資良士贊導，使日聞忠孝之道。卿等皆謹恪有行，故茲精選，各宜勉之。"

三月，吳越王俶來朝。夏四月，置諸路轉運判官。上於崇德殿復宴吳越王。初，吳越王將入朝，進犀象、錦綵、金銀、珠貝、器用之物逾鉅萬計〔一〕，俶意求反國，故厚其貢奉，以悅朝廷。宰相盧多遜勸上留俶，凡三十餘請不獲命。會陳洪進奉表獻漳、泉兩郡，詔授武寧軍節度使，留京師奉朝請，俶懼，乃籍其國兵甲獻之，上表乞罷封吳越國，及解天下兵馬大元帥之職，且求歸本道。上不許，俶不知所爲，崔仁冀曰："朝廷意可知矣，大王不速納土，禍將至矣。"俶左右争言不可，仁冀厲聲曰〔二〕："今已在人掌握中，去國千里，惟有羽翼乃能飛去耳。"俶獨與仁冀決策納土。五月，錢俶上表獻十三州一軍之地〔三〕，上御乾元殿受朝，如冬至儀。俶朝退，將佐始知之，皆慟哭曰："吾王不歸矣。"凡得縣八十六，户五十五萬六百八、兵十一萬五千三十六，封錢俶爲淮海國王，子惟濬、惟演，孫承祐皆授節度使。俶性謙和，未嘗忤物，崇信釋氏，前後造寺數百，歸朝又以愛子爲僧，尤善草書。上一日遣使謂曰："聞君善草聖，可寫一二紙進來。"俶即以舊所書絹圖上之，詔書襃美，因賜玉硯

〔一〕　逾鉅萬計　"鉅"原作"鋸"，據長編卷一九校改。

〔二〕　仁冀厲聲曰　原脱"仁"一字，據長編卷一九、十國春秋卷八七崔仁冀傳校補。

〔三〕　獻十三州一軍之地　原脱"一軍"二字，據長編卷一九、宋史全文卷三校補。

金匱一、蜀牋盈丈紙皆數百〔一〕。自鏐至俶世有吳越之地僅百年，管內諸州皆子弟將校，授任而後請命於朝〔二〕，有至使相者〔三〕。俶任太師、中書令四十九年，爲元帥三十九年，及歸朝，子惟演、惟濟皆童年，召見慰勞，起家諸衛將軍，善始令終，極窮富貴，福履之盛，近代無比。然性儉素，自奉尤薄，常服大帛之衣，食不重味。頗知書，雅好吟詠，在吳越日自編其詩數百首，號曰政本集。其後劉繼元降，上御連城臺，誅軍中先亡命太原者，顧謂俶曰："卿能保全一方以歸於我，不致血刃，深可嘉也。"始，崔仁冀事俶〔四〕，首建歸朝之議，吳越丞相沈虎子者，錢氏骨鯁臣也，俶爲朝廷拔常州，虎子諫曰："江南，國之藩蔽，今大王自撤其藩蔽，將何以衛社稷？"俶不聽，以仁冀代爲丞相〔五〕。仁冀說曰："主上英明，所向無敵，今天下事勢已可知，保族全民，策之上也。"俶深然之，至是納土，賜第以居，上深寵之。以范旻權兩浙諸州事。錢氏地狹民衆，賦斂苛暴，旻悉奏蠲之。詔免荆、湖南轉運使崔憲，副使許奇，削籍爲民，奪所賜錢五十萬〔六〕，坐罷軟不任，臨事稽留不決。上命福建諸郡輸鶴翎爲箭羽，既非常有之物，而官司督責甚急，民尤苦之。漳州龍溪縣主簿王濟輒以便宜諭部民，以鵝翎代之，因附驛奏裁。詔可其請，施及旁郡，民咸便之。上詔以昌州七井歲有虛鹽額一萬八千餘斤〔七〕，罷之。先是，開寶七年，知州李專以掊斂市恩，務變其法，因廢諸井薪錢，仍於歲額外增鹽稅，課

〔一〕 盈丈紙　"丈"原作"文"，據宋史卷四八〇吳越錢氏世家校改。

〔二〕 授任而後請命於朝　"而"原作"其"，據宋史卷四八〇吳越錢氏世家校改。

〔三〕 有至使相者　原脫"相"一字，據宋史卷四八〇吳越錢氏世家校改。

〔四〕 崔仁冀事俶　"崔仁冀"原作"周仁善"，據長編卷一九、宋史卷四八〇吳越錢氏世家校改。

〔五〕 以仁冀代爲丞相　"冀"原作"善"，據涑水記聞卷二校改。下同。

〔六〕 奪所賜錢五十萬　"奪"原作"納"，據長編卷一九校改。

〔七〕 以昌州七井歲有虛鹽額一萬八千餘斤　"七"原作"一"，據山堂考索後集卷五七財賦門再考本朝鹽校改。

部民煮之，民不習其事，甚以爲苦，雖破產猶不能償其數，以至於流移入他郡，戶口日以減耗，至是本道轉運使列其事於三司，太宗盡令罷之。李克叡卒，子繼筠嗣。

六月，河決寧陵。詔贓吏配者，遇赦勿敘。

秋九月，親試進士胡旦等七十四人，擢旦爲第一。中書令史李知古坐受贓擅改刑部所定法〔一〕，上特命杖殺之。初，張洎善事宦官〔二〕，在翰林日引唐故事，奏内供奉官藍敏正爲翰林使，内侍裴愈副之，太宗謂洎曰："此唐室弊政，疑貳近臣，以中人監之。朕方恢復古道，安肯蹈此覆轍。卿爲侍臣，宜以正道事朕，今此議何也？"洎慚恐而退。大理評事陳舜封因奏事，太宗見其口捷，舉止類倡優，問誰氏子，舜封對以父嘗爲教坊伶官，帝曰："汝真雜類，豈得任清望官。"改授殿直。上至誠御下，任人不疑，虛懷聽納，雖布衣疏賤，必溫顔接訪，以盡其意，至有辭涉狂悖者，未嘗加罪。謂侍臣曰："昔禹拜昌言，世稱其美。今諫者苟能救朕之失，豈惜夏禹之拜乎！"

冬十月，上召見孔宜，問以孔子世嗣，遂襲封文宣公〔三〕。置内藏庫。初，太祖既平諸國，珍寶、金帛填溢内府，其後漳泉、吳越相次獻地〔四〕，又平太原、兩川，帑藏盈衍，用度豐給。建隆以來，天下財貢盡入左藏庫，至乾德初府庫充羨，太祖嘗曰："軍旅、饑饉，當預爲之備，不可臨事厚斂於民。"乃於講武殿別爲内庫，以貯金帛。至是，太宗分左藏北庫爲内藏庫。帝謂左右曰："朕置内藏，蓋慮司計之臣不能節約〔五〕，異時用度有闕，更取於民。朕終

〔一〕 中書令史李知古　原脱"史"一字，據九朝編年備要卷三、宋史卷四太宗本紀一校補。

〔二〕 張洎善事宦官　"宦官"原作"中郎"，據長編卷三六、太平治迹統類卷三太宗聖政校改。

〔三〕 遂襲封文宣公　"公"原作"王"，據九朝編年備要卷三、宋史全文卷三校改。

〔四〕 其後漳泉吳越相次獻地　原脱"吳"一字，據群書考索後集卷六四財賦門内庫類校補。

〔五〕 蓋慮司計之臣不能節約　"蓋"原作"當"，據九朝編年備要卷三、宋史卷一七九食貨志下一校改。

不敢以此自供嗜好也。自乾德、開寶以來至淳化二十年間，有司歲貸內藏〔一〕，有至三百餘萬者，累歲不得償，遂除其籍。河決於靈河。十一月丙申，郊，奉太祖配，大赦。

　　己卯　太平興國四年是歲北漢平。春正月，命潘美伐北漢。置簽署樞密院事，以石熙載爲之。新渾儀成。二月，上親征北漢。初，太祖征河東，相持日久，用李光贊之言而止〔二〕。至太平興國二年，河東胡桃寨指揮使史溫等四十四人內附〔三〕，太宗謂齊王廷美曰："太原我必取之。"是歲始議征伐。上謂樞密曹彬曰："周世宗及太祖皆親征太原，以當時兵力而不能克，何也？豈城壁堅完不可近乎？"彬曰："世宗時史彥超敗於石嶺關〔四〕，人情震恐，故師還。太祖頓兵甘草地中，軍人多被腹疾，遂中止，非城壘不可近也。"太宗曰："我今舉兵，卿以爲如何？"彬曰："以今日國家兵甲精銳，人心欣戴〔五〕，若弔而伐之〔六〕，如摧枯拉朽，其勢甚易。"太宗意遂決。宰相薛居正曰："昔周世宗舉兵，太原倚北戎之援，堅壁不戰，以至師老而歸。及太祖破虜於鴈門關南〔七〕，盡驅其人民分處河洛之間，雖巢穴尚存，而危困已甚，得之不足以闢土，捨之不足以爲患，願陛下熟慮之。"太宗曰："今日事同而勢異，

〔一〕　有司歲貸內藏　"貸"原作"貢"，據群書考索後集卷六四財賦門內庫類、宋史卷一七九食貨志下一校改。

〔二〕　李光贊　原脱"贊"一字，據長編卷十、宋史卷二太祖本紀二校補。

〔三〕　四十四人內附　長編卷一八作"四十四户二百四十五口內附"。

〔四〕　史彥超　原脱"彥"一字，據舊五代史卷一二四史彥超傳、新五代史卷三三史彥超傳、太平治迹統類卷二太祖太宗親征北漢校補。

〔五〕　人心欣戴　"戴"原作"載"，據太平治迹統類卷二改。

〔六〕　若弔而伐之　長編卷二〇、宋史全文卷三、太平治迹統類卷二均作"若行弔伐"。

〔七〕　及太祖破虜於鴈門關南　原脱"鴈門"二字，長編卷二〇作"及太祖破敵於鴈門關"。今據補"鴈門"二字。

彼弱而我彊〔一〕。昔先帝破北虜〔二〕,徙其人而空其地,正爲今日事也。朕計決矣〔三〕,卿等勿復言。"遣宣徽南院使潘美率諸將進討,及分兵圍汾、潯、嵐等州,車駕遂親征。先遣驍將郭進等控石嶺關〔四〕,以斷北戎之援。三月,契丹果來救晉〔五〕,進擊敗之。繼元先遣子續質於虜,至是遣步卒間道齎蠟丸帛書告急求救,爲進所得,徇於城下。繼元外援不至,饟道又絕,王師數十萬長圍四合,自春徂夏,矢石如雨,晝夜不息,城中人心惶懼。會車駕奄至,親督衛士急攻,人百其勇,城無全堞。上慮城陷則殺傷者衆,以手詔諭繼元以禍福,繼元猶不悟。五月壬午,河東馬軍都指揮使郭萬超踰城出降,繼元帳下親信多亡去,城中危甚,上又自草詔賜之。癸未,王師進攻甚銳,氣不可遏,是夕漏下十刻,繼元始遣客省使李勳上表納款。甲申遲明,繼元率官屬待罪臺下,詔釋其罪。六月,繼元至京師,告獻太廟,詔授檢校太師、右衛上將軍,封彭城郡公。繼元叩頭:"臣聞車駕臨,即願束身歸罪,蓋亡命卒懼死,迫臣不得降爾。"上籍軍中亡卒得數百人,選其巨害者以軍法從事,餘悉賜衣帛錢物,分隸諸軍。崇自周廣順元年僭號,四主,二十九年而亡,得州十、縣四十一,戶三萬五千、兵三萬。初,城中人猶欲固守,左僕射致仕馬峰以病卧家,昪入見北漢主〔六〕,流涕以興亡諭之,遂納款。繼元妻峰女也。初,太宗征太原〔七〕,

〔一〕 彼弱而我彊 "彊"原作"疆",據長編卷二〇校改。

〔二〕 昔先帝破北虜 "帝"原作"王",據長編卷二〇校改。長編卷二〇作"昔先帝破此寇"。

〔三〕 朕計決矣 "矣"原作"意",據長編卷二〇校改。長編卷二〇作"朕意決矣"。

〔四〕 先遣驍將郭進等控石嶺關 "控"原作"抗",據隆平集卷一六郭進傳校改。宋史卷四八二北漢劉氏世家"控"作"扼"。

〔五〕 契丹果來救晉 "晉"原作"燕",隆平集卷一六郭進傳作"北兵來援晉",今據改。

〔六〕 昪入見北漢主 "昪"原作"羿",據長編卷二〇、九朝編年備要卷三、宋史全文卷三校改。

〔七〕 太宗征太原 "宗"原作"祖",據東都事略卷二三劉繼元傳、宋朝事實卷一七削平僭僞、宋史卷四八二北漢劉氏世家校改。

行次澶淵，有太僕寺丞宋捷者，掌出納行在軍儲〔一〕，迎謁道左，太宗見其姓名喜之，以爲我師有必捷之兆，令語攻城諸將曰："我端午日當置酒高會於太原城中。"繼元降乃五月五日也。以劉保勳知太原府，廢太原舊城爲平晉縣〔二〕，以榆次縣爲并州〔三〕。上遣中使召劉繼業，得之大喜，命爲防禦使。繼業初爲繼元扞太原城東南〔四〕，頗殺傷王師，及繼元降，繼業猶據城苦戰。上素知其勇，欲生致之，諭繼元俾招之，繼元遣所親信往，繼業乃北面再拜，大慟釋甲來見。上喜，慰撫之甚厚，復姓楊名業。業初姓楊氏，名重貴，幼事北漢，更賜以姓名，上命業知代州。業在邊，契丹畏之，每望業旗即引去，邊將多嫉之，或譖上謗書，斥言其短，上皆不問，封其書付業。詔征契丹，六月，發鎮州，扈從六軍有不時至者〔五〕，上怒，欲置於法，馬步軍都頭趙延溥遽進曰："陛下巡行邊陲，本以胡虜爲患，今敵未殄滅而誅譴將士，若圖後舉，誰爲陛下勠力者？"上嘉納之。易州、涿州來降，東易州即岐溝也。上至幽州，敗契丹於城北。秋七月，上至自幽州。攻城逾旬不下，士卒疲頓，轉輸回遠，又恐契丹救至，遂詔班師。李繼筠卒，弟繼捧嗣。

八月，汴決宋城，命塞之。武功郡王德昭薨，追封魏王，諡曰懿。初，德昭從征幽州，當夜驚，不知上所在，有謀立德昭者。上聞不悅，及歸，以北征

〔一〕 掌出納行在軍儲　"納"原作"内"，據宋朝事實卷一七削平僭偽、古今事文類聚前集卷九高會太原校改。

〔二〕 廢太原舊城爲平晉縣　"平"原作"臨"，據長編卷二〇、九朝編年備要卷三校改。

〔三〕 以榆次縣爲并州　"榆"原作"揄"，據長編卷二〇、九朝編年備要卷三校改。

〔四〕 繼業初爲繼元扞太原城東南　"爲"原作"與"，"東"原作"中"，據九朝編年備要卷三校改。

〔五〕 扈從六軍有不時至者　"不"原作"一"，據九朝編年備要卷三校改。

不利〔一〕，久不行太原之賞〔二〕，德昭言之，上大怒，曰："待汝自爲之，賞未晚也。"德昭退而自刎。上聞驚悔，往抱其屍哭曰："癡兒，何至此耶！"九月，河決汲縣。以楊可法爲皇子侍讀。除蜀鐵錢禁。契丹寇鎮州，趙延進追敗之。上嘗讀唐書〔三〕，見馬周布衣上疏言事，謂群臣曰："周有經天緯地之才，太宗能知人任使，遂致太平。"因歎曰〔四〕："今之天下人才復有如馬周者乎？"其思賢之切如此。光禄寺丞王濟爲刑部詳覆官，屢上封事〔五〕，太宗並嘉之。諸道有提點茶鹽酒税之職，得採訪時事，朝廷頗重其選，至是京西闕官，太宗顧左右曰："法寺有好言事者爲誰〔六〕？"左右以濟對，遂命補之。上知王禹偁有文學，欲驟用之，自大理評事擢爲右正言、直史館。上嘗謂宋琪曰："珍禽奇獸非朕所尚，但方内太平，此爲上端也。"上詔宰臣、戚里不許於秦隴市木，蓋慮因緣販易，隳壞國家法制。上嘗謂侍臣曰："君臣之間要在上下之情通，若稍間隔，豈能盡致理之道？古人有言'君之視臣如手足，則臣視君如腹心；君之視臣如草芥，則臣視君如國人'，此言甚有理。"宋琪進曰："易卦乾在上，坤在下，謂之'否'，此天氣不下降，地氣不上騰之謂也。坤在上，乾在下，謂之'泰'，此二氣交泰之謂也〔七〕。則知君臣之道必在情通，

〔一〕 以北征不利　原脱"征"一字，據長編卷二〇、宋史全文卷三校改。九朝編年備要卷三作"以親征不利"。

〔二〕 久不行太原之賞　"不"原作"遠遠"，據長編卷二〇、宋史全文卷三、九朝編年備要卷三校改。

〔三〕 上嘗讀唐書　"書"原作"史"，據朱氏與畊堂刊本校改。

〔四〕 因歎曰　"歎"原作"歡"，據朱氏與畊堂刊本校改。

〔五〕 屢上封事　"事"原作"奏"，據涑水記聞卷二、長編卷三一校改。

〔六〕 法寺有好言事者爲誰　原脱"好"一字，據涑水記聞卷二、長編卷三一校補。

〔七〕 此二氣交泰之謂也　"泰"原作墨丁，據事實類苑卷二祖宗聖訓、豫章文集卷三遵堯録二太宗校改。

乃能成天下之務〔一〕。"

庚辰　太平興國五年春，置天駟監左右各二〔二〕，以左右飛龍使爲左右天廐使，牧馬凡四萬二千匹。置文明殿學士，以程羽爲之。文明殿即端明殿。二月，定差役法。京西轉運程能請分民户爲九等，上四等充役，下五等罷。詔令轉運司躬親詳定，勿復差官。代州防禦使程德元坐市秦隴竹木，聯筏入京師，所過矯制免筭，爲王仁贍所發，責授閤門之任。轉運使不以告，皆下遷。

富弼等釋曰：祖宗時，程德元矯制販竹木，經過地分轉運使並行降黜，當時責任如此，蓋祖宗時最重轉運使，或出聖選，或是舉充，選之既艱，責之亦重。今之漕司不謹於選擇，率皆循例而入，其本職不治者亦未嘗行罰，況知所謂連坐之法。凡寬一轉運使，是壞一路之事，一路之事不治，是使數百萬軍民受殃，此不可不加意也。

閏三月，上親試進士蘇易簡等一百二十二人〔三〕，擢易簡爲第一。曹翰謫汝州團練副使凡數年〔四〕，一日有内侍使西京，朝辭日，太宗密諭之曰："至汝州當訪曹翰〔五〕，問其良苦，然勿泄我意。"内侍如旨往見。因弔其遷謫之久，翰泣曰："罪犯至重，感聖不殺，死無以報，但以口衆食貧，不能度日。幸内侍哀矜，欲以故衣質十千，以繼飯粥可乎？"内侍曰："太尉有所須，敢

〔一〕乃能成天下之務　"成"下原衍"成"一字，原脱"下"一字，據事實類苑卷二祖宗聖訓、豫章文集卷三遵堯録二太宗刪、校補。
〔二〕置天駟監左右各二　原脱"各二"二字，據長編卷二一、九朝編年備要卷三、宋史全文卷三校補。
〔三〕百二十二人　長編卷二一、宋史全文卷三均作"百一十九人"。
〔四〕曹翰謫汝州團練副使　原脱"團練"二字，據朱氏與畊堂刊本校補。
〔五〕至汝州當訪曹翰　"當"原作"儻"，宋魏泰東軒筆録卷十作"卿至汝州當一訪曹翰"，今據改。

不從命，何須質也。"翰固不可，於是封裏一複以授，內侍收即以十千答之。洎回，奏翰語及質衣事，太宗命取其複，乃一大複畫障，題曰下江南圖，太宗惻然，念其功，即日有旨召赴闕，稍復金吾將軍，蓋江南之役翰爲先鋒也。江南之役，翰圍江州三年，城將陷，太祖嘉其盡節於所事〔一〕，遣使諭翰：城下日，拒命之人可盡赦之。使者至獨木渡，大風，數日不可濟，及風定而濟，則翰已屠江州無遺類，適一日矣。翰性貪而喜殺，故子孫多不振。冬十一月，契丹入寇，上親征，次大名，契舟遁。上初聞契丹退，欲遂進取幽州，命宰相問李昉、扈蒙等以事可否，奏請養驍雄，廣儲積〔二〕，期歲之間用師未晚。上深納之，下詔班師。十二月，畋近郊，時禁盜獵，有衛士獲麀，違令當死，上曰："若我殺之，後世必謂我重獸而輕人命。"釋之。

　　辛巳　太平興國六年春三月，岐王德芳薨。太祖之次子也。夏五月，旱。大赦。六月，薛居正薨，上臨其喪。秋九月乙未朔，日有食之。解田錫言職，出爲河北南路轉運副使。時盧多遜專政，群臣章表不先稟多遜，則有司不敢通。錫爲左拾遺，嘗獻平戎歌，多遜許之，始得進御。又諫官上章，必令閤門吏依常式書狀〔三〕，云不敢妄陳利便，希望恩寵〔四〕。錫貽書多遜〔五〕，請諫官免書狀，多遜不悅，出之。時既取太原、范陽未下，上怒，不賞平晉之功，中外莫敢言。錫因入辭，直進封事，言軍國要機一、朝廷大體四，略曰："頃歲平太原，逮茲二載，未賞軍功，請因郊祀行之，此要機之一也。交州蠻海之地，得之如獲石田，願無屯兵以費財，此大體之一也。邇來官廢其職，給事中不敢封

〔一〕　太祖嘉其盡節於所事　"太祖"原作"太宗"，按：江南之役發生於宋太祖朝，今據文意校改。
〔二〕　廣儲積　原脫"積"一字，據陳氏餘慶書堂刊本、九朝編年備要卷三校補。
〔三〕　必令閤門吏依常式書狀　"閤"原作"閣"，原脫"書狀"二字，據朱氏與畊堂刊本、九朝編年備要卷三校改、補。
〔四〕　希望恩寵　宋史全文卷三同，九朝編年備要卷三"寵"作"榮"。
〔五〕　錫貽書多遜　原脫"錫"一字，據朱氏與畊堂刊本、九朝編年備要卷三校補。

駁,遺、補不貢直言,起居郎、舍人不得升陛紀言動,御史不彈奏,左右丞今尚闕員,中書舍人雖掌書命,未聞訪之以事。集賢院雖有書籍,而無職官;秘書省雖有職官,而無圖籍。願擇材而任之,各司其局,此大體之二也。朝廷闢西苑廣御池〔一〕,而尚書無本廳,郎曹無本局,九寺三監狹室蕭然,禮部試士或就武成王廟,是豈太平之制?望別修省寺,用列職官,此大體之三也。又每於岐路見囚荷鐵枷,於法所無,去之可矣,此大體之四也。"上嘉其言,賜錢五十萬。或謂錫今宜少晦〔二〕,以遠讒忌,錫曰:"事君之誠,惟恐不竭,矧天植其性,豈以一賞而奪耶!"以趙普爲司徒兼侍中。始,杜太后戒敕太祖曰:"汝知所以得天下之由乎?"太祖曰:"此皆祖考與太后餘慶也。"太后笑曰:"不然,亦由柴氏使幼子主天下爾。"因曰:"汝萬歲後當以次傳之弟,則並汝子皆獲安矣。"帝頓首泣涕奉教。太后因命普於榻前爲約誓書,普於紙尾自署名云"臣普書",藏之金匱,命謹密宮人掌之。及太宗即位,普爲盧多遜所譖,謂普初無立上意,上意稍疏,出居河陽,日夕憂不測〔三〕。上一日發金匱書,大悟,遂遣使急召之。普惶惑,爲遺書與家人別而後行,既至,復爲相。普爲人陰刻〔四〕,當其用事時,以眦睚中傷人甚多,然安天下之功亦甚大〔五〕。以石熙載爲樞密使,用文資正官充樞密使始於此。种放隱於終南山之豹林谷東明峰〔六〕,結草爲廬,以講習爲務,後進多從之學。上聞其名召之,放

〔一〕 廣御池 "池"原作"地",據長編卷二二、宋史卷二九三田錫傳校改。

〔二〕 或謂錫今宜少晦 "晦"原作"稱",據長編卷二二、九朝編年備要卷三、宋史卷二九三田錫傳校改。

〔三〕 日夕憂不測 "夕"原作"又",據涑水記聞卷一、宋名臣言行錄前集卷一趙普韓國忠獻王校改。

〔四〕 爲人陰刻 "刻"原作"列",據涑水記聞卷一、宋名臣言行錄前集卷一趙普韓國忠獻王校改。

〔五〕 然安天下之功亦甚大 原脱"安"一字,據朱氏與畊堂刊本校補。

〔六〕 豹林谷 "豹"原作"豺",據涑水記聞卷六、長編卷三三、隆平集卷一三种放傳、宋史卷四五七种放傳校改。

以老母爲辭，太宗高其節，賜錢二十萬、帛三千匹、米三十斛，令安葬其母。詔曰："使天下知其厚逸民、旌孝子，相觀而善也。"仍命長史蒞其事。秋，詔兩浙轉運使王德裔仍追納元所賜金帛千兩，坐簡慢不親事，部內不治。

富弼等釋曰：祖宗朝用人之術，賞罰明白如此，故能使人人自效，而百事修舉也。知其才必即用，見其過必即黜，當時賜物者尚至追奪，有過者安得而不懼。

冬十一月，置皇城司。辛亥，郊，大赦。十二月朔，日食。是歲，高敞國來貢，定安國亦附上奏表。高敞，即漢車師前王之庭。

壬午 太平興國七年春三月癸巳朔，日有食之。夏四月，以竇偁參知政事。先是，上尹京，賈琰、竇偁同在幕府，琰便佞，多希旨，偁常疾之。帝與諸王燕射，琰在側屢贊德美，偁叱之曰："巧言令色，豈不有愧於心耶？"至是擢偁爲政府，上謂偁曰："汝自揣何以至此？"偁曰："陛下念藩邸之舊臣，出於際會。"上曰："非也，乃汝面折賈琰，賞卿之直爾。"盧多遜流崖州，秦王廷美勒歸第。自普復相，多遜益不自安，普屢諷多遜令引退，多遜貪權固位不能自決，故及。先是，金明池水心殿成，上將往遊，或告廷美欲乘此時爲亂，上不忍暴其事，故罷。會普廉得多遜與廷美交通事以聞，上怒，責授多遜兵部尚書，下御史獄〔一〕，逮捕中書守當官趙白、秦府孔目官閻密等，命翰林學士承旨李昉等雜治之，並得交通顧望祝詛實狀，引伏，故有是命。趙白等六人皆伏誅。多遜累世墳墓在河內，未敗時一夕震雷焚其林木皆盡，聞者異之。及赴貶所，食於道傍逆旅，有嫗頗能言京邑舊事，多遜因與語，嫗固不知其爲多遜也，多遜曰："嫗自何來？乃居此。"嫗顰蹙曰："我本中原士大夫家，有子任某官，盧某作相，令枉道爲某事，吾子不能從其意，盧銜之，中以危

〔一〕下御史獄 原脫"獄"一字，據長編卷二三、宋史卷二四四宗室列傳一魏王廷美傳校補。

法〔一〕，盡室竄南荒，未周歲骨肉相繼淪没，惟老身流落山谷，今僑寓道旁，非無意也。彼盧相者妒賢怙勢，恣行無忌，終當南竄。幸未死間，或可見之耳。"多遜默然，趣駕去。沈倫罷〔二〕，上以盧多遜包藏逆節，倫與同列不能覺知，責授工部尚書。倫清介謹厚〔三〕，故車駕每出，多令居守，然十年相位但齟齬不能有所建明，縉紳非之。五月，契丹三道入寇，邊將敗之。竄秦王廷美，降涪陵縣公，安置房州。趙普復教知開封府李符上言廷美怨望，不悔過，乞徙遠郡，防他變，故有是命。先是，太祖傳位於上，昭憲顧命也，或曰昭憲及太祖本意蓋欲上復傳之廷美，而廷美復傳之德昭，故上即位，亟命廷美尹開封，德昭授節度使，實稱皇子，皆緣昭憲及太祖意也。德昭既不得其死，德芳相繼夭絕，廷美始不自安，寖有邪謀。他日，上嘗以傳國意訪之趙普，普曰："太祖已誤，陛下豈容再誤耶？"廷美所以得罪，則普之爲也。

盧多遜在朝握權，常短趙普，普惡之，遂請入覲觀變，奏："多遜謂陛下萬年之後，當以天下與魏王，魏王當還秦王，陛下不當立太子。"俱坐大逆，免死，放歸田里，咸以爲冤。秦王即太祖少子德芳也。上遂南遷二王〔四〕，尋殺之。忽一日，趙普見空中有火一團，一羔羊轉運其上，拜曰："普之罪也。"須臾光滅，遂得疾，命道士禱疾，見煙焰中有朱牌金字書云"魏王廷美"，道士謝曰："普言非其罪也。"有答之曰："杜太后遺言，丞相寫誓書，藏之金櫃石室，而首發多遜之獄，致主上遂殺一弟一姪，安可謂之無罪？"俄而普薨。

―――――

〔一〕 中以危法　原脱"中"一字，據長編卷二三、九朝編年備要卷三校補。
〔二〕 沈倫罷　"倫"原作"淪"，據長編卷二三、九朝編年備要卷三校改。下同。
〔三〕 倫清介謹厚　"倫"原作"淪"，據長編卷二三、九朝編年備要卷三校改。
〔四〕 上遂南遷二王　"王"原作"子"，據朱氏與畊堂刊本、佛祖歷代通載卷一八校改。

六月，詔舒州修司命真君祠，祠成，賜號靈仙觀。十月，蘇州太乙宮成。先是，方士言五福太乙，天之貴神也，行度所至之國，民受其福，以數推之〔一〕，當在吳分，故令築宮以祀之〔二〕，後徙建京城之東南。上命內侍鄭守鈞就太平興國寺建譯經院，詔北天竺國僧天息災等各譯一經以獻。詔曰："昨言事者變川陝諸州錢法及興榷酤，謂其便於民而足佐用度，朕不得已聽之，行之踰年，未見其利。比聞民庶頗懷怨，遣使廉之〔三〕，況失道之未遠，用改調以從宜，其除諸州官置酒酤及民所輸官場榷茶。"上嘗御座錄京城繫囚至日旰，近臣以爲勞苦太甚，上曰："不然，儻惠及無告，使獄訟平允〔四〕，不致撓枉，朕意深以爲適，何勞之有？"李繼捧來朝，獻州四：夏、銀、綏、宥，縣八。西夏自天福以來累歲未嘗入覲，繼捧至，太宗嘉之。自陳諸兄弟多相怨懟，願留京師。詔授彰德軍節度，留京師，奉朝請。冬十月，幸金明池閱習戰。行乾元曆。十二月戊午朔，日有食之。是歲，契丹明記死，子隆緒立。高麗王伷死。

　　癸未　太平興國八年春正月，曹彬罷，以弭德超爲宣徽北院使兼樞密副使。曹彬坐爲德超誣譖，未幾德超敗，上知彬無他，待之愈厚。臨朝累日不懌，從容謂趙普等曰："朕以聽斷不明，幾敗大事，夙夜循省，內愧於心。"普對曰："陛下知德超才幹而任用之〔五〕，審曹彬無罪而昭雪之，有勞者進，有罪者誅，物無遁情，事至立斷，此所以彰陛下聖明也，雖堯、舜何以過此。"上由是釋然。初，德超之譖彬也，覬事成自得樞密使，及爲副使，出怨望語，或告之，上命訊鞠，遂伏罪。是夏，流德超於瓊州。德超之進因李符、李琪之薦也。初，趙普令李符告廷美怨望，又恐符漏言，因事逐符，貶寧國司馬。德超之敗，上惡符朋黨，併令徙嶺表，遂以符知春州，歲餘卒。盧多遜之流崖州

〔一〕　以數推之　原脱"推"一字，據長編卷二二、九朝編年備要卷三校補。

〔二〕　故令築宮以祀之　"宮"原作"官"，據長編卷二二、九朝編年備要卷三校改。

〔三〕　按：群書考索後集卷五八"遣使廉之"下有"備得其實"四字。

〔四〕　使獄訟平允　"訟"原作"卒"，據長編卷二六、宋朝事實卷一六兵刑校改。

〔五〕　才幹　"才"原作"寸"，據長編卷二四、長編紀事本末卷十校改。

也，符白普曰："朱崖雖遠在海中，而水土頗善。春州稍近，瘴氣甚毒，至者必死，不若令多遜處之。"普不答。至是，乃以處符。

二月戊午朔，日有食之。三月，分三司各置使。諸王及皇子府置諮議、翊善、侍講官，以王遹、姚坦、邢昺等十人爲之〔一〕。上親試舉人，擢王世則以下百七十餘人、諸科五百餘人，賜宴瓊林苑，後爲例。

冬十月，置進奏院。趙普罷，出領武勝節度，宴餞普於長春殿，上賜普詩，明日謂近臣曰："趙普於國家有大勳勞，朕布素時與之遊從，齒髮衰矣，不欲煩以機務，擇善地俾之卧治，因詩導意。普感極且泣，朕亦爲之墮睫。"宴之日，樞密使王顯等侍側〔二〕，數視上袴，上怪而問之，顯等曰："陛下所衣袴文縷俱倒。"上笑曰："朕未嘗御新衣，蓋澣濯頻所致耳。"上因言："此雖偏下已甚，蓋念機杼之勞苦，欲示敦樸爲天下先也。"

十一月，以宋琪、李昉同平章事。昉初與盧多遜善，待之不疑，多遜屢譖昉，人或告昉，昉曰："盧與我厚，不當爾。"於是上語及多遜事，昉頗爲解釋，上因言多遜居常毁卿不直一錢，昉始悟，上由此益重之。以李穆、呂蒙正、李至參知政事，張齊賢、王沔同簽署樞密院事〔三〕。初，穆知開封府時，剖決精敏，奸滑無所假貸，由是豪右屏迹，權貴不敢干以私，上益知其才，始有意大用。至是穆等入對，上謂之曰："朕爲官擇人，惟恐不當，今兩制之臣十餘，皆文學適用，操履方潔。卿居京府，尤號嚴肅，故加獎擢也。"蒙正入朝堂，有朝士指之曰："此子亦參政耶？"蒙正佯爲不聞，同列欲詰其姓名，蒙正遽止之，且曰："若一知其姓名，則終身不能忘，固不如毋知也。"詔宰臣

〔一〕 邢昺　"昺"原作"邴"，據九朝編年備要卷三、宋大事記講義卷四太宗皇帝太子侍講校改。

〔二〕 樞密使王顯等侍側　"侍"原作"視"，據長編卷二四、九朝編年備要卷三校改。

〔三〕 同簽署樞密院事　原脱"事"一字，據太宗皇帝實錄卷三一、宋史卷四太宗本紀一校補。

班親王上〔一〕，琪等固辭，上曰："宰相之任實總百揆，與群臣禮絕，藩邸之設止奉朝請而已。元佐等尚幼，欲其知謙損之道，卿等勿多辭也。"兗王翊善姚坦守禮法，多規戒，自王以下至於宮內，爲坦繩糾，不得舒恣，皆大惡之。宮中同謀欲去坦，乃使兗王稱疾。太宗使醫官往視，踰月不瘳，太宗憂之，召其宮中乳母詢訪疾狀，對曰："王無疾，但以翊善姚坦拘制，不樂，鬱鬱成疾耳。"太宗遂悟其謀，曰："朕爲諸宮擇人使教導，而乃憎惡欲使朕逐去正人，要自取便。且王年少不知爲此，皆汝輩教之。"杖乳母數十，召坦至，厚辭慰勉〔二〕。

　　呂夷簡釋曰：愛憎之不察，爲害深矣。妹喜惡鄂侯，譖於桀而脯之；妲己惡比干，譖於紂而剖之；驪姬惡申生，譖於獻公而殺之；靳尚惡屈原，譖於楚而逐之。絳、灌惡賈誼，譖於文帝而疏之；甚者李林甫譖殺太子、二王，及其朝臣韋堅、李邕輩，又逐太子妃韋氏、良娣杜氏。嗚呼，愛憎之不察，爲害如此，且小人之心險如山川，毒如豺虎，微失其意則無所不至，人君不能明之，則讒言得行，善人罹患，可爲痛惜者也。太宗明宮中之詐計〔三〕，如姚坦之見憎，雖堯、舜之聰明殆不過是。

置侍讀官。上聽政之暇，日閱經史，患顧問闕人，始用著作佐郎呂文仲爲侍讀。上性雅好爲文史之學，自藩邸至踐祚多所述作，雖車駕征行不廢吟詠。又於禁中建清心殿，收藏圖籍，以資遊覽〔四〕，視朝之暇必讀太平御覽三卷，

〔一〕 詔宰臣班親王上　九朝編年備要卷三"臣"作"相"。
〔二〕 慰勉　"勉"原作"免"，名臣碑傳琬琰集中卷五一司馬文正公光行狀作"慰勉之"，今據校改。
〔三〕 詐計　"詐"原作"作"，據宋史全文卷四校改。
〔四〕 以資遊覽　玉海卷五二太宗清心殿圖籍同，山堂肆考卷一二四文學藏書建清心殿"遊"作"觀"。

有所闕廢，即追補之。雖隆冬短晷，必足其數。大臣請少息，曰："朕開卷有得，不以爲勞也。"凡諸故事可資風教者悉記之，嘗覽前殿藝文類聚門目繁雜，失其倫次，乃詔翰林學士李昉、扈蒙，知制誥李穆，右拾遺宋白等參詳類次，分定門目，編爲太平總類一千卷，俄改爲太平御覽録。又謂稗官之説或有可採，令取野史、傳記、故事小説，編爲五百卷，賜名太平廣記。每召邢昺〔一〕、張齊等更迭講説，質問疑議，久而方倦。帝之篤好學問，蓋出於天性云。

李繼遷寇宥州，擊敗之。

〔一〕 邢昺　"昺"原作"邴"，據九朝編年備要卷三、宋大事記講義卷四太宗皇帝太子侍講校改。

卷之四

朝散郎、尚書禮部員外郎、兼國史院編修官李燾經進

宋太宗二

甲申　雍熙元年春正月，求遺書。秦王廷美卒於房州，贈涪王，謚曰悼〔一〕。參政李穆薨，上臨其喪。穆性至孝，操履純正，遭母喪，詔强起之，尋以毁卒。上謂近臣曰："穆，國之良臣，朕方倚用，遽淪没，非斯人之不幸，乃朕之不幸也。"三月朔，閲將校，按名籍，參考勞績而升黜之。三月，滑州決河塞。夏四月，群臣請封禪，以火災故罷。五月，除江南鹽禁，尋復之。乾元、文明二殿火災。初以京官充堂後官。上幸新城南觀麥，因謂群臣曰："朕觀五代以來，其君始則亦莫不勤儉，終則忘其艱難，恣於逸樂，覆亡之速皆自取也。爲人上者當以爲戒。"六月，求直言。田錫上疏曰："給事中不得其人，左右補遺不舉其職，致陛下有朝令夕改，捨近謀遠之事。"有布衣以皁囊封書獻者，其辭狂妄，太宗覽之，不罪，因謂宰相曰："比降詔書許言事，但外人不知朝廷要務，所言孟浪，不切事機。本欲下情上達，庶事無壅，故雖狂悖，亦不加罪。"遣使諸路察獄。上嘗謂侍臣曰："刑辟之際，君子之所盡心，稍有冤枉，必傷和氣。且齊女負冤，天爲枯旱；燕臣無罪，六月飛霜。自昔水旱

〔一〕　謚曰悼　"悼"原作"悍"，據宋史卷二四四宗室列傳一魏王廷美傳、九朝編年備要卷三校改。

作沴，未有不由於此。居官牧民，尤當戒之。"秋七月，命諫官領登聞檢院。

九月，夏州襲敗李繼遷。初，繼捧之來朝也，其弟繼遷留居銀州，時年十七八，怨其兄内附，因率衆爲寇。有自西邊來者，言繼遷悉知朝廷之事，皆繼捧漏泄。上乃出繼捧爲崇信軍節度使。時朝廷屢發兵討繼遷不克，益侵邊境，上用趙普之策，欲委繼捧以邊事，因召赴闕，賜以國姓，仍復改名保忠，詔授夏州刺史、充定難軍節度，夏、銀、綏、宥、静等州處置使。又詔五州所管錢帛芻粟並賜保忠。至鎮數日，上言繼遷悔過歸欵。上以爲銀州刺史、西南巡檢使。然繼遷本無降心，復誘戎人爲寇，保忠來乞師，上命商州團練使翟守素率兵赴之，繼遷惶懼，奉表歸順，以爲銀州觀察使，賜姓，改名保吉。上命李昌齡就太乙宮校定三等醮儀。冬十月，召隱士陳摶，賜號希夷先生，尋請還華山。嵐州獻一角獸，上曰："珍禽奇獸奚益於事，方内乂寧，風俗淳厚，此乃上瑞爾。"十一月，郊。上將郊，欲議肆赦，有秦再思者上書願勿再赦〔一〕，且引諸葛亮相蜀數十年不赦之事以爲證〔二〕。上以問丞相趙普，普曰："聖朝開創以來，具存彝訓〔三〕，三年郊祀，即覃恩宥〔四〕，所謂其仁如天，堯、舜之道，劉備偏據一方，區區用心，何足師法？"上然之。上嘗謂輔臣曰："朕讀晉史，見武帝平吴之後，志在逸豫〔五〕，後宮迨數千人，深可駭也。朕常以爲戒〔六〕，今宮中不過三百人，猶以爲多，當徐思省之。"由是聽宮中非掌事者出而嫁之。十二月，廢廣南諸州採珠場〔七〕。立德妃李氏爲皇后。

〔一〕 願勿再赦　原脱"再"一字，據長編卷二二、宋史全文卷三校補。
〔二〕 諸葛亮相蜀數十年　長編卷二二"相"作"佐"。
〔三〕 具存彝訓　"訓"，長編卷八九作"制"。
〔四〕 即覃恩宥　"恩"，長編卷八九作"肆"。
〔五〕 志在逸豫　長編卷二五、宋史全文卷三均作"溺於内寵"。
〔六〕 朕常以爲戒　"常"原作"嘗"，據長編卷二五校改。
〔七〕 廢廣南諸州採珠場　"廢"原作"改"，長編卷二五、宋史全文卷三作"廢嶺南諸州採珠場"，今據改。

乙酉　雍熙二年春二月，禁增置寺觀。三月，親試進士梁灝等二百五十八人，擢灝爲第一。夏四月，遣使振江南饑。八月，遣使按察荆、浙等路。上謂宰相曰："朕數日來欲擇一朝臣爲河北轉運使，徧閱班簿，多不詳操履。自今臣寮授任，並具履歷引對，所冀觀其才質。若懷才蘊智之士〔一〕，自可因此敷揚〔二〕，或嘗負瑕鈌瀆之人，想其愧恥若撻於世〔三〕，足以懲惡勸善。"九月，廢皇太子楚王元佐。元佐，太宗長子也。初，廷美得罪，元佐獨申救之，廷美死，元佐遂感心疾。太子幼亦聰慧，及長漸驕恣，或經時絕朝請，自是習爲殘忍，不守法度，左右微過，輒彎弓射之，帝誨督甚力，皆不悛。一日帝宴諸王，元佐以病新起不得預〔四〕。至暮罷，陳王等過之〔五〕，元佐謂曰："汝等與至尊宴射，而吾不預〔六〕，是爲君父所棄。"因發憤，夜閉媵妾於室，縱火。帝怒，欲廢之，會寇準通判鄆州，得召見，太宗謂曰："知卿有深謀遠慮，試與朕決一事。東宮所爲不法，他日必爲桀、紂之行，欲廢之，則宮中亦自有甲兵，恐至召亂。"準曰："請某月某日令東宮於某處攝行禮，其左右侍從皆令從之。陛下搜於宮中，果有不法之器，俟還而示之，隔左右勿令入〔七〕，廢太子一黃門力爾。"太宗從其策，及東宮出，因搜其室中，得淫刑之器，有剜眼、挑筋、摘舌等物，還而示之，東宮服罪〔八〕，遂廢之，選立章聖爲太子，準由是得名。冬

〔一〕若懷才蘊智之士　"蘊"原作"隱"，據群書考索後集卷一五官制門考課類校改。

〔二〕自可因此敷揚　原脫"自"一字，"敷"原作"抽"，據群書考索後集卷一五官制門考課類校補改。

〔三〕想其愧恥若撻於世　群書考索後集卷一五官制門考課類作"朕前一一讀之，想其恥如撻市"。

〔四〕元佐以病新起不得預　"起"原作"間"，據長編卷二六、宋史全文卷三校改。

〔五〕陳王等過之　原脫"等"一字，"過"原作"謝"，據長編卷二六、宋史全文卷三校補、改。

〔六〕而吾不預　原脫"而"一字，據長編卷二六、宋史全文卷三校補。

〔七〕隔左右勿令入　原脫此六字，據長編卷二六注文校補。

〔八〕東宮服罪　"罪"原作"罷"，據長編卷二六注文校改。

十月，録繫囚，上決事至日旰，因謂宰相曰："中外臣僚若皆留心政務，天下安有不治者。古人宰一邑守一郡，使飛蝗避境，猛虎渡江，況人君能惠養黎庶〔一〕，申理冤滯，豈不感召和氣乎？朕每自勤不怠，此志必無改易。或曰百司細故，帝王不當親決，朕意則異乎是。"十二月庚子朔，日有食之。宋琪罷相。先是，詔廣宮城，宣徽使柴禹錫有別第在表識中〔二〕，乃言願易闤闠中官邸店〔三〕，太宗不悅。禹錫盛言延範彊明忠幹，太宗意其交通，不欲暴其事，上以琪素好恢諧，無大臣體，併禹錫罷之〔四〕。

丙戌　雍熙三年春正月，命曹彬等分道伐契丹。先是，知雄州賀令圖等上言虜主年幼，國事決於其母，請乘釁取幽州。彬克涿州，田重進降飛狐、靈丘二縣及蔚州，潘美降寰、朔、應三州，克雲州。尋命遷四州民於許、汝間。彬留涿州十餘日，食盡，退師雄州，以援供饋。上聞之大駭，曰："豈有敵人在前，而卻軍以援粟乎？"亟遣使止之。彬所部聞美及重進累捷〔五〕，恥不能有所攻取，乃再趨涿州，復以糧食不繼，退師至岐溝關，北虜追及之，我師大敗。夏五月，詔班師。六月戊戌朔，日有食之。上曰："刺史最爲親民，命選守臣。"秋七月，以李繼爲都虞候，田重進馬步軍都虞候。八月，契丹陷寰州。十二月，契丹寇瀛州，劉廷讓戰於君子館，我師大敗。寇代州，兵薄城下，馬正禦之，衆寡不敵，盧漢贇畏懦自守，張齊賢以兵出戰，虜少卻。先是，齊賢約潘美以并師來會，間使爲虜所得，既而美使至，謂有旨毋令出師，齊賢中夜

〔一〕　古人宰一邑守一郡使飛蝗避境猛虎渡江況人君能惠養黎庶　原脫"蝗避境，猛虎渡江，況人"九字，"黎"原作"士"，據長編卷二六、九朝編年備要卷三校補、改。

〔二〕　在表識中　"識"原作"幟"，據宋宰輔編年錄卷二，宋史卷二六四宋琪傳、卷二六八柴禹錫傳校改。

〔三〕　官邸店　"官"原作"宮"，據太宗皇帝實錄卷三四、宋會要輯稿職官七八校改。

〔四〕　併禹錫罷之　原作"併禹得之"，據文意，並參考宋史卷二六四宋琪傳、卷二六八柴禹錫傳校改。

〔五〕　彬所部聞美及重進累捷　原脫"美及"二字，據長編卷二七、九朝編年備要卷四校補。

遣兵由城南持熾燃炬，虜見，謂幷師至，駭而北走。齊賢先伏兵掩繫，大敗契丹，斬首數千級。

丁亥　雍熙四年春，遣使按察川、廣等路。契丹入寇，陷深、祁〔一〕、德、易等州。詔寬邮邊郡，釋潰卒之罪，贍戰没之家，録用勞績及死事者子孫，蠲河北逋租，經戎寇踩踐處，給賜有差。自曹彬及劉廷讓等相繼敗覆，緣邊瘡痍之卒不滿萬人，河朔震恐，無復鬥志，敵長驅深入〔二〕，攻陷州郡，鹵掠士民，魏博以北咸被其禍。上深哀痛焉，故下是詔。增築河北城壘。夏四月，上將大討契丹，令河南北諸州募丁壯爲義軍，京東轉運李惟清三疏争之，以爲不可。李昉等相率上言河南百姓世習農業，罔知戰鬥，或慮人情易摇，相聚爲盜爾。秦王亦言願且於河北諸州點集，上納之。詔陳禦戎策，侍御史趙孚上言，大略謂宜内修戰備，外許歡盟，上嘉其言。併水陸發運爲一司。五月，殿中侍御史柳開上言，願效死北邊，上亦欲並用文武，戡定寇亂，於是開與鄭宣並以文臣换武。遣使諸路市馬。置三班院。上命張詠知金陵。詠少時謁華山陳圖南，遂欲隱居華山，圖南曰：“公有官爵，未可議此。天子望君如失火家待人救火，豈可不赴也。”其後鎮杭、益，皆有善政。詠在金陵日，有殿直范延貴者押兵過金陵，詠問之曰：“天使沿路來，曾見好官員否？”延貴曰：“昨過袁州萍鄉縣，邑宰張希顔著作者〔三〕，雖不識之，知其好官員也。”詠曰：“何以知之？”延貴曰：“入自萍鄉縣境，驛傳橋道皆完葺，田萊墾闢，野無惰農，洎至邑則廛肆無賭博，市易不敢喧争，夜宿邸中，聞更鼓分明，以是知其必善政也。”詠大喜，曰：“希顔固善矣，天使亦好官員也。”即日同薦於

〔一〕　祁　原作"祈"，據長編卷二八、遼史拾遺卷七校改。
〔二〕　自曹彬及劉廷讓等相繼敗覆緣邊瘡痍之卒不滿萬人河朔震恐無復鬥志敵長驅深入　原脱"敗覆，緣邊瘡痍之卒不滿萬人，河朔震恐，無復鬥志，敵長驅"二十三字，據九朝編年備要卷四校補。
〔三〕　邑宰張希顔著作者　"希"原作"晞"，"著"原作"者"，據東軒筆録卷一〇、仕學規範卷一九莅官校改。下同。

朝〔一〕，希顔後爲發運使，延貴爲閤門祗候，皆爲能吏〔二〕。

初，錢氏國除，而田税尚仍其舊，畝税三斗，浙人苦之。至是，上乃遣王方贄均兩浙雜税，方贄悉令畝出一斗，使還，大臣有責其擅減賦額者〔三〕，方贄以爲畝税一斗，天下之通法，兩浙既已爲王民，豈可循僞國之制，上從其説，浙人便之。惟江南、福建猶循舊額。方贄尋除右司諫，終於京東發運使。方贄有五子，皋、準、覃、鞏、罕皆至顯官〔四〕，準之子珪遂爲宰相，亦惠民陰德之報也。祠太乙宫，命道士講老子。

冬十二月，詔以取士之職歸有司。先是，上閲試舉人累日方畢〔五〕，宰相累請以春官之職歸於有司，如唐故事，乃詔歲命春官知舉。

戊子 端拱元年春，上親耕籍田，禮畢，下詔召天下高年。前青州録事參軍麻希夢年九十餘，致仕歸鄉里，本州奏聞，召至闕庭，上御便殿，賜坐與語，極從容，因歷訪民間利病，多見采納，復問以攝生之理，希夢對曰："臣無他術，惟是少情寡欲〔六〕，節聲色，薄滋味。"上嘉之，賜金紫致仕〔七〕。二月，置司諫、正言。禁獻珍禽奇獸。李昉罷相。先是，布衣翟馬周擊登聞鼓訟

〔一〕 即日同薦於朝 "同薦"原作"聞詔"，據東軒筆録卷一〇、仕學規範卷一九莅官、宋名臣言行録前集卷三張詠忠定公校改。

〔二〕 皆爲能吏 東軒筆録卷一〇、仕學規範卷一九涖官、宋名臣言行録前集卷三張詠忠定公"爲"作"號"。

〔三〕 大臣有責其擅減賦額者 "擅"原作"增"，山堂肆考卷六九不狥舊稅作"朝廷責其擅減國稅"，今據改。

〔四〕 罕 原作"革"，據夢溪筆談卷九、會稽志卷一九校改。

〔五〕 上閲試舉人累日方畢 "人"原作"士"，原脱"方畢"二字，據九朝編年備要卷四、文獻通考卷三〇選舉考三校改補。

〔六〕 惟是少情寡欲 事實類苑卷四三麻希夢作"惟是清心寡欲"，澠水燕談録卷三作"惟寡情欲"。

〔七〕 賜金紫致仕 原脱"賜"一字，據事實類苑卷四三麻希夢、澠水燕談録卷三校補。

昉宰司〔一〕，値北戎入寇，不憂邊事，但賦詩飲宴，並置女樂，上由是不悦昉。會連旱蝗，太宗以水旱失度，陰陽乖戾，咎在宰相，遂切責罷之。以趙普爲太保兼侍中，吕蒙正入相。蒙正爲人寬厚，無所嗜好，在中書日，上尤加眷遇。時有朝士家藏古鏡〔二〕，自言能照二百里，欲因蒙正弟獻以求知，其弟伺間從容言之，蒙正笑曰："吾面不過楪子大〔三〕，安用照二百里？"其弟遂不復敢言，其寡欲不爲物累如此。皇子元僖封許王。詔諸路振饑。上以田錫知桐廬郡，錫至郡〔四〕，以吴越之邦歸朝廷未久，人阻禮教，下車建孔子廟，教之詩書，天子賜九經以佑之。自是睦人舉孝秀、登縉紳者比比焉。錫嘗上封禪書，其大意以爲五代之亂，人如豺虎，不圖今日復見太平，宜崇檢玉之禮，以答天意。爲人動必以禮，言必以法，賢不肖皆憚伏之。出處二十年，未嘗趍權貴之門。乾明節，兩府以下皆進詩，上獨和錫詩以賜之，其見重如此。夏四月，復北邊互市，仍禁戍卒侵掠，累歲征行，民力凋耗，上始有厭兵之意矣〔五〕。五月，置秘閣。先是，朱梁都汴，正明中始以長慶門東北廬舍十數間列爲三館。建隆初，三館有書萬二千餘卷，乾德後平諸國，盡收其圖書以實三館，然其屋舍卑隘，僅蔽風雨，周圍蘆籧，道出其側，衛士、驂卒朝夕喧雜，歷代以來未遑改作，每諸儒受詔有所論撰，即移於他所始能成之。太平興國初，太宗因幸三館，顧左右曰："若此之陋，豈足以蓄天下圖籍，延四方之士邪？"即詔經

〔一〕布衣翟馬周　原脱"馬"一字，據太宗皇帝實録卷七六、宋史卷二六五李昉傳補。
〔二〕時有朝士家藏古鏡　朱氏與畊堂刊本"鏡"作"鑑"。
〔三〕吾面不過楪子大　"楪子"原作"方尺"，據朱氏與畊堂刊本、朱熹五朝名臣言行録卷一丞相許國吕文穆公、宋史卷二六五吕蒙正傳校改。
〔四〕錫至郡　"郡"原作"近"，據范文正集卷一二贈兵部尚書田公墓誌銘校改。
〔五〕上始有厭兵之意矣　"始"，朱氏與畊堂刊本、九朝編年備要卷四均作"頗"。

度左升龍門東北舊車輅院創三館〔一〕，命中使督其役〔二〕，制度皆上所規畫，踰年而成，盡徙舊館之書以實之，凡八萬餘卷。至是，詔分其書萬卷，別爲書庫，目曰秘閣，始命吏部侍郎李至兼秘書監〔三〕，右司諫、直史館宋泌兼直秘閣，右贊善大夫杜鎬爲校理，而直秘閣、秘閣校理之官始於此。禮部侍郎宋白知貢舉，放進士程宿以下二十八人、諸科百人，下第人擊登聞鼓求別試。上召下第人覆試，得進士馬國祥以下及諸科凡七百人，上既擢國祥等，又命王世則召下第進士、諸科人試，得合格數百人。上覆試詩賦，又擢進士葉齊以下及諸科九百餘人，並賜及第。秋七月，除蜀鹽禁。八月，幸國子監，命李覺講周易。十一月，李繼隆敗契丹於唐河。

己丑　端拱二年春正月，詔陳備邊策。户部郎中張洎奏言："國家自飛狐以東重關複嶺，皆爲契丹所有，燕薊以南平壤千里，蕃漢共之，失地利矣。河朔郡縣列壁相望，然虜騎南馳，衆寡不敵，咸嬰城自固，莫敢出戰，此分兵力之過也。今既未能克復幽薊，宜悉聚河朔之兵〔四〕，建三鎮，鼎據而守焉。"又言："涿州之戰，元戎將校各不相管轄，以謙謹自任，未嘗賞一效用，戮一叛命，宜反其道。"又言："稍舉通和之策〔五〕，俟兵食有餘，然後大舉。幽薊未復，終不得高卧。"二月，以陳恕等爲河北等路營田使。下詔罪己，寬恤邊郡。群臣上尊號，帝下詔卻去之。翌日，蒙正等奏事長春殿，進曰："陛下神功聖德，輝映今古，在於尊號止可增益，忽奉詔旨省去，內外無不驚駭。"帝曰："且如'皇帝'二字，亦不可兼稱，此起自秦始皇，後代因之不

〔一〕　舊車輅院　"車"原作"居"，據長編卷一九、宋朝事實卷九、文獻通考卷一七四經籍考一校改。

〔二〕　命中使督其役　"督"原作"精"，據長編卷一九、宋朝事實卷九、文獻通考卷一七四經籍考一校改。

〔三〕　吏部侍郎李至　"吏"原作"禮"，據長編卷二九、宋朝事實卷九校改。

〔四〕　宜悉聚河朔之兵　原脱"之兵"二字，據長編卷三〇、九朝編年備要卷四校補。

〔五〕　稍舉通和之策　"和"原作"知"，據九朝編年備要卷四、宋史全文卷三校改。

改。朕欲止稱王，以諸子封王，有所妨礙。朕志先定，勿煩確奏。"三月，上親試陳堯叟一百八十六人，擢堯叟爲第一。寶州録事參軍孟巒避遠征，不之官，詣闕自陳。太宗怒，杖流海島。夏旱，自三月至五月，録繫囚，遣使分道決獄。是夕雨〔一〕。秋七月，以寇準爲樞密直學士。彗出東井凡三十日，上避殿減膳。契丹寇威虜軍，尹繼倫、李繼隆敗之〔二〕，俘獲甚衆，自是不敢大入寇，以繼倫面黑，相戒曰："當避黑面大王。"八月，大赦，是夕彗没。開寶寺塔成，所費億萬，前後踰八年乃成。田錫奏疏有曰"衆以爲金碧熒煌，臣以爲塗膏釁血"，上亦不怒。九月，鎮星熒惑入南斗。冬十月，趙保忠加同平章事。旱，上減膳，賜群臣詔，深自責己。田錫上言："此實陰陽失和，燮理倒置，上侵下之職，而燭理未盡，下知上之失而切諫未能。"奏上，上及群臣皆不悦，出錫知陳州。是歲，罷沿邊互市。

庚寅　淳化元年春正月，趙普罷。普卧病，上屢幸其第省問，普疾篤，三上表致政。上不得已，以普爲西京留守、兼中書令。普既罷，吕蒙正以寬簡居相位。辛仲甫從容其間，政事多決於王沔。沔聰察敏辨，有適時材用，然性苛刻，不以至誠待人，進退非允，人多怨之。賜諸路印本九經，令長吏與衆官共閲之。二月，登州二縣饑，詔振之。夏四月，夏州敗李繼遷。五月，置刑部詳覆官六員、御史臺推勘官二十員。鑄淳化元寳錢。秋八月，毀左藏金銀器，上性節儉，退朝常着華陽巾、布褐紬絛，内服惟絁絹，咸累經澣濯，乘輿給用無所損益。冬十二月，立覆奏法。時群臣奏事，既可其奏，皆得專達於有司，頗容巧妄。謝泌請自今凡政事送中書，機事送樞密院，財貨送三司，覆奏而後行，遂著爲定制。中外所上書疏亦如之。

辛卯　淳化二年春正月，置内殿崇班等職〔三〕。閏二月辛未朔，日有食

〔一〕　是夕　宋史全文卷三作"戊戌"。

〔二〕　李繼隆　原作"王繼隆"，據長編卷三〇、九朝編年備要卷四校改。

〔三〕　内殿崇班　"崇"原作"宗"，據長編卷三二、九朝編年備要卷四校改。

之。三月，詔："以旱蝗，欲自焚。"翌日，雨。五月，置諸路轉運使。以謝泌爲司諫，上修正殿頗施綵繪，泌爲左正言，因對陳其事，即日命代以赭堊，賜泌金紫而遷之。泌謝曰："陛下從諫如流〔一〕，故臣得輸誠。如昔唐末有孟昭圖者，朝上疏諫，暮不知所在，如此安得不亂。"上動容久之。秋七月，令三司均節財用。李繼遷降，賜姓趙氏，名保吉，授銀州觀察使。保忠陰與保吉爲脣齒，雖外示歸順，而潛結羌戎，侵寇不止。先是，趙保忠奏繼遷誘蕃戎入寇，來乞師。正月，命翟守義帥師屯夏州，至是繼遷聞守義將兵來討，恐懼，奉表歸順。八月，置審刑院於禁中，凡獄具上奏者，申審刑院印訖，以付大理寺、刑部斷覆以聞，乃下審刑院中覆，裁決訖，以付中書，當者即行之，未允者宰相復以聞，始命論決。九月，吕蒙正罷爲吏部尚書。上嘗謂近臣曰："累有人言儲貳事，朕頗讀書，見前代治亂，豈不在心，但諸子幼冲，未有成人之性，所命屬僚悉擇良善之士，至於臺隸輩，朕亦自揀選，不欲姦險巧佞在其左右，讀書聽講，咸有課程，待其長成，自有裁制。何言者未諒此心。"至是度支判官宋沆等五人伏閤上疏〔二〕，請立許王元僖爲皇太子，詞意狂率〔三〕。上怒甚，以沆乃蒙正妻屬，故罷之。以李昉、張齊賢同平章事，王化基爲御史中丞。置知樞密院及同知，以張遜爲知院〔四〕，温仲舒、寇準爲同知。契丹部族有求内附者，上語侍臣曰："國家若無内患，必有外憂，外憂不過邊事，皆可預防，惟姦邪無狀，若爲内患，深可懼也〔五〕。"禁遊惰也，國家筭及商賈，以抑末遊，克助經費。比聞當職之吏頗爲煩苛，務求盈羨，以市恩寵，細而必取，

〔一〕 從諫如流 "如"原作"從"，據長編卷三二、宋史全文卷四校改。

〔二〕 伏閤上疏 "閤"原作"閣"，據宋史全文卷四、九朝編年備要卷四校改。

〔三〕 詞意狂率 "狂"原作"强"，據長編卷三二、九朝編年備要卷四、宋史全文卷四校改。

〔四〕 以張遜爲知院 "院"原作"縣"，據九朝編年備要卷四、宋史卷二六八張遜傳校改。

〔五〕 外憂不過邊事皆可預防惟姦邪無狀若爲内患深可懼也 原脱"外憂"和"防，惟姦邪無狀，若爲内患，深可懼也"十六字，據長編卷三八五、九朝編年備要卷四校補。

掊克斯甚。自今除商賈貨殖外，負販細碎交易並不得收筭[一]，違者罪之。冬十一月，內殿起居日復令常參官兩人次對。以畢士安爲翰林學士。十二月朔，行入閤儀[二]。女真言契丹以兵隔其朝貢之路，請擊之，詔不許。

壬辰 淳化三年春二月乙丑朔，日有食之，既。三月，上親試進士孫何等三百五十人，擢何爲第一。先是，上出"卮言日出"爲御題，何等皆不知賦題所出，叩殿檻乞指示，其請再三，帝爲陳其大義，令糊名考校，分五等，上三等賜及第，餘賜出身。五月，旱，遣使諸路決獄，是夕雨。六月，黑風晝晦。置常平倉，京畿大穰，命增價糴貯之，歲饑則減價糶，名常平倉，遂爲定制。秋七月，趙普薨。普初以吏道聞[三]，寡學術，太祖嘗勸以讀書，普遂手不釋卷。每朝廷有大議，則閉戶自啓一篋，取一書閱之。及卒，家人視其篋，則論語二十篇爾。普事兩朝，出入凡三十餘年，未嘗爲子弟求恩澤。後諡忠獻，封韓王。

龜鑑曰：趙忠獻公韓王功業抑聞之[四]，書曰元首明哉，股肱良哉，則庶事康哉，蓋有是君則有是臣，而治具畢張，大抵皆聖主賢臣相逢之幸也。有臣如普以掌書記入見，是建隆之元年也，其與光武之得鄧高密者同一遭濟也。是故問息兵之計，而普則曰"方鎮太重"。論及民事，而普則曰"愛民如此，有堯舜之用心"。欲收太原，而普則曰："太原北抵契丹，不如姑留之，以竢削平諸國，彼彈丸黑子之地將何所逃哉？"符彥卿名位已盛[五]，不可復委兵柄，不憚屢諫，宣已出之[六]，其復懷

[一] 負販細碎 "碎"原作"筭"，據文獻通考卷十四征榷考一、宋會要輯稿食貨一七校改。
[二] 行入閤儀 "閤"原作"閣"，據長編卷一一四、宋史卷五太宗本紀二校改。
[三] 普初以吏道聞 "聞"原作"開"，據長編卷七、九朝編年備要卷四、宋史全文卷一校改。
[四] 趙忠獻公韓王 "趙"原作"韓"，據上下文意校改。
[五] 符彥卿名位已盛 "已"原作"以"，據長編卷四、宋史全文卷一校改。
[六] 宣已出之 "宣"原作"雖"，據長編卷四校改。

入而不行〔一〕。又於屏後嘗置二大甕〔二〕，凡有報怨之文，盡皆焚之。上欲命曹翰取燕，而普曰："翰可取，孰可守？翰可守，孰可代？"可謂知遠謀矣。立功遷賞，上嫌之者則不與，普則曰："刑賞者，天下之刑賞也〔三〕，豈得遽以喜怒而專之哉？"奏事忤旨，上怒而不納，普則顏色自若，拾奏補綴，明日復進，必得請而後止。叱之而不答，但云依理行事，鞭之而不管，云國家以社稷爲重，莫若愛民爲先，民以食爲本。上歎曰："趙普真吾社稷之臣乎！"史臣曰："趙忠獻公獨相二十年，始終如一，不曾妄殺，沉毅果斷，每事寬大，贊助居多，真開國元勳也。"

九月，幸秘閣。冬十月，命雷有終制置江淮、兩浙茶鹽。十一月，許王元僖薨。元僖性仁孝，尹京五年，政事無失，追贈太子，諡孝恭。議以明年正月上辛合祭天地，從之。

癸巳　淳化四年春正月辛卯，郊，奉宣祖、太祖配。二月己未朔，日有食之。上以江、浙、淮、陝比歲旱蝗，遣使分路巡撫，詔令有未便者條奏。青城王小波聚徒起而爲亂，謂其衆曰："吾疾貧富不均，今爲汝均之。"貧者附者益衆。先是，國家平孟氏之亂，成都府庫之物悉載歸內府，後來任事者竟起功利，於常賦外更置博買務，諸郡課民織作〔四〕，禁商旅不得私市布帛。蜀地土狹民稠，耕稼不足以給，由是群衆起而爲亂。二月，殺彭山令齊元振。夏五月，以張洎、錢若水爲翰林學士。詔以鹽鐵、度支、戶部併一司，但置使一

〔一〕　其復懷入而不行　"其"原作"豈"，今據文意改。
〔二〕　又於屏後嘗置二大甕　"於"原作"以"，"二"原作"一"，聞見前錄卷六作"於廳事坐屏後置二大甕"，今據改。
〔三〕　天下之刑賞也　"下"原作"子"，據長編卷一四、宋史全文卷二校改。
〔四〕　諸郡課民織作　原脫此六字，據九朝編年備要卷四、太平治迹統類卷三太宗平李順校補。

員、判官六員、推官三員，從馬應昌之議也〔一〕。六月，張齊賢罷。上爲若水言："士之學古入官，遭時得位，紆朱拖紫，躍馬食肉，前呼後擁，延賞宗族，此足以爲榮矣，豈得不竭誠以報國乎？"若水對曰："高尚之士固不以名位爲光寵，忠正之士亦不以窮達易志操，其或以爵禄榮遇之故而效忠於上，中人以下者之所爲也。"上然其言。以吕端參知政事。趙普嘗曰："吾觀吕公奏事，得嘉賞未嘗喜，遇折剉未嘗懼，亦不形言，真台輔之器也。"復給事中封駁制。秋七月，大霖雨，開封府雍丘尉武程上疏，願減後宫嬪嬙，太宗謂宰相曰："武程疏遠小臣，不知宫闈中事，内廷給事者不過三百人，各有所掌，不可去者，卿等固知之。朕視妻子如脱屣，所恨未能離世絶俗。"李昉奏曰："臣等家人朔望朝禁中，猶見宫闈簡儉之事，武程疏賤，妄陳狂瞽，宜加黜削，以懲之。"帝曰："朕曷嘗以言罪人，但念其不知爾。"終不加罪。時霖潦過度，上顧謂百僚曰："朕於刑獄盡心焉，安得此積陰之譴？"左右大臣無敢對。時寇準爲殿中丞，獨越班而言，曰："某州某局吏侵官錢若干，於法爲小過，罪不至流，陛下殺之。王淮，參知政事沔之弟也，盜陛下之錢數百萬緡，於法爲大憝，而上以沔故，務相容蔽，卒皆脱。陛下聞之，亦不加意，如此而曰刑獄盡心，如之何而無積陰之譴？"上器準之直，即日誅淮，罷沔政事，俄而雨止，準自是益以言悟主〔二〕。初知歸州巴東縣，有"野水無人渡，孤舟盡日横"之句，識者知其有濟巨川之意，嘗手植雙柏於縣庭，至今人以比甘棠，謂之"萊公柏"。復榷貨務〔三〕，置茶鹽制置使。八月丙辰朔，日有食之。九月，大水。冬十月，河決澶州。罷提點刑獄，歸轉運司。李昉罷，以吕蒙正爲平章事，蘇易簡參知政事。易簡外若坦然，中有城府，由知制誥爲學士，年未滿三十，在翰林八年，特受人主之遇，以親老急於進用，因召見言時

〔一〕馬應昌　原脱"昌"一字，據長編卷三四、九朝編年備要卷四、宋史全文卷四校補。

〔二〕準自是益以言悟主　原脱"準"一字，據朱氏餘慶堂刊本校補。

〔三〕復榷貨務　"榷"原作"確"，據九朝編年備要卷四校改。

政得失，沆等罷，即命易簡代之。趙鎔、向敏中同知樞密院。閏月，置三司總計使。十二月，小波與巡檢張玘鬥於江源縣〔一〕，玘死之〔二〕，小波亦病創卒，衆推其妻弟李順爲帥。順陷漢州、彭州，賊黨遂熾，衆至數萬。

甲午　淳化五年春正月上元，御樓，賜從臣宴，上曰："五代之際生靈凋喪，當時謂無復太平之日矣〔三〕。朕躬覽庶政，萬事粗理，每念上天之貺，致此繁盛〔四〕，乃知治亂在人。"呂蒙正避席曰："乘輿所在，士庶走集，故繁盛如此〔五〕。臣嘗見都城外不數里，饑寒死者甚衆，不必盡然。願陛下視近以及遠〔六〕，蒼生之幸也。"上變色不言，蒙正侃然復位。京西、江浙大饑，寬饑民罪，應因饑持杖劫人家藏粟，止誅爲首，餘悉以減死論。李繼捧與繼遷叛，上遣李繼隆率兵討之。初繼隆自鐵茄驛夜入綏州，謀其所向，欲徑襲夏州，或謂夏州賊帥所出，我兵少，恐不能克，不若先據石保，以觀賊勢。繼隆曰："我兵少，徑入夏州，出其不意，彼亦不能料我衆寡，若先據石保，衆寡已露，豈敢進耶？"引兵馳入撫寧縣，繼捧猶未知，遂進攻夏州，繼捧狼狽出迎，擒之以歸。上詰責數四，詔釋之，留京師。繼遷終反覆不臣。蜀盜李順叛據成都，上命昭宣使王繼恩率兵討之。四月，平劍州，破賊五千衆於柳池驛，斬首六百級，賊衆望風走，溺死者不可勝計。又克閬、綿二州。五月〔七〕，至成都，破賊十餘萬，斬首三萬級，獲順及僞官甚衆，蜀土悉平，然繼恩本宦者，

〔一〕　巡檢張玘　"玘"原作"杞"，據宋朝事實卷一七削平僭僞校改。下同。

〔二〕　玘死之　"之"原作"於"，據宋朝事實卷一七削平僭僞校改。

〔三〕　當時謂無復太平之日矣　"時"原作"日"，據九朝編年備要卷五、太平治迹統類卷三太宗聖政校改。

〔四〕　致此繁盛　"盛"原作"甚"，據九朝編年備要卷五校改。

〔五〕　故繁盛如此　"盛"原作"甚"，據九朝編年備要卷五校改。

〔六〕　願陛下視近以及遠　"視"原作"親"，據九朝編年備要卷五校改。

〔七〕　五月　"月"原作"百"，據宋朝事實卷一七削平僭僞、玉海卷一九三上劍南兩川招討使王繼恩平李順校改。

不能戰衆，縱所部劓掠子女、金帛，軍士亦無鬥志，餘賊竄伏山谷間，州縣有復陷者。太宗知之，乃命入内押班衛紹欽同領其事，命給事中、參知政事趙昌言充川峽路兵馬都部署〔一〕，自繼恩以下皆聽其節度。御札數幅，丁寧授以方略，姦黨悉平，召繼恩還。初，繼恩有破賊之功，中書議賞，欲除宣徽使。太宗曰："朕讀前代史書，不欲令宦者預政事。宣徽使，執政之漸也。"宰相墾言繼恩有大功，非此不足以報之。上怒，責宰相等，命學士張洎、錢若水議，別立宣政使，序立於昭宣使之上〔二〕，以授之。六月，詔以諸州官科賈他物，有非風土所宜，而長吏不以言，課民轉市於他處，及調役飛輓，有所不均，而州縣因循，不以條奏者，乃詔至日條析以聞。七月，高麗請伐契丹，詔卻之，自是不復入貢。九月，以襄王元侃爲開封尹，封壽王。準自青州召還，入見，上曰："朕諸子孰可以付神器？"準曰："陛下誠爲天下擇君，謀及婦人、中官不可也，惟陛下擇所以副天下望者。"上俛首久之，屏左右曰："壽王可乎？"對曰："知子莫若父，聖意既以爲可，願即決定。"上因言成都叛卒事，輔臣或曰："蓋郡無城池，所以失其制禦。"又曰："儻官吏得人，善於綏撫，雖無城池可也。"先是，上命趙昌言帥蜀，昌言爲人辯智，於上前指畫破賊之策，上悅之，恩遇甚厚。既行，時有娥眉山僧茂貞者，以術得幸於上，曰："昌言頗狡，有反相，不宜委以蜀事。"上方悔之。昌言至鳳州〔三〕，會寇準知州事，密上言："昌言素有重名，又無子息，不可征蜀，授以兵柄。"上得疏大驚，曰："朝廷皆無忠臣定謀及此〔四〕，賴有寇準憂國爾。"乃詔昌言以軍事付王繼恩，昌言以户部侍郎知鳳翔府，召寇準參知政事。初，上聞蜀賊

〔一〕命給事中參知政事趙昌言充川峽路兵馬都部署　"峽"原作"陝"，據宋朝事實卷一七削平僭僞、宋史卷二六七趙昌言傳校改。

〔二〕序立於昭宣使之上　"昭"與"宣"原顛倒，據長編卷三六、宋史全文卷四乙正。

〔三〕昌言至鳳州　"州"原作"翔"，據宋史卷二六七趙昌言傳校改。

〔四〕定謀及此　"定謀"，宋朝事實卷一七削平僭僞、涑水記聞卷二作"言莫"。

起，顧群臣曰："蜀土之民近歲日益繁盛[一]，但習俗囂浮，多事遊賞[二]，物極必反[三]。今小寇驚動，豈天意抑其浮華耶？"呂蒙正曰："昔楚莊小國之君，常懼無災，今升平之代，遠方忽有狂寇，亦恐天垂警戒。"呂端曰："蒙正之言，望陛下留意。"上深納之。初，上少子元傑封益王，授淮南鎮江軍節度使，行揚州、潤州大都督府長史，封吳王。時張洎爲翰林學士，言："臣謹按前史，皇子封王，以郡爲國，置傅相及內史、中尉等，佐王爲理。自漢、魏以降，所封之王如不之國，朝廷遣卿大夫臨郡，行郡事。東晉永和、太和之際，有瑯琊王、會稽王、臨川王，故謝靈運、王羲之等並爲會稽、臨川內史，即其事也。唐有天下，以揚、益、潞、幽、荊五郡爲大都督之號[四]，非親王不授。其揚、益等郡或有親王遙領，朝廷命大臣臨郡者，即是長史[五]、副大使知節度事。今益王以揚、潤二郡建社爲吳國[六]，王居大都督之任[七]，又已正領節度使[八]，豈宜再加長史之號，乃是吳國王自爲上佐矣。乞付中書門下商議。帝以制命已出，不欲追改，詔自今親王領大都督府節鎮者勿兼長史。冬十一月，幸國子監，講尚書説命三篇，因幸武成王廟。令宰相以下薦士。十二月戊寅朔，日有食之。三司復各置使。

乙未　至道元年春正月，上清宮成。契丹寇府州[九]，折御卿敗之於子河

[一]　蜀土之民近歲日益繁盛　原脱"近"一字，"益"原作"以"，據宋朝事實卷一七削平僭僞校補改。
[二]　多事遊賞　宋朝事實卷一七削平僭僞"遊"作"遨"。
[三]　物極必反　"極"原作"及"，據宋朝事實卷一七削平僭僞校改。
[四]　大都督之號　原脱"督"一字，據長編卷三五、宋史卷二六七張洎傳校補。
[五]　即是長史　"長史"原作"使"，據長編卷三五、宋史卷二六七張洎傳校改。
[六]　今益王以揚潤二郡建社爲吳國　"潤"原作"益"，"社"原作"在"，據職官分紀卷四〇總州牧、宋史卷二六七張洎傳、歷代名臣奏議卷一五九建官校改。
[七]　王居大都督之任　"王"，職官分紀卷四〇總州牧作"正"。
[八]　又已正領節度使　宋史卷二六七張洎傳"使"作"事"。
[九]　契丹寇府州　"寇"原作"冠"，據九朝編年備要卷五校改。

汉，虜死亡甚衆。上曰："朕常戒邊將勿與争鋒，待其深入，分兵以要其歸路，必無遺類。"御卿守麟、府，契丹憚之。詔以官倉菽數十萬石，貸京畿及内郡民爲種。有司請量留以供國馬〔一〕，太宗曰："甘雨沾洽，土膏初起〔二〕，民田無種，不能盡地利，且竭廩以給，至秋有百倍之獲，國馬食以芻稿足矣。"夏四月，呂蒙正罷爲右僕射，上詔蒙正曰："僕射，師表百僚，以中書多務，與卿均勞逸爾。"以呂端爲平章事。契丹寇雄州，守臣何承矩敗之。旱，命侍御史分決諸道獄，後二日雨〔三〕。開寶皇后宋氏崩。六月，限僧尼額。八月，立壽王元侃爲皇太子，大赦，改名恒。九月，李繼遷犯邊，邊將敗之。上嘗問群臣河渠轉漕以給軍食之事，語及屯田利害，群臣無敢對者。張洎時爲參知政事，退而講求故實〔四〕，上封奏曰："國家應圖受命，經營鴻業，懲前王之失，審舟下之龜〔五〕，以大梁者八方所輳〔六〕，爲天下樞，可以阜安兆民，臨制四海，故卜京邑而定都焉〔七〕。昔炎漢開基，高帝云吾以羽檄召天下兵未有至者，又孝武云吾初即位不欲出虎符發兵郡國〔八〕，知漢時兵甲在外，京師惟有南北

〔一〕 有司請量留以供國馬　"馬"原作"焉"，據長編卷三七、九朝編年備要卷五校改。

〔二〕 土膏初起　"初"原作"所"，據長編卷三七校改。

〔三〕 後二日雨　"日"原作"月"，據九朝編年備要卷五校改。

〔四〕 退而講求故實　"故"原作"其"，據文獻通考卷一五二兵考四校改。

〔五〕 審舟下之龜　群書考索後集卷四〇作"形勢之宜"，文獻通考卷一五二兵考四作"形勝之地"。

〔六〕 以大梁者八方所輳　"輳"原作"揍"，據文獻通考卷一五二兵考四校改。

〔七〕 故卜京邑而定都焉　"故"原作"改"，"都"原作"郁"，據文獻通考卷一五二兵考四校改。

〔八〕 又孝武云吾初即位不欲出虎符發兵郡國　"孝武"原作"厚武"，據文獻通考卷一五二兵考四校改。按：宋史卷九三河渠志三、歷代名臣奏議卷二四九水利"孝武"作"孝文"，"發兵郡國"作"召郡國兵"。

軍，期門郎〔一〕、羽林孤兒以備天子扈從。唐承隋制置十二衛府兵〔二〕，皆農夫也。其後雖置神策軍，亦不過三數萬人〔三〕。及禄山犯關〔四〕，朝廷驅市人接戰；德宗蒙塵，扈駕者四百餘騎。今天下甲卒數十萬衆，戰馬數十萬匹，萃在京師，彊本弱枝，國之利也〔五〕。"上覽而嘉之。

丙申　至道二年春正月辛亥，郊，亦用上辛祈穀之典也〔六〕。夏四月，命李繼隆討李繼遷。時繼遷寇靈州，陝西民運芻糧詣靈州〔七〕，度沙磧，為虜殺掠及饑渴死者不可勝計。詔輔臣陳靈州事宜。詔曰："朕祇膺顯命，獲嗣慶基，懼德不明，乘奔是戒。其於夙夜，罔敢荒寧，常念食為民天，賢惟國寶，當勸農而重本，務設爵以延才，至於草木效祥，羽毛呈瑞，顧惟涼薄，所不敢當。應諸路州府，自今以後，不得以珍禽奇獸諸祥瑞來貢獻。"上分遣內臣為諸路轉運司承受公事，以察州縣刑政、官吏治迹，更次入奏。秋七月，汴決穀熟，命塞之。以陳靖為勸農使。寇準罷為給事中。先是，郊祀〔八〕，百官進秩，準率意輕重，為馮拯所論，上召問，準猶力爭不已，上已厭準，因歎曰："雀鼠尚知人意，況人乎？"遂罷之，尋出知鄧州。九月，復命李繼隆分五路討李繼

〔一〕　期門郎　"門"原作"間"，原脫"郎"一字，據宋史卷九三河渠志三、歷代名臣奏議卷二四九水利校改、補。

〔二〕　唐承隋制置十二衛府兵　原脫"制"一字，據宋史卷九三河渠志三、文獻通考卷一五二兵考四、歷代名臣奏議卷二四九水利校補。

〔三〕　亦不過三數萬人　原脫"數"一字，據宋史卷九三河渠志三、文獻通考卷一五二兵考四、歷代名臣奏議卷二四九水利校補。

〔四〕　及禄山犯關　歷代名臣奏議卷二四九水利"關"作"闕"。

〔五〕　彊本弱枝國之利也　"彊"原作"疆"，據文意改。群書考索後集卷四〇作"本固兵強，邦家之利也"、文獻通考卷一五二兵考四作"本固兵強，邦國之利也"。

〔六〕　亦用上辛祈穀之典也　原脫"之"一字，據朱氏與畊堂刊本、九朝編年備要卷五校補。

〔七〕　陝西民運芻糧詣靈州　"詣"原作"治"，據朱氏與畊堂刊本、九朝編年備要卷五校改。

〔八〕　郊祀　"郊"與"祀"原顛倒，據朱氏與畊堂刊本、長編卷四〇、宋史全文卷四乙正。

遷。環、慶等州地震。

丁酉　至道三年春正月，以温仲舒、王化基參知政事。葬孝章皇后。二月，李繼隆遣將擊李繼遷，繼遷遁去。供奉官劉文質察舉兩浙部内官，高輔之、李易直、梅詢等八人有治迹，並降璽書褒諭。帝曰："文質善於采聽，所舉者皆良吏也。"遷爲京西作坊副使〔一〕。

富弼釋曰：進賢受上賞，古之制也。太宗能以此法勸勵臣下，俾其采聽之際不敢不公，故上有得賢之裕，而下無蔽賢之責。

上不豫。三月，上崩於萬歲殿，在位二十三年〔二〕。上嘗謂侍臣曰："晉、漢以來朝廷削弱，政教凌遲，主暗臣强，紀綱大壞。朕即位之始，懲五代弊政，革故鼎新，創立一代法，於時二三大臣皆舊德耆年，猶有異論。朕守之愈固，不惑其説，晝夜勤行，二十載矣，雖未能上比古聖，至於肅清寰宇，修明憲度，興利除害，絶姦弊之原，亦無慚於古。"群臣皆再拜賀。又嘗語侍臣曰："近世之弊，至有中書布政之地，庶官除授皆出於堂吏之手，時政如此，天下安有不亂。朕自即位以來，雞鳴而起，聽斷四方之政，百司庶務雖至微細，亦皆一一留心，務革前世之弊，以躋于治。卿等各宜勉之。"

皇太子元侃即皇帝位。先是，上不豫，李皇后與宣政使王繼恩謀立元佐，太宗崩，后使繼恩召吕端，端入，后曰："宫車晏駕，立嗣以長順也。"端曰："先帝立太子正爲今日，豈容更有異議。"后默然。上既即位，端平立殿下不拜，請卷簾，升殿審視，始降階，率群臣拜呼萬歲。夏四月，大赦。尊皇后爲皇太后。五月，求直言。追尊上母夫人李氏爲賢妃。六月，禁獻珍禽奇

〔一〕　遷爲京西作坊副使　"遷"原作"選"，據長編卷四一作"特遷文質西京作坊副使"，今據改。
〔二〕　在位二十三年　按：宋太宗在位時間是二十三年。

獸。追册皇后潘氏，謚莊懷，後改章懷〔一〕。工部侍郎、同知樞密錢若水以母老請解機務，章再上，乃得請，告謝便殿〔二〕，入對苑中〔三〕，上問近臣誰可大用者，若水言中書舍人王旦有德望，宜任大事。秋七月，令轉運迭入對，詢以民間利病。上封者言嶺南村墟聚洛間日集裨販，謂之墟市，請降條約，令於城邑交易，冀增市筭。上曰：「徒擾民爾，聽從民便。」上戒西邊疆吏，但謹烽候，嚴卒乘，來即驅逐，去勿追捕。仍議靈州事宜悠久之便，庶關輔之民息肩有日也。八月，以周瑩爲宣徽北院使。西川戍卒劉旰叛，攻掠蜀、漢等州，益州鈐轄馬知節領兵討平之。冬十月，葬太宗於永熙陵。十二月，追尊賢妃李氏爲元德皇太后。李繼遷遣使修貢，求備邊任，上雖察其變詐，時方在諒陰，姑從其請，加定難節度，封以夏、綏、銀、宥、靜五州。以王禹偁知制誥。

〔一〕 後改章懷　原脱"後"一字，據九朝編年備要卷五校補。
〔二〕 告謝便殿　"告"原作"占"，據宋宰輔編年録卷三校改。
〔三〕 入對苑中　"苑"原作"宛"，據宋宰輔編年録卷三校改。

卷之五

朝散郎、尚書禮部員外郎、兼國史院編修官李燾經進

宋真宗一

戊戌　咸平元年春正月，召學官崔頤正，日令頤正赴御書院侍講。上每旦御前殿，辰後復御後殿視諸司事，或閱試軍士，日中而罷，夜則召儒臣詢得失，或至夜分。二月，彗出營室北，上問宰相曰："何祥也？"吕端等言變在齊魯之分，上曰："朕以天下爲憂，何止一方耶。"上曰："朕臨御以來未嘗佚豫，今星文變異，何也？"乃詔在位極言得失，仍詔自今不御正殿，減常膳〔一〕。三月，上試孫僅等五十人，擢僅爲第一。上即位，準守青州，上想見之，謂左右曰："寇準豈念我否？"時大臣有不悦準者，進曰："臣聞寇準在青州，以酒色自娛，何暇更思君父。"會遣中使下山東巡撫，將行，上曰："往問寇準安否。比還，從促取朝見表，以慰朕思。"公見中使，泣拜而請，泣謂使者曰："犬馬皆知有主，豈有人臣不思君父，但以忌者當路，不敢上朝。皇帝若不棄老臣，朝召而夕行也。要君之章，實未敢上。"未幾，召還，領相印。初，準鎮大名府日，北使路經由之，謂準曰："相公望重，何以不在中書？"準曰："主上以朝廷無事，北門管鑰非準不可付。"五月戊午朔，日

〔一〕　減常膳　"減"原作"復"，據長編卷四三校改。

有食之。詔議太祖廟號〔一〕。六月，命近臣舉轉運，上語李至等曰："凡所舉官，多聞繆濫，不如先擇舉主，以類求之。今外官要切轉運之任〔二〕，卿等可先擇人而令舉之。"上謂宰相曰："天下物宜，民間利害，惟轉運使得以周知，當令更互赴闕，朕將延見詢問。"詔曰："轉運使副之職在乎督餽輓，計貲儲，察官吏之能否，訪生民之利病，至於招復流離，勸課田疇，理獄訟之冤，提簿領之要，其責既重，其務實繁，苟非徇公滅私，正己率下，則宵旰之寄何所望焉？自今居是職者，如有灼然才行，為眾所推，朕當不吝美官，特與升陟，如但事權依阿，妄行威福，因循曠職，貪虐害人，大則正以刑章，小則黜之散地，信賞必罰，朕不食言。"上以工部侍郎郭贄知天雄軍，贄自陳戀闕庭，不肯去任。上曰："全魏重地，委任於卿，亦非輕也，宜亟去。"上召宰相問之，輔臣對以近例亦有受命而復留者，上曰："朕初嗣位，命郭贄知大藩而不行，則何以使人？"群臣皆畏服。

> 呂夷簡釋曰：剛健中正，乾之體也；尊嚴明威，君之道也。坤以柔承天，而不聞以彊亢違。苟乾不能制坤，君不能使臣，則上下亂矣。壯哉，太祖之貶趙逢，太宗之杖孟蠻，真宗之遣郭贄，信乎，其英斷矣！

冬十月丙戌朔，日有食之。呂端罷，以張齊賢、李沆同平章事。十一月，置估馬司，河東則府州、岢嵐軍〔三〕，陝西則秦、渭等州〔四〕，川峽則益、黎等州皆置務。十二月，詔大辟，疑者以聞。詔三司判官舉知州。

己亥　咸平二年春三月，上試進士孫暨等七十一人，以暨為第一。上詔三

〔一〕　詔議太祖廟號　"廟"下原有"稱"一字，據文獻通考卷九三宗廟考三刪。
〔二〕　今外官要切轉運之任　"運"原作"輸"，長編卷四三、宋史全文卷五作"今外官要切惟轉運使"，今據改。
〔三〕　岢嵐軍　原作"嵐奇軍"，據長編卷四三、宋史全文卷五校改。
〔四〕　陝西則秦渭等州　"陝"原作"峽"，據長編卷四三、九朝編年備要卷六校改。

司所定劍、隴等二十餘州所貢土物，並與減除，夔、賀等二十七州軍悉罷所貢〔一〕，每歲正旦止令具表以聞，諸州長吏不得以土貢爲名因緣配率。每歲進茶並停罷。初，貢茶者三十餘州，馳數千里，有歲中再至者，上憫其勞擾，故罷之。高班内品裴愈嘗因事至交州，言龍花藥難得之物，宜充貢，於是交州採以爲獻。上怒曰："朕懷撫遠俗，何有所求。"即下御史臺劾問，黜愈隸崖州〔二〕，仍絶其貢。遣使賑江浙饑。閏月，旱，求直言。夏四月，詔閤門封事許晝時進入。以張詠知杭州。詠既至，以歲饑，首寬鹽禁。五月，禁泥金鋪翠〔三〕。秋七月，置翰林侍讀、侍講學士。八月，大閲。樞副楊礪薨，上臨其喪。九月庚辰朔，日有食之。上欲北巡，議發民十五萬修汴河，鹽鐵官王濟以爲勞民，請徐議其事。宰相張齊賢以河決爲憂，與濟對上前〔四〕，且令濟署狀保河不決，濟曰："河決之患亦陰陽災沴所致，今宰相若能和陰陽，弭災沴，河之不決臣亦可保。"上然之。十一月丙戌，郊，奉太祖、太宗配。畋近郊。契丹入寇。十二月，上親征，次澶州，知冀州張旻敗契丹於城南，次大名府，知府州折惟昌又敗契丹於五合川。

庚子　咸平三年，上次大名府，李沆爲留守，不戮一人，而輦下清肅。先是范廷召分兵擊虜，求援於高陽關，都部署康保裔亟赴之，廷召潛師遁去，保裔爲虜所圍，力戰於瀛州之裴村，死之，虜遂自德、棣濟河，掠青、齊而去。蜀王均叛，以雷有終知益州，討之。先是，益州鈐轄符昭壽驕恣，不親戎務，

────────

〔一〕　夔賀等二十七州軍悉罷所貢　原脱"軍"一字，據長編卷六五、宋史卷七真宗本紀二校補。

〔二〕　黜愈隸崖州　原脱"愈"一字，據文獻通考卷二二土貢考一校補；"崖州"，長編卷六五作"唐州"。

〔三〕　禁泥金鋪翠　"翠"原作"金"，長編卷四四、九朝編年備要卷六同，宋大事記講義卷六、群書會元截江網卷二七風俗禁奢作"禁臣庶泥金鋪翠之飾"，今據改。

〔四〕　與濟對上前　"對"原作"列"，九朝編年備要卷六、宋史全文卷五作"因對並召濟入見"，今據改。

知州牛冕寬弛無政事，趙延順等殺昭壽〔一〕，奉都虞候王均爲主，僭號大蜀，改元化順，率衆陷漢州，遂趍綿州，攻之不下，直抵劍門，知劍州李士衡與鈐轄率衆擊敗之，均遁去。初，均急趍劍門，而焚其儲蓄，賊至，果無糧可守，進退失據，士衡又手書榜〔二〕，告於衆曰："爾軍皆有父母妻子，蓋由脅從而至此，若來歸我，皆爲王民矣。"得衆降千九百人，乃與劍門鈐轄裴臻併力擊賊〔三〕，斬首數千級，賊敗走，還成都。上嘉士衡之功，擢拜度支員外郎。度支陳鼎奏乞轉粟塞下，又轉鹽於邊而官自鬻之，歲得鹽錢三十萬。李士衡爲度支，以民力困弊，請依舊募商入粟以易鹽。上用其言。又建言諸道民間每歲春收息，利於豪家，不若官中預給民錢，至秋輸帛，從之。今諸路軍裝預賈是也。累遷三司使。真宗幸澶淵，東封，西祀，供億百萬，士衡有力也。明於知人，嘗保任才吏數百，皆稱職，力薦呂文靖公、陳文惠公、太傅張鄧公，後皆至宰相，世以此多之。在館職日，嘗使高麗，禮幣賂遺之物〔四〕，士衡皆不關意，一切委於副使。時船底敝漏，副使者以士衡所得縑帛籍船底，然後實己物，至海內遇大風，船欲傾覆，副使倉惶，悉取舟中之物投之海中，更不別擇。約投及半〔五〕，風息船定，既而檢點所投皆副使之物，士衡所得一無所失。三月戊寅朔，日有食之。上試進士陳堯咨等四百九人，擢堯咨爲第一。夏四月，改葬元德皇后，附永熙陵。知潭州李允則請蠲潭州地稅等征，初馬氏暴斂〔六〕，州人歲出絹，謂之地絹；及潘美定湖南，計屋每間輸絹丈三，謂之屋稅；營田戶給牛，歲輸米四斛，牛死猶輸，謂之枯骨稅。民輸茶，初以九斤

〔一〕 趙延順等殺昭壽 "延"原作"廷"，據長編卷四五、太平治迹統類卷五真宗平王均校改。

〔二〕 士衡又手書榜 "又"原作"列"，據朱氏與畊堂刊本校改。

〔三〕 乃與劍門鈐轄裴臻併力擊賊 長編卷四六、宋史全文卷五"鈐轄"原作"都監"。

〔四〕 禮幣賂遺之物 "幣"原作"弊"，據夢溪筆談卷九、自警編卷九校改。

〔五〕 約投及半 "投"原作"役"，據夢溪筆談卷九、自警編卷九校改。

〔六〕 初馬氏暴斂 "初"下原有"司"一字，原脫"暴"一字，據長編卷四七刪、校補。

爲一大斤,後益至三十五斤,允則請除二税,茶以十三斤半爲定制。會歲饑,欲發官廩先振而後奏,轉運使以爲不可,允則請以家貲爲質,乃得發廩賤糶,因募饑民隸軍籍得萬人。民列治狀請留,賜詔嘉獎。及還,連對三日,上曰:"畢士安不謬知人矣。"蓋士安曾於上前薦之也。五月,河決鄆州。六月,以向敏中爲兩河宣撫大使,以兩河大兵之後,特遣重臣巡慰,訪民疾苦。秋七月,江浙饑,令夏侯嶠、邢昺往詢民疾苦,嶠上民病二十餘事,亟詔革之。九月,雷有終擒王均,益州平。先是,賊將趙延順攻邛、蜀,都巡檢使劉紹榮歿於賊,上命御厨使李惠、富州團練使石普、供備庫使李正倫等討之。三月,王師進攻城,賊將趙延順中流矢死,至是官軍由地道入,焚賊樓櫓,至夕賊將由南門遁,王均奔富順監,石普等追斬於富順監,傳首至益州,梟之於市。始討賊時,上官與石普不恊,入内副都知秦翰恐生變〔一〕,爲曉諭和解之,親督衆擊賊,中流矢不卻,五戰皆捷,遂克益州。上手札勞問,歸,遷内園使,又遷皇城使。上以翰久在邊隅,宣力勤盡,特置是名,以寵異之。冬十一月,百官復輪對。張齊賢罷相,齊賢與李沆同相,情好不恊,自負有致君之術,每敷奏多不直,致議者以爲疏闊。至是,坐冬至被酒失儀,故罷。是歲,籍河北彊壯。先是,五代時,河北、河東彊壯,瀛、霸諸州已有之。至是,以李繼遷數擾邊,命籍之。

辛丑 咸平四年春,上命右諫議大夫、同知樞密院事馮拯、陳堯叟舉常參官之幹敏者,與三司議減冗事,及參決滯務。時上封事者多言三司官吏積習依違〔二〕,天下文牒有五七歲不爲裁決者,案牘凝滯,吏民抑塞,水旱災沴,多由所致。自今請委逐部判官檢覆向來諸路州軍所申請及本司所積滯事〔三〕,疾

〔一〕 入内副都知秦翰恐生變 "生"原作"告",據長編卷四七校改。宋史卷四六六秦翰傳作"翰恐生事"。

〔二〕 積習依違 "積"原作"稽",據長編卷四八校改。

〔三〕 自今請委逐部判官檢覆向來諸路州軍所申請及本司所積滯事 "部"原作"郡","司"原作"州",均據長編卷四八校改。

速予奪，然後詣判使會議別白施行〔一〕。如更有稽違，即許諸路轉運使及本州軍聞奏，命官推鞫其罪，庶有警其弛慢。三司都催欠司引對逋負官物人於崇政殿〔二〕，上臨問之，自是凡七日釋二千六百餘人，除逋負二百六十餘萬。詔曰："權酤之利素有定規〔三〕，宜令計司立爲永式。自今中外不得更議增課，以圖恩獎。"先是，檢舉天下酒税，頗爲煩擾，且竟以羨利邀寵，至是遂罷其事而條約之。詔舉賢良，學士承旨宋白舉直集賢院田錫〔四〕，錫尋召對。三月，分川峽爲四路〔五〕。以吕蒙正、向敏中同平章事。行儀天曆。以楊億知制誥。夏四月，楊嗣、楊延朗加團練使，時並爲沿邊巡檢，勇以戰鬥，邊人謂之"二楊"。楊延朗後改名延昭，智勇善戰，在北邊二十餘年，虜憚之，目曰"楊六郎"。罷效恩遷官，行磨勘京朝官法。回鶻來貢。舉賢良方正能直言極諫科三人：秘書丞查道、進士陳越、定國軍節度推官王晦叔。上嘗與宰相語及天下兵馬之數，帝曰："數須不少，精鋭者鮮，又軍額太多，益須精選〔六〕。且今之兵與古不同，古者三時務農一時教戰〔七〕，民即兵矣。今皆坐待衣食，國家經費至廣，職此之由，不可不精意選練。"宰相張齊賢上言，請募江南丁壯八萬，以益戍兵，廣邊備。上曰："此不惟動摇人心，抑亦使南方之人遠戍西鄙，甚不便也。"六月，減冗吏，諸路計省十九萬五千餘人。秋八月，舉賢良方正能直言極諫科四人，大名府成安主簿丁遜〔八〕、舒州團練推官孫僅、秘書丞何

〔一〕 然後詣判使會議別白施行　原脱"別白"二字，據長編卷四八校補。

〔二〕 三司都催欠司引對逋負官物人於崇政殿　原脱"對"一字，"催"原作"督"，據長編卷四八校補、改。

〔三〕 權酤之利素有定規　"權"原作"摧"，據長編卷六五、東都事略卷四真宗本紀校改。

〔四〕 學士承旨宋白舉直集賢院田錫　"賢"原作"愊"，據九朝編年備要卷六校改。

〔五〕 分川峽爲四路　"峽"原作"陝"，據長編卷四八、通鑑地理通釋卷三宋二十三路校改。

〔六〕 益須精選　"須"原作"雖"，據朱氏與畊堂刊本校改。

〔七〕 三時務農　"農"原作"民"，據宋張方平樂全集卷十八對手詔一道校改。

〔八〕 成安主簿丁遜　"安"原作"文"，據長編卷四九校改。

亮〔一〕、懷州防禦推官孫暨〔二〕。上嘗與宰相論邊事，因言漢武伐大宛〔三〕，萬里征討求名馬，遂致中國内竭，生民疲弊。始皇亦英主，所作制度後世無改易，而不能守之以道，享國不永，皆可以爲鑒戒。又嘗謂李宗諤曰："聞卿至孝，宗族雍睦，朕守祖宗基業亦如卿等保守門户也。"九月，慶州地震者再。李繼遷陷清遠軍，楊瓊擁兵不救，罪當死，上赦之，流瓊崖州。冬十月，契丹入寇，張斌敗之於長城口〔四〕，李繼宣尋又敗之於山谷。初，七月，契丹謀入寇，命王顯爲鎮定高陽關三路都部署〔五〕。是冬，顯奏大破契丹，殺二萬餘人，餘衆皆遁去〔六〕。授西涼六谷酋長潘羅支官，仍命出兵，以助討李繼遷。十一月，畋近郊。十二月，詔議棄守靈州，張齊賢、楊億力言棄之便，輔臣多謂靈武必争之地，不可棄。獨李沆與億意同，奏曰："李繼遷不死，靈州非朝廷有也。莫若遣使分軍民，空壘而歸，則關右之民息肩矣。"初，朝廷棄鎮戎軍，李繼和請復城之，即以繼和知軍事。靈州言河外寨主李瓊以城降，其家屬當緣坐〔七〕，上曰："窮邊孤壘〔八〕，又無救助，力盡就擒，此可憫也。"詔釋之。振河北饑。吴淑請復車戰法。

壬寅 咸平五年春正月，以張齊賢爲邠、寧、環、慶等州經略使。田錫言："宰相不練邊事，未委所差張齊賢果能不負任使否？"未幾，靈州陷。以丁謂爲夔州路轉運使。三月，李繼遷陷靈州，知州裴濟死之。上試進士王曾以

〔一〕 秘書丞何亮　原脱"丞"一字，據長編卷四九校改。

〔二〕 懷州防禦推官孫暨　"推"原作"孫"，據長編卷四九校改。

〔三〕 因言漢武伐大宛　"漢"下原有"丞"一字，據朱氏與畊堂刊本删。

〔四〕 張斌敗之於長城口　"張斌"，長編卷四九、九朝編年備要卷六、宋史卷六真宗本紀一均作"張斌"。

〔五〕 高陽關　原脱此三字，據長編卷四九、宋史卷六真宗本紀一校補。

〔六〕 餘衆皆遁去　原脱"餘"一字，九朝編年備要卷六、遼史拾遺卷七均作"餘衆遁去"，今據補。

〔七〕 其家屬當緣坐　"家"原作"城"，據九朝編年備要卷四校改。

〔八〕 窮邊孤壘　"孤"原作"空"，據九朝編年備要卷四、宋朝事實卷十六校改。

下三十八人、九經諸科百八十人,以曾爲第一。上嘗謂宰相曰:"河北歲屯重兵,供億至廣,錢穀出入之數未能周知。昨令轉運使以一歲所入校之,大約入少用多,且兵未能息,常須河北運送,重困生民,深可念也。今河朔州縣户少官多,或一司一務有兩三員兼理者,當議併省之。"王嗣宗奏事長春殿,因言:"嘗蒙聖諭'朕不當管錢穀細務,所憂者蓋天下生民',臣等喜聞陛下發言,深協大體。今經費實煩〔一〕,用度不足,雖陛下勤儉冠古,其如冗食尚多,耗蠹尤廣,更宜庶事減節〔二〕,以爲遠大之計。不爾,則向去無所取濟,必須下撓於民。"上曰:"朕之所憂正爲撓民,或至撓民,則何以堪之。"嗣宗曰:"向來河北、關西邊事未息,興師十萬,日費千金,國家兵革非不精,士卒非不衆,苟擇將帥,嚴號令,用之得其宜,則何往不利〔三〕。臣等議以爲事有可減省者〔四〕,望陛下允而行之。"上曰:"卿等速爲條奏,朕斷在必行。"上嘗幸龍門,睹巖崖石佛經會昌毁皆已摧壞〔五〕,左右曰:"非官爲葺治,不能成此勝跡。"上曰:"軍國用度不欲以奉外教,恐勞費滋甚。"上再起李士衡爲河北都轉運使,恩數禄廩加常制一等〔六〕,士衡再領漕運,夙夜供職,積粟郡邑,率如京邸。議者謂所積太廣,必多腐敗。朝廷遣使視之,士衡奏曰:"豈不爲九年之蓄耶?"帝悟,遂罷其使。明年,大饑,悉發倉廪以濟之,仍輦濟京西路,全活者數百萬,進刑部侍郎、三司使。陝西舊科吏人市木送京師,度三門之險,破散者太半。又每歲市羊,亦遣吏送,而羊多斃於道。二者,吏皆破産

〔一〕 今經費實煩　朱氏與畊堂刊本"煩"作"繁"。

〔二〕 更宜庶事減節　"庶事"原作"每歲",據朱氏與畊堂刊本校改。

〔三〕 用之得其宜則何往不利　原脱"用之得其宜則"六字,據朱氏與畊堂刊本校補。

〔四〕 事有可減省者　原脱"可"一字,據朱氏與畊堂刊本校補。

〔五〕 睹巖崖石佛經會昌毁皆已摧壞　"毁"原作"殿",據朱氏與畊堂刊本、長編卷六五校改。

〔六〕 恩數禄廪加常制一等　"加"原作"如",據朱氏與畊堂刊本、名臣碑傳琬琰之集上卷一八范仲淹李觀察士衡神道碑校改。

不能償，西人苦茲五十載矣。至是，士衡始請募商旅送木京師，如入粟法，售以池鹽；又請許其吏私市羊，以副之免關征筭，得補其亡失，西人感之。上以王旦爲翰林學士，旦爲人嚴重，能任大事，避遠權勢，不可干以私，由是上益知其賢。錢若水名知人，常稱之曰："真宰相器也。"若水召對苑中，問可大用者，若水以旦對。旦爲翰林學士，嘗奏事下殿，上目送之，曰："爲朕致太平者〔一〕，必斯人也〔二〕。"嘗辨論朝臣與日者往還不當坐罪，又言三司併爲一司實爲煩劇，上皆納之。乃詔曰："比年以來，司帑廩者以剩羨爲勞，蓋出內之際有所輕重，此可責而不可獎也。宜令有司嚴加戒勵，無得復蹈前失〔三〕。"秋七月甲午朔，日有食之。以錢若水爲并、代經略使，判并州。上新用儒臣爲將，未欲使兼都部署之名，而其任實同也。冬十月，令諸州長吏與佐職官同錄大辟罪人。向敏中罷任户部侍郎，齊賢授太常卿，分司西京。齊賢坐爲薛安上所訴，詞連敏中。初，薛惟吉婦柴氏無子，盡蓄其產，欲改適齊賢，惟吉有子曰安上，訴其事。柴因訴敏中質惟吉故第，又嘗求娶己，不許〔四〕，以是教安上誣告母，且陰庇之。上問敏中，敏中言實買安上居第，近喪妻，不復議姻，未嘗求娶於柴也。柴訟益急，遂下獄按鞫，乃齊賢子教柴氏爲辭。鹽鐵使王嗣宗忌敏中〔五〕，方敏中喪妻，曾議娶王承衍女弟，密約已定，上因面責敏中以不直，而併罷之。齊賢不事儀矩，頗好治生，再入相，數起大獄，又與寇準相

〔一〕 爲朕致太平者　"爲"原作"與"，據宋名臣言行錄前集卷二王旦魏國文正公、宋史卷二八二王旦傳校改。

〔二〕 必斯人也　"斯"原作"此"，據宋名臣言行錄前集卷二王旦魏國文正公、宋史卷二八二王旦傳校改。

〔三〕 無得復蹈前失　長編卷五一、太平治迹統類卷二八、東都事略卷四真宗本紀均作"無使復然"。

〔四〕 不許　原脱此二字，據宋史卷二八二向敏中傳校補。

〔五〕 王嗣宗　"宗"原作"忠"，據長編卷五三、宋史全文卷五、宋史卷二八二向敏中傳校改。

傾奪，世以此少之。田錫上疏言："伏睹內殿起居，近罷轉對，封章迭送，今已踰年，上書應詔，並無旌酬，失儀被彈，即有責罰。又聞密院、中書政出吏胥行遣，即檢舊例施行。樞相商議，別無遠謀，戎夷深入，則請大駕親征，將帥無功，則取聖慈裁斷，備位則不失享富貴，罷免則不過歸班行。臣下得優逸〔一〕，而君上常焦勞，實為倒置也。陰陽不順，水旱不調，法令滋章，盜賊多起。尚率京城父老與百辟千官，五度上章，請加尊號，賴聖君英睿，以為天不可欺，御劄丁寧，示志不可奪〔二〕，必斷來表，深愜群情。由是見宰相以甘言佞上求聖知，以國計軍機非己任〔三〕，若加以水旱之災，乘以戎狄之怨，不知在廟堂者用何智略，總軍兵者作何籌謀？"十一月，上將議親郊，鹽鐵使王嗣宗奏郊禋費用煩重，望行謁廟之禮，而推慶賜。呂蒙正曰："前代停郊謁廟〔四〕，蓋因災沴，今無故罷禋祀，典禮無據。"上曰："不惟典禮無據〔五〕，郊壇一日之費所省幾何？殊非寅恭事天之意也。"因詔三司非禋祀所須並可減省，是歲，減應供奉官雜物十萬六千。十二月，以呂蒙正、李沆兼門下侍郎。

　　癸卯　咸平六年春二月，遣使振京東、淮南饑。水災，田錫上疏言："國家為少闕軍兵防備邊戍，遂於曹、單、宋、亳、陳、汝、蔡、穎點集鄉村〔六〕，揀選強壯，得五七萬人。訪聞始降宣命指揮，只令在本城防守，尋即押赴京師，何失信若此？"又言："災沴之餘，盜賊若起，適足為戎狄之利，有勞宵

〔一〕　優逸　"優"原作"擾"，據九朝編年備要卷六、宋史全文卷五校改。

〔二〕　示志不可奪　原脫"示"一字，據長編卷五三、宋史全文卷五、九朝編年備要卷六校補。

〔三〕　以國計軍機非己任　"己"原作"已"，據長編卷五三、九朝編年備要卷六校改。

〔四〕　前代停郊謁廟　原脫"郊謁"二字，據長編卷五三校補。

〔五〕　上曰不惟典禮無據　原脫此八字，據長編卷五三、豫章文集卷四遵堯錄三真宗校補。

〔六〕　於曹單宋亳陳汝蔡穎　"於"原作"為"，"穎"原作"潁"，均據長編卷五四、九朝編年備要卷六、宋史全文卷五校改。

旰之憂。檢災傷乃是虛名，行振貸且非實事〔一〕。"潘羅支言已集六萬騎，乞會王師復靈州，特授朔方節度。夏四月，王繼忠與契丹戰於望都縣南〔二〕，遂陷於虜，贈繼忠官，録用其子孫。以張詠知益州，民聞詠至，皆鼓舞相慶。六月，併鹽鐵、度支、户部三司置一使。秋，吕蒙正以疾辭，罷爲太子太師。上謂知樞密使王繼英曰："比年邊防止及西北，至於遠方殊俗蓋多無備。如川廣、荆湖常須訓齊軍伍，以爲備，不可闕也。"上之長慮遠略皆如此。劉承宗掌軍器庫，上臨幸，見其整肅，面授閤職。秦國長公主以人有所逋欠，納其女爲質，帝聞之，還其父母。壽春縣主上言："夫兄侯紹卿掌芻積被刼，望釋其罪。"上曰："損壞官物，自有常刑，不可免也。"

富弼等釋曰：戚里倚帝家之勢，不爲暴横以侵人幾希，故先帝不容秦國質取人女，不貸侯紹卿刑罰，正所以防其侵暴驕恣，保安戚里也。

右正言、知制誥朱巽上言："朝廷命令不宜屢改。自今應陳述利害，更張法制者，請委官司議其可否，如經久可行者行之，不可行者止之。"上謂群臣曰："命令屢改，甚失治體。巽等所言，不可不戒。"李文靖公沆爲相，有大臣體，嘗語人曰："吾爲相無他能，惟不改朝廷法制，用此以報國。"士大夫初聞此言，以謂不切於事，及其後當國者，或不思事體，或收恩取譽，更祖宗舊制，遂至兵冗官濫，不可勝紀，而用度無節，財力匱乏，公私困弊，推迹其事，皆因執政不能遵守舊規，妄有改更，所致至此，始知文靖之言簡而要云。文靖在相府日，真宗嘗問之曰："人皆有密啓，而公獨無，何也？"對曰："臣待罪宰相，公事則公言之，何用密啓？夫人臣密啓者，非讒即佞，臣

〔一〕行振貸且非實事　"實"原模糊難辨，據咸平集卷一上真宗論揀選强壯失信、長編卷五四校定。

〔二〕王繼忠　原脱"忠"一字，據下文之"贈繼忠官"校補。

嘗惡之，豈可效尤。"一時朝議浩然歸重。冬十月，靜戎軍王能奏於城東開方田，廣袤相去五尺，深七尺，以限戎馬。詔鎮戎、順安、威虜軍界並爲之。十一月，有星孛於井、鬼。十二月，求直言。田錫卒，將奏疏悉焚之，曰："吾豈可藏副，示後謗時賣直耶。"前後奏議凡五十三，有咸平集五十卷行於世。上見錫色必莊，目之曰："此吾之汲黯也。"錫動必以禮，言必以法，賢不肖咸憚伏之，出處二十年，未嘗趨權貴之門。在貶廢中，樂得其正晏如也。上覽其遺表，惻然曰："田錫直臣也，天何奪之速乎！"李繼遷陷西涼府，潘羅支要擊之，中流矢而死，子德明襲位。上初即位，召种放於終南山，放辭疾不至。五年，上復遣供奉官周珪齎詔就山召赴闕，仍賜絹百匹、錢十萬，放被命至闕，上賜對便殿，親加撫問，命坐與語，授左司諫、直昭文館，賜居第、什器，太官供膳。六年，放上表墾求歸山，上令暫歸，因授起居舍人，宴餞於龍圖閣，上作七言詩二章送放，群臣皆和。景德二年，轉右諫議大夫，祥符元年授給事中，從祀汾陰。放獻議事十三篇：一曰議道，二曰議德，三曰議用，四曰議器，五曰議文武，六議制度，七議教化，八議賞罰，九議典禮，十議軍國，十一議獄訟，十二議征討，十三議正邪，真宗納之。上嘗觀書龍圖閣〔一〕，放從而登，真宗隨手援放臂〔二〕，挽引而上，顧謂侍臣曰："若唐明皇優待李白，嘗以御手調羹，當時稱爲上事。今朕待放如此〔三〕，厚賢之禮當不愧於古人。"

甲辰　景德元年春正月朔，大赦。以後宮劉氏爲美人。京師地震者三。二月，知鎮戎軍曹瑋上言："繼遷擅中國要地，今其國危子弱，不即圖之，後更難制。"未幾，李德明請降。三月，契丹入寇，知威虜軍魏能敗之於長城口。皇太后李氏崩。夏六月，旱，人多暍死。秋七月，上視李沆疾，及車駕還

〔一〕　上嘗觀書龍圖閣　原脱"書"一字，據朱氏與畊堂刊本校補。
〔二〕　隨手援放臂　"援"原作"授"，事實類苑卷七作"垂手援放臂"，今據改。
〔三〕　今朕待放如此　事實類苑卷七作"今朕以手援放登閣"。

宫而沆卒，上臨其喪，贈太尉、中書令，謚文靖。上之初即位也，沆日取四方水旱盜賊奏之〔一〕，王旦以爲細事不足煩上聽，沆曰：「人主少年，當使知人間疾苦，不然血氣方剛，不留意聲色犬馬，則土木甲兵禱祠之事作矣。吾老，不及見，此參政他日之憂也。」時西北用兵，邊奏日聳，或至旰食，旦慨然歎曰：「我輩安得見太平，優游無事乎？」沆曰：「少有憂勤，足爲警戒，他日四方寧謐〔二〕，朝廷未必無事，君奚念哉。」上嘗問治道所宜先，沆曰：「不用浮薄新進喜事之人，此最爲先。」上問其人，曰：「如梅詢、曾致堯、李夷庚等是矣。」由是終上之世，至仁宗初年，多得重厚之士。石保吉求爲使相，上以問沆，沆曰：「保吉因緣戚里，無攻戰之勞，台席之拜，恐騰物論。」他日，再三詢之，執議如初，事遂寢。沆卒數日，乃拜焉。寇準始與丁謂善，屢言謂之才，沆久未用，準以問沆，沆曰：「如斯人者，才則才矣，可使之在人上乎？」準曰：「如謂者，相公終能抑之，使在人下乎？」沆笑曰：「他日當思吾言。」沆嘗喜讀論語，或問之，沆曰：「爲宰相，如論語中『節用而愛人』『使民以時』兩句，尚未能行，聖人之言，終身誦之可也。」簡陝西振武軍爲四十指揮。八月，以畢士安、寇準爲平章事。先是，李沆既卒，上欲用準，嘗謂士安曰：「準好剛使氣，奈何？」士安曰：「今天下雖蒙休德，而北戎尚跳梁，若準者，正宜用也。」乃並命之。九月，令轉運使副察所部官能否〔三〕，爲三等：公勤廉幹爲上，幹事而無廉譽、清白而無治聲者爲次，畏懦貪狠爲下。河決澶州。置龍圖閣待制。閏月，契丹主同其母蕭氏大舉入寇〔四〕，遣其統軍順國王撻覽引兵攻威虜、順安軍，魏能、石普帥兵禦之，敗其前鋒，斬偏

〔一〕 沆日取四方水旱盜賊奏之　原脱「奏」一字，「之」下原衍「事」一字，據長編卷五六、東都事略卷四十李沆傳校補、删。

〔二〕 寧謐　「謐」原作「謚」，據九朝編年備要卷七、宋史卷二八二李沆傳校改。

〔三〕 令轉運使副察所部官能否　原脱「使副」二字，據長編卷五七、太平治迹統類卷五校補。

〔四〕 契丹主　「主」原作「王」，據九朝編年備要卷七、太平治迹統類卷四校改。

將，獲印及旗鼓輜重。又攻北平寨，田敏等擊走之。又東趣保州，孫密伏兵敗之，攻州城不利而北。又合兵以攻定州〔一〕，王超等陣於唐河以拒之，其游騎爲我禆將所擊，虜帥衆東駐陽城淀。寇準言："邊奏虜騎已至深、祁以東，緣三路大軍在定州，東路別無屯兵，乞先發天雄軍步騎萬人駐貝州，令周瑩、林彥鈞、孫全照部分，一安人心，二張軍勢，以疑敵謀，三以振石普、閻承翰軍威〔二〕，四與邢、洺相近，足爲犄角之勢。"此時寇準已決親征之議，參政王欽若以虜深入，密言於上請幸金陵，僉書陳堯叟請幸成都。上以問準："有人勸朕幸江南與蜀者，卿以爲何如？"寇準曰："不知何人發此謀？"上曰："卿姑斷其可否，勿問其人也。"準曰："臣欲得獻策之人，斬以釁鼓，然後北伐爾。"上意乃決，於是詔詣路會兵，出語準曰："今虜騎未退，而天雄軍截在虜後，萬一陷没，則河朔皆爲虜境矣。何人可爲朕守？"準曰："古人有言智將不如福將，臣觀參知政事王欽若福禄未艾，宜可爲守。"即召欽若於行府，諭上意，受敕俾行。欽若茫然自失，未及有言，準遽曰："主上親征，非臣子辭難之日。參政爲國柄臣，當體此意。"遽酌"太白"飲之〔三〕，名曰"上馬盃"，欽若驚懼不敢辭〔四〕，飲訖拜别，準答拜，且曰："參政勉之，回日即爲同列也。"準以欽若多智，恐妄有疑沮，故出之。雲州觀察使王繼忠戰敗陷虜，虜信用之，繼忠乘間言和好之利〔五〕，時虜主幼母老，舉兵深入，所至不利，頗有厭兵意〔六〕，納繼忠言。乃遣李興持信箭以繼忠書詣莫州部署石

〔一〕又合兵以攻定州　原脱"兵以攻定州"五字，據九朝編年備要卷七校補。
〔二〕閻承翰　"閻"原作"延"，據長編卷五七、太平治迹統類卷四真宗澶淵通好校改。
〔三〕遽酌太白飲之　"遽"原作"據"，據宋名臣言行録前集卷四寇準萊國忠愍公校改。
〔四〕欽若驚懼不敢辭　"懼"原作"惶"，據宋名臣言行録前集卷四寇準萊國忠愍公校改。
〔五〕繼忠乘間言和好之利　"間"原作"問"，據長編卷五七、宋史全文卷五、契丹國志卷七校改。
〔六〕頗有厭兵意　"意"原作"竟"，據長編卷五七、群書會元截江網卷二三平戎、契丹國志卷七校改。

普,且令馳奏闕下,其書以爲北朝欽聞聖德願修舊好,而欲朝廷先遣使,上未許也。契丹寇草城川,知苛嵐軍賈宗連擊敗之,又設伏寒光嶺,伏發,軍潰,自相揉躪者萬餘人,獲牛、馬、橐駞以千數。王超言契丹引衆沿胡盧河而東,詔諸將整兵爲備。命張齊賢知青州〔一〕,兼青、淄、濰安撫使,丁謂知鄆州,兼鄆、齊、濮安撫使。契丹稍南,民奔楊劉渡〔二〕,舟人要利,不時濟,謂取死囚斬於河上,詭言取民錢者,舟人懼,旦夕不敢停濟,乃立部分,並河執旗幟,擊刁斗,以防守,聲聞百里,虜懼遁去。十月,詔王超率兵赴行在。詔魏能、張凝、田敏率所部兵屯定州。王繼忠得上手詔即具奏附石普,言契丹又領兵攻瀛州,蓋關南乃其舊疆,恐難固守,北朝已欲求好,乞再遣使。上曰:"瀛州素備,非所憂也。欲先遣使,固無損也。"上問二府擇可使虜者,須忠義識略〔三〕,可以入敵境,觀其誠偽,不必限以位秩高下。二府薦右班殿直曹利用可使,召見,首陳和戎息兵爲便〔四〕,上問其家何在,利用曰:"臣盡節得死爲幸,何以家爲?"準以爲不當先遣,上卒遣之。契丹犯瀛州,守臣李延渥擊之,虜衆死者三萬餘人,傷者倍之,乃解去。十一月辛亥朔,賜延渥及將士金帶〔五〕、緡錢有差。邊報急,書一夕凡五至,寇準不啓封,飲笑自如。上聞之大駭,以問寇準,準曰:"陛下欲了,欲未了耶?"曰:"虜兵深入吾境,豈欲久耶!"曰:"陛下欲了,不過五日爾,其說請幸澶淵。"上不語,同列懼,欲退,準曰:"士安等止候駕起,從駕而北。"上難之,欲還內,準曰:"陛下入,則臣不得見,而大事去矣。請無還而行也。"遂行,六軍百司追而

〔一〕 命張齊賢知青州　原脫"賢"一字,據長編卷五八、宋史卷二六五張齊賢傳校補。
〔二〕 楊劉渡　"劉"原作"州",據名臣碑傳琬琰之集下卷三丁晉公謂、宋史卷二八三丁謂傳校改。
〔三〕 須忠義識略　"義"原作"議",據朱氏與畊堂刊本校改。
〔四〕 首陳和戎息兵爲便　"和"原作"知",據朱氏與畊堂刊本、事實類苑卷一二名臣事迹曹侍中校改。事實類苑卷一二名臣事迹曹侍中"兵"作"民"。
〔五〕 延渥　"延"原作"廷",據上文之"李延渥"校改。

及之。司天言："日抱珥黄氣，宜不戰而有求和之象。"以雍王元份爲東京留守。以李繼隆、石保吉爲駕前排陣使，王隱〔一〕、葛霸副之，孫全照、秦翰爲鈐轄。曹利用至天雄，孫全照疑虜不誠，勸王欽若留之。虜沿河屯泊，侵擾貝、冀，窺深州，皆不利。後令王繼忠具奏求和好，且言北朝頓兵不敢劫掠，以待王人。石普遣指使張皓持詣闕，出虜寨，爲所得，虜主及其母引皓至車帳前，問勞久之，因令抵天雄，催利用來。王欽若疑，不敢遣。皓獨還，虜主及其母賜皓袍帶，館設加等，使繼忠具奏，且請自澶州別遣使，速議和好事。於是，皓以國母之命入奏，上賜繼忠詔，許之。俾令皓持詔往天雄，督利用前去。上謂輔臣曰："虜雖來講和，國家以安民息戰爲念，固許之矣。河北且合急防虜偷度，若別行邀求，當決一戰，剪滅此虜。可飭將帥整治軍事。"壬申，車駕次韋城縣，大臣猶有進南巡避狄之策，聖意稍惑，準言："王欽若，江南人，故請陛下幸江南；陳堯叟，蜀人，故請陛下幸蜀。此皆爲身謀，非爲國計也。且先帝建都垂五十年，天下財用、兵甲聚於京師，宗廟、社稷之所寄也，不幸有事，陛下當與臣等以死守之，今一旦棄去，非復陛下所有。若盜賊因緣而起，陛下當何歸乎？"陛下惟可進尺，不可退寸，河北諸軍日夜望鑾輿至，士氣當百倍。若回輦數步，則萬衆瓦解，虜乘其勢，金陵亦不可得而至矣。"上意未決。殿前指揮使高瓊，上所倚信，先朝宿將也，忽有旨召對御幄，上因語及南巡之事，瓊驚曰："臣未審勸陛下此行者何人也，且戎人入境已數月，師老可知，三路屯兵未聞略施戰鬥，隨駕甲士莫匪精彊，李繼隆等期於死戰，儻知聖駕南行，各圖生意，孰肯盡力破賊。況隨駕兵士父母妻子盡在闕下，豈肯棄而東向者，人心一變，社稷危矣。"既而虜衆過天雄，陷德清軍，是日抵澶州北，直犯大陣〔二〕，圍合三面，輕騎由西北隅突進。李繼隆整軍成列以禦之，分伏勁弩，控扼要害，其統軍順國王撻覽有機勇，所將皆精鋭，方爲

〔一〕 王隱 "王"上原衍"孫"一字，據長編卷五八删。
〔二〕 直犯大陣 "陣"原作"軍"，據長編卷五八校改。

先鋒，異其旗幟，躬出督戰，威虎軍頭張瓌守牀子弩發，撻覽中額，衆大亂。是夜撻覽死〔一〕，虜大挫，退衄，不敢輕動，但時遣輕騎來覘王師。丙子，車駕發衛南，李繼隆來告捷，又言澶州北城門巷湫隘，望且於南城駐蹕。是日，次南城驛舍，將止焉，寇準固請幸北城："陛下不過河，則人心危懼，虜氣未慴，非所以取威決勝也。四方征鎮赴援者日至，又何疑而不往？"高瓊亦固以請，且曰："陛下不幸北城，百姓如喪考妣。"馮拯在傍呵之，瓊怒曰："君以文章致位兩府，今虜騎充斥，猶責瓊無禮，君何不賦一詩詠退虜騎耶？"麾衛士進輦，遂幸北城，至浮橋，左右躊躇，怯懼前進，高瓊下馬扶輦，辭色甚厲，叱衛士過河〔二〕，親車駕親兵於北門。準曰："六軍心膽盡在陛下身上，若今登城，擒賊必矣。"上爲之登樓，張黃龍旗，王師既成列，六軍山呼，聲動天地，氣勢百倍。虜相視怖駭，夜移寨北去，乃遣使願修舊好。上詔曹利用速行，利用自天雄至虜營，事議未決，乃遣左飛龍使韓杞持國主書與利用俱還。十二月庚辰朔，韓杞入對，受書於閤門，跪奏云："國母令臣上問皇帝起居。"其書復以關南故地爲請，上謂輔臣曰："所言歸地事極無名，若必邀求，朕當決戰耳。實念河北居人重有勞擾，歲以金帛濟其不足，朝廷之體固亦無傷，答其書不必具言，但令曹利用與韓杞口述兹事可也。"上因問準，準畫策以進，曰："如用臣此策，可得數百年無事。不然，恐數十年之後戎心又生矣。"上曰："朕不忍生靈受弊，不如且聽其和。"準猶未肯，欲邀使稱臣，且獻幽州地。時上厭兵事，有譖準不願與虜和〔三〕，幸有兵事，以自取重。上不悅，準不得已許之。時上雖從和，準益召兵，四方赴援者日至，分兵屯要害地，虜憚之。準曰："契丹來寇，入中國千餘里，其歸不十日不能出

〔一〕是夜撻覽死　"死"原作"武"，據長編卷五八校改。

〔二〕長編卷五八作："瓊乃執撾繫輦夫背曰：'何不亟行，今至此尚何疑焉？'"

〔三〕有譖準不願與虜和　"願"原作"順"，據宋名臣言行錄前集卷四寇準萊國忠愍公校改。

漢地，郡邑堅壁清野，以待寇虜人馬饑乏，百萬之衆可毋戰而死，虜窘如此，誠少抑緩之，契丹不敢不稱臣，幽州可必得也。"上不聽，因命答書，賜杞襲衣、金帶，杞入辭〔一〕，與利用同往。上戒利用曰："以地必不可得，若邀求貨利，則宜許之。"利用對曰："臣嚮使胡〔二〕，曉胡語，又密伺韓杞〔三〕，聞其乘間謂左右曰：'爾見澶州北寨兵否？勁卒利器，與前聞不同。吁！可畏也。'臣此行得熟察之，苟妄有邀求〔四〕，必請會師平蕩。"詔永興龍衛八指揮赴行在〔五〕。曹利用與韓杞至虜寨，虜復以關南故地爲言，利用輒沮之，且謂曰："北朝既興師尋盟，若歲希南朝金帛之資以助軍旅，則猶可議也。"其接伴政事舍人高正始遽曰："今茲引衆而來，本謀關南之地，若不遂所圖，則本國之人負愧多矣。"利用答以："禀命專對，有死而已。今主上親征，六軍精銳，不和則戰，地決不可得也。"國主及母聞之意稍怠，欲歲取金帛，乃許以歲遺絹二十萬、銀一十萬，議始定。利用入辭，國母言："南北通和，實爲美事，國主年少，願兄事南朝，又慮南朝或於沿邊開移河道，廣浚壕塹〔六〕，別有舉動之意。已令右監門衛大將軍姚柬之奉書偕行，請共誓書爲約〔七〕。"甲申，利用與柬之俱還。乙酉，柬之入對，且傳其國母命，起居聖躬萬安，言頗恭順。利用奏云："虜有成約，悉具繼忠密奏中矣。"是日，上御行宮之南樓，宴從官，召柬之預焉。丙戌，柬之入辭，命獎州刺史李繼昌持誓書與柬之往報。先是，柬之來，其主以御衣、食物等來獻，乃以衣服、茶藥、金器等答

〔一〕 杞入辭　"辭"原作"亂"，據長編卷五八、遼史拾遺卷七校改。

〔二〕 臣嚮使胡　"嚮"原作"鄉"，長編卷五八同，據太平治迹統類卷四真宗澶淵通好校改。

〔三〕 又密伺韓杞　"又"原作"人"，據長編卷五八、太平治迹統類卷四真宗澶淵通好校改。

〔四〕 苟妄有邀求　原脫"苟"字，據朱氏與畊堂刊本、長編卷五八校補。

〔五〕 詔永興龍衛八指揮赴行在　朱氏與畊堂刊本、長編卷五八作："詔永興軍兵，除先追赴河陽及量留本州外，並令部署許均領赴行在。"

〔六〕 廣浚壕塹　"塹"原作墨丁，據朱氏與畊堂刊本、長編卷五八校定。

〔七〕 請共誓書爲約　"共"原作墨丁，據朱氏與畊堂刊本校定。

之。辣之又言："收衆北歸，恐爲緣邊邀擊。"有詔諸路部署及諸州軍勿輒出兵馬襲契丹歸師。丁亥，遣侍御史高貽慶等詣河北安集流民，瘞暴骸。曹利用再使，面請歲賂金帛之數，上曰："必不得已，雖百萬亦可。"寇準召語之曰："雖有敕旨，汝所許不過三十萬，過三十萬，將斬汝矣。"利用至虜，果亦如數成約而還，入見，上方進食，未即對，使内侍問之，利用不言，而以三指加額，内侍入曰："三指加額，豈非三百萬乎？"上失聲曰："太多。"既而曰："姑了事，亦可耳。"及對，上曰："幾何？"曰："三十萬。"上喜甚，利用遷忠州刺史。甲午，車駕發澶州城，上謂宰相曰："昨建議者欲令石普、楊延朗等會兵界河，邀其歸路，以精甲躡後，腹背擊之，可以無噍類矣。朕念矢石之下殺害橫多，兵連禍結〔一〕，益無窮已。故不若徇其請盟，以休息天下，或彼自踰約，然後覆亡之未晚。"河朔自雍熙以來用兵二十年，南北困弊，至是偃革息民，天下大悅。乃詔雄霸州、安肅軍置三榷場，與北界交易。是冬，以明德皇后祔於廟。魯國長公主以趙自化藥餌有功，請授尚食使、兼醫官院事。上曰："自化頃因元份以求刺郡〔二〕，尋諭以方技之流不可任郡秩，今復有此請，當令樞密院召自化戒之。"

富弼等釋曰：真宗不許公主之請者，其說有二，一則愛惜名器，二則以止僥倖。今小人因緣干托戚里或貴近，以求倖進者多矣。戚里、貴近儻未能加責，干托之人亦何以絕之。真宗不責雍王、長公主而責趙自化，足以使雍王、長公主自慚〔三〕，而趙自化知懼〔四〕，如此，則其後小人不敢干托，而貴近、戚里亦不敢請求矣。偉哉，古帝王之用心也。

〔一〕 兵連禍結　"兵"原作"賓"，據朱氏與畊堂刊本校改。
〔二〕 元份　原作"元紛"，據長編卷五七、九朝編年備要卷六校改。
〔三〕 長公主自慚　原脫"長"一字，據上文之"長公主"校補。
〔四〕 趙自化知懼　"自"與"知"原顛倒，據朱氏與畊堂刊本乙正。

殿中侍御史王濟知河中府，上幸澶淵，慮胡騎侵軼，詔緣河斷橋梁，毀船舫〔一〕，稽緩者論以軍法。濟曰："陝西有關防隔閡〔二〕，舳艫連屬，軍儲數萬，一旦沉之可惜，又動搖民心。"因密奏請寢其事，帝深嘉歎，遣使褒諭。未幾，召拜工部員外郎、侍御史知雜。冬，潘羅支爲李繼遷部落所殺，弟廝鐸立。

乙巳　景德二年春正月，大赦。散河北强壯。戶部判官李昉等上言："江南諸州所增榷酤錢頗爲煩擾，屬歲歉，已各罷之。其江南、兩浙、荆湖路亦望停寢〔三〕，俟歲稔如故。"初制置茶鹽，奏議規畫此制〔四〕，以助軍旅之費。至是，上覽昉等奏，亟命停罷，仍詔自今榷酤之課悉仍舊貫，勿復增益。省河北戍兵。二月，令嘉、邛州鑄大鐵錢。復北邊榷場。減上供紬絹。孫僅使契丹，賀國母生辰，僅隨事損益，豐約中度，時稱得體。立緣邊入粟補官法。三月，上試進士李迪等二百四十六人〔五〕，擢迪爲第一。知蘄州王矩求科名，上以矩自燕薊歸化，歷官清白，勤於詞學，特賜及第。夏四月，幸龍圖閣。王欽若與寇準異見，歸自天雄再表求罷，上置資政殿學士，以欽若領之。五月，幸國子監。詔自今諸州官吏雪活人命並理爲勞績。秋七月，復賢良等六科：賢良方正，能直言極諫；博通墳典，達於教化；才識兼茂〔六〕，明於體用；詳明吏理，可使從政；識洞韜略，運籌決勝；軍謀宏遠，材任邊寄。八月，有星孛於紫微。冬十月，畢士安薨，上臨其喪。上以屯田員外郎崔臚充秦國公府記室參軍。先是，上謂輔臣曰："秦國年少，尤資贊導，翊善戚維迂儒循默，不能規

〔一〕　毀船舫　原脱"毀"一字，據宋史卷三〇四王濟傳校補。
〔二〕　陝西有關防隔閡　"閡"原作"防"，據朱氏與畊堂刊本、宋史卷三〇四王濟傳校改。
〔三〕　荆湖路　"荆"原作"京"，據群書考索後集卷五八財用門酒類校改。
〔四〕　奏議規畫此制　"此"原作"比"，據群書考索後集卷五八財用門酒類校改。
〔五〕　上試進士李迪等二百四十六人　原脱"等"一字，據文意補；原脱"六"一字，據宋史全文卷五校補。
〔六〕　才識兼茂　"茂"原作"聰"，據長編卷六〇、九朝編年備要卷七校改。

誠,臚性頗方,正以代維,庶有裨益。"因召對命之。上以高品周文質爲殿頭高品,澶州之陣,文質至北寨,會散直張皓自虜中回,言虜人謀以遲明襲寨,文質即告李繼隆、秦翰等爲備,頃之控弦暴至,文質出扞禦,其部下以連弩射殺撻覽[一],戎人即遁去。上召文質至便殿,親加獎勞,優賜遷秩。上謹守祖宗之法,故薄賞文質。初,北道用兵,邊奏至,凡軍旅之事多先送中書,上謂畢士安、寇準曰:"中書總文武大政[二],樞密院雖掌軍機,然大事須本中書。嚮者李沆往往別具機宜上奏[三],卿等當詳閱之,但干討論者,悉言利害,勿以事干樞密而有隱也。"秦國長公主爲其子世隆求近州刺史任,上曰:"牧守之任係朝廷公議,不許。"駙馬石保吉請對,言僕人張居簡掌以私財,有所侵盜,願賜重責。上曰:"所司自有常典,豈可爲卿故法外加刑[四]?"保吉又請於私第決罰,亦不許。

　　呂夷簡釋曰:帝王尊異后族,恩寵戚里,優厚親倖,以金帛富之可也,賞賜厚之可也,惟不使求官爵,親政事,撓刑法。我太祖不許衛得仁領郡,則曰"用伶人爲刺史,此亂世之事";太宗不與王繼恩樞密使[五],則曰"内官不可使居權要職";太宗不許戚里於秦隴市木,則曰"恐壞天下法制"。真宗不許趙自化領遙郡刺史,則曰"非朝廷舊典";抑秦國之請則曰"州縣之任係國家之公議",違保吉之奏則曰"有司自有常典"。斯可謂存天下之公,抑親倖之私,非聰明聖智之主,孰能行之?三聖之德所以超禹、湯而齊堯、舜也。

〔一〕 撻覽 "覽"原作"攬",據本卷前文之"撻覽"、宋史卷七真宗本紀二校改。
〔二〕 上謂畢士安寇準曰中書 原脱此十字,據長編卷五七校補。
〔三〕 嚮者李沆往往別具機宜上奏 "嚮者"原作"頃來",據長編卷五七校改。
〔四〕 豈可爲卿故法外加刑 "豈"原作"常",據朱氏與畊堂刊本、長編卷六一校改。
〔五〕 太宗不與王繼恩樞密使 原脱"太宗"二字,據長編卷一九四、宋史卷五太宗本紀二校補。

十一月丁巳,郊。十二月,置資政殿大學士,以王欽若爲之。是歲,交趾黎桓卒。

丙午　景德三年春正月,置常平倉。二月,復都大發運〔一〕。置入內內侍省〔二〕。寇準罷。始,車駕還自澶淵,寇準每以功高有德色,上益欽畏之。一日會朝,準先退,上目送之,王欽若進曰:"陛下欽畏寇準,無乃以其有社稷功耶?"上曰:"然。"欽若曰:"不意陛下之出此言也。澶淵之役,陛下不以爲恥,而以準爲有社稷功,何也?"上愕然曰:"何故?"曰:"城下之盟,雖春秋時小國之深恥,今以萬乘之貴而爲澶淵之盟,此可恥也,陛下獨不知乎?爲陛下之計者,莫若雪此恥可也。"時上方厭甲兵,欲與民休息,欽若度其不能用兵也,遂言於上曰:"欲雪此恥莫若選將練兵,一舉而滅之乃可,然以臣視陛下必不能用兵。"上曰:"然。"欽若曰:"陛下不用兵,莫若作大功德,講封禪禮,以鎮撫四夷可也。"真宗喜,議遂決。及展封展采,欽若之力居多。欽若每對上必譖準,又謂準如投瓊與虜博,以陛下爲孤注耳。由是上遇準稍衰〔三〕。以王旦爲平章事。旦入相,是時契丹初請盟,趙德明亦納誓約,願守河西故地,二邊兵罷不用,上遂欲以無事治天下,公以謂宋興三世,祖宗之法具在,故其爲相奉行故事,重所改作,進退能否,賞罰必當。上久而益信之,所言無不聽。雖宰相大臣有所請,必曰"王旦以爲如何?"事無大小,非公言不決。三月,上試進士姚曄等一百六人〔四〕,擢曄第一〔五〕。夏四月,録繫囚,自是每歲暑月,上必親臨慮問,率以爲常。復轉對。直集賢院任隨上疏言:"焦勞庶政,開求諫之門,而諫議大夫、司諫、正言數員,但充位

〔一〕　復都大發運　"發"原作"轉",據長編卷六二、九朝編年備要卷七校改。

〔二〕　置入內內侍省　原脱"內"一字,據長編卷六二、九朝編年備要卷七校補。

〔三〕　由是上遇準稍衰　"由"原作"於",據朱氏與畊堂刊本、九朝編年備要卷七校改。

〔四〕　上試進士姚曄等一百六人　"一百六"原作"二百七",九朝編年備要卷七同,據朱氏與畊堂刊本、長編卷六十八校改。

〔五〕　擢曄第一　"一"原作"第",據朱氏與畊堂刊本校改。

尸禄而已，請申甄黜之典。"上覽而嘉之。秋七月，大宴，始用樂。九月，賢良方正能直言極諫科二人：光禄寺丞錢易、廣德軍判官石待問〔一〕。冬十月，葬明德皇后。是歲，京師、冀、益等州地震。

丁未　景德四年春正月，上如西京，謁諸陵。三月，上至自西京。夏四月，皇后郭氏崩。禁增酒榷〔二〕。五月丙申朔，日有食之。置登聞鼓檢院。賢良方正能言極諫科二人：著作佐郎陳絳、潤州丹陽縣主簿夏竦〔三〕。濰州北海縣主簿徐奭以言事召見龍圖閣，上從容問曰："朕皇嗣未立，其失安在？"奭曰："陛下不修信，所以皇嗣未立。"上曰："何謂？"奭因言："國家以火德王天下，火生土，土主於信，今陛下信不修，所以未得皇子。"上曰："朕未嘗失信，卿何云此？"對曰："陛下所修者小信耳。夫帝王之信，務必行於天下，發一號，施一令，信則天下服，不信則萬民惑。今朝廷凡頒一法，出一敕，朝聞行之，暮聞改之，天下所不稟者，以此而已。"上深然其言，即授衛尉丞。閏月，上以事關軍機、民政者，令中書省、樞密院互相關報。秋七月，宜州軍校陳進反，命曹利用討之。黎龍廷來貢，賜名，封交趾郡王。復提點刑獄。置群牧制置使。八月，置龍圖閣直學士，以杜鎬爲之。

〔一〕　廣德軍判官石待問　原脱"官"一字，據長編卷六四校補。

〔二〕　禁增酒榷　"榷"原作"確"，據九朝編年備要卷七校改。

〔三〕　潤州丹陽縣主簿夏竦　"潤"原作"開"，據華陽集卷四七夏文莊公竦神道碑銘、宋史卷二八三夏竦傳校改。

卷之六

朝散郎、尚書禮部員外郎、兼國史院編修官李燾經進

宋真宗二

戊申　大中祥符元年春正月，天書降，上語王旦、王欽若曰："去年十一月見神人，云當降天書大中祥符三篇，適睹皇城司言左承天門之南有帛縅如書，蓋所降之書也。"旦等皆稱賀。孫奭時爲龍圖閣待制，上嘗問以天書，奭對："臣愚，所聞'天何言哉'，豈有書也！"上知奭樸忠，亦優容之。先是，王欽若、趙湘請："封禪當得天瑞，前代皆有以人力爲之。陛下謂河圖洛書果有此耶？聖人以神道設教爾。"上曰："王旦得無不可？"欽若遂以意諭旦，黽勉而從。上尋問杜鎬以河洛圖書事，鎬偶曰："聖人以神道設教爾。"上意遂決，召旦飲於內中，歡甚，賜以尊酒，既歸發視，乃珠子也，旦自是不復持異。欽若明與上言，僞爲天書，同爲遊覽之謀。二月，禁銷金塗金。夏四月朔，天書降大內，王旦等凡上五表請封禪，詔從之。作玉清昭應宮。罷制科。五月，出宮人。六月，王欽若奏天書降泰山。欽若來朝，獻芝草八千一百三十九本，又奏泰山下醴泉出，皆僞言也。秋八月，升兩省侍郎班在左右常侍之上。李迪罷陝西都轉運使，還朝。是時，上方議東封西祀，修太平事業，知秦州曹瑋奏羌人潛謀入寇，請大益兵爲備。上大怒，以爲瑋虛張虜勢，恐喝朝廷，以迪新自陝西還，召見，示以瑋奏，問其虛實，迪從容奏曰："瑋武人，遠在邊鄙，不知朝廷事體，輒有奏陳，不足深罪。臣前任陝西，觀

邊將才略無能出瑋之右者，他日必爲國立功名。若以此加罪，臣切爲陛下惜之。"上意稍解，迪因奏曰："瑋良將，必不妄言，所請之兵亦不可不少副其求。臣觀陛下意，但不欲從鄭州門出兵耳。秦之旁郡兵籍爲小册〔一〕，常置鞶囊中自隨，今未敢進。"上曰："趣取之。"迪取其鞶囊以進，上指曰："以某州某寨兵若干戍秦州，卿即傳詔於樞密院發之〔二〕。"既而虜果大入，瑋迎擊大破之，遂開山外之地〔三〕。奏到，上喜，謂迪曰："山外之捷，卿之功也。"十月，車駕如泰山，祀上帝，封玉牒，禪社首，祭地祇。先是，泰山多陰翳雷雨，及工徒升山〔四〕，景氣晴爽。上之巡祭也，往還四十餘日，未嘗遇雨雪，嚴冬之候，景氣恬和，瑞應紛委，咸以爲至誠感格，上天助順之意。上之初行也，詔以尚書右丞、知樞密院事王欽若，右諫議大夫、參知政事趙安仁爲封禪經度制置使，樞密直學士、權三司使丁謂爲計度糧草使。禮畢，幸兗州，取中都路還京。大赦。十一月朔，次曲阜縣，謁先聖廟，加謚曰玄聖文宣王，追謚齊太公曰昭烈武成王，周文公曰文憲王，各立廟，尋以聖祖諱，改"玄聖"爲"至聖"。上至自泰山。是歲，嚴贓吏法〔五〕。

己酉　太中祥符二年春二月，定入內內侍省名職〔六〕。以方士王中正爲左武衛將軍。詔許曲阜先聖廟立學。楚丘戚同文聚徒教授〔七〕，士不遠千里而至，及卒，應天府民曹誠即同文舊居旁造舍百餘區，聚書數千卷，延四方之士

〔一〕　秦之旁郡兵籍爲小册　原脱"兵"字，宋名臣言行録前集卷五李迪文定公、涑水記聞卷八均作"秦之旁郡兵甚多，可發以戍秦，臣在陝西籍諸州兵數爲小册"，今據補。

〔二〕　卿即傳詔於樞密院發之　"傳"原作"轉"，據宋名臣言行録前集卷五李迪文定公、涑水記聞卷八校改。

〔三〕　遂開山外之地　"外"原作"東"，據宋名臣言行録前集卷五李迪文定公、涑水記聞卷八校改。

〔四〕　及工徒升山　"工"原作"車"，據文獻通考卷八四郊社考十七校改。

〔五〕　嚴贓吏法　"法"原作"治"，據九朝編年備要卷七校改。

〔六〕　定入內內侍省名職　原脱"內"一字，據九朝編年備要卷七校補。

〔七〕　楚丘戚同文聚徒教授　原脱"教"一字，據九朝編年備要卷七校補。

講習其中。詔賜額爲應天府書院〔一〕，命同文之孫奉禮郎舜賓主之。夏四月，置修玉清昭應宮使。五月，追封孔門弟子。代州地震。上親試舉人東封路服勤詞學經明行修梁固等三十二人。上東封回，人皆獻歌頌，稱贊功德，獨進士張籍獻書言："封禪告成，帝王盛事，陛下持盈守成，不可自驕滿。"上深嘉之，即召試中書，賜同進士出身。上詔應門資京官二十五以上求差使者，當令於國子監聽習經書，以二年爲限，仍令審官院與判監官考試訖以名聞，既而引對。大理評事錢象中、太常寺奉禮郎陳宗紀並以學業未精〔二〕，令且習讀，俟次年轉對。呂蒙正告老甚切，上宴後苑，作釣魚詩，獨賜公。斷章云："欲餌金鈎深未到，磻溪須問釣魚人。"以首宰屬公。蒙正進和云："愚臣釣直難堪用，宜問濠梁結網人。"蒙正得謝，果冠台席〔三〕。張知白上書言事，上喜之，自河陽節度判官擢爲右正言。冬十月，命諸州置天慶觀。先是，楊礪充襄王府記室參軍，嘗獨處僧舍〔四〕，夢至一大殿上，真人服王者衣冠，秉圭南向，前有案置籍，録人姓名，礪見己名居上，因請示休咎，真人指一人曰："此來和天尊，異日爲汝主也。"礪問之，天尊笑曰："此去四十年，汝功成，余名亦顯。"礪寤而志之。及充襄王府記室參軍，退而語諸子曰："吾今見襄王儀貌，即來和天尊也。"上即位，多好神仙道家之事。十一月，御製文武七條賜外官。十二月，交趾貢馴犀，命縱之。是冬，黎至忠卒，交趾亂。

　　庚戌　大中祥符三年閏二月，銅候儀成。三月，李公蘊來貢，封交趾郡

〔一〕　詔賜額爲應天府書院　原脱"書"一字，據長編卷七一、九朝編年備要卷七、宋史全文卷六校補。

〔二〕　太常寺奉禮郎陳宗紀　"寺"原作"侍"，據文獻通考卷三四選舉考七校改；"紀"原作"祀"，據長編卷七一、群書考索續集卷三九官制門任子、文獻通考卷三四選舉考七校改。

〔三〕　長編卷三七、事實類苑卷七、宋史卷二八一呂端傳記載與此不同。

〔四〕　楊礪充襄王府記室參軍嘗獨處僧舍　"王"原作"陽"，原脱"參軍，嘗獨處僧"六字，據朱氏與畊堂刊本、長編卷二九、太平治迹統類卷三太宗聖政校補。

王。出御製示輔臣。夏四月，立舉官限。皇子生，後宫李氏所生也。李氏杭州人，初入宫侍劉修儀，莊重寡言，上命爲司寢，既而有孕，從上臨砌臺，玉釵墜，心惡之，上私卜：＂釵若完，當得男子。＂釵果不毁，上喜甚。李氏所生是爲仁宗，劉修儀攘爲己子〔一〕，李不敢言，中外亦不之知。五月，安定郡王薨。京師大雨。六月，契丹來告糴，詔雄州出粟二萬石，賤糶振之。臨郭贊喪。視邢昺疾。詔崇安院集官詳校道藏經，詔道、釋藏經互相毁訾者，删去之。欽若以老子化胡經乃古聖遺跡，不可削去。八月，命昇、洪、揚、廬州長吏兼安撫〔二〕。以陳堯佐知制誥、兼史館修撰〔三〕。國朝故事，知制誥者先試其文辭，上以公文學天下所知，不復命試。自建隆以來不試知制誥者，惟楊億及公二人而已。冬十一月，契丹伐高麗。

辛亥　大中祥符四年，上將西祀，奉天書發京師。龍圖閣待制孫奭上疏陳不可者十，謂陛不才畢東封，更欲西幸，非先王五年卜征重謹之意。又言：＂土木之功，累年未息，水旱作沴，饑饉居多，乃欲勞民事神，神其饗之乎？＂尋又上疏曰：＂今之姦臣以先帝嘗停封禪，故贊陛下以繼承先志，先帝欲北平幽朔，西取繼遷，則未嘗獻一謀，畫一策，而乃卑辭厚幣求和於契丹〔四〕，蹙國縻爵姑息於保吉，謂主辱臣死爲空言，以誣下罔上爲己任。是陛下以祖宗艱難之業爲姦臣僥倖之資，此臣所以長歎痛哭也。＂時群臣數奏符瑞，奭復上疏言：＂方今野鵰、山鹿並形奏簡，秋旱冬雷率皆稱賀，將以欺上天則上天

〔一〕　劉修儀攘爲己子　＂己＂原作＂巳＂，據朱氏與畊堂刊本校改。

〔二〕　長吏兼安撫　＂吏＂原作＂史＂，據朱氏與畊堂刊本、宋史卷七真宗本紀二校改。

〔三〕　以陳堯佐知制誥兼史館修撰　錦繡萬花谷前集卷一一此事係於宋仁宗朝，山堂肆考卷四五此事係於天聖初。

〔四〕　卑辭厚幣　＂幣＂原作＂弊＂，據朱氏與畊堂刊本、長編卷七四、九朝編年備要卷七、宋史全文卷六校改。長編卷七四、宋史全文卷六＂厚＂作＂重＂。

不可欺,將以愚下民則下民不可愚〔一〕,將以惑後世則後世不可惑〔二〕。"又言:"先王五載巡狩,觀民設教,何須紫氣黃雲始能封嶽,嘉禾異草然後省方哉?"奭言切直,至有"國將興,聽於民,將亡,聽於神"等語,上亦不罪也。二月,至河中府寶鼎縣奉祇宫,祀后土地祇,大赦。召隱士李瀆,辭疾不至。次華陰縣,謁西嶽廟。三月,次陝州,召草澤魏野,辭疾不至。次西京,幸吕蒙正第。次永安縣,謁諸陵。次鄭州,表潘孝子墓。夏四月,吕蒙正薨,封許國公,諡文穆。蒙正嘗置册子夾袋中,疏四方人才,時謂朝廷求賢取而囊之。詔兩浙、福建、荆湖南北、廣南等路,在僞國日出丁身錢,並特除放〔三〕,凡歲免緡錢四十五萬貫。天下大蝗,上使人於野取死蝗以示大臣,明日他宰相有袖死蝗以進者,曰:"蝗實死矣,請示於朝,率百官賀。"獨宰相王旦以爲不可。後數日,方奏事飛蝗蔽天,上顧旦曰:"使百官方賀而蝗如此,豈不爲天下笑耶?"宦者劉承珪以忠謹得幸,病亟之日求爲節度使,上以語旦曰:"承珪待此以瞑目。"旦執而爲不可,曰:"他日將有求爲樞密使者,奈何?"至今内官不得過留後者,旦之力也。上以陳堯咨知荆南府,堯咨第一人及第,少精於弧矢〔四〕,天下謂之神射,常自謂"小由基",及出守荆南回,其母何氏問曰〔五〕:"古人居一郡一道必有異政見稱於人,汝典名藩,有何異效?"公曰:"荆州路當衝要,郊勞宴餞殆無虚日,然稍精於射。"何氏曰:"汝父訓汝以忠孝,俾輔國家,今不務仁政德化,而專卒伍一夫之技,豈汝先人之志耶?"

〔一〕 將以愚下民 "愚"原作"欺",據長編卷七四、九朝編年備要卷七、宋史全文卷六、太平治迹統類卷四真宗祥符校改。

〔二〕 則後世不可惑 長編卷七四、宋史全文卷六、太平治迹統類卷四真宗祥符作"則後世必不信"。

〔三〕 並特除放 "特"原作"侍",據朱氏與畊堂刊本、吴郡圖經續記卷下事志校改。

〔四〕 少精於弧矢 "弧"原作"狐",據朱氏與畊堂刊本、宋名臣言行録前集卷六陳堯佐文惠公校改。

〔五〕 其母何氏問曰 東都事略卷四四陳堯咨傳、言行龜鑑卷四家道門"何氏"作"馮氏"。

以杖擊之，金魚墜地。其後，自龍圖閣學士換觀察使，及陛謝日，自陳本儒生，習俎豆，一旦蒙陛下易以武守，所惜者腰下無金魚。上特賜金紫，以示優恩。冬十一月，上試祀汾陰路服勤詞學、經明行修進士三十一人，擢張師德爲第一。

壬子　大中祥符五年春正月，河決棣州。二月，京西饑。三月，上試進士徐奭等一百二十六人，擢奭爲第一。上好文，雖以文辭取士，然必視其器識，每御崇政殿試進士及第，必召其高第數人列於庭下，更察其形神磊落者始賜榜首，或取試文辭有理趣者。徐奭鑄鼎象物賦云："足惟下正，詎聞公餗之欹傾〔一〕；鉉乃上居，實取王臣之威重。"上喜其清切，遂以爲第一。四月，以向敏中同平章事。秋八月丙申朔，日有食之。作五嶽觀。九月，以王欽若、陳堯叟同平章、樞密使。冬十月，聖祖降，曰："吾人皇中九人之一，是趙之始祖，再降乃軒轅黃帝。後唐時七月一日復降，主趙氏之族。"謂上曰："善撫育蒼生，毋忘前志〔二〕。"尋上聖祖尊號曰九天司命保生天尊〔三〕，聖祖母爲元天大聖后，應天慶觀並增聖祖殿。立德妃劉氏爲后。上欲冊后，時王旦在病告閑，上獨問參知政事趙安仁，安仁對曰："劉氏出於微寒，恐不可母儀天下。"上不悅。翌日，上以安仁之言告欽若，欽若曰："陛下姑問安仁欲以何人爲后，彼必有所對。"他日，果以欽若之言問安仁，對曰："德妃沈氏乃先朝宰相沈倫之家，宜可以配明主。"上翌日以語欽若，欽若笑曰："臣固知其如此，蓋安仁常爲沈倫門客。"上深以爲然。未幾罷安仁參知政事，劉氏竟立，欽若自是權寵益固。上勤於政事，每退朝閱天下奏報、群臣章疏，常至中夕，后嘗參預，周密恭謹〔四〕，未嘗有失。以丁謂參知政事，王欽若所薦也。謂初與孫何齊

〔一〕　公餗之欹傾　"餗"原作"餗"，據歸田錄卷一、璧水群英待問會元卷四十校改。

〔二〕　毋忘前志　宋朝事實卷七作"無怠前志"。

〔三〕　尋上聖祖尊號曰九天司命保生天尊　"上"原作"尊"，據朱氏與畊堂刊本、九朝編年備要卷八校改。

〔四〕　周密恭謹　"恭"原作"參"，據朱氏與畊堂刊本校改。

名〔一〕，翰林王禹偁亟延譽之，嘗言謂與何便可白衣充修撰，出是名聲籍甚。禹偁嘗與詩曰："三百年來文不振，直從韓柳至孫丁。而今便合教修史，二子之才似六經。"淳化四年登第，累遷户部判官，施、黔溪洞蠻叛，奉使安撫，謂至，召蠻酋高州刺史田彦伊等〔二〕，諭以威信，彦伊等感泣〔三〕，乞世世奉職貢，蠻部請立銅柱刻誓，謂作文以志之。又奏議俾蠻以粟易鹽而邊儲益充。王欽若與丁謂及劉承珪、陳彭年、林特交通，蹤跡詭秘，時人謂之"五鬼"，上不知其奸。十一月，置玉清昭應宫使，以王旦爲之。十二月，置景福殿使，以劉承珪爲之。作景靈宫，奉聖祖。

　　癸丑　大中祥符六年春正月，兩浙轉運使言本路米價爲賈販騰踊，請禁之。詔兩浙發廩平糶價，而賈販勿禁，聽之。禁出使内臣干預公事。置宗正寺修玉牒官，名皇朝新譜曰仙源積慶圖。夏六月，楊億罷，分司西京。先是，億嘗草答契丹書，云"鄰壤交歡"，上自注其側，作"朽壤""鼠壤""糞壤"等字，億遽改爲"鄰境"，明日引唐故事，學士草制有所改，爲不稱職，亟求罷。上慰諭之。他日，謂輔臣曰："楊億真有性氣，不通商量。"及議册皇后劉氏，上欲得億草制，使丁謂諭旨，億難之，因請三代，謂曰："大年勉爲此〔四〕，不憂不富貴。"曰："如此富貴亦非所願也。"乃命它學士草制。億雖頻忤旨〔五〕，恩禮猶不衰。王欽若驟貴，億素薄之，陳彭年方以文進，亦忌億名出己右，日相與譖之，上意稍息。億嘗入直，被召，賜坐，徐出文稿數篋，以示

〔一〕謂初與孫何齊名　"初"原作"幼"，據朱氏與畊堂刊本、錦繡萬花谷後集卷一一校改。
〔二〕高州刺史田彦伊等　"伊"原作"聖"，據長編卷四七、宋史卷四九三蠻夷列傳一西南溪峒諸蠻上校改。
〔三〕彦伊等感泣　"伊"原作"信"，據長編卷四七校改。
〔四〕按：楊億，字大年。
〔五〕億雖頻忤旨　"頻"原作"頗"，據朱氏與畊堂刊本、長編卷八〇、九朝編年備要卷八、宋史全文卷六校改。

億，曰〔一〕："卿識朕書跡乎？皆朕自起草，未嘗命臣下代作也。"億皇恐，不知所對，頓首再拜而出，始知爲人所譖。由是陽狂，奔於陽翟。億雖去職，上眷之未衰，聞疾愈，則起爲郡，未幾，復以判秘書監召，既到闕，以詩賜之，曰："瑣闥往年司制誥，共嘉藻思類相如。蓬山今日詮墳史，還仰多聞過仲舒。"上之愛惜人才，保全忠賢如此。公卒與寇準協定大策，功雖不終，其盡力於國亦無愧矣。上造玉清昭應宮，張詠上疏言："不當造宮觀〔二〕，竭天下之財，以窮土木之工〔三〕，此皆賊臣丁謂誑惑陛下，乞斬於國門，以謝天下。"上雖不能從，亦優容之，不加詠罪。

呂夷簡釋曰：天子有爭臣七人，雖無道，不失其天下。易亂爲治，易昏爲明，亡者使興，危者使存，惟諫能之。故古之人君雖有雷霆之威，萬鈞之勢，及聞直言，遇切諫，則假顏色以接之，厚金帛以酬之〔四〕，加爵祿以貴之。面折其短，廷指其過，加誠愈納，不敢輒怒，蓋將以開言路而來諫臣也。以逆耳則惡，犯顏則怒，拂心則誅，則忠臣良士皆鉗口結舌〔五〕，不敢言矣。我太祖、太宗、真宗皆有堯、舜之資，禹、湯之智，文、武之德，而自建隆以來，未嘗怒一諫官，逐一御史，故直言聚於朝〔六〕，忠言屬於耳，宗社有萬世之安，無一日之危，由此道也。

詔曰："比年內臣傳命出入，頗干擾州郡。自今宜一切斷絕，違者重論

〔一〕 曰　原作"日"，據朱氏與畊堂刊本、長編卷八〇、九朝編年備要卷八、宋史全文卷六校改。
〔二〕 不當造宮觀　原脫"宮觀"二字，據朱氏與畊堂刊本、長編卷八五、宋史全文卷六校補。
〔三〕 以窮土木之工　朱氏與畊堂刊本同，長編卷八五、宋史全文卷六作"傷生民之命"。
〔四〕 厚金帛以酬之　原脫"之"一字，據朱氏與畊堂刊本、宋史全文卷六校補。
〔五〕 鉗口結舌　"鉗"原作"甜"，據文意改。
〔六〕 故直言聚於朝　"直"原作"宜"，據宋史全文卷六校改。

之。州縣容受而不奏，同罪。"七月，幸亳州，謁太清宮，詔加號曰太上老君混元上德皇帝。八月，置禮儀院，以趙安仁、陳彭年同知院事。冬十月，元德皇后祔廟。十二月戊午朔，日有食之。知濱州呂夷簡請免稅河北農器，上曰："勸穡勸耕，古之道也，豈獨河北哉！"即詔諸路農器悉免輸筭。

　　甲寅　大中祥符七年春正月，上如亳州，謁太清宮。升應天府爲南京。作鴻慶宮。二月，上至自亳州，恭謝東郊，大赦。令益州鑄當十鐵錢。三月，皇子受益封慶國公。夏五月，詔模刻天書，奉安玉清宮。六月，王欽若罷。欽若傾巧矯誕，樞密副使馬知節薄其爲人，未嘗詭隨。上嘗賜近臣詩，誤用旁韻，王旦欲白上，欽若曰："天子詩豈當以禮部格校之？"旦遂止。欽若退，遽密以聞。後上言及之，旦唯唯。知節具斥其奸狀，欽若必懷數奏，但出一二，匿其餘，退則以己意稱上旨行之。知節嘗於上前顧欽若曰："懷中奏何不盡出？"至是又爭賞王懷信平蠻事，上怒，皆罷之。以寇準爲樞密使、同平章事，王旦薦之也。秋八月，河決澶州，命塞之。榮王宮火，延前殿，有言非天災，請置獄，劾火事，當坐死者百餘人。宰相王旦獨請，言曰："始失火時，陛下以罪己詔天下，而臣等皆上章待罪，今反歸咎於人，何以示信？且火雖有迹，寧知非天譴之乎？"由是當坐者皆免。九月，上親試亳州南京路張觀等二十一人〔一〕，擢觀爲第一。幸五嶽觀，建醮，改名會靈。冬十月，玉清昭應宮成，宮宇總二千六百一十區，初料工須十五年，丁謂令以夜繼日，七年乃成。十二月，作元符觀〔二〕。

　　乙卯　大中祥符八年春正月壬午朔，上詣玉清昭應宮，上玉皇聖號，令諸州皆建道場，設醮，還御崇德殿受賀，大赦天下。二月，淮、浙饑。上以三司

〔一〕　上親試亳州南京路張觀等二十一人　"京"原作"宮"，據長編卷八三、九朝編年備要卷八、宋史全文卷六校改。

〔二〕　作元符觀　"符"原作"皇"，據長編卷八三、九朝編年備要卷八、宋史全文卷六校改。

判官闕，顧宰相曰："或言三司官不欲數易〔一〕，蓋吏幸其更代，財穀案籍往往不見本末，勾院關防之地，官卑權重〔二〕，亦難習事〔三〕。"王旦曰："三司併爲一司，實爲煩劇，縱使重官爲之，徒益事勢，其於勾考則益疏矣。不若復分三部〔四〕，逐部設官，選才力幹敏者領之，庶乎分減簿領之勞〔五〕，得以精意閱視。"上然之。上以王曾知制誥，奉使契丹，迓者邢祥辨給，好以氣陵轢人，稱本國宗支賢明，皆賜鐵券，曾折之曰："大臣反側，賜鐵券，何及宗支？"祥大慚。使還，上美其不辱，特遷翰林學士。直日，上召之，燕衣坐便殿，謂曰："渴欲見卿，因不及朝服，無謂朕慢近臣〔六〕。"累遷諫議大夫、參知政事。上好神仙，築昭應、會靈宮，用大臣領使，以曾爲景靈宮使，不受命，忤旨，罷政，出知南京。王曾因墾辭，上頗不懌，謂曾曰："大臣宜傅會國事，豈容自異耶？"曾頓首謝曰："君從諫謂明，臣盡忠謂義。陛下不知臣駑病，使待罪政府，臣知義而已，不知禍也。"三月，上臨軒試進士蔡齊等二百八十人，擢齊爲第一。先是，上夢殿下有菜一苗，其茂與殿基相高下，及拆第一卷乃齊之名，上見齊姿狀堂堂，謂寇準曰："得人矣。"初，上美賈誼置器之說，試禮部所奏士，讀至齊賦有安天下之意，嘆曰："此宰相器也。"稱美久之。齊官止參政。國朝狀元入相者，呂文穆公蒙正、王文正公曾、李文定公迪、宋元憲公庠。元憲登庸，知制誥石揚休賀以詩曰："皇朝四十三龍首，身到黃扉止四人。"副樞王伯庸曰："何不道已四人，而特言止，惜哉！"蓋伯庸繼元憲魁天下士，然未幾薨於位。自天聖距今未有魁多士而後大

〔一〕 三司官不欲數易　原脱"官"一字，據長編卷八七校補。

〔二〕 官卑權重　"重"，長編卷八七作"輕"。

〔三〕 亦難習事　長編卷八七作"難舉其職"。

〔四〕 復分三部　"三"原作"二"，據長編卷八七校改。

〔五〕 分減　原脱此二字，據長編卷八七校補。

〔六〕 無謂朕慢近臣　"臣"原作"世"，據朱氏與畊堂刊本、古今事文類聚新集卷二〇諸院部翰林院朝服始見校改。

拜者,信乎?有詩讖也。伯庸天聖五年第一人及第,官亦止參政。元憲天聖二年登第。令王欽若詳定羅天醮儀十卷。夏四月,召宰相觀書於玉宸殿,閱御製皇、王、帝、霸、五臣等論,尋以御製良臣、正臣、忠臣、姦臣、權臣五論賜宰相。寇準罷爲武勝軍節度、同平章事。先是,準惡林特之姦邪,數與忿爭,特方有寵,上不悦,謂王旦等曰:"準年高屢更事,朕意其必能改前非,今觀所爲,似更甚焉。"旦等曰:"準好人懷惠〔一〕,又欲人畏威,皆大臣所當避,而準以爲己任,此其所短也。非至仁之主孰能全之。"準爲樞密使,中書事有關送樞密院礙詔格者,準奏之,上以詰旦,旦頓首謝。既而樞密有送中書亦礙詔格,旦但令送準,準大慚。旦每見上必稱準之才,而準數短之,上以詰旦,旦曰:"理固然。臣久在相位,缺失必多,準對陛下無所隱,此臣所以重準也。"及準自知當罷,使人私於旦求爲使相,旦大驚曰:"使相之任豈可求耶〔二〕?且吾不受私謁〔三〕。"準深恨之。及制出,準入見,涕泣曰:"非陛下知臣〔四〕,何以至是!"上具道旦所以薦準者,準始愧歎,出語人曰:"王同年大度如此耶!"王欽若復爲樞密使、同平章事。詔倉庾出納,自今勿以羡餘爲月課。五月,求直言。申禁金飾服。出宮人。六月己酉朔,日有食之。閏月,大赦。詔定茶法。秋七月,郭崇仁遷解州團練。八月,張詠卒,時以樞密直學士卒於陳州。詠少倜儻有大志,尚氣節,重然諾,勇於爲義,上嘗稱詠才任將帥,以疾不盡其用。冬十二月,皇子冠,封壽春郡王,進封昇王。

〔一〕 準好人懷惠 "懷"原作"施",據朱氏與畊堂刊本、長編卷八四、九朝編年備要卷八、宋史全文卷六校改。

〔二〕 使相之任豈可求耶 "使"原作"將",據長編卷八四、九朝編年備要卷八、宋史全文卷六校改。

〔三〕 且吾不受私謁 "謁",長編卷八四、九朝編年備要卷八、宋史全文卷六作"請"。

〔四〕 非陛下知 "下"原衍"不"一字,據長編卷八四、九朝編年備要卷八、宋史全文卷六刪。

丙辰　大中祥符九年春正月〔一〕，以張旻爲宣徽南院使兼樞密使。上以諫議大夫王晦叔知益州，既至，盜賊贓無輕重一切戮之，蜀中股慄，不數月寇盜屏竄列郡，皆外户不閉。先是，張詠守蜀，季春糶廩米，其價比時估三之二〔二〕，以濟貧民，凡十户爲一保，一家犯罪，一保皆坐，不得糴，民以此少犯法。至是，獻議者改詠之法，窮民無所濟，復爲寇，晦叔奏復之，蜀人大喜，爲之謡曰："蜀守之良〔三〕，先張後王。惠我赤子，俾無流亡。何以報之，俾壽而康。"工部侍郎李及薦張錫才堪御史，上曰："李及清謹人，未嘗有妄舉。"即授錫監察御史。錫爲人清方，勤於爲善，篤意讀書，至疾革猶不釋手，自經史子集百家之説，無不記覽通達，而絶口不道於人。初知南昌縣，以循良稱，改知新州，興學校以教新人，新人有進士自錫始〔四〕。選能吏，治畿縣，以往前爲令者閤門重簾，以壅隔廢治，錫至則闢門去簾，告其人曰："吾所治者三：彊恃力，富恃貲，刑恃贖。"於是豪勢者屈，善弱者伸，縣以大治。爲御史，京師之人皆曰："張御史貌柔和而心剛正，真御史也。"二月，置資善堂。三月，授李遵節度使。夏六月，謁會靈觀。上以劉平爲御史知雜。丁謂素忌平剛正，言於上曰："平將家子，知古兵法，使將兵西北，可制夷狄。"上不察謂所擠，出平知邠州。秋七月，蝗。八月，陳堯叟罷爲右僕射。堯叟彊力明辨，多任智數，久典樞密，軍馬之籍悉能周記。九月，秦州屬羌唃厮囉、宗哥立遵等三萬人入寇，知秦州曹瑋敗之。

〔一〕　大中祥符九年　"年"原作"月"，據長編卷八六、九朝編年備要卷八、宋史全文卷六校改。

〔二〕　其價比時估三之二　宋名臣言行録前集卷四王曙文康公、仕學規範卷二〇"二"作"一"。

〔三〕　蜀守之良　"蜀"與"守"原顛倒，"良"原作"民"，據仕學規範卷二〇、古今合璧事類備要後集卷七三乙正、校改。

〔四〕　新人有進士自錫始　"新人有"原作"才"，據文忠集卷三〇翰林侍讀學士右諫議大夫贈工部侍郎張公墓誌銘校改。

丁巳　天禧元年春正月朔，上玉皇、聖祖寶册，尋出聖祖金牌，給京城寺觀、天下名山。恭謝南郊，大赦。二月，增諫官、御史員。李公蘊封南平王。召馮元侍講。陳彭年薨，上臨其喪。夏五月，以仍歲旱蝗，遣使分路安撫。上謂宰相曰："比聞知廣州李應機爲政峻急，先任廣南轉運，嘗言廣州民無丁稅米〔一〕，建議科納。詔本路詳度〔二〕，累政皆難其事〔三〕。今應機領郡，因欲遂其前志〔四〕。遠方之民，務在綏輯，驟增賦調，亦恐非便，可罷之。"上召益州通判劉燁爲正言。先是，王文康公治蜀，以法繩下，有謗其太苛者，會燁至，上問："凌策、王晦叔二人治蜀，優劣何如？"燁曰："凌策在蜀值歲豐，故得以平易治之。晦叔治蜀值小歉，慮民多盜，故以法繩之。易地則皆然。"上善其言。秋七月，王旦罷。旦在中書，處士魏野以詩寄之，曰："聖朝宰相年年出，君在中書十二秋。西祀東封俱了畢，好來相伴赤松遊。"旦得詩大感悟，後以疾屢辭政柄，拜太尉兼侍中，五日一朝，軍國大事不以時入參決。旦固辭〔五〕，上曰："方欲以大事托卿。"因命皇太子出拜，旦言："皇子盛德，必繼陛下事。"遂薦可爲大臣者十餘人，其後不踐政府獨凌策、李及。旦於用人不以名譽，必求其實，苟賢且才矣，必久其官，衆以爲宜某職然後遷〔六〕。河南張師德久次當遷，公特不與遷，或問其故，公曰："師德第一人及第，貴顯之職自可旋致，但當靜以待之。不意兩及吾門，所以不遷者，欲抑天下之奔競也。"時人皆服有體。凡所舉薦，人未嘗知。在相位十餘年，外無夷狄之虞，内無水旱之變，兵革不用，海内富實，群工百司，各得其職，故天

〔一〕　丁稅米　"米"原作"錢"，據長編卷八九校改。
〔二〕　詔本路詳度　"詔"原作"詳"，據長編卷八九校改。
〔三〕　累政皆難其事　長編卷八九"政"作"議"。
〔四〕　因欲遂其前志　"因"原作"圖"，據長編卷八九校改。長編卷八九"志"作"議"。
〔五〕　旦固辭　"旦"原作"日"，據朱氏與畊堂刊本、九朝編年備要卷八校改。
〔六〕　衆以爲宜某職然後遷　"某"原作"於"，據長編卷九〇、宋宰輔編年録卷三校改。

下至今稱爲賢相。旦任事既久，有謗之於上者，輒引咎，未嘗自辯〔一〕。公與人寡言笑，其言語雖簡，而能以理屈人。默然終日，莫能窺其際，及奏事上前，群臣異同，公徐一言以定。事寡嫂謹，與其弟旭友悌尤篤〔二〕。在富貴不爲驕侈，專務儉約，率勵子弟。兄子睦欲擧進士，公曰："吾嘗以太盛爲懼，其可與寒士爭進。"至其薨也，子素猶未官，遺表不求恩澤。八月，以樞密王欽若爲右僕射、同平章事。先是，上欲相王欽若，王旦曰："欽若遭逢陛下，恩禮已隆〔三〕，乞令在樞密院，兩府任用亦均。臣見祖宗朝未嘗使南方人當國，雖古稱立賢無方，然後賢士乃可。臣居元宰，不敗沮抑人，此亦公議也。"及旦罷，上卒相欽若。欽若嘗語人曰："爲王子明故，使我作相晚卻十年。"京師傳有靈水，飲者愈疾，議建祥源觀。右正言劉燁言〔四〕："前世有聖水，皆誕怪之事。今亢陽之時，而興土木之工，以營不急之務，非國家所宜。"上雖不能從，頗嘉其正，擢知御史雜事。奏請以農桑考課守令治狀，禁民棄父母而爲浮屠、道人，言近臣不當爲子弟乞恩澤，以開倖進之路。時論韙之。九月，李迪參知政事。上嘗憂旱蝗，歲用不給，迪曰："祖宗置內藏，正欲復西北故土及支凶荒。"上曰："當出金帛數百萬借三司。"迪曰："天子於財無內外，何必曰借。"上悦。迪又言："陛下東封時，敕所過無伐木除道，即驛舍或州治爲行宮，纔令加塗墍而已。及幸汾、亳，土木之役過往時百倍。今天下大荒，旱蝗爲災，蓋君臣百司同爲誕罔〔五〕，殆天意以警陛下也。"上曰："卿之言然，有誤朕爲此者。"王旦薨，臨終謂其子曰："我別無過，惟不諫天書一事之失。"令諸子削髮披緇以斂。上臨其喪，贈太師、中書令，謚文正。旦尋以

〔一〕　未嘗自辯　"辯"原作"解"，據歐陽文粹卷一七王文正公、自警編卷四校改。

〔二〕　與其弟旭友悌尤篤　原脱"弟"字，據文忠集卷二二太尉文正王公神道碑銘校補。

〔三〕　恩禮已隆　原作"德恩之厚"，據長編卷九〇、宋名臣言行錄前集卷二王旦魏國文正公、宋宰輔編年錄卷三校改。

〔四〕　右正言劉燁言　"燁"原作"曄"，據本卷前文之"上召益州通判劉燁爲正言"校改。

〔五〕　蓋君臣百司同爲誕罔　"百司"原作"自"，據朱氏與畊堂刊本校改。

冬至日葬。先是，太常禮院言宰相出殯當輟視朝〔一〕，王欽若與旦不協，遂不下輟朝之命。王旦疾亟，上命肩輿入禁中，見於延和殿，勞勉數四，上諭之曰："卿今疾亟，萬一有不諱，誰可任者？"文正謝曰："惟明主擇之。"再三問，不對。時張詠、馬亮皆爲尚書，上曰："張詠如何？"不對。又曰："馬亮如何？"不對。上曰："試以卿意言之。"旦彊舉笏曰："臣愚見，莫若寇準。"上憮然有間〔二〕，曰："寇準性剛褊，卿更思其次。"旦曰："他人臣所不知也。"文正在位日，嘗以任中正知成都，代張忠定，言者或以爲非，上責問之，對曰："非忠正不能守詠之規，他人必有變更矣。"王旦居相位，王曾等謂旦曰："曾等在政府日，每見奏事，其間亦有不經上覽，公但批旨行下。恐人言之，以爲不可。"旦但遜謝而已〔三〕。一日曾等以前説聞於上，上曰："朕嘗諭旦小事一面專行，卿等當謹奉之。"曾退，謝旦曰："上之委遇，非曾等所知也。"趙德明嘗以民饑上表乞糧數百萬，群臣皆請降詔責之，旦曰："臣欲詔德明，云已敕三司在京積粟百萬，可遣衆來取。"上喜，從之。德明受詔，再拜曰："朝廷有人，不可動也。"契丹請歲給外別假錢幣〔四〕，上以問旦，旦曰："東封甚近，欲以此要朝廷爾。乃請於歲給三十萬內各借三萬。"契丹得之大慚。邊肅嘗坐贓貶，向敏中謂旦曰〔五〕："邊同年，責已久，牽復可乎？"旦曰："爲近臣坐贓，豈得更陞進耶？"敏中語數及之，旦曰："必欲用，須旦死可也。"至是，始以赦敘復。上嘗召李行簡，命爲太子中允致仕。

〔一〕 當輟視朝 "輟"原作"輒"，據長編卷九〇、九朝編年備要卷八校改。

〔二〕 上憮然有間 原脱"有間"二字，據朱氏與畊堂刊本、宋宰輔編年録卷三、宋朝事實卷一〇校補。

〔三〕 旦但遜謝而已 "但"原作"當"，據九朝編年備要卷八、宋宰輔編年録卷三校改。

〔四〕 別假錢幣 "幣"原作"弊"，據宋名臣言行録前集卷二王旦魏國文正公、宋史卷二八二王旦傳校改。

〔五〕 向敏中謂旦曰 "曰"原作"也"，據長編卷九〇、九朝編年備要卷八、宋史全文卷六校改。

中允，穆子也，冲澹不樂仕進，上特召對而命之。初，召行簡，使者不知所止，上令問旦。旦匿名迹，遠權勢，後史官修真宗實録，得内出奏章，乃知朝廷士多旦所薦。

戊午　天禧二年春正月，宴宗室於資善堂。振河北饑。宴從臣及壽春郡王府官屬於資善堂。二月，京西饑。三月，修京城。六月，彗出北斗。秋七月，大赦，以天文示變故也。以李士衡爲三司使。士衡方進用，王欽若傾之，會上論作文之弊，欽若因言："路振文人也，然不識體。李士衡父誅死，而振爲贈告，乃曰世有顯人。"士衡以故不大用。八月，立昇王受益爲皇太子，賜名禎。謁太廟，門有左右珥，黃雲捧日，大赦。以户部員外郎晏殊充太子舍人。先是，祥符間天下無事，許臣寮擇勝景宴飲，當時士大夫各爲燕集，以至市樓酒肆往往皆供帳爲遊息之地。元獻是時貧甚，不能出，獨家居，與兄弟講習。一日選東宫官，忽自中批除，執政大臣莫諭所由，次日進見，上諭之曰："近聞館閣臣僚無不嬉遊宴賞，彌日繼夕，惟殊杜門與兄弟讀書，如此謹厚，正可爲東宫官。"公既受命得對，上面諭除授之意，對曰："臣非不樂宴遊者，直爲貧無可爲之具。"上益嘉其誠實，眷注日深。未幾，拜翰林學士、左庶子。元獻既以道德文學佐佑東宫，真宗每所諮訪，多以方寸小紙細書問之〔一〕，由是參預機密〔二〕，凡所對必以其稿進，示不敗洩於外。公生七歲輒能文，鄉里號爲神童，故相張文節公安撫江西，得公以聞，真宗召見，賜出身，後二日又召試詩賦論，公一見試題曰："臣嘗私習此賦，不敢隱。"上益嗟異之，因試以他題，授秘書省正字。公之忠正，不敢爲欺君之事，於童稚時已見之矣。冬十月，孫奭言茶法屢更，非示信之道。即詔奭興三司裁定，務從寬簡。

〔一〕　多以方寸小紙細書問之　"書"原作"字"，據文忠集卷二二侍中晏公神道碑銘、東都事略卷五六晏殊傳校改。

〔二〕　由是參預機密　"機"原作"樞"，據文忠集卷二二侍中晏公神道碑銘、東都事略卷五六晏殊傳校改。

己未　天禧三年春二月，河南府地震。三月戊午朔，日有食之。上親試舉人，賜王整以下一百四十人及第、出身有差。天書降乾祐山。夏四月，迎入內。時寇準鎮永興軍，朱能爲都巡檢使，能好造符命，託神靈，而外附準，至是奏天書降乾祐山，蓋能所爲也，群臣無敢言。以夏守恩爲捧日天武四廂都指揮使，劉美爲神衛龍衛四廂都指揮使，上不豫，中宮預政，倚用守恩故也。六月，王欽若罷。時欽若恩遇衰，人有言其受金者，欽若於上前自辨，乞下御史臺覆實。上不悅，曰："國家置御史臺，固欲爲人辨虛實耶？"河決滑州。以李允則知鎮州。以寇準同平章事。準之始召也，將行，其門生有勸準者，曰："公若至河陽，稱疾亟求補外，此爲上策。儻入見，即發乾祐天書之詐，斯爲次也。最下則再入中書，爲宰相爾。"準不懌，揖而起。既至，遂拜平章事。時丁謂爲參政，事準謹甚，嘗食羹污準鬚，謂起拂之，準笑曰："參政國大臣，乃爲官長拂鬚邪。"謂甚愧之，由是傾誣自此萌矣。秋八月，大赦，以天書再降乾祐縣也。馬知節以彰德軍留後卒於相州。知節慷慨以方略自任，又能好書，賓友儒者，所與善必一時豪傑。年十八監彭州兵馬，以嚴飭見憚如老將，性剛直，敢言無避，不肯少有卑屈。嘗與王欽若爭論上前，退見王旦詞色猶怒甚，曰："知節幾欲以笏擊死之，但恐驚動君相爾。"東封以後，上每行幸，必以知節爲都部署，許以專殺，知節部分嚴明，未嘗輒戮一人。大會道釋於大安殿，凡萬三千餘人。先是，建齋醮，上親臨視，賜以藥銀大錢。京東、河北水。上以兵部員外郎趙稹爲益州路轉運使，上諭之曰："遠方之事，朕皆欲聞，卿至蜀，可一一奏來，朕當爲卿行之。"故稹至蜀奏利害最詳。冬十一月，除犯酒麴、銅鍮等死刑。辛未，郊。十二月，富州蠻納土，詔卻之。

庚申　天禧四年正月，以曹瑋爲宣徽北院使、鎮國留後、簽署樞密院。簽署兼領藩鎮始此。二月，江、淮、浙、利路饑，遣使安撫。向敏中薨，臨其喪。敏中端厚多智，善處繁劇，識大體，密靜遠權，門無私謁，諸子不令鼇務，雖當大事，若己不預焉〔一〕。謹於采拔〔二〕，不妄推薦，當時以重德目之。夏四月，大風，晝晦。分江南轉運爲東西路。楊億復翰林學士。初，億自汝州還，久之不遷，或問王旦曰："楊大年何不且與舊職？"旦曰："大年頃以輕去上左右，人言可畏，賴上保庇之，今此職欲出自清衷，以全君臣之契耳。"踰六年乃復入禁署。億卒於是冬。億性耿介坦夷，重交遊，崇尚名節，然評品人物，善惡太明，人多怨之。億文章爲時宗，名聞外夷，後贈禮部尚書。上寢疾，明肅劉后益預朝政，上意不能平，嘗卧枕周懷政股與之謀，欲廢劉后，命太子監國。時懷政實典左右春坊事，出告寇準，準遂建議密令楊億草太子監國制，中外無知者，且欲援億以代謂〔三〕，因奏曰："皇太子人望所屬，願陛下授以神器，以固萬世之基。若丁謂恃才而挾姦，曹利用倚權而使氣，皆不可使輔太子，恐亂陛下國事。願擇方正大臣輔翼之。"會準被酒，盡泄所謀，且言"非久洗垢乾坤"。謂等懼，力請罷準，上以疾不記與準初有成言，可其奏矣，未幾寇準罷爲太子太傅、萊國公。先是，準爲樞密使，曹利用副之，準素輕利用，議事有不合者輒曰："君一夫爾，豈解國家大體耶。"於是丁謂及利用共排準，又翰林學士錢惟演亦附謂。時上不豫，政事多中宮所決〔四〕，謂等交通詭秘，其黨日固。后劉氏宗人横於蜀，奪民鹽井事，上以后故欲赦其罪，準請必行，重失后意，謂等因媒蘖之。準既罷，上所以待準者猶如故。會周懷政伏誅，準乃遠貶，上敕命與小州，謂輒云與遠小州，迪言向者聖旨無"遠"字，二人忿鬩蓋始此。朝士與準親厚者，謂必斥之。未幾朱能叛，準再貶道州司馬，三黜皆非上本意。歲餘，上忽問左右曰："吾目中久不見寇準，何耶？"左右莫敢對。六月，河決滑州。上御崇政殿，親試禮部奏名舉人。秋七月，以李迪爲平

〔一〕 若己不預焉 "己"原作"巳"，據長編卷九五校改。

〔二〕 謹於采拔 "拔"原作"納"，據長編卷九五、宋宰輔編年錄卷三、宋史全文卷六校改。

〔三〕 且欲援億以代謂 "且欲援"原作"仍進"，據長編卷九五、宋宰輔編年錄卷三校改。

〔四〕 政事多中宮所決 "中"與"宮"原顛倒，據九朝編年備要卷八、宋史全文卷六乙正。

章事，惟演言馮拯極純和，與寇準不同，乃以拯爲樞密使、同平章事，丁謂平章事，曹利用加同平章事，皆惟演之言也。内侍周懷政伏誅。初，懷政嘗與上謀以太子監國，出告準，及準以謀泄罷相，謂等因疏斥懷政，懷政謀殺謂等，因疏斥懷政謀殺謂等，復相準，奏上爲太上皇，傳位太子而廢皇后，召楊崇勳諭之。崇勳詣謂第告變，曹利用告變，令衛士於殿東廡執懷政，訊鞫，具引伏，斬之。懷政伏誅，有欲併責太子者，上意惑之。李迪從容奏曰："陛下有幾子，乃爲此計。"上大悟。謂等發天書事，詔捕朱能，能殺使者，擁衆叛，後衆潰，窮蹙乃自殺。九月，大赦。十一月，建天章閣。丁謂、李迪罷，謂復相。謂既擅權，至除吏不以聞，迪語同列曰："迪起布衣，十餘年位宰相，有以報國，死且不恨，安能附權臣爲自安計乎？"謂欲以林特爲樞密副使，迪爭之，因詬謂，引手版欲擊謂，謂走，得免。及入對，斥言謂姦邪，願同下憲司置對。又言寇準無罪罷斥，朱能事不當顯戮。又言錢惟演，謂之姻家，願與惟演俱罷政柄。曹利用、馮拯亦相朋黨。時上怒甚，欲付御史臺，拯與利用曰："大臣下獄，不惟深駭物聽，況丁謂本無紛競之意。"乃各降一級，罷相，謂知河南府，迪知鄆州。制書未出，謂入對，上詰所爭狀，謂曰："非臣敢爭，乃迪忿詈臣爾，臣不當與之俱罷，願復留。"因賜坐，左右欲設墩，謂顧曰："有旨復平章事。"乃更以杌子進，於是復視事，仍詔迪即時赴鄆州。謂始傳詔召劉筠草復相制，筠不奉詔，乃更召晏殊，筠既自院出，遇殊，殊側面不敢揖，蓋内有所愧也。先是，上久不豫，語或錯亂，嘗盛怒語輔臣曰："昨夜皇后以下皆之劉氏，獨留朕宫中。"迪進曰："果如是，何不治之〔一〕？"后適在屏間，聞其言，由是惡迪，迪所以不留，亦上不豫，中宫意也〔二〕。上寬容大度，嘗有百姓爭財，以狀投匭，其語有比上德爲桀、紂者，比奏御，上止令宫

〔一〕 何不治之　宋宰輔編年錄卷三、九朝編年備要卷八同，長編卷九六、宋史全文卷六作"何不以法治之"。

〔二〕 亦上不豫中宫意也　長編卷九六、宋史全文卷六作"非但謂等媒孽，亦中宫意爾"。

中録所訴之事，付有司根治，而匿其狀，曰："百姓意在爭財，其實無他。若并其狀付有司，非惟所訴之事不得直，必先按其指斥乘輿之罪。百姓無知，亦可憐也。"時監司有以羨餘而進奉者，朝議欲賞之，上自內批云："國家賦斂有常數，豈得羨餘？若果有之，非入時大量，即是出時減尅，安可賞？"祖宗朝檢制臣下如此，掊克聚斂者安得不戒。

辛酉　天禧五年春正月，赦，以上體稍康故也。京東大雨，翰林學士劉筠見上久疾，丁謂擅權，乃求外任，出知廬州。秋七月甲戌朔，日有食之。冬十一月，以丁謂爲譯經使兼潤文。十二月，置同勾當三館秘閣，以內侍皇甫繼明爲之。明年，帝崩。

壬戌　乾興元年春二月，大赦，移南郊恩賞先此頒行。上崩於延慶殿，年五十五，在位二十六年，謚曰文明章聖元孝，廟號真宗。皇太子即皇帝位。太子十三歲〔一〕，尊皇后爲皇太后，楊淑妃爲皇太妃。明肅皇后權聽軍國事，遵遺制也。丁謂欲去"權"字，王曾曰："政出房闥，斯已國家否運，稱'權'尚足示後，且言猶在爾，何可改也？"宰相丁謂、樞密使曹利用各欲獨見奏事，無敢決其議者，翰林學士晏殊建言群臣奏事，太后垂簾聽之，皆無得見。議遂定。貶寇準雷州。初，準十九歲登第，相者謂之曰："君須作宰相，但登第太早，恐不得善終。若成功早退，可免禍，蓋君骨法類廬多遜。"又處士魏野曰："功名蓋世，少有全者。"因與詩曰："好去上天辭將相，歸來平地學神仙。"至是始悔不用野之言。準嘗有詩送人南遊，云："到海只十里，過山應万重。"及至雷州，看圖經云"南到海十里"，乃悟前定。始準之貶雷州也，丁謂遣中使齎敕往投之，以錦囊盛敕，揭於馬前。既至，準方與同官宴飲，驛吏言狀，準遣群官出迎之，中使避不見，入傳舍，久之不出，問其所以來之故，不答，上下皆惶懼，不知所爲。準神色自若，謂之曰："朝廷若賜死，願見敕書。"中使不得已乃以敕授之，準借綠衫拜敕於庭，復飲宴至暮而罷。道

〔一〕　太子十三歲　原脫"十"一字，據宋史卷九仁宗本紀一校補。

出公安，剪竹插於神祠之前，而祝之曰："準之心若有負朝廷，此竹必不生；若無負朝廷，當再生。"人呼爲"萊公竹"。方準之貶也，丁與馮相拯同在中書，丁當秉筆，初欲貶崖州，而丁忽自疑，語馮曰："崖州再涉波如何？"馮但唯唯而已，丁乃徐擬雷州。洎丁之貶也，馮遂擬崖州，當時好事者相與語曰："若見雷州寇司户，人生何處不相逢。"比丁之南行也，寇已移道州，聞丁來，遣人以蒸羊迎於境上，聞者多爲得體。貶李迪衡州團練副使〔一〕。中使至鄆州〔二〕，迪聞其異於他日，即自裁不殊。或饋之食，中使輒不與，迪客鄧餘怒曰："汝殺我公，我必殺汝。"從迪至衡州〔三〕，不離左右，迪由是獲全。或語謂曰："迪若貶死，公如士論何？"謂曰："異時好事書生弄筆墨，不過曰天下惜之而已。"瑋知萊州。始，丁謂謀竄寇準、李迪、曹瑋等，連坐者衆，王曾疑責太重，謂熟視曾曰："居停主人恐亦未免耳。"蓋曾嘗以第舍假準也，曾蹴然遂不復爭。三月庚午，初御崇德殿聽朝，皇太后設幄次於承明殿，垂簾以見。先是，王曾援東漢故事，請五日一御承明殿，太后坐左，皇帝坐右，垂簾聽政。既得旨，而謂獨欲皇帝朔望見群臣，大事則太后與上召對輔臣決之，非大事悉令雷允恭傳奏畫可。曾曰："兩宮異處，而柄歸宦者，禍端兆矣。"謂不聽，蓋不欲同列與聞機政〔四〕，故潛結允恭，白太后，卒行其志。四月，加贈皇太后三代。六月，內侍雷允恭伏誅。先是，真宗崩，命宰臣丁謂爲山陵使，允恭因請太后，求效力陵上，允恭至陵下，司天監邢中和言："上百步，法宜子孫，恐下有水石。"允恭曰："第移就上穴。"既而上穴果有石，石盡水出，工役甚艱。朝廷遣使按行得實，以允恭擅移皇堂事杖死於鞏縣，仍

〔一〕 貶李迪衡州團練副使 "衡"原作"衛"，原脱"副使"二字，據涑水記聞卷八、長編卷九八、宋史卷三一〇李迪傳校改補。

〔二〕 中使至鄆州 原脱"中"一字，據長編卷九八、宋史全文卷六校補。

〔三〕 從迪至衡州 "衡"原作"衛"，據長編卷九八、涑水記聞卷八校改。

〔四〕 蓋不欲同列與聞機政 "與"原作"頗"，原脱"政"一字，據宋史卷二八三丁謂傳校改、補。

籍其家，罷丁謂爲太子少保，分司西京。王曾見謂擅權，欲以山陵事并去謂，一日語同列曰："曾無子，將以弟之子爲後，明日朝退當留白此。"謂不疑有異志也。曾獨對，具言謂包藏禍心，故令允恭擅易皇堂於絕地，太后大驚。一日，輔臣會食資善堂，謂獨不與，太后喻拯曰："丁謂身爲宰相，乃與雷允恭交通。"因出謂嘗托允恭令後苑匠所造金酒器等示之，又出允恭嘗干謂求管勾皇城司及三司狀示之，因曰："謂前附允恭奏事，皆言曰與卿等議定，近方識其矯誣，且營先帝陵寢所宜盡心，而擅易陵域，幾誤大事。"太后怒甚，欲誅謂，拯曰："謂固有罪，然帝新即位，誅大臣駭天下耳目。謂豈有逆謀哉？"乃罷謂，仍黜林特等八九人〔一〕，皆坐謂黨落職補外。秋七月，以王曾爲平章事。王旦嘗語其家人曰："王君介然，他日德望勳業甚大。"又曰："王君昨讓會靈觀使，頗拂上旨，而進對詳雅〔二〕，詞直氣和，了無所懾。我自任政事幾二十年，每遇上意稍忤則蹴蹐不能自容〔三〕，以是知其偉度矣。"呂夷簡、魯宗道參知政事。宗道剛正，嫉惡少容，遇事敢言，不爲小謹，嘗就飲酒肆，使者至，令以實告，曰："飲酒，人之常情；欺君，臣子之大罪。"真宗以爲忠實可大用，嘗以語太后，太后識之，於是并夷簡皆首蒙拔擢。錢惟演樞密使。惟演但以兵部尚書充使，有司失之也。未幾，馮拯言惟演以妹妻劉美，實大家姻家〔四〕，不可預政，遂罷之。八月，太后同御殿垂簾。先是，王曾建此議，至曾入相始用。百官表賀，太后宣諭曰："候上春秋長，即當還政。"馮拯爲首相，欲躡丁謂故迹，曾曉以禍福，且逆折之，拯不敢肆，自是事一決於兩宮。初，丁謂定太后稱"予"，謂敗，中書與禮儀院參議，每下制令稱"予"，而

〔一〕 仍黜林特等八九人　原脱"等"一字，據九朝編年備要卷八校補。
〔二〕 而進對詳雅　"對"原作"退"，據長編卷九〇、九朝編年備要卷八、宋史全文卷六校改。
〔三〕 則蹴蹐不能自容　"蹐"原作"踏"，據長編卷九〇、九朝編年備要卷八、宋史全文卷六校改。
〔四〕 大家　長編卷九九、宋宰輔編年錄卷四作"太后"。

便殿處分稱"吾",太后詔止稱"吾"。冬十月,葬真宗於永定陵。始,丁謂請陵名曰鎮陵,馮拯改曰永定,不知翼祖已名定陵,于是追改翼祖陵爲靖陵,議者譏拯不學,當時無正之者。十一月,李士衡自三司使出知相州。士衡屢以足疾求罷,太后諭之曰:"先帝稱卿全曉金穀,以比高熲〔一〕、劉晏,宜少安於位。"及是固請,而有是命。以劉筠爲御史中丞。孫奭請給宣聖廟學田〔二〕,從之。諸州給學田始於此。上初御經筵,令侍講孫奭、馮元講論語,侍讀李維、晏殊與焉。上在經筵,或左右瞻矚,或足敲踏牀,則奭拱立不講,每講體貌必莊,上亦爲竦然改聽。

〔一〕 高熲　原作"高穎",據隋書卷四一高熲傳、長編卷九九校改。

〔二〕 孫奭請給宣聖廟學田　朱氏與畊堂刊本、九朝編年備要卷八"宣"作"先"。

卷之七

朝散郎、尚書禮部員外郎、兼國史院編修官李燾經進

宋仁宗一

　　癸亥　天聖元年春正月，三司使李諮議省浮費，置計置司。京東、淮南水，遣使安撫。三月，行崇天曆。夏四月，罷禮儀院。令近臣舉官充臺諫。秋七月，罷廣南進異花。八月，芝生太極殿。九月，馮拯罷。拯氣貌嚴重，或傳詔至中書不延坐〔一〕，以病去位。以王欽若同平章事。欽若時知江陵府，先是，太后有復相欽若意，上嘗爲飛白書"王欽若"字，太后遣中人齎以賜欽若，且口宣召之。閏月，寇準卒於雷州。初，太宗嘗得通天犀，命工爲二帶，其一命以賜準。及是遣人取自洛，後數日，沐浴，具朝服束帶，北面再拜，呼左右趣設臥具，就榻而歿〔二〕。詔許歸葬，道出荊南公安縣，人皆設祭於路，折竹植地，樹紙錢焚之。逾年，枯竹盡出笋，衆因爲立廟，號竹林寇公祠。明道二年，追贈中書令，復萊國公，賜謚忠愍。冬十一月，禁巫邪。先是，江西俗尚鬼，多爲巫覡以惑民，病者不服藥，而聽命於神。時夏竦知洪州，索部

〔一〕 或傳詔至中書不延坐　"傳"原作"轉"，長編卷一〇一作"宦者傳詔至中書不延坐"，今據改。

〔二〕 就榻而歿　"歿"原作"没"，據朱氏與畊堂刊本、長編卷一〇一校改。

中得一千九百餘家，勒令還農，毁其淫祠，且以上聞〔一〕，故詔禁之。知漣水軍鄧餘慶等四人坐贓〔二〕，決配嶺南，後不盡錄，尋詔犯入己贓毋入親民〔三〕。置益州交子務。初，蜀人以鐵錢重私爲券，謂之交子，以便貿易，富民十六户主之。其後富者貲稍寡，不能償所負，争訟數起〔四〕。祥符末，薛田請置交子務。至是，始詔置務，官主之。江州旌義門陳蘊年八十，家同居二百年，食口二千，有行義，補本州助教。

　　甲子　天聖二年春三月，上試進士，奏宋祁第一，太后不欲弟先兄〔五〕，乃擢郊第一，以祁第十，賜宋郊、葉清臣、鄭戩以下及諸科凡四百八十餘人及第、出身有差。以劉平知雄州。平在任四年，虜使往來，薄其禮，而厚其供，北人畏服，上嘉之，密賜錢二百萬。開屯田萬頃，以資邊備。秋八月，幸國子監，謁文宣王，退召直講馬龜符講論語，因幸武成王廟。冬十一月丁巳，郊。先是，上諭輔臣曰："郊祀重事，令禮官草具其儀，朕欲先於宫中習之。"納皇后郭氏。先是，中書令郭崇孫女及左驍衛大將軍張美曾孫女同被選入宫〔六〕，上欲立張氏，而太后雅意屬郭氏，而以張氏爲美人。

　　乙丑　天聖三年夏四月，以劉煜知河南府。太后嘗召見，問曰："知卿名族，欲一見卿家譜，恐與吾同宗也。"煜曰："不敢。"他日，數問之，煜無以對，因爲風眩仆而出，乃免。六月，涇原屬羌寇邊，趙士龍等死之，遣使體量安撫陝西。秋八月，蠲責益州舉人館券。初，益州舉人，自張詠爲守以來

〔一〕　且以上聞　"聞"原作"門"，據朱氏與畊堂刊本、九朝編年備要卷九校改。

〔二〕　鄧餘慶　"慶"原作"愛"，據朱氏與畊堂刊本、長編卷一〇一、九朝編年備要卷九校改。

〔三〕　尋詔犯入己贓毋入親民　"入己"原作"人已"，"毋"原作"母"，據九朝編年備要卷九校改。

〔四〕　争訟數起　原脱"起"一字，據九朝編年備要卷九校補。

〔五〕　太后不欲弟先兄　"弟"原作"第"，據長編卷一〇二、九朝編年備要卷九校改。

〔六〕　張美曾孫女　原脱"曾孫"二字，據長編卷一〇四、長編紀事本末卷三三補。

皆給館券至京師,及是,三司移文乃責償於吏。知州薛田以爲言,上曰:"漢貢士,續食施於郡國,今獨不能行之於遠方耶?"悉蠲之。王欽若薨,上臨其喪,太后臨奠,録親屬二十餘人。國朝以來,宰相恤恩未有欽若比者。後上謂輔臣曰:"王欽若久在政府,察其所爲,真姦邪也。"王曾曰:"欽若與丁謂、林特、陳彭年、劉承珪時號五鬼〔一〕,其姦邪如聖諭。"十二月,以張知白同平章事。國朝故事,敘班以宰相爲首,親王次之,使相又次之,樞密使雖檢校三師兼侍中、尚書、中書令,猶班宰相下。咸平初,曹彬以樞密使兼侍中,位户部侍郎、平章事李沆下,循故事也〔二〕。乾興初,王曾由次相爲會靈觀使,曹利用由樞密使領景靈宫使,時以宫觀使爲重,詔利用班曾上,然議者深以爲非。至是,曾進昭文館大學士、玉清昭應宫使,同集殿廬,將告謝,而利用猶欲班曾上,閤門不敢裁,曾抗聲目吏曰:"但奏宰相王曾等告謝。"班既定,利用鬱鬱不平。尋詔宰相、樞密使序班如故事〔三〕,而利用志驕,尚居次相張知白上,及聞召張旻於河陽爲樞密使,疑代己,始悔懼焉。

丙寅 天聖四年夏四月,卻川陝獻繡織。初,知寧州楊及因乾元節獻繡佛,上謂輔臣曰:"及佞人也,民安政舉,乃守臣之職,焉用此爲?"詔還之,併有是命〔四〕。五月,詔大辟疑者以聞。先是,天下疑獄雖聽奏讞,而多以不應奏得罪,故不敢上讞,而冤獄常多。判刑部燕肅言:"唐決死刑在京五覆奏,諸州三覆奏,故正觀、開元間斷死罪少者二十九,多者五十八。今生齒未加於唐,而天聖三年斷大辟二千四百有奇,視唐幾至百倍。望準唐故事,天下死罪皆得一覆,而不當讞者,官吏不坐。"下其章中書,王曾謂天下獄皆一覆

〔一〕 劉承珪 "珪"原作"規",據長編卷一〇七、九朝編年備要卷九校改。

〔二〕 尚書中書令猶班宰相下咸平初曹彬以樞密使兼侍中 原脱此二十二字,據長編卷一〇三、九朝編年備要卷九、宋宰輔編年録卷四校補。

〔三〕 樞密使序班如故事 原脱"密""事"二字,據九朝編年備要卷九、宋史全文卷七上校補。

〔四〕 併有是命 原脱此四字,據九朝編年備要卷九校補。

奏，則必死者徒充犴獄而久不得決。乃降是詔，其後上請者多得貸，議自肅發之。閏月，定江淮歲漕額爲六百萬石。召輔臣侍經筵。上謂輔臣曰："軍國用度至廣，有司經費秋毫皆出民力，朕於宮闈之内累加告戒，俾從儉約。近籍後宮所備金帛計二十餘萬，其並賜三司，以贍軍費。"上愛惜民力，其於宮室臺池尤重興作。三司嘗欲以玉清昭應宮故地爲御苑，上曰："吾奉先帝苑囿猶以爲廣，何用此以資遊玩之侈哉！"溫、鼎〔一〕、廣數州歲貢柑及蜜煎、果實，又致其餘於京師大臣。王曾曰："數郡涉海跨山，道里迂險，難於齎送，請加禁止。"上命罷之〔二〕。六月，大水，上避殿，減膳，肆赦，蠲田租〔三〕。秋七月，罷陝西醋務，減兩川錦綺貢。冬十月甲戌，日有食之。

丁卯　天聖五年春正月朔旦，上皇太后壽於會慶殿。晏殊嘗論："張耆無他材能〔四〕，徒以恩倖遂及榮寵，天下皆切議之。夫樞密與中書爲兩府，同任天下大事，今朝廷雖乏賢，亦宜以中材處之。如耆者不可爲樞密使，但富貴之可也。"頗忤太后旨。至是，因從幸玉清昭應宮，坐以笏擊其僕〔五〕，爲御史所論，出知應天府。三月，上親試舉人，賜王堯臣以下三百七十餘人及第、出身有差。秦州地震。五月，德明寇邊，守將敗之。秋八月，解曹修古言職。先是，司天監主簿苗舜臣等言"土宿留參，太白晝見"。詔日官同考定，日官奏：土宿留參，順不相犯；太白晝見，日未過午。舜臣等坐妄言災變被罰。修古時爲監察御史，言："日官所定，希旨悅上，不足爲信。今罰舜臣等，其事

〔一〕　鼎　原脱此一字，據長編卷一〇六、九朝編年備要卷九校補。

〔二〕　上命罷之　九朝編年備要卷九、群書考索後集卷六四均作："詔溫、鼎、廣等州歲貢柑，不得以貢餘爲名餉遺近臣。"

〔三〕　蠲田租　原脱"租"一字，據九朝編年備要卷九校補。

〔四〕　張耆無他材能　宋宰輔編年録卷四、長編卷一〇五"材能"作"勳勞"。

〔五〕　坐以笏擊其僕　原脱"其"一字，據朱氏與畊堂刊本校補。

甚小,然恐自此人人畏避〔一〕,佞媚取容,以災爲福,天變不告,所損甚大。"禁中以翡翠羽爲服玩,詔市於南越,修古以爲重傷物命,且真宗嘗禁採狨毛,故事未遠,宜罷之。時方崇建塔廟,議營金閣〔二〕,費不勝計,修古極陳其不可,出知歙州。九月,同、華等州旱,秘閣校理謝絳言:"去年大水,今年苦旱,皆大異也。宜下罪己之詔〔三〕,修順時之令,宜群言以導壅〔四〕,斥近倖以損陰。而聖心優柔,重在改號,施令所發,未聞有以當天心者。"以程琳爲御史中丞,宰相張知白最器琳,當除命,喜曰:"不辱吾筆矣。"琳上疏,請罷諸土木營造,蠲被災郡縣逋租。冬十月,罷陝西青苗錢。先是,陝西糴穀,歲預給青苗價錢,至是罷之。頒五服敕。十一月癸丑,郊。十二月,以孔道輔爲龍圖閣待制。道輔使契丹,優人以文宣王爲戲,道輔正色曰:"中國與北朝通好,以禮文相接,今俳優之徒侮慢先聖而不之禁,北朝之過也。"虜主默然。

　　戊辰　天聖六年春正月,罷提點刑獄。二月,大風晝晦。張知白薨。知白在相位,惜名器,無毫髮私,常以盛滿爲戒,雖貴顯,清約如寒士,諡曰文節。三月丙申朔,日有食之。曹利用請以張士遜同平章事,上從之。作西太乙宮。河北饑,遣使安撫之。有星流於西南,大如斗,聲如雷,自北流於西南,光燭殿庭,尾長數丈,久之散爲蒼白雲。上以星變齋居五日,降繫囚,罷力役,振流民。時輔郡又旱,命禬禳於文德殿。御史李佐奏曰:"天子布政之宫,每遇災異,輒命緇黃讚呪於其間,非所以嚴外朝也。"五月,河北、京東

〔一〕　人人畏避　第二個"人"原作"之",據長編卷一〇五、九朝編年備要卷九、宋史全文卷七上校改。

〔二〕　議營金閣　"閣"原作"闕",據長編卷一〇五、九朝編年備要卷九、宋史全文卷七上校改。

〔三〕　宜下罪己之詔　"己"原作"巳",據長編卷一〇五、宋史全文卷七上、宋史卷二九五謝絳傳校改。

〔四〕　宜群言以導壅　"言"原作"後",據長編卷一〇五、宋史全文卷七上、宋史卷二九五謝絳傳校改。

蝗。六月，免瀘、戎等州穀稅。秋七月，劉隨罷，出知濟州。隨在諫職，前後所論甚衆，上益明習天下事，而太后猶未歸政，隨請軍國常務專取上旨〔一〕，太后不悅，會隨請外〔二〕，因出之。江淮、兩浙水災，遣使隨路安撫。初，章獻劉太后出金帛修景德寺，遣內侍羅崇勳主之，蔡齊時爲翰林學士，命齊爲記，崇勳陰使人誘齊曰：“善爲記，當得參知政事。”齊故遲之，使者數趣，終不以進。崇勳怒，讒之太后，遷禮部郎中，改龍圖直學士，出知西京。參知政事魯宗道固爭留之，不得，尋以親老易密州。太后諭宰相取記，齊始上之。齊爲人剛正有守，初爲司諫時，真宗新棄天下，天子諒陰不言，丁晉公用事專權，欲邀致齊，許以知制誥，齊拒之益堅。已而寇萊公、王文康公皆以不附己連黜，齊歎曰：“吾受先帝之知，而至於此，豈宜爲權臣所脅。得譴，非吾懼也。”既而晉公敗，士嘗爲其用者皆得責，獨齊終無所屈。八月，河北水，遣使安撫。劉筠罷，出知廬州。筠三入翰林，與楊億齊名，世號“楊劉”。錄唐張九齡後。九月，以陳從易、楊大雅知制誥。自景德後，文士以雕麈相尚，一時學者嚮之〔三〕，而從易獨自守不變，與大雅相尚，皆好古篤行，無所阿附。朝廷欲矯文章之弊，故並進之，以風天下。冬十二月，以范仲淹爲秘閣校理。

己巳　天聖七年春正月，曹利用罷。先是，利用爲樞密使，加侍中，封鄆國公。利用退朝，道逢強人奪其樞密使印，以爲不祥，意甚惡之。太后臨朝，威震天下，中人與貴戚稍能軒輊爲禍福。利用以勳舊自居，凡降恩澤，皆執不行。然以所執既多，故有三執而又降出者，則不得已而行之。久而爲小人所側，凡有求而三降不行者，復請啓曰：“臣已得告，侍中家乳母或其親舊爲言，許之矣。”於是又降出，利用莫知其然也，但已三執而已，黽勉行之。權傾中外，太后亦嚴憚之，但呼侍中而不名。至是，后疑其私，頗銜怒。內侍羅

〔一〕　隨請軍國常務專取上旨　“請”原作“諸”，據九朝編年備要卷九校改。

〔二〕　會隨請外　“請”原作“陳”，據九朝編年備要卷九校改。

〔三〕　一時學者嚮之　“嚮”原作“鄉”，據九朝編年備要卷九、宋史全文卷七上校改。

崇勳嘗得罪，后使利用召戒飭之，利用去其冠幘，詈斥良久，崇勳耻恨。會利用姪汭爲趙州兵馬監押，州民詣闕訴其不法，乃詔王博文與崇勳同往鞫之。博文希太后旨〔一〕，縱崇勳窮獄，汭坐被酒衣黄衣，令人呼萬歲，杖之。且傳致汭辭，云利用實教之。上以問輔臣，皆顧望未有對者，張士遜徐曰："此獨不肖子爲之，利用大臣，宜不知狀。"王曾亦爲之解，后曰："卿嘗言利用横，今何解也？"曾曰："利用恃恩，臣故以理折之。今加以大惡，則非所知也。"利用黨皆畏罪，亦從而毀之，獨群牧判官司馬颰言稱其枉，朝廷亦不問。利用復坐貸景靈宫錢〔二〕，貶崇信軍節度副使，房州安置。命内侍楊懷敏護送，行至襄陽驛，懷敏不肯前，以語迫之，利用素剛，遂投繯而死，人以爲寃。

大臣功高權盛，禍患之來有非智慮之所能防。如曹利用，悼襄陽之死是矣。切以爲不然，殺人者必見殺，賊人者還自賊，昔者李斯譖韓非於秦，非死之後，斯亦不免，而斯之遇禍尤慘於非。鮑高譖蒫茸於齊，茸死之後，鮑高之徒亦不免，而高之遇禍尤慘於茸。利用與丁謂譖寇萊公有不臣之議，準既南遷，而二子相繼貶黜，丁有朱崖之行，曹有襄陽之禍，天之報應有甚影響，非其自取歟。古人有言，好謀之士敗於謀，好辯之士窮於辯，道德正直之士爲無所窮。斯言得之。

二月，魯宗道卒，上臨其喪。宗道屢有獻替，太后嘗問："唐武后何如主？"對曰："唐之罪人也，幾危社稷。"后默然。時有請立劉氏七廟者，后以問輔臣，皆不敢對，宗道獨曰："不可。"退，謂同列曰："若立劉氏七廟，如嗣君何？"時將幸慈孝寺，后欲以大安輦前上行，宗道以婦人有三從之

〔一〕博文希太后旨　"博"原作"傅"，據九朝編年備要卷九校改。
〔二〕利用復坐貸景靈宫錢　"宫"原作"官"，據九朝編年備要卷九、宋史卷二九〇曹利用傳校改。

義争之，后乃命輦後乘輿行。時貴戚用事者莫不憚之〔一〕，目爲"魚頭參政"，因其姓且言骨鯁也〔二〕，諡肅簡。張士遜罷，出知江寧。利用憑寵自恣，士遜依違其間，時人目之爲"和鼓"。以呂夷簡同平章事。振河北水災。是秋，復大水，遣使安撫之。閏月，禁創寺觀。復制舉等科六科，以待京朝官；又置書判拔萃科以待選人；高蹈丘園、沉淪草澤、茂材異等三科以待布衣〔三〕；武舉以待方略勇力之士。其法先上藝業於有司，有司校之，然後試秘閣，中格，然後天子親策之〔四〕。若武舉，則仍閱其騎射焉。初，盛度請於真宗，請設科以取士，景德二年遂設六科，蓋因度之議也。及議封禪，吏部科目皆廢，夏竦既執政〔五〕，建請復置，從之。復理檢院，仍命中丞領使〔六〕。時上封者言自至道三年廢理檢院，而下情寖不上聞〔七〕，乃詔復置。其登聞檢院匭函改爲檢匣，如指陳軍國大事，並投檢匣，令晝時進入；常事五日一進；其稱冤濫枉屈而檢院、鼓院不爲進者，並許詣理檢使審問以聞。三月，契丹饑，流民至境上。上曰："皆吾赤子也，可不振救之？"詔給以唐、鄧州閑田〔八〕。復轉對，詔許極言時政得失。於是，群牧判官龐籍、司馬池皆因轉對言事。夏四月，大赦。京師自三月朔雨不止，前赦一夕而霽。李德政來告其父公蘊卒，詔封交趾郡王。六月，大雨，震電，玉清昭應宮災。太后曰："先帝營奉此宮，極天下之力，今

〔一〕 時貴戚用事者莫不憚之　"貴"原作"用"，據九朝編年備要卷九、宋宰輔編年録卷四校改。

〔二〕 因其姓且言骨鯁也　原脱"因其姓"三字，據九朝編年備要卷九、宋宰輔編年録卷四校補。

〔三〕 茂材異等　"茂"原作"戎"，據九朝編年備要卷九、宋大事記講義卷一〇校改。

〔四〕 然後天子親策之　"策"，原漫漶，據九朝編年備要卷九、宋大事記講義卷一〇校定。

〔五〕 夏竦既執政　"夏"原作"皆"，據朱氏與畊堂刊本、九朝編年備要卷九校改。

〔六〕 中丞　原作"中臣"，據九朝編年備要卷九校改。

〔七〕 而下情寖不上聞　原脱"情"一字，據朱氏與畊堂刊本、九朝編年備要卷九校補。

〔八〕 詔給以唐鄧州閑田　"閑"原作"間"，據長編卷一〇七、宋大事記講義卷十一、契丹國志卷七校改。

一旦灰燼，猶幸一二小殿存爾。"范雍抗言曰："不若燔之盡也，且先朝以此竭天下之力，遽罹灰燼，非出人意。如因其存將又葺之，則民不堪命，非所以祇天戒也。有司治火所從起，繫守衛者於御史獄〔一〕。中丞王曙上書曰："昔魯桓、僖宮災，孔子以爲桓、僖親盡當毀。漢遼東高廟及高園便殿災〔二〕，董仲舒曰高廟不當居遼東，高園不當居陵旁〔三〕，故災。今玉清宮之興不合經義，先帝信方士邪説，蠹耗財用，災變之來若有警之。願罷之，以應天變。"右司諫范諷亦言："此天之告戒，乃復置獄窮治，非所以應天也。"又云山木已盡，人力已竭，宫必不成。上與皇太后感悟，遂薄守衛者罪，詔罷修宮，以所存殿爲萬壽觀。王曾罷。先是，后受册將御大安殿，曾執以爲不可。后左右姻家稍通謁，曾多所裁制，后滋不悦。會昭應宮災，罷相，出知兖州。曾所進退士人，莫有知者，范仲淹嘗以問曾，曾曰："夫執政者，恩欲歸己，怨使誰當？"仲淹服其言。秋七月，罷宮觀使。八月丁亥朔，日有食之。罷職田，詔以其租送官，計所直給之。冬十月，京師地震。十一月，范仲淹罷。時上率百官以冬至上皇太后壽於會慶殿〔四〕，仲淹爲秘閣校理，言："天子有事親之道，無爲臣之禮；有南面之位，無北面之儀。若奉親于内，行家人禮可也。今顧與百官同列〔五〕，虧君體損主威，不可爲後世法。"疏入，不報。晏殊薦仲淹爲館

〔一〕 繫守衛者於御史獄　"繫"原作"擊"，據九朝編年備要卷九校改。

〔二〕 漢遼東高廟及高園便殿災　原脱"及高園便殿"五字，據長編卷一〇八校補。

〔三〕 高廟不當居遼東高園不當居陵旁　原脱"居遼東，高園不當"及"旁"八字，"居"下原衍"房"一字，據長編卷一〇八校補、删。

〔四〕 時上率百官以冬至上皇太后壽　原脱"百官"二字，據長編卷一〇八、宋史全文卷七上、太平治迹統類卷九校補。

〔五〕 今顧與百官同列　"官"原作"家"，據朱氏與畊堂刊本、長編卷一〇八、九朝編年備要卷九、宋史全文卷七上、太平治迹統類卷九校改。

職，聞之大懼〔一〕，召仲淹〔二〕，詰以狂率邀名，且將累薦者。仲淹正色曰："仲淹繆辱公舉，每懼不稱，爲知己羞，不意今日反以忠直獲罪門下。"殊不能答。又奏疏請太皇太后還政，亦不報，遂乞補外，尋出爲河南府通判。

　　庚午　天聖八年春正月，曹瑋薨。瑋將兵幾四十年，未嘗少失利，雖不如其父之寬，然自爲一家，鎮天雄日，契丹使過，必陰勒其下，毋敢疾驅者。在渭州，或告戍卒叛入夏州，方對客弈棋，遽曰："吾使之去爾，勿言也。"繼遷聞之，即斬叛者，投其首境上。環屬羌土田多爲邊人所市，致單弱不能自存，瑋盡令還其故田，後有犯者徙其家內地〔三〕。始置弓箭手，斥塞上棄地，使人相角力，勝者給二頃，再經秋穫課市馬一，馬必勝甲，然後官爲印之，益賦田五十畝。至三百人以上團爲一指揮，即要害處爲築堡，使自塹其地爲方田，以環之。及立馬社，一馬死，衆爲出錢市馬。又制屬羌，百帳以上其首領爲族軍主，將校止於本軍敘進，不徙他軍，以其習知虜情與山川形勢也，其措置皆可爲法。作會聖宮於西京永安縣，越明年二月成，奉安太祖、太宗、真宗御容。三月，親試舉人，賜進士王拱壽以下及第、出身有差，凡八百餘人。詔更拱壽名曰拱辰。夏五月，大雨雹。六月，親試書判拔萃科，得余靖、尹洙及武舉十三人。秋七月，策制科，賢良方正能直言極諫科何詠，茂材異等富弼。九月，罷轉對。言事者頗衆，大臣不悅，故罷之。冬十月，除解鹽禁。置天章閣待制，以鞠詠、范諷爲之。十一月戊辰，郊。高麗來貢。

　　辛未　天聖九年春二月，復職田。女真降人晏端等一百八十四人自登州來內附，詔遷濠州，給田處之。三月，賜青州州學九經。夏五月，親試書判拔萃

〔一〕　聞之大懼　原脫"大懼"二字，據長編卷一〇八、九朝編年備要卷九、太平治迹統類卷九校補。

〔二〕　召仲淹　原此三字漫漶，據長編卷一〇八、九朝編年備要卷九、太平治迹統類卷九校定。

〔三〕　徙其家內地　"地"原作"宅"，據長編卷一〇九、九朝編年備要卷九、宋史全文卷七上校改。長編卷一〇九、宋史全文卷七上"徙"作"遷"。

科。冬十月，翰林學士宋綬言："唐先天中，睿宗爲太上皇，五日一受朝，處分軍國重事，除三品以上官，決重刑。明皇日聽朝，除三品以下官，決徒刑。今宜約先天制度，令群臣對前殿，非軍國大事及大除拜皆前殿取旨〔一〕。"書上，忤太后意，出知應天府。時太后猶稱制，五日一御承明殿，垂簾決事，而上未始獨對群臣也。翰林侍講學士孫奭，每御經筵，設象架庋書策外向，以便侍講讀。奭年高視昏，或陰雨即每移御坐於閣外，奭每講至前世亂君亡國，必反覆規諷，上竦然聽之。嘗畫無逸圖以進，上施於講閣。三請致仕，不許。奭以年踰七十固請，乃命知兗州，仍詔須宴而後行〔二〕，遂宴於太清樓。十一月，除兩川礬禁。太后兄子劉從德以外家故，恩寵無比。從德死，以遺表推恩，錄內外姻戚及僮僕幾八十人。待制馬季良、集賢校理錢曖皆緣遺表超授官秩。於是曹修古、郭勸、楊偕及推直官段少連皆上言推恩太濫，太后怒，黜修古同判杭州，未行，改知興化軍，勸、偕監濰州、舒州稅，少連漣水軍監酒。修古鯁直有風節，當太后臨朝，權倖用事，人人顧望畏忌，而修古遇事輒言，無所回撓，尋卒於官。貧不能歸葬，賓佐賻錢五十萬，季女泣白其母曰："奈何以是累吾先人也。"卒拒不納。上思其忠，贈右諫議大夫。是歲，契丹主隆緒死，子宗真立。隆緒病劇，召東平王蕭孝宗，使輔立其子宗真，且戒毋失朝廷信誓，上遣使慰之。

壬申　明道元年春二月，三朝寶訓成。初，王曾爲相，言唐有正觀政要，今欲求祖宗事不入正史者，別爲一書。上從之。冊上母順容李氏爲宸妃，是日薨。初，皇太后以上爲己子〔三〕，而順容李氏嘿嘿處先朝嬪御中，未嘗自異，人畏后亦無敢言者。至是，疾革，乃進位，是日薨。始，宮中未治喪，呂夷簡奏

〔一〕　及大除拜　原脱"大"一字，據宋朝諸臣奏議卷九二宋綬上仁宗乞約先天制度前殿取疏、宋宰輔編年錄卷四校補。

〔二〕　仍詔須宴而後行　"宴"字漫漶，據長編卷一一○、九朝編年備要卷九、宋史全文卷七上校定。

〔三〕　皇太后以上爲己子　"己"原作"巳"，據文意改。

事簾前,因曰:"聞有宮嬪亡者?"后矍然曰〔一〕:"宰相亦與宮中事耶?"引上偕起,有頃獨出,曰:"卿何爲間我母子耶?"夷簡曰:"太后他日不欲全劉氏乎?"司天希旨,言歲月葬未利,夷簡黜其説,請發哀成服,備宮仗葬之。時有詔欲鑿宮城垣以出喪,夷簡遽求對,太后遣内侍羅崇勳問何事,夷簡言鑿垣非禮,喪宜自西華門出。崇勳三反,太后猶不許,夷簡曰:"宸妃誕育聖躬,而喪不成禮,異日必有受其罪者。莫謂夷簡今日不言。"崇勳馳告,太后乃許之。三月,林獻可請太后還政,竄於嶺南。御史張存言:"陛下嗣統以來延納至言,罔有忌諱,人情欣然。自前秋忽罷百官轉對,又去冬御史曹修古等皆以言事忤旨降黜,近復聞進士林獻可因上封事遠竄,自爾中外惶惑。蓋忠直之言逆耳,人君聽之甚難;佞諛之言遜志,人君納之甚易。是以自昔爲佞者多,效忠者少,遂使人君多知其美,鮮知其失,是以政之理亂、民之疾苦、事之安危、俗之衰弊,或乃壅而不聞。此非人君之要道也。"江、淮旱,遣使體量安撫。秋七月,置諫院。先雖有諫官,而無諫院,至是置之。八月,大内火災,延燒崇德、長春、滋福、會慶、崇徽、天和、承明、延慶八殿〔二〕,有司究火所起,多引宮人屬吏〔三〕。御史蔣堂言:"火起無跡,安知非天意?陛下宜修德應變。有司乃欲歸咎宮人,宮人屬吏〔四〕,何求不可,而遂賜之死,是重天譴也。"求直言。大赦。冬十一月,重修大内成,恭謝大安殿,大赦,改元。元昊封西平王。

癸酉 明道二年春正月,振江、淮饑。二月,有星孛於東北。皇太后朝饗太廟。去冬,詔以來年耕籍田,先請皇太后恭謝太廟,罷南郊禮,及議后謁廟

〔一〕 后矍然曰 "矍"原作"嬰",據九朝編年備要卷九校改。

〔二〕 延慶 原作"誕慶",據長編卷一一一、九朝編年備要卷九、長編紀事本末卷三二校改。

〔三〕 多引宮人屬吏 "引"原作"因",據九朝編年備要卷九、東都事略卷六〇蔣堂傳校改。

〔四〕 宮人屬吏 原脱"宮人"二字,據九朝編年備要卷九校補。

儀注〔一〕，后欲被天子褕冕，參知政事薛奎曰："必御此，若何爲拜？"固執以爲不可，卒不見聽。至是，后服褘衣，乘玉輅，至太廟，改袞衣、儀天冠行禮。親耕籍田。三月，皇太后不豫，大赦〔二〕。皇太后崩。上見輔臣，泣曰："太后疾不能言，而猶數引其衣，若有所屬，何也？"薛奎曰："其在褕冕也。然服之，豈可見先帝地下乎？"上悟，卒以后服斂，後諡莊獻。皇太后遺詔尊皇太妃楊氏爲皇太后〔三〕，垂簾聽政。中丞蔡齊言："天子奉太后十餘年，今始親政，豈宜使女后相繼稱制〔四〕？"以是，太妃卒不得干政。始上在乳褓中，太后使妃護視，預有力焉。后崩，使妃嗣享尊位。後詔所居殿曰保慶宮，自今後並以保慶太后稱。夏四月，上始親政。詔宗戚毋得於禁中通表祈恩，凡傳宣内批，有司未得即行者，審取處分。政令更新，人心大悦。太后既崩，左右始有以李宸妃事聞者〔五〕，上號慟，累日不絶，乃追尊宸妃李氏爲皇太后，諡曰莊懿。或言太后死於非命，喪不成禮，上亦疑焉。詣洪福院，將易梓宫，見后容貌如生，服飾嚴具，上歎曰："人言其可信哉？"初，三司使晏殊領劉太后旨爲宸妃墓誌，云生一女早卒，無子。至是，上出誌文示宰臣〔六〕，曰："先后誕育朕躬，殊爲侍從，安得不知，此何意也？"吕夷簡曰："宫中事秘，臣備位宰相，但知其略，殊之不審，理容有之。然方太后臨朝，若明言先后實生聖躬〔七〕，事得安否？"上默然。上與夷簡謀，以張耆、夏竦、陳堯佐、范雍、

〔一〕 及議后謁廟儀注　原脱"后謁廟儀注"五字，據九朝編年備要卷九校補。
〔二〕 大赦　"赦"下原衍"怒"一字，據九朝編年備要卷九删。
〔三〕 皇太后遺詔　"后"原作"子"，據九朝編年備要卷九校改。
〔四〕 豈宜使女后相繼稱制　原脱"使"一字，"后"原作"主"，據長編卷一一二、宋史全文卷七上校補、改。
〔五〕 左右始有以李宸妃事聞者　原脱"始""以"二字，據長編卷一一二、太平治迹統類卷六校補。
〔六〕 上出誌文示宰臣　原脱"示"一字，據九朝編年備要卷九校補。
〔七〕 若明言先后實生聖躬　"先后"二字原漫漶，據九朝編年備要卷九校定。

趙稹〔一〕、晏殊皆太后所任用，悉罷之。退，告郭皇后，后曰："夷簡獨不附太后耶？但多機巧善應變耳。"由是并罷夷簡。及宣制，夷簡方押班，聞唱其名大駭，不知其故。以李迪同平章事。王德用簽署樞密院事。初，德用爲步軍副都指揮使時，太后臨朝，有求内降補軍吏者，德用曰："補吏，軍政也，敢挾此干軍政乎？"不與，太后固欲與之〔二〕，卒不奉詔。五月，從殿中侍御史龐籍請〔三〕，焚垂簾儀制。時言事者多暴垂簾時事，右司諫范仲淹曰："太后受遺先帝，保佑聖躬者十餘年，宜掩其小故，以全大德〔四〕。"於是，詔戒中外毋得言垂簾事。罷群牧制置使。六月甲午朔，日有食之。京東、江、淮饑。兩京、河東、陝西路蝗〔五〕，食草木殆盡。旱，詔省尊號。秋八月，置端明殿學士。出内藏錢，賜三司以助國用。冬十月，葬莊獻劉太后、莊懿李太后於永定陵。祔莊獻、莊懿二后於孝慈廟。先是，錢惟演請以二后並祔真宗之室，禮官言夏、商以來，父昭子穆，皆有配室，每室一帝一后，禮之正儀。章穆皇后已祔真宗廟室，皆叶一帝一后之文。莊獻、莊懿二后謂宜崇建新廟，同殿異室，歲時薦享，一用太廟之儀，仍別立廟名。"有司請以"奉慈"爲名，詔從之。至慶曆五年〔六〕，用禮院議〔七〕，遷祔二后於真宗廟室，序於章穆之次。張士遜罷判河南府。先是，天下旱蝗，士遜居首相，不能有所發明，上頗復思夷簡，適臺臣有論其他過者，遂罷相。以呂夷簡爲平章事。夷簡嘗奏令宋綬編中

〔一〕 趙稹 "稹"原作"積"，據九朝編年備要卷九、宋史卷一〇仁宗本紀二校改。

〔二〕 太后固欲與之 原脱"太"一字，據長編卷一一二、宋史卷二七八王德用傳校補。

〔三〕 從殿中侍御史龐籍請 原脱"從""龐籍"三字，據九朝編年備要卷九、宋大事記講義卷八校補。

〔四〕 以全大德 原脱"德"一字，據長編卷一一二、九朝編年備要卷九、宋大事記講義卷八校補。

〔五〕 兩京河東陝西路蝗 原脱"東""西"二字，據皇宋十朝綱要卷五校補。

〔六〕 至慶曆五年 "五"原作"元"，據九朝編年備要卷九、東都事略卷一三世家一章獻明肅皇后劉氏校改。

〔七〕 用禮院議 "議"原作"儀"，據九朝編年備要卷九校改。

書總例，語人曰："自吾有此例，使一庸夫執此，皆可爲宰相矣。"十一月，追册美人張氏爲皇后。十二月，復提點刑獄。上出宫人，吕夷簡曰："此聖朝美事，然民間物貴，恐出宫或有失所者〔一〕，亦宜念之。"廢郭后。初，郭后倚章獻之勢頗驕横，後宫爲太后所禁遏，不得進。太后崩，上始得自縱。適美人向氏、楊氏尤得幸，賞賜無筭，恩寵傾京師。郭后妒之，屢與紛争。向氏於上前有侵后不遜語，后不勝忿，起批其頰，上自起救之，后誤抓上頰，上大怒，入内都知閻文應因與上謀廢后，且勸上以爪痕示執政。夷簡以前罷相故怨后，乃曰："光武，漢之明主，郭后止以怨懟坐廢，況傷乘輿乎？"乃決意廢后。詔稱皇后無子，願入道，特封净妃、玉京冲妙仙師，賜名清悟。於是中丞孔道輔率范仲淹等十人伏閤，言后無過，不應廢。上遣内侍諭道輔等至中書，道輔等語夷簡曰："人臣之於帝后，猶子事父母也。父母不和，固宜諫止，柰何順父出母？"夷簡曰："廢后自有故事。"道輔及仲淹曰："公不過引漢光武故事以勸上爾，是乃光武失德，何足法也。自餘廢后皆前世昏君所爲，人臣當導君以堯、舜〔二〕，豈得引漢、唐失德爲法耶？"夷簡不答。明日，將留百官與宰相廷争，夷簡奏言："伏閤請對，非太平美事。"有詔出道輔知泰州，仲淹知睦州，餘皆罰金。遂詔諫官、御史自今毋得相率請對。楊偕言：願得與道輔等皆貶。勸言：正家以御天下，后非有大故不可廢。段少連言：陛下親政以來開闢言路，而執政大臣假天威以出道輔、仲淹，而斷來者之説。且伏閤上疏，豈非故事，今遽絶之，則國家復有大事，誰敢旅進而言者。又言：蓋自祖宗以來，未嘗有廢后之事。時河陽簽判富弼亦言：朝廷一舉而二失，縱不能復后，宜還仲淹，以來言者。疏入，皆不報。后别居長寧宫，明年出居於外。十月，改净妃爲金庭教主，居安和院，賜院名曰瑶華宫。後近臣有獻詩百篇者，執政請除

〔一〕 恐出宫或有失所者　"失"與"所"原顛倒，據長編卷一一三、九朝編年備要卷九乙正。

〔二〕 人臣當導君以堯舜　"導"原作"道"，據九朝編年備要卷九校改。

龍圖閣直學士，上曰："是詩雖多，不如孔道輔一言。"遂以命道輔。議者因是知前日之斥果非上意也〔一〕。

甲戌　景祐元年春正月，賑京東、淮南饑〔二〕。置崇政殿說書，以賈昌朝、趙希言、王宗道、楊安國爲之，日俾二人入侍講說。元昊寇邊。二月，罷御試書判拔萃科。詔麟、府州賑蕃漢饑民〔三〕。夏四月，龐籍爲開封府判官時〔四〕，尚美人遣內侍稱教旨免工人市租，籍言祖宗以來未有美人稱教旨下府者，上爲杖內侍，仍詔有司自今宮中傳命，毋得輒受。置殿中裏行四員。五月，以程琳爲三司使。以河南府學爲國子監。六月，策制科。考官上賢良方正能直言極諫太常博士蘇紳、才識兼茂明於體用大理寺丞吳育、茂才異等進士張方平各六論〔五〕，上御崇政殿策之，並入等。閏月，淮、汴溢。毀無額寺院。秋七月，樞密使王曙加同平章事。召范仲淹爲刑部員外郎、天章閣待制。仲淹論事益切，執政忌之，命知開封府，欲撓以煩劇，使不暇他議。仲淹明敏通照，決事若神，每上殿奏事，多陳治亂，以開悟人主，歷詆大臣不法。言者以仲淹離間君臣，落職知饒州。司諫高若訥以貶責猶輕，歐陽修上書雪之亦得罪，余靖、尹洙皆坐朋黨被黜，蔡襄作四賢一不肖詩以詳其事，一不肖者指訥也。范仲淹以言事貶饒州，方治黨人甚急，天章待制王質獨扶病率子弟餞於東門，大臣或諫之曰〔六〕："長者亦爲此乎？何苦自陷朋黨。"質徐對曰："范公天下賢

〔一〕　議者因是知前日之斥果非上意也　原脫"是知"二字，據長編卷一一七、九朝編年備要卷九、宋史全文卷七下校補。

〔二〕　賑京東淮南饑　"賑"原作"振"，據長編卷一一四校改。

〔三〕　賑蕃漢饑民　"賑"原作"振"，據長編卷一一四校改。

〔四〕　龐籍爲開封府判官時　原脫"判"一字，據長編卷一一四、宋史全文卷七下、宋史卷三一一龐籍傳校補。

〔五〕　考官　"官"原作"召"，據朱氏與畊堂刊本、九朝編年備要卷一〇校改。

〔六〕　大臣或諫之曰　文忠集卷二一尚書度支郎中天章閣待制王公神道碑銘作"大臣有以讓公曰"。

者，顧某何敢望之，然若得與爲黨人〔一〕，公之賜某厚矣〔二〕。"聞者爲之縮頸。爲待制一歲出守於陝，又明年〔三〕，小人連搆大獄，坐貶廢者十餘人，皆質平日素所賢者，聞之悲憤歎息，或終日不食，每語人曰："善人若此，吾不樂在世矣。"質初判流内銓，號爲稱職，而於選法未嘗有所改易，人或問之，質曰："選法具備如權衡，在執者不欺其輕重爾。"後爲荆湖北路轉運使，當西方用兵急於財用之時，質獨不進羨餘，其賦斂務近寬平，故他路不勝其弊，而荆湖之人獨若平日。及知荆南府，惠愛之聲尤著。民有訟婚者，訴曰〔四〕："貧無貲，故後期。"問其用幾何，以俸錢與之使婚〔五〕。荆人比之子産。質於榮利既薄，視世事若無一可以動心，惟以天下善人君子享否爲己休戚，累世富貴而操履甚於寒士，平居疾病退然如不勝衣，及臨事介然不可回奪，有仁者之勇、君子之剛云。初，錢惟演素忌寇準，又附丁謂，惟演作樞密直學士題名，削去準名氏，云逆準不書。樞密副使蔡齊言於上曰："寇準社稷之臣，忠正義勇聞於天下，豈宜爲姦黨所誣。"即日命刊去之。惟演素佞，爲西京留守〔六〕，始置驛貢洛花，識者鄙之。有星孛於張、翼，上以星變大赦。王曙薨，以王曾同平章事、樞密使。出美人尚氏、楊氏。初，郭后廢，尚、楊二美人益有寵，每夕侍上寢，上體爲之弊，或累日不進食，中外憂懼。楊太后亟以爲言，上未

〔一〕 然若得與爲黨人　原脱"若"一字，據文忠集卷二一尚書度支郎中天章閣待制王公神道碑銘校補。

〔二〕 公之賜某厚矣　原脱"某"一字，據文忠集卷二一尚書度支郎中天章閣待制王公神道碑銘校補。

〔三〕 又明年　"明"原作"數"，據朱氏與畊堂刊本、文忠集卷二一尚書度支郎中天章閣待制王公神道碑銘校改。

〔四〕 訴曰　原脱"曰"一字，據文忠集卷二一尚書度支郎中天章閣待制王公神道碑銘校補。

〔五〕 以俸錢與之使婚　"使"原作"主"，據文忠集卷二一尚書度支郎中天章閣待制王公神道碑銘校改。

〔六〕 爲西京留守　"西"與"京"原顛倒，漁隱叢話前集卷三〇作"爲西都留守"，今據乙正。

能去。入內都知閻文應早暮侍上，言之不已，上不勝其煩乃頷之，文應即命氈車載出〔一〕。後楊美人聽入道，賜名宗妙，與廢郭后並居瑤華宮。龐籍爲殿中侍御史，言范諷交結尚美人父繼斌，請付臺鞫其事〔二〕。宰相李迪雅善諷，寢不報。滕宗諒爲司諫〔三〕，嘗以上體多疾，奏疏諫內寵，其略曰："陛下日居深宮，流連荒宴，臨朝則多羸形倦色，決事如不掛聖懷。"語太切直〔四〕，故出籍廣東轉運，宗諒知信州。十一月，册皇后曹氏。先是，上命宋綬作詔，當求德閥，以稱坤儀。既而左右引茶商女陳氏入宮，綬曰："陛下乃欲以賤者正位中宮，不亦與前日詔語戾乎？"遂立曹氏。曹彬孫女。

　　乙亥　景祐二年春正月，御史裏行孫沔上言："竊見上封事人同安縣尉李安世輒因狂悖，妄進瞽言，雖曰狂愚，猶勝諂諛。況自孔道輔、范仲淹被黜之後，龐籍、范諷置對以來，凡在縉紳悉懷緘默。伏乞少霽天威，用存國體。"疏上，責知潭州衡山縣。沔未知有責命，復上書言水旱相荐、虫螟屢生、星變河決、疾疫流離等事，又曰："去秋以聖體愆和，臣心啓沃愛君，有從宜之制：雙日仲不坐之請，且一月之中適減其半，慶辰嘉節〔五〕，休沐受釐，三分之日，復廢其一，是則一歲之中率無百餘日視事。宰臣上殿奏事止於數刻，天下萬務豈不曠哉？漢帝五日一朝，則有伏蒲入閣，據厠與語；唐制三日一坐，則有便殿更番，浴堂延對〔六〕。今退朝之後，深宮之中，侍左右者刀鋸虧殘之餘，

〔一〕　文應即命氈車載出　原脱"文應"二字，據長編卷一一五、宋史全文卷七下校補。

〔二〕　請付臺鞫其事　"鞫"原作"獄"，據朱氏與畊堂刊本、九朝編年備要卷一〇校改。

〔三〕　滕宗諒爲司諫　原脱"滕"一字，據涑水記聞卷三、長編卷一一五、宋史全文卷七下校補。

〔四〕　語太切直　"太"原作"大"，據長編卷一一五、九朝編年備要卷一〇、宋史全文卷七下校改。

〔五〕　慶辰嘉節　"嘉"原作"佳"，據宋朝諸臣奏議卷二〇孫沔上仁宗乞每旦親政振舉綱目、長編卷一一五校改。

〔六〕　浴堂延對　"延"原作"廷"，據宋朝諸臣奏議卷二〇孫沔上仁宗乞每旦親政振舉綱目、長編卷一一五、九朝編年備要卷一〇校改。

悦耳目者綺紈艷冶之色，扃鑰九重，叫閽千仞，宸禁晝嚴，乘輿天遠，固未見歆召名臣，清問外事〔一〕，詢祖宗之紀綱，質朝廷之得失。臣恐其未可也。"書奏，再責監永州酒。置邇英、延義二閣，命群臣侍講。時承平久，上留意禮樂之事，乃命李照考定王朴所造樂器。上臨閱奏郊廟五十一曲。李迪罷，出知亳州。上初召夷簡及宋綬決諷獄，以迪素黨諷不召，迪還第，翌日遂罷。迪性淳直，實不察諷之多誕也。迪以慶曆七年薨，上篆其碑首曰遺直，又改所葬鄉曰遺直鄉。以王曾爲左僕射、平章事。曾爲人周密沉靜，在上前開陳處可，辨博有餘，言國家事或至日旰乃出，燕私休沐訖不道省中語。天資方重，每廣朝大會，盛服正色，郎謁者視進止如有尺寸，未嘗過缺〔二〕。當國七年，萬物茂宜，四夷休寧，嘉生回薄，無有恫怨〔三〕。務大體若丙吉，清静如曹參，領衆職如魏相，進賢不植私，愛士不謀黨〔四〕，退不肖不奸怨。親族可任言之上，不可任厚分之財。於時被其化者，察察者敦，沾沾者愧焉。

霍光出入殿門進止有常處，郎僕射竊視之，不失尺寸，其資性端正如此。故能輔幼主，政自己出，天下不疑其專；誅亂臣，廢昌邑，天下不以爲擅；擁昭立宣，不動聲色，而天下晏如也。王沂公爲相，每廣朝大會盛服正色，郎謁者視進止如有尺寸，未嘗過闕，亦光之遺風，宜乎當國七年，天下和平，萬物各得其所，施設亦無歉於光也。古之人有行不由徑而爲夫子所取者，亦取其端方正大之情而無險詖邪枉之慮〔五〕，若二公者，

〔一〕 清問外事　"清"原作"請"，據宋朝諸臣奏議卷二〇孫沔上仁宗乞每旦親政振舉綱目、長編卷一一五、九朝編年備要卷一〇校改。
〔二〕 未嘗過缺　"缺"原作"闕"，據景文集卷五八文正王公墓誌銘、名臣碑傳琬琰之集中卷五宋祁王文正公曾墓誌銘校改。
〔三〕 無有恫怨　"恫怨"原作"怨憫"，據同上書校改。
〔四〕 愛士不謀黨　"謀"原作"爲"，據同上書校改。
〔五〕 而無險詖邪枉之慮　"慮"，宋大事記講義卷八作"行"。

亦何愧於古人歟！

杜衍爲御史中丞。衍言："中書、樞密，古之三事大臣，所謂坐而論道者，今止隻日對前殿，何以盡天下事？宜迭召見，賜坐便殿，以極獻替。若進穀帛樣、閱甲胄弓矢、點馬、試吏員，此皆細務，陛下何必親決。"未幾，權判流内銓，悉自予奪，吏不能爲奸。秋八月，置提點坑冶鑄錢官。上以皇族散處都城，或睽燕集，詔以玉清昭應宫舊地作睦親宅以處之。冬十月，置朝集院，以待朝士外官之還京輦者。復群牧制置使。十一月，廢后郭氏薨。先是，上頗思郭后，累遣中使問勞，賜以樂府辭，后和答，語甚悽愴。屬后小疾，遣閻文應與太醫診視，至是暴薨。中外疑文應進毒，而不得其實。時上致齋南郊，不即以聞。上深悼之，明年春追復后號，葬禮用孝章故事。諫官姚仲孫等請窮治侍醫者，乃貶文應爲秦州鈐轄，其子士良幹當御藥院，併出之。乙未，郊，以太祖定配，太宗、真宗迭配。御史臺辟石介爲主簿。介上疏論赦書不當求五代及諸偽國後，忤意罷，不召。館閣校勘歐陽修貽書責中丞杜衍曰："大抵居臺中者，必以正直剛明，不畏避爲稱旨。介足未履臺門之閾，而已用言事見罷，今斥介而他舉，必亦擇賢而舉〔一〕。若舉而入臺又有言，則又斥而他舉乎？如此則必得愚闇懦默者而後止也。"衍不能用。

丙子　景祐三年二月，上患三司吏員猥多，命中丞杜衍與三司使副擇其能否而升降之。申命阮逸等定樂。秋七月，置大宗正司〔二〕。大雨，震電，太平興國寺災。春秋傳：天火曰災。八月，頒宫室器用車服制。九月，定申心喪解官法。

〔一〕　必亦擇賢而舉　"亦"原作"以"，據文忠集卷四七上杜中丞論舉官書、九朝編年備要卷一〇、宋史全文卷七下校改。
〔二〕　置大宗正司　"大"原作"太"，原脱"正"一字，據長編卷一一九、九朝編年備要卷一〇、宋史全文卷七下、宋史卷一〇仁宗本紀二校改、補。

初，集賢校理郭稹幼孤，而母邊氏更適士人王渙〔一〕，生四子。稹無兄弟，獨承郭氏之祭，及邊死而稹解官行服，禮官宋祁言："按五服制度敕〔二〕，爲嫁母無服。"下御史臺詳定，兩制再定，乃詔自今並聽解官〔三〕，以申心喪。冬十一月，保慶太后楊氏崩。十二月，詔宣敕非經銀臺司不行。上以賈昌朝爲崇政殿說書。昌朝於傳註訓詁不爲曲釋〔四〕，至先王治心守身〔五〕、經理天下之意，指物譬事〔六〕，析毫解縷。自上即位，大臣或操法令斷天下之事，稽古不至秦漢以上，以儒術爲迂闊〔七〕，然上嘗獨意嚮堯、舜、三代，得昌朝以經開說，慨然善之，於是上所質問多道德之要，昌朝請爲記錄，歲終歸太史。

丁丑　景祐四年春二月，葬莊惠皇后，祔永定陵〔八〕。莊惠，楊氏〔九〕。三月，置天章閣侍講，以崇政殿說書賈昌朝、王宗道、趙希言、楊安國等兼之。夏四月，呂夷簡、王曾罷。夷簡位王曾上，且任事久，多所專決，議論數不合。曾不能堪，遂求罷。因對斥夷簡納賂示恩，上以問夷簡，夷簡請置對，上

〔一〕　而母邊氏更適士人王渙　原脱"氏"一字，據景文集卷二六郭正不應爲嫁母持服狀校補。
〔二〕　按五服制度敕　"度"原作"置"，據景文集卷二六郭正不應爲嫁母持服狀、長編卷一一七校改。
〔三〕　並聽解官　"解"原作"改"，據長編卷一一七校改。
〔四〕　於傳註訓詁　"於"原作"以"，據王安石臨川先生文集卷八七贈司空兼侍中文元賈魏公神道碑校改。
〔五〕　治心守身　"守"原作"修"，據同上書校改。
〔六〕　指物譬事　"譬事"原作"引喻"，據同上書校改。
〔七〕　以儒術爲迂闊　原脱"術"一字，據同上書校補。
〔八〕　永定陵　"定"原作"安"，據宋十朝綱要卷五校改。本書卷六載"葬真宗於永定陵"也可爲參證。
〔九〕　莊惠楊氏　原脱"楊"一字，宋會要輯稿禮五九載："章惠皇太后楊氏初謚莊惠"，今據補。

復以問曾，曾語屈。時參知政事宋綬多同夷簡〔一〕，而蔡齊善曾，獨盛度依違其間。會度致齋中書，上召問夷簡、曾求去之意，度曰："二人腹心，臣不能知。但各詢以誰可代者，即其情可察矣。"上問曾，曾以齊薦；復問夷簡，夷簡以綬薦，於是四人者皆罷。夷簡以使相判許州，曾判鄆州，以綬爲資政殿學士，留侍經筵，齊歸班。以王隨、陳堯佐同平章事。隨加門下侍郎，堯佐初拜相，以唐劉蕡對策進，曰："天下治亂自朝廷始。凡蕡之言皆當今之病，此臣之所欲言，陛下之所宜行。"天子嘉納之。五月，芝生化成殿楹。秋七月，有星數百西南流至壁東，其光燭地，黑氣長丈餘，出畢宿下。八月，詔三司、漕臣勿與常平錢粟。冬十二月，京師、定、襄、代、并、忻等州地震。代、并州壞民廬舍，而忻尤甚，壓死萬九千餘人，民皆露處，自此或地裂泉涌〔二〕，或火出如黑沙狀〔三〕，連年不止。詔非藩鎮不立學。知潁州蔡齊乞立學，從之。

〔一〕 時參知政事宋綬多同夷簡 "同"原作"司"，據朱氏與畊堂刊本、九朝編年備要卷一〇校改。

〔二〕 或地裂泉涌 "地"下原有"震"一字，據長編卷一二〇、宋史全文卷七下刪。

〔三〕 或火出如黑沙狀 原脫"或"一字，據同上書校補。

卷之八

朝散郎、尚書禮部員外郎、兼國史院編修官李燾經進

宋仁宗二

戊寅　寶元元年春正月，有衆星西北流。雷。陝西大雨雹。上以災異累見，下詔求直言。蘇舜欽進疏：一曰正心，二曰擇賢，望陛下修己以御人，洗心以鑒物，勤聽斷，捨燕安，放棄優諧近習之纖人，親近剛明鯁正之良士，因此災變，以思永圖。二月，復日御前殿。三月，王隨、陳堯佐罷。時災異數見，隨等無所建明，隨以疾在告，五日一朝，諫官韓琦連疏中書過失。又言韓億不當以其子綱爲群牧判官，石中立滑稽無大臣體，不報，乃請下御史臺決是非。琦論隨等疏凡十上〔一〕。堯佐亦先自援漢故事，以災異自責求去。隨出判河陽，堯佐判鄭州，億歸本班禮部侍郎，中立户部侍郎。以張士遜、章得象同平章事。得象入謝，上謂曰："往者太后臨朝，群臣邪正，朕皆默識，惟卿忠清無所附，且未嘗有干請。今日用卿，蓋由此也。"得象性簡淡，恬然自得。先在翰林，太后遣内侍至院，必正色待之，或不交一言。上欲以宋郊爲同知樞密院事，中書言故事無自知制誥除執政者，乃以郊爲翰林學士。上遇郊厚，行且大任，學士李淑害其寵，欲以奇中之，言於上曰："宋受命之號也，郊交也，

〔一〕琦論隨等疏凡十上　"論"原作"輪"，原脱"等"一字，據長編卷一二一、宋宰輔編年録卷四校改、補。

合姓名言之爲不祥。"上弗爲意，他日以諭郊，因改名庠。上試進士三百一十人，出"富民之要在節儉"爲御題，時呂溱賦曰："國用既足，民財乃豐，故此富民之要，率歸節儉之中。"上覽而悅之，擢爲第一。夏六月，上以水旱爲憂，乃詔諸州旬上雨雪狀。秋八月，復發運使。賢良方正能言極諫科二人，秘書省著作郎田況、大理寺丞張方平。初，方平年十三入應天府學，穎悟絕人，家貧無書，嘗就人借三史，旬日輒歸之，曰："吾已得其詳矣。"凡書皆一閱終身不再讀，屬文未嘗起草。宋綬、蔡齊見之，曰："天下奇才也！"與范諷皆以茂才異等薦之〔一〕。景祐元年以進士中制科，授校書郎〔二〕、知崑山縣。蔣堂知蘇州，得其所著筠籙論五十篇〔三〕，上之，復以賢良方正能言極諫科薦公〔四〕，是歲，射策優等，遷著作郎、通判睦州〔五〕。及元昊叛，方平又上書，進平戎十策，大略以謂邊城千里，我分而賊專〔六〕，雖屯兵數十萬，然賊至，常以一擊十，此必敗之道也。宜屯兵河東，示以形勢，賊入寇必自延、渭，而興州之巢穴必虛，我師自麟、府渡河，不十日可至，此所謂攻其所必救，形格勢禁之道也。宰相呂夷簡見之，謂宋綬曰："君能爲國得人矣。"然不果用其策。熒惑犯南斗。冬十月，參知政事李若谷言："近世俗薄，專以朋黨污善良，蓋君子、小人各有類，今概以朋黨名之，恐正臣無以自立。"上是

〔一〕 與范諷皆以茂才異等薦之　"以"原作"有"，據朱氏與畊堂刊本、東坡全集卷八八張文定公墓誌銘校改。

〔二〕 授校書郎　"校"原作"秘"，據朱氏與畊堂刊本、東坡全集卷八八張文定公墓誌銘校改。

〔三〕 得其所著筠籙論五十篇　"五"原作"三"，據朱氏與畊堂刊本、東坡全集卷八八張文定公墓誌銘校改。

〔四〕 復以賢良方正能言極諫科薦公　原脫"薦公"二字，據朱氏與畊堂刊本、東坡全集卷八八張文定公墓誌銘校補。

〔五〕 通判睦州　原脫此四字，據東坡全集卷八八張文定公墓誌銘校補。

〔六〕 我分而賊專　"賊"原作"職"，據東坡全集卷八八張文定公墓誌銘、長編卷一三一、太平治迹統類卷八校改。

其言。十一月庚戌，郊。群臣請加尊號，上曰："唐穆宗云：'強我懿號不若使我爲有道之君，加我虛尊不若處我於無過之地。'朕每愛斯言，卿等亦宜悉此意〔一〕。"宰相張士遜懇請不已，乃詔"英睿"二字不許，餘從所請。王曾薨，謚文正。曾前後輔政十年，每進見，言天下利害事多審而中理。性純儉，居家罕見喜怒，人無敢干以私者。十二月，京師地震。趙元昊欲叛未發，先爲嫚書求大名。張方平以爲朝廷自景德以來既與契丹盟，天下亡備，將不知兵，士不知戰，民不知勞，蓋三十年矣。若驟用之〔二〕，必有喪師蹶將之憂。兵連民疲，必有盜賊之患。當含姤匿瑕，順適其意，使未有所發，得歲月之頃，以其間選將厲士〔三〕，堅城除器，爲不可勝以待之。雖元昊終於必叛，而兵出無名，吏士不直其上，難以決勝〔四〕。是時，士大夫見天下全盛，而元昊小醜，皆欲發兵誅之，惟方平與吳育同議，議者不深察，以二人之論爲出於姑息，遂決意用兵，天下騷動。元昊僭號。先是，元昊欲南侵，恐唃廝囉制其後，復舉兵攻蘭州諸羌，至馬銜山遂築瓦川會城。元昊既悉有夏、銀、綏、靜、宥、靈、鹽、會、勝、甘、涼、瓜、沙、肅之地，仍居興州，阻河依賀蘭山爲固，始大補僞官，創十六司以統衆務，又置十八監軍司，委酋豪分統其衆，河北七萬人以備契丹〔五〕，河南鹽州路五萬人以備環慶、涇原，宥州路五萬人以備鄜延、麟

〔一〕卿等亦宜悉此意　原脫"意"一字，據長編卷一二二、九朝編年備要卷一〇校補。
〔二〕若驟用之　"驟"原作"輒"，據東坡全集卷八八張文定公墓誌銘、長編卷一三一、宋名臣言行錄後集卷三張方平文定公校改。
〔三〕以其間選將厲士　"厲"原作"練"，據東坡全集卷八八張文定公墓誌銘、長編卷一三一、宋名臣言行錄後集卷三張方平文定公校改。
〔四〕東坡全集卷八八張文定公墓誌銘"難以決勝"下有"小國用兵，三年而不見勝負，不折則破。我以全制其後，必勝之道也"。
〔五〕河北七萬人以備契丹　"萬"原作"千"，據長編卷一二〇、宋史卷四八五外國列傳一夏國上校改。

府,甘州路三萬人以備西番、回紇,餘兵駐賀蘭等處爲鎮守,總十五萬〔一〕。又選豪族善弓馬五千人迭直〔二〕,僞號六班直。元昊制番書,改元大慶,其叔父山遇等數勸元昊勿叛,元昊勿聽,山遇挈妻子來降,具言元昊反狀。知延州郭勸執還之,元昊殺山遇,遂叛。至是用其黨楊守素之謀築壇受册,僞號始文英武興法建禮仁孝皇帝〔三〕,國稱大夏,改大慶二年曰天授禮法延祚元年,點兵集蓬子山,遣使來告僞號,納旌節敕告,表略曰:"臣父德明嗣奉世封,勉從朝命三十年,邊情善守五千里,職貢常輸。臣偶因端閑輒生狂斐,制小番之文字,改大漢之衣冠,不期曆運在茲,軍民同請。伏望皇帝陛下許以西郊之地〔四〕,册爲南面之君,敢竭愚庸,常敦歡好。"時鄆州通判富弼上言曰:"元昊所遣使者,部從儀物如契丹,而詞甚倨,此必元昊腹心自請行者,宜出其不意,斬之都市,少折其謀。"尋詔削元昊官爵,除屬籍,絕互市,榜沿邊:有能擒元昊,除定難節度。初,德明歸欵,但賜宗姓,而言除屬籍,誤也。命夏竦、范雍經略西夏,以竦知永興,雍知延州,分兼經略使。竦尋上言:"頃者繼遷屢寇朔方,先帝惟戒疆吏嚴斥候以備之。今元昊略有河外之地〔五〕,其勢非特繼遷比也。天下久不見兵革,一旦遽議深討〔六〕,臣未知其全計也。願陛下令諸將:虜即入寇,毋得與戰,彼既絕中原賜予,又喪緣邊和市,可坐待其獘

〔一〕 總十五萬　九朝編年備要卷一〇同,長編卷一二〇作"總三十餘萬",宋史卷四八五外國列傳一夏國上作"總五十餘萬"。

〔二〕 又選豪族善弓馬五千人迭直　"五"原作"三",據長編卷一二〇、宋史卷四八五外國列傳一夏國上校改。

〔三〕 僞號始文英武興法建禮仁孝皇帝　長編卷一二二、宋史全文卷七下同,涑水記聞卷九、宋史卷四八五外國列傳一夏國上"英"作"本"。

〔四〕 許以西郊之地　"地"原作"禮",據涑水記聞卷九、長編卷一二三、九朝編年備要卷一〇校改。

〔五〕 今元昊略有河外之地　"外"原作"内",據朱氏與畊堂刊本、九朝編年備要卷一〇校改。

〔六〕 一旦遽議深討　"議"原作"識",據朱氏與畊堂刊本、九朝編年備要卷一〇校改。

也〔一〕。謹上十策：一練強弩，二結屬羌，三通唃厮囉，四嚴備涇原、環慶，五四路互相關報，六逐州招神虎保捷兵，七增置弓手，八併小寨，九聽關中民入粟贖罪，十揀沿邊冗兵。"所言後多行之〔二〕。唃厮囉加節度，使之背擊元昊，以披其勢。交趾李德政封南平王。諫官吳育言："比年以來，多有造作讖忌之語〔三〕、疑似之文，或不顯姓名，因而讒毀善良。朝廷爲之德庇姓氏〔四〕，正使姦人得計，忠良易爲傾陷〔五〕。動搖人情，眩惑君聽，無大於此，在古之法，皆殺無赦。臣以爲聖朝不宜長此風俗。"上善其言，詔開封府、御史臺覺察以聞。

己卯　寶元二年春三月，鑄皇宋通寶錢。夏四月，募民入粟實邊。六月，省乘輿宮掖浮費，以資邊用。秋八月，西川大饑〔六〕。冬十一月，孔道輔自中丞出知鄆州。初，開封府吏馮士元以贓敗，辭連知樞密院盛度、參知政事程琳，宰臣張士遜素惡琳而疾道輔不附己，將併逐之，謂道輔曰："上顧程公厚，今爲小人所誣，宜爲辨之。"道輔入對，言琳罪薄，不足治。上怒，以道輔朋附大臣，故併出之。元昊寇保安軍，鄜延鈐轄盧守勤、巡檢司指使狄青敗之，而青功最多，被賞特厚。初，元昊爲書及錦袍、銀帶投境上，以遺金明李士彬，且約以叛。候人得之，諸將皆疑士彬，獨副總管夏隨曰："此行間爾。士彬與羌世仇，若有私約通遺贈，豈使衆知耶？"乃召士彬與飲，厚撫之，士彬感

〔一〕　可坐待其斃也　"斃"原作"蔽"，據宋大事記講義卷一二校改。九朝編年備要卷一〇"斃"作"敝"。

〔二〕　所言後多行之　"行"原作"得"，據宋大事記講義卷一二、九朝編年備要卷一〇校改。

〔三〕　多有造作讖忌之語　原脱"多"一字，據長編卷一二三、宋朝諸臣奏議卷九十八吳育上仁宗乞禁匿名文字校補。

〔四〕　德庇姓氏　長編卷一二三作"隱秘姓名"。

〔五〕　忠良易爲傾陷　"爲傾陷"原作"以陷殁"，據長編卷一二三、宋朝諸臣奏議卷九十八吳育上仁宗乞禁匿名文字校改。

〔六〕　西川大饑　九朝編年備要卷一〇作"兩川大饑"。

泣,不數日果擊賊,取首馘、羊馬自效。閏十二月,以蘇紳爲史館修撰。

庚辰　康定元年春正月丙辰朔,日有食之。知諫院富弼言於上,請罷燕徹樂,雖虜使在館亦宜就賜飲食而已。執政以爲不可,弼曰:"萬一北虜行之,爲朝廷羞。"後使虜還者云虜中罷燕如公言,上深悔之。上以衛尉丞种世衡簽書鄜州軍事。世衡至郡務敦恩信,招撫屬羌,有得虜事來白,世衡方與客飲,即以席上金器獎之,屬羌皆願效死。青澗東北距河,虜常渡河爲患,世衡密遣屬羌擊之,前後殺獲甚衆,未嘗勞士卒,建營田數千頃,命一子視士卒醫藥,無不感泣思報。王堯臣安撫關中,奏其治狀,上降詔曰:"使邊臣如此,朕復何憂。"元昊寇鄜延,殺二萬人,破金明,擒李士斌〔一〕,延帥范雍、鈐轄盧守勤閉門不救,中貴人黃德和引兵先走,劉平、石元孫引兵救延,平遇賊戰死,而雍、守勤歸罪於通判計用章、都監李康伯,皆竄嶺南。德和誣奏平降賊,詔以兵圍守其家,議收其族。御史賈昌朝言:"漢殺李陵母妻子,陵不歸,而漢悔。真宗撫王繼忠家,後賴其力。且平事固未可知〔二〕,今收其族,恐貽後日之悔。"上從其言乃止。富弼言平自環慶引兵來援,以姦臣不救故敗,竟罵賊不食而死。宜郵其家。守勤、德和皆中官,怙勢誣人〔三〕,冀以自免,德和竟坐腰斬〔四〕。延州民二十人詣闕告急〔五〕,上召問其諸將敗亡狀。執政惡之,命邊郡禁民擅赴闕者。弼曰:"此非上意,宰相惡上知四方有敗。民有急不得訴之朝,則西走元昊,北走契丹矣。"募陝西强壯,尋詔諸州點集强壯,止

〔一〕　擒李士斌　"斌"原作"贇",據東坡全集卷八七富鄭公神道碑校改。

〔二〕　且平事固未可知　原脱"平"一字,據臨川文集卷八七贈司空兼侍中文元賈魏公神道碑、東都事略卷六五賈昌朝傳校補。

〔三〕　怙勢誣人　原脱"勢"一字,據東坡全集卷八七富鄭公神道碑、東都事略卷六八富弼傳校補。

〔四〕　德和竟坐腰斬　"坐"原作"在",據東坡集卷三七富鄭公神道碑一首校改。

〔五〕　詣闕告急　"詣"原作"諧",據朱氏與畊堂刊本、東坡全集卷八七富鄭公神道碑校改。

令護城，不刺手面〔一〕，除閱習外無得他役。二月，以夏守贇爲陝西都部署，內侍王守忠爲都鈐轄。諫院富弼言："用守贇既爲天下笑，而守忠乃與唐中官監軍無異，將吏必怨懼。盧守勤、黃德和覆車之轍可復蹈乎？"詔罷守忠。求直言。初，宰相惡聞忠言，下令禁越職言事。弼因論日食，以應天變莫若通下情，遂除越職之禁。韓琦安撫陝西。時元昊尚圍塞門、安遠寨，延州諸將畏避莫敢出救，及聞責范雍，衆訴于琦〔二〕，琦奏〔三〕："乞留雍以安衆心，趙振粗勇，俾爲部署可矣。勢當必易，則宜召范仲淹而任用之。"括京、淮馬。元昊陷塞門、安遠寨，寨主王繼元、蔡沂死之。黑風晝晦。王鬷、陳執中、張觀罷。上數問邊計，不能對，及劉平、石元孫等敗，議刺鄉兵久不決。故王鬷等及夏守贇皆罷。夏四月，知制誥王拱辰言："契丹不畏官軍而畏土軍。"上從之，乃增募河北彊壯。五月，張士遜致仕。先是，詔揀輦官爲禁軍，輦官千餘人遮兩府喧呼不遜，士遜驚墜馬。中丞柳植請付有司鞫之而治其罪，時朝廷多事，士遜無所補，諫官韓琦上疏曰〔四〕："政事府豈養病坊耶？"士遜不安，七章請老，故罷。以呂夷簡爲平章事。范仲淹過闕，上諭仲淹與夷簡釋憾，仲淹頓首曰："臣向所論國家事，於夷簡何憾也？"以夏竦爲陝西都部署兼經略安撫招討使，范仲淹、韓琦副之。召夏守贇、王守忠赴闕。仲淹疏言："請備關中，恐昊賊深入，乘關中之虛，或東阻潼關，隔兩川貢賦，則朝廷不可得而高枕矣。"六月，增募河、陝、京東西鄉弓手彊壯〔五〕。秋八月，禁以金箔飾佛像。以范仲淹兼知延州。時延安新被圍，擇帥多畏不行，仲淹奏請兼領延安事，以待寇至。上聞而嘉之，乃知延州。閱兵得萬八千，選六將俾領之，日夜

〔一〕 不刺手面　"刺"原作"利"，據朱氏與畊堂刊本、長編卷一二六、九朝編年備要卷一一校改。

〔二〕 衆訴于琦　"于"原作"子"，據朱氏與畊堂刊本、九朝編年備要卷一一校改。

〔三〕 琦奏　原脱此二字，據長編卷一二六、九朝編年備要卷一一校補。

〔四〕 諫官韓琦上疏曰　"上"原作"止"，據朱氏與畊堂刊本、九朝編年備要卷一一校改。

〔五〕 彊壯　"彊"原作"疆"，據長編卷一二七、九朝編年備要卷一一校改。

訓練，聲震關輔。賊聞之，與其黨相戒曰："無以延州爲意，今小范老子腹中有數萬兵甲，不比大范老子可欺也。"戎人呼知州爲老子，大范謂雍也。乃戒諸路養兵蓄銳，不宜輕動，及王師再喪於定川〔一〕，仲淹晝夜領兵赴援，賊畏而遁。初，關輔人心搖動，及見仲淹戎律嚴整，號令精明，威震戎落，人心乃安，相賀曰："邊上有龍圖公爲長城，吾屬何憂。"初，上聞定川之敗，頗以關中爲憂，謂近臣曰："得仲淹爲援，可無慮。"及聞仲淹出師，喜甚，尋以四路都招討委之。仲淹與韓琦叶謀必欲收復靈、夏橫山之衆，邊上謠曰："軍中有一韓，西賊聞之心骨寒〔二〕；軍中有一范，西賊聞之驚喪膽〔三〕。"仲淹爲將務持重，不急近功小利，所得賜賚皆分賜將士，其待將吏必使畏法而愛己〔四〕。蕃酋來見，召之卧內，與語不疑，諸蕃質子縱其出入〔五〕，無一人逃者。居三歲〔六〕，士勇邊實，恩信大洽。築青澗城。初塞門、承平諸寨既廢，延州東路無復藩籬，鄜州判官种世衡請營故寬州，州西南直延安二百里，當寇衝，右捍延安，左可致河東粟〔七〕，北可圖銀、夏，范仲淹然之。詔世衡即廢壘興築。壘近虜，虜屢出争，世衡且戰且城之。初，苦無水，世衡命屑石一畚酬百金，卒得甘泉，城成〔八〕，詔賜今名。墾營田，復承平、永平廢寨。九

〔一〕 及王師再喪於定川　"川"原作"州"，據朱氏與畊堂刊本、名臣碑傳琬琰之集中卷一二富弼范文正公仲淹墓誌銘校改。

〔二〕 西賊聞之心骨寒　"骨"原作"膽"，據宋宰輔編年録卷五、宋名臣言行録前集卷七范仲淹文正公校改。

〔三〕 喪膽　宋宰輔編年録卷五作"破膽"。

〔四〕 其待將吏必使畏法而愛己　"其"上原衍"諸蕃"二字，據東都事略卷五九上范仲淹傳刪。"將吏"，東都事略卷五九上范仲淹傳作"諸吏"。

〔五〕 與語不疑諸蕃質子縱其出入　原脱"疑諸蕃"三字，據東都事略卷五九上范仲淹傳校補。

〔六〕 居三歲　"居"上原衍"疑"一字，據東都事略卷五九上范仲淹傳刪。

〔七〕 左可致河東粟　"致"原作"置"，據長編卷一二八、九朝編年備要卷一一校改。

〔八〕 城成　原脱"成"一字，據長編卷一二八、九朝編年備要卷一一校補。

月，河決滑州。以葉清臣爲三司使，清臣奏編前後詔敕，使吏不能欺。定禁衛儀制。元昊寇鎮戎軍，三川寨都巡檢王安吉死之。又陷乾溝等三堡，琦即命任福攻白豹城，克之。冬十月，上以宗戚近倖求内降者，或不能違，乃詔有内降升遷者許執奏。製調兵銅符、木契、傳信牌。浙東軍叛，討平之。十二月，命涇原、鄜延路討元昊，命以正月上旬出兵。范仲淹言："正月塞外雨雪大寒，及春深漸暖，方賊馬瘦人饑，此得天時之便。今邊備漸飭，賊至則擊，願許臣稍以恩信示之，或可招納，不然，臣恐情意阻絶〔一〕，偃兵無期。若用臣策，歲月無效，徐圖舉兵，先取綏、宥，據其要害，屯兵營田，爲持久之計，則橫山人户必挈族來歸，拓疆禦寇，莫此之利。"上用其議，於是仲淹固守鄜延。

　　辛巳　慶曆元年春正月，元昊請和，仲淹以爲無事請和，必僞，且書有僭號，不可以聞，乃自爲書，告以逆順成敗之説甚辨。韓琦聞之，謂人曰："是知我欲大舉，而爲欵兵之計。不然，懈我邊防，又將入寇。"時走馬承受崔宣亦以賊請和事奏，上謂輔臣曰："賊多詭計，欲懈我師爾。"乃詔諸路益嚴備之。執政奏以仲淹擅報當誅，上以爲閫外之事將帥專之，止奪一官，移知耀州，尋起知慶州，兼經略招討使。未幾，賊兵三萬叩城，仲淹麾兵戰，賊奔北，因戒諸將追賊勿過河，已而河外果有伏，賊既失計，皆引去，遂築葫蘆、細腰等寨，招明珠等彊族萬餘人。二月，元昊寇渭州，韓琦命任福等禦於好水川，戰敗，福及耿傅、桑懌、王珪等死之。福之敗也，琦即上章自劾，夏竦奏琦嘗以檄戒福貪利輕進〔二〕，上知福違節度取敗，罪不專在琦，手詔慰撫之，尋乃奪琦使權，徙知秦州。募京東西、河東北、江、淮、荆、浙、福建九路宣

〔一〕　臣恐情意阻絶　九朝編年備要卷一一"絶"作"隔"。

〔二〕　夏竦奏琦嘗以檄戒福貪利輕進　原脱"嘗以檄戒福"五字，據長編卷一三一、九朝編年備要卷一一校補。

毅軍〔一〕，大州兩指揮〔二〕，小州一指揮〔三〕，爲就糧禁軍，合十萬餘人。京師雨藥。夏五月，嚴銅錢出界法。宋庠罷參知政事。夷簡忌庠，會仲淹通書元昊，夷簡謂庠曰："人臣無外交〔四〕，希文何敢如此？"庠言於上，請斬仲淹。杜衍以爲不可，上問夷簡，夷簡徐曰："杜衍之言是也，止可薄責而已。"議者皆咎庠，然不知實爲夷簡所賣也，遂罷。以富弼知制誥。六月，以范雍知永興軍。初，命夏竦判永興，又以陳執中知永興，於是一府三守矣。秋七月，置萬勝軍。元昊圍麟州，陷寧遠寨，寨主王世㝢死之。復攻府州，不能克，圍豐州逾月，城陷，知州王餘慶死之。乃命張元管勾麟府路軍馬，收兵擊賊，大破之。九月，令河東鑄大鐵錢。復義倉。冬十月，修河北城池。罷都部署，分秦鳳、涇原、環慶、鄜延四路置經略安撫招討使，以知秦州韓琦、渭州王沿、慶州范仲淹、延州龐籍分領之。元昊未反時，青州民趙禹上書論事，且言元昊必反，宰相以禹爲狂言，徙建州。而元昊果反，禹自建州逃還京師自理，宰相怒，下禹開封府獄，知錄陳希亮言禹可賞，不可罪，與宰相爭不已，上卒用希亮言，以禹爲徐州推官。自用兵以來〔五〕，吏民上書者甚衆，初不省用。富弼言知制誥本中書屬官，可選二人置局中書，考其所言，可用用之。宰相以付學士，弼言此宰相偷安，欲以天下是非盡付他人。又言邊事繫國家安危，不當專委樞密院。周宰相魏仁浦兼樞密使，國初，范質、王溥亦以宰相參知樞密院事。今兵興，宜使宰相以故事兼領。上曰："軍國之務當盡歸之中書，樞密非古官，起於五代，然未欲遽廢。"數日內批出，令中書同議樞密院事，且書其檢。宰相以內降納上前，曰："恐樞密院謂臣奪權。"弼曰："此宰相避事

〔一〕宣毅軍 原脱此三字，據長編卷一三一、九朝編年備要卷一一校補。
〔二〕大州兩指揮 "兩指揮"原作"二營"，據長編卷一三一、宋史全文卷八上校改。
〔三〕小州一指揮 "指揮"原作"營"，據長編卷一三一、宋史全文卷八上校改。
〔四〕人臣無外交 "交"原作"定"，據長編卷一三二、宋宰輔編年錄卷四校改。
〔五〕自用兵以來 "自"原作"上"，據東坡全集卷八七富鄭公神道碑、宋名臣言行錄後集卷二富弼韓國文忠公校改。

耳，非畏奪權也。"時西夏首領吹同乞砂、吹同乞合稱僞將相來降，借補奉職，羈置荆湖。弼言二人之降，其家已族矣，當厚賞以勸來者。上命以所言送中書，弼見宰相論之，宰相初不知也。弼歎曰："此豈小事，而宰相不知耶！"更極論之，上從弼言，以宰相兼樞密使。初，元昊反，執政議使契丹攻元昊，御史賈昌朝曰："契丹許我而有功，則必驕，責報無窮已。不，且以我市於元昊〔一〕。昔唐聽吐蕃擊朱泚，陸贄尚以爲不可，後乃知吐蕃陰與泚合，而陽言助國。今獨安知契丹計不出此。"因言其所以待夷狄者凡六事，上皆行其策。十一月，置涇原弓弩手。令江、饒、池三州鑄鐵錢，以備邊費。元昊爲寇雖嘗得逞，而絶俸賜，禁關市，虜中匹布至十餘千。時西方用兵五年矣，上頗厭兵，而虜亦困弊，不得耕牧休息，元昊欲自效，其道無由。諫院張方平上疏曰："陛下猶天地父母也，豈與此犬豕豺狼較勝負乎？願因今歲郊赦引咎示信，開其自新之路，申敕邊吏勿絶其善意，若猶不悛，亦足以怒我而怠彼〔二〕，雖天地鬼神亦將誅之。"仁宗喜曰："是吾心也。"令方平以疏付中書，吕夷簡讀之，曰："公之言及此〔三〕，是社稷之福也。"是歲，赦書開諭如公意。丙寅，郊。十二月，置陝西護塞軍。定資政殿大學士兩員、學士三員。

　　壬午　慶曆二年春正月，復京師榷鹽法。范仲淹上言："自西戎犯邊，議攻者謂守則示弱，議守者謂攻必速禍。今臣思之，乃知攻有利害，守有安危，蓋攻其遠者則害必至，攻其近者則利必隨；守以土兵則安，守以束兵則危〔四〕。今睹赦文謂彼無騷動則我不侵掠，臣願朝廷於守策之外更備攻術，寧有備而不

〔一〕不且以我市於元昊　"不且"原作"否則"，原脱"以"一字，據臨川文集卷八七贈司空兼侍中文元賈魏公神道碑、名臣碑傳琬琰之集上卷六王安石賈文元公昌朝神道碑校改、補。

〔二〕怠彼　"怠"原作"曲"，據東坡全集卷八八張文定公墓誌銘校改。

〔三〕公之言及此　"言"與"及此"原顛倒，據宋名臣言行録後集卷三張方平文定公乙正。

〔四〕守以束兵則危　"束"原作"官"，據長編卷一三五、九朝編年備要卷一一、宋史全文卷八上校改。

行,豈當行而無備也。自古兵馬精勁,西戎之所長,金帛豐富,中國之所有,禮義不可化,干戈不可取,則當任其所有勝其所長。臣前知越州,歲納税、和賈絹餘三十萬〔一〕,儻以啗戎,是費一郡之入而息天下之弊也。"詔下陝西諸路帥司參議。詔增置諫官四員,使拾遺補闕,所以遇之甚寵。蔡襄以才名在選中〔二〕,遇事感激無所回避,於是權倖畏斂,不敢撓法干政。盛中甫、馬直方在館閣中,自陳歲久,請一貼職,上曰:"儒館之職豈可求耶?"止令太官給食。知保州王果言聞契丹與元昊相結,將謀興師,請豫爲備。詔河北諸州强壯自三月後並赴州閲習,委知州擇其强勁者,刺手背爲義勇軍〔三〕。西方用兵,夏竦并護四路。劉平、石元孫、任福之敗,皆貶主帥,而竦獨不問。賊圍麟、府,詔竦出兵牽制,而竦逗遛不出,使賊平豐州,夷靈遠而去〔四〕。知諫院張方平論列之,詔罷竦節制〔五〕。自是四路各得專達,人人自效,邊備修完。上試舉人,賜楊寘以下四百餘人及第。初,狄青以散直爲延州指使〔六〕,元昊叛,屢將兵出戰,四年間大小二十五陣,八中流矢,獲牛羊器甲數萬,上嘉其才勇,遷爲秦州刺史、涇原路副總管。上嘗欲一見之,詔令入朝,會寇迫平涼,迺令亟往,俾圖像以進,上觀其表儀,曰:"朕之關、張也。"元昊納

〔一〕 歲納税和賈絹餘三十萬　原脱"和賈""餘"三字,據長編卷一三五、宋史全文卷八上校補。

〔二〕 蔡襄以才名在選中　原脱"蔡"一字,據朱氏與畊堂刊本、宋名臣言行録後集卷四蔡襄忠惠公校補。

〔三〕 刺手背爲義勇軍　"背"原作"皆",據長編卷一三五、宋史全文卷八、太平治迹統類卷八、宋史卷一一仁宗本紀三校改。

〔四〕 夷靈遠而去　"遠"原作"邊",據朱氏與畊堂刊本、東坡全集卷八八張文定公墓誌銘校改。

〔五〕 詔罷竦節制　"制"原作"度",據朱氏與畊堂刊本、東坡全集卷八八張文定公墓誌銘校改。

〔六〕 狄青以散直爲延州指使　"狄"原作"秋",據朱氏與畊堂刊本、宋名臣言行録前集卷八狄青武襄公、東都事略卷六二狄青傳校改。

欸，累遷彰化軍節度使。始，青爲裨將，殊爲韓、范二公見器，仲淹又嘗以左氏春秋授之，謂爲將者不可不知書，匹夫之勇不足多。青於是自春秋、戰國至于秦漢以來成敗之迹概能言之。慶帥范仲淹奏環州屬羌未爲用，非种世衡不可以得其情，以世衡知環州。而延州奏青澗非世衡不可守，朝廷以爲然，命仲淹別擇人。仲淹奏世衡恩信已浸入青澗蕃部骨髓中，必無它慮。環州當衝要之地，非世衡不可。朝廷從之，世衡至郡，按行境內，待屬羌如青澗，葛懷敏定川之敗，世衡領屬羌數千人出按之，又教土人習弧矢，凡郡中事之小大、過之輕重，皆以射之中否定賞罰，士農工商釋老之徒無不精於射，夏人大畏之，戒其下曰："無涉環境，彼有惡將。"環人賴之。築大順城。慶州之西北有寨當復，橋川口深在賊腹中，仲淹一旦引兵出，諸將不知所向，軍至柔遠〔一〕，始號令告其地處，使往築城，至於版築之用大小畢具，而軍中初不知。賊以三萬騎來爭，仲淹戒諸將：戰而賊走，追勿過河。已而，賊果走，追者不渡，而河外果有伏，賊既失計，乃引去。城成，詔賜今名，與白豹、金湯皆截然屹立。環、慶寇益少矣。築招安寨。時延州金明等寨及五龍川已破陷，邊民焚掠幾盡。龐籍至，稍葺治之，金明西北有橋子谷，籍令指使狄青將萬餘人築寨於谷傍〔二〕，卻賊數萬，又築龍安寨，取虜所據故地，凡十一城，據其要害，奪賊地而耕之。寇至即勦，而元昊之志沮矣。契丹自澶淵盟好，不復盜邊者三十有九年，及元昊叛，契丹之臣有貪功者，遂教其主投詞，欲得晉高祖所與關南十縣。是年，聚重兵境上〔三〕，遣其臣蕭英、劉六符來聘，其書略曰："李元昊於北朝爲甥舅之親，設罪合致討，曷不以一介爲報，況營築長堤，填塞要路，開決塘水，添置邊軍。既稔猜疑，慮隳信睦。儻思久好，共遣疑懷，以晉陽舊附之區、

〔一〕 軍至柔遠 "遠"原作"順"，據文忠集卷二○資政殿學士戶部侍郎文正范公神道碑銘、宋史卷三一四范仲淹傳校改。

〔二〕 築寨於谷傍 "寨"原作"塞"，據九朝編年備要卷一一、隆平集卷五龐籍傳校改。

〔三〕 聚重兵境上 "聚"原作"厭"，據宋宰輔編年錄卷五、東都事略卷六八富弼傳校改。

關南元割之縣見歸敝國，共康黎元。"上發書示輔臣，且命擇報聘者。宰相舉右正言、知制誥富弼，入對便殿，叩頭曰："主憂臣辱，臣不敢愛其死。"上爲之動色，乃用弼爲接伴。英等入境，上遣中使勞之，英托足疾不拜，弼曰："吾嘗使北，病臥車中，聞命輒起拜〔一〕。今中使至，而公不起見，何禮也？"英瞿然起拜，弼開懷與語，不以夷狄待之。英等見弼傾盡〔二〕，亦不復隱其情，遂去左右，以其主所欲得者告弼，且曰："可從則從，不可從更以事塞之。"弼具以聞，上命御史中丞賈昌朝館伴，不許割地而許增歲幣。六符謂昌朝曰："塘濼何爲者耶？一葦可航，投薪可平，不然決其隄，十萬土囊遂可路矣。"上以問知制誥王拱辰，對曰："兵事尚詭，彼誠有謀，不應以語敵，此六符誇言爾。設險守國，先王不廢，而祖宗所以限胡騎也，益當嚴爲之備。"夏四月，富弼使契丹，報書略曰："元昊急謀狂譖，嚮議討除，已嘗聞達。復云築隄埭，開陂澤，蓋霖潦愆溢，當致繕防。閱集兵夫，蓋邊臣常職，彼此何疑。遽興請地之言，殊匪載書之約。"弼奉書以行，以供備使張茂實副之。初，虜書曰"太宗舉無名之師直抵燕薊〔三〕"，一時莫知所答，王拱辰獨請閒曰〔四〕："河東之役本誅僭僞，契丹遣使行在致誠款，已而寇石嶺關，潛假兵以援賊，太宗怒其反覆，既平繼元，遂下令北征，安得謂之無名。"上喜曰："事本未乃如此。"因諭執政曰："非拱辰詳識故事，殆難答也。"初，劉六符之來，上命河北都轉運使李昭述城澶州，而以治隄爲名，調兵農八萬，六符過之，以爲真治隄也，及還而城已就。六符甚駭焉。陞大名府爲北京，以程琳知府事兼留守。初，景祐中，范仲淹知開封，建議城洛陽，以備急難。及契丹渝盟，言事者請從仲淹之請，呂夷簡謂虜畏壯侮怯，遽城洛陽，亡以示威，必長虜勢。景德之役，非乘輿濟河，

〔一〕聞命輒起拜 "命"原作"病"，據長編卷一三五、宋史卷三一三富弼傳校改。

〔二〕傾盡 "盡"原作"蓋"，據東都事略卷六八富弼傳校改。

〔三〕太宗舉無名之師直抵燕薊 原脫"舉"一字，據長編卷一三五、宋史全文卷八上校補。

〔四〕王拱辰獨請閒曰 "拱"原作"振"，據長編卷一三五、九朝編年備要卷一一、宋史全文卷八上校改。

則虜未易服也。宜建都大名，示將親征，以伐其謀。乃建北京。仲淹又疏〔一〕，略曰："臣聞天有九閽，帝居九重，是以王者法天設險以安萬國也〔二〕。或曰京城王者之居，高城深池恐失其體。臣聞後唐末，契丹以四十萬衆送石祖入朝，而京師無備，閔宗遂亡。石晉時，叛臣張彥澤引契丹犯闕，而京城無備，少主乃陷〔三〕，此無備而亡，何言其失體哉？至於西洛，帝王之宅，太祖修營，蓋有意在子孫，表裏山河，應接東京之事勢，連屬關陝之形勝，又河陽據大川之險，當河東之會，爲西洛之北門。又長安自古興王之都，天下勝地，皆願朝廷留意，常委任才謀重臣，預爲之備。"契丹既就盟，仲淹以爲朝廷未修東京而先修北都，臣謂近代夷狄爲京師之禍者數四矣，不可不大爲之防。京東分爲東、西兩路，以知青州陳執中、知鄆州張觀兼領安撫使〔四〕。時契丹雖通使，而所徵兵始大集幽州，故河北、京東益爲守備也。以王德用判定州、兼三路都部署。德用日教士卒習戰，頃之士勇皆可用。契丹遣人來覘，或請捕殺之，德用曰："彼得其實以告虜中，謂漢兵將大入至，復議和，兵乃解。"申嚴銷金禁，自宮掖始。秋七月，以吕夷簡兼判樞密院，章得象、晏殊兼使，殊加平章事。自殊復召用，而元昊反，師出陝西，請罷監軍，無以陣圖授諸將，使得應敵爲攻守，卒能謀臣元昊。殊爲人剛簡，遇人必以誠，雖處富貴，如寒士，樽酒相對，歡如也。當時名士如富弼、范仲淹、孔道輔皆出其門，及爲相益務進賢才，數詔大臣條天下事，方施行，小人、權倖皆不便。明年秋，會殊以事罷，而仲淹亦相繼皆出，事遂已。識者恨之。富弼再使契丹。先是，弼至契丹，與虜人往反論難，力拒其割地意，及見虜主宗真，弼曰："兩朝人主父子

〔一〕 仲淹又疏　原脱"仲"一字，據長編卷一三六、九朝編年備要卷一一校補。

〔二〕 以安萬國也　"國"原作"萬"，據范文正集卷一九乞修京城劄子、長編卷一三六、九朝編年備要卷一一校改。

〔三〕 少主乃陷　原脱"主乃"二字，據范文正集卷一九乞修京城劄子、長編卷一三六、九朝編年備要卷一一校補。

〔四〕 知鄆州張觀　原脱"知"一字，據長編卷一三六校補。

繼好垂四十年，一旦求割地，何也？"宗真曰："南朝違約塞鴈門，增塘水，治城隍，籍民兵，意將何爲？羣臣請舉兵而南，寡人以爲不若遣使求地，求而不獲，舉兵未晚。"弼曰："北朝忘章聖之大德乎？澶淵之役若從諸將言，北兵無得脱者，且與中國通好，則主專其利，而臣下無所獲。若用兵，則利歸臣下，而人主任其禍。故北朝諸臣争勸用兵者，皆爲臣謀，非爲國計也。"虜主驚曰："何謂也？"弼曰："晉高祖欺天叛君而求助於北，末帝昏亂，神人棄之。是時中國狹小，上下離叛，故契丹全師獨克，雖虜獲金帛充牣諸臣之家，而壯馬健士物故太半，此誰任其禍者？今中國提封萬里，所在精兵以百萬計，法令修明，上下一心，北朝欲用兵，能保其必勝乎？"曰："不能。"弼曰："勝負未可知，借使必勝，所亡士馬，羣臣當之歟，如人主當之歟？若通好不絶，歲幣盡歸人主，臣下所得止奉使者歲一二人爾，羣臣何利焉？"虜主大悟，首肯者久之。弼又曰："塞鴈門者，以備元昊也，塘水始於何承矩，事在通好前，地卑水聚，勢不得不增。城隍皆修舊，民兵亦舊籍，特補其闕，非違約也。晉高祖以盧龍一道賂契丹，周世宗復伐取關南，皆異代事，宋興已九十年，若各欲求異代故地，豈北朝之利也哉！本朝皇帝命使臣則有詞矣，曰：朕爲祖宗守國，必不敢以其地與人。北朝所欲不過利其租賦爾，朕不欲以地故多殺兩朝赤子，故屈己增幣以代賦入，若北朝必欲得地，是志在敗盟，假此爲辭爾，朕亦安得獨避用兵乎？澶淵之盟，天地鬼神實臨之，今北朝首發兵端，過不在朕，天地鬼神豈可欺也哉！"虜大感悟，遂欲求婚，弼曰："婚姻易以生隙，人命脩短不可知，不若歲幣之堅久也。本朝長公主出降〔一〕，齎送不過十萬緡，豈若歲幣無窮之獲哉！"虜主曰："而且歸矣，再來當擇一事爲報，宜遂以誓書來。"弼既歸，復命再同張茂實往聘，詔弼草答詔及誓書，弼請增誓

─────────────

〔一〕 本朝長公主出降　原脱"長"一字，據宋名臣言行錄後集卷二富弼韓國文忠公、東都事略卷六八富弼傳校補。

書三事：毋廣開塘淀，增屯兵騎，容受叛亡〔一〕。録副以行〔二〕，中使持誓書追至武彊授之〔三〕。時宰相呂夷簡害之，弼私念三事前與虜約，萬一書詞與口傳者異，則吾事敗矣，發書視之，果不同，乃馳還都，以晡入見，曰："執政固爲此〔四〕，欲致臣於死地，臣死不足惜，奈國事何？"上急召夷簡問之，夷簡曰〔五〕："此誤爾，當爲改正。"弼語侵夷簡，晏殊解之，弼怒曰："殊黨夷簡，以欺陛下。"遂易書以行。八月，策制科，武舉錢明逸制舉入等，易之子也。契丹使同富弼來修好，弼至契丹，虜不復求婚，專欲增幣，曰："南朝遺我書，當曰'獻'，否曰'納'。"虜主曰："南朝既懼我矣，何惜此二字？若我擁兵而南，得無禍乃國乎？"弼曰："皇帝兼愛南北之民，不忍使蹈鋒鏑，故屈己增幣，何名爲懼？若不得已用兵，當以曲直爲勝負，非使臣所憂也。"虜主曰："卿勿固執，古亦有之。"弼曰："自古惟唐高祖借兵於突厥，故臣事之，當時所遺或稱'獻''納'則不可知，其後頡利爲太宗所擒，豈復有此禮哉？"虜知不可奪，於是留所許增幣誓書〔六〕，復使劉六符及耶律仁先以其國誓書來，且求爲獻納。至闕，弼奏曰："臣昨力拒之，虜氣折矣，可勿許，虜無能爲也。"上從之，歲增銀絹二十萬。而契丹平時議增歲幣，上猶未許，而夷簡持之不堅，許與過厚。虜得五十萬，因勒碑紀功，擢劉六符爲顯官，上深悔之。

〔一〕容受叛亡 "亡"原作"或"，據九朝編年備要卷一一、文獻通考卷三四六契丹下"亡"作"士"。

〔二〕録副以行 "録"上原衍"或"一字，據九朝編年備要卷一一删。

〔三〕中使持誓書追至武彊授之 原脱"追"一字，"彊"原作"疆"，據九朝編年備要卷一一、文獻通考卷三四六契丹下校補、改。

〔四〕執政固爲此 "此"原作"如"，據長編卷一三七、宋史全文卷八上、太平治迹統類卷八校改。

〔五〕夷簡曰 原脱"夷簡"二字，據長編卷一三七、宋史全文卷八上、太平治迹統類卷八校補。

〔六〕於是留所許增幣誓書 原脱"留""增"二字，據東都事略卷六八富弼傳校補。

論曰：通兩國之情而結無窮之好者，莫重乎奉使之職。古者兵交則有往來覘敵之使，事已則有玉帛結好之使，非有儀、秦之辯，賁、育之勇，良、平之智，則不遣也。余讀國史至富鄭公奉使一事，未嘗不私切惓惓也。方契丹擁重兵壓境，使者之來，詞意悖慢，上命宰相擇所以報聘之人，滿朝嘿嘿，無敢行者，獨鄭公毅然請往。既入對便殿，忠激於心，義形於色，仁宗亦為之改容，遂用為報聘使，乃單車入不測之虜庭，詰其君臣，折其口而服其心，無一語少屈。鄭公所以能為是者，人皆謂其博洽多聞之功，余獨有取於入對便殿之數語，壯矣哉！"主憂臣辱，臣不敢愛其死"之言，凜凜乎，與秋霜烈日爭嚴，切謂推是心也，事求其必濟，功求甚必成。雖鼎鑊在前，而有所不避；雖甘言重幣，而有所不能誘。鄭公惟能如是，故其拒虜主關南十縣之請，卻虜主請婚公主之求，請勿許虜人"獻納"之二字，皆往返辨論，不啻數十百語，皆具見於奉使錄之數篇，至今契丹君臣曉然知通好、用兵利害之所在，繫公之力也。嗚呼，雖古之膚使，何以加諸？

始，富弼以右正言、知制誥糾察在京刑獄，時有用偽牒為僧者，事覺，乃堂吏為之。開封按餘人，而不及吏，弼白執政，請以吏付獄，執政指其坐曰："公即居此，無為近名。"弼正色，不受其言，曰："必得吏乃止。"執政茲不悅，乃薦弼使契丹，欲因事罪之。歐陽修上書，引顏真卿使李希烈事，請留弼〔一〕，不報。使還，除吏部郎中、樞密直學士，懇辭不受。始聞命，聞一女卒，再受命，聞一男生，皆不顧而行。得家書不發而焚之，曰："徒亂人意。"尋遷翰林學士。弼見上，力辭，曰："增歲幣，非臣本意也，特以朝廷

〔一〕 請留弼　原脫"請"一字，據宋史卷三一三富弼傳校補。

方討元昊，未暇與虜角，於功何有〔一〕，而敢受賞乎？願陛下益修武備，無忘國恥。"卒辭，不拜。虜既修和好，有忌弼功高，妄指他事，譖弼奉使不了，乞斬於都市。上雖不聽，而弼深畏恐，故每遷官輒力辭。

癸卯　慶曆三年春正月，置德順軍於渭州籠竿城。録唐狄仁傑後。元昊請納款。二月，立四門學。盜起京西，殺守令，富弼薦陳希亮可用，起知房州，州素無兵備，民凜凜欲亡去。希亮以牢城卒雜山河户得數百人，日夜部勒，聲振山南，民恃以安，盜不敢入境。殿侍雷甲以兵百餘人逐盜至竹山，甲不能戢，士所至爲暴。或告有大盜入境，且及門，希亮自勒兵拒之，身居前行，命士持滿，無得發。士皆植立如偶人，甲射之，不動，乃下拜請死，曰："初不知官軍也。"吏士請斬甲以徇，希亮以爲不可，獨治爲暴者十餘人，勞其餘而遣之，使甲捕盜自贖。時劇賊党軍子方張，轉運使使供奉官崔德贇捕之〔二〕，德贇既失党軍子，則以兵圍竹山民，賊所嘗舍者向氏，殺其父子三人，梟首南陽市，曰此党軍子也〔三〕。希亮察其冤，下德贇獄，未服，而党軍子獲於商州，詔賜向氏帛，恤其家，流德贇通州。華陰人張元走夏州，爲元昊謀臣。詔徙其族百餘口於房，譏察出入，饑寒且死。希亮曰："元事虛實不可知，使誠有之，爲國者終不顧家，徒堅其爲賊爾〔四〕。此皆其疏屬，何罪？"迺密以聞。詔釋之，老幼哭庭下，曰："今當歸故鄉，然奈何去父母乎？"至今張氏畫像祠焉。初，元累舉進士，落魄不得志，有詩吟獵鷹云："有心待搦月中兔，更向

〔一〕於功何有　"於"與"功"原顛倒，據宋大事記講義卷一二乙正。"於功何有"，東都事略卷六八富弼傳作"不敢以死爭爾"。

〔二〕轉運使使供奉官崔德贇捕之　原脱"使"一字，據東坡全集卷三九陳公弼傳、宋史卷二九八陳希亮傳校補。

〔三〕曰此党軍子也　原脱"曰"一字，據東坡全集卷三九陳公弼傳、宋史卷二九八陳希亮傳校補。

〔四〕徒堅其爲賊爾　原脱"爲"一字，據東坡全集卷三九陳公弼傳、宋史卷二九八陳希亮傳校補。

片雲頭上飛。"又吟雪云:"戰罷玉龍三百萬,敗鱗殘甲滿天飛。"識者已知其狂悖之志,遂與建城吳昊同走夏國云。

上以西兵未解,思欲整齊衆治,登進輔臣,必收人望,擢用端鯁,以增諫員,首除歐陽修知諫院事,自任言責,風節凜然。時富弼、范仲淹、杜衍皆在政府,修每勸上承間延見,推誠諮訪。上從,開天章閣,屢召諸公詢究治本長策。大義稍稍施爲,綱紀日舉,僥倖頗絶,小人始大不喜,相與巧訛,必期破壞。修常極力佐佑之,俄拜右正言、知制誥。大臣有建白河東芻糧不足,請廢麟州,徙治合河津,以省餽餉者,令修親往相視,使回,奏曰:"麟州天險,正據要害,不可廢也。第減其兵,駐並河諸堡,有警呼集,數舍之近耳。兵既減,糧自不乏。"詔從之。三月,呂夷簡罷。夏四月,以韓琦、范仲淹爲樞密副使,杜衍樞密使。初,以樞密使召夏竦於蔡州〔一〕,臺諫謂竦在陝西畏懦苟且,罷歸本鎮,而用衍。

元昊遣使,稱臣請和。仲淹已入政府,以鄭戩代爲四路招討。戩少時嘗慨然慕郭令公功業,元昊擁衆臨黑山,戩勒兵巡邊,時天寒風勁,置酒高會,旗幟終野,鼓鐃聒天。虜衆十萬,相顧不敢動。元昊謂其下曰:"我已遣使稱臣,朝廷何爲復用此?"公力命劉滬城永洛,制屬羌之患。未幾,罷四路帥,再知長安。蕃酋部將遮道臥轍,不得行,時久旱,下車而雨,衆謂涇州雨初爲四路帥開府於涇。尋拜宣徽北院使、奉寧軍節度使,夷落畏之,隱如敵國。初戩以剛直不容,屢出補外,歷杭、并、鄆,皆有善政可紀,及移長安,到郡謝表云:"聽嚴宸之鐘鼓,未卜何辰;植勁節於雪霜,更觀晚節。"上稱頌者數四,謂左右曰:"戩器質英豪,朕欲大用,故屢試於外也。"

七月,范仲淹宣撫陝西。八月,范仲淹參知政事,富弼樞密副使。弼言:"虜既通好,議者便謂無事,虜萬一敗盟,臣死且有罪,願陛下思夷狄輕侮之恥,坐薪嘗膽,不忘修政,則天下其庶幾矣。"時晏殊爲相,范仲淹爲參知政

〔一〕 以樞密使召夏竦於蔡州 "以"原作"入",據宋宰輔編年錄卷五校改。

事，杜衍爲樞密使，韓琦與弼副之，歐陽修、余靖、王素、蔡襄爲諫官，皆天下之望。魯人石介作慶曆聖德詩以頌之。上責任仲淹等以致太平，數以手詔督弼與仲淹條具其事，且命仲淹主西事，弼主北事，又開天章閣，召仲淹等坐，且給筆札，使書其所欲爲。弼遂與仲淹等各上當世之務十餘條，大略以進賢、退不肖，止僥倖、去宿弊爲本，欲易諸路監司之不才者，使澄汰所部吏，於是小人始不悅矣。元昊遣使來，稱男而不臣，弼言："契丹臣元昊，而不臣我，則契丹爲無敵於天下，不可。"卒臣之。余靖、王素、歐陽修、蔡襄四人力引石介，執政欲從之，參知政事范仲淹獨曰："石介剛正，天下所聞，然性亦好奇異，使爲諫官，必以難行之事責人君以必行，少拂其意，則引裾折檻，叩頭流血，無所不爲，主上雖富於春秋，然無失德，朝廷政事亦自修舉，安用如此諫官？"諸公伏其言而罷。自韓琦、富弼、范仲淹三人登用，欲盡革弊以修紀綱，又小人、權倖皆不悅，獨樞密使杜衍與相佐佑，而衍尤抑絶僥倖，凡內降恩澤，一切不與，每積至十數，則連封而面還之。或詰責其人，至慚恨而去。上嘗謂諫官歐陽修曰："外人知杜衍封還內降邪，吾居禁中，有求恩澤者，每以杜衍不可告之而止者，多於所封還也，其助我多矣。"然衍與三人皆以此罷。九月，呂夷簡致仕。先是，二年冬，呂夷簡感風眩，不能朝，至三月罷相，尤以司徒預議軍國大事，至是請老，授太尉致仕，朔望大朝會並綴班。

王曾薦夷簡有宰相才，及爲相二十餘年，功業罔聞，但爲私計，四夷外侵，百姓內困，杜絕言路，斥逐賢良，真權奸者也。夷簡之罪莫大於因私憾而廢郭后，因郭后而惡仲淹，因仲淹而斥王曾，嫉功能而忌富弼，雖曰功過相掩，然其起宸妃喪之功，不足以掩瑤華之議，歐陽修論夷簡罪惡滿盈，偶不敗亡者，蓋其在位之日專奪主權，脅制中外，人皆畏之，不敢發摘，及其疾病，天下臣庶共喜姦邪難去之人且得已爲天廢，朝廷自此清明矣。其清議不可掩也如此。

十一月，五星同出東方，司天監言主中國大安。十二月，以南京府學爲國子監。河北雨赤雪，河東地震。

甲申　慶曆四年正月，宜州歐希範反，誘白崖山蠻蒙趕襲破環，有衆數千，以攻桂、管。奏至，上謂宰相曰："有曾爲廣南知州而屢言蠻事，其人姓杜，而朕不記其名，疑此人可任。"宰相奏曰："杜杞前知橫州。"上曰："是矣。"召見，除刑部員外郎、直集賢院、充廣南西路安撫使。杞至宜州，得州人吳香及獄囚歐世宏〔一〕，脫其械，使入賊洞，斬首數百級。復取環州，因盡焚其山林積聚，希範窮迫，走荔枝洞，蒙趕率將相數十人以其衆降。杞會將佐謀曰："夫蠻習險恃阻，始捕猿猱，故常捐厚利以招之，蓋威不足以制，則恩不能懷，此其所以數叛也。今吾兵幸勝，然蠻將敗而來耳，非真降者也。"乃擊牛爲酒，大會環州，戮其坐中強壯六百餘人，而釋其尫羸脅從與非因敗而降者百餘人。後三日，兵破荔枝，擒希範，至則戮而醢之，以賜溪洞。於是叛蠻無噍類，而朝廷威震南海矣。言者論杞殺降爲國失信於蠻貊，天子置而不問，詔書褒諭，賜以金帛。杞上書引咎。杞既破希範，奏至，上喜曰："朕不悮使人。"上之於臣下，凡有才能者皆默記，故臨事多得其用。三月己卯，上御邇英閣，出御書十有三軸，凡三十五事。其一曰遵祖宗訓，二曰奉真考業，三曰艱難不敢有墜，以至辨朋比、斥讒佞、察忠讜、鑒迎合，罪己爲民，捐躬撫軍，終於一善可求，小疵不廢。顧謂丁度等曰："朕觀書之暇，取臣寮上言及進對事目，可施於政治，書以分賜卿等。"度及曾公亮、王洙拜賜，因請注釋其文。丙戌，上進，上覽之終篇，取其大體重者，付中書、樞密院施行。同判登聞鼓院張堯佐提點開封府諸縣鎮公事〔二〕，諫官余靖言："堯佐乃張修媛

〔一〕　得州人吳香　原脫"人"一字，據文忠集卷三〇兵部員外郎天章閣待制杜公墓誌銘校補。

〔二〕　同判登聞鼓院張堯佐　原脫"同判"二字，"鼓"原作"檢"，據長編卷一四七、宋史全文卷八下校補、改。

之世父，進用不宜太遽。頃者，郭后之禍起於楊、尚，不可不鑒。"張方平除翰林學士。元昊遣使求通，已在界上，而契丹與元昊構隙，使來約我，請拒絕其使。時主者欲遂納元昊，故爲書答曰："元昊若盡如約束，則理難拒絕。"上以書示宋祁與方平，方平上議曰："書辭如此，是拒契丹而納元昊，得新附之小羌，而失久和之強虜，封册元昊，而契丹之使再至，能終不聽乎？若不聽，則契丹之怨必自是始；若聽而絕之，則中國無復信義，永斷招攜之理，是一舉而失二理矣。當賜元昊詔曰：朝廷納卿誠欵，本緣契丹之請，今聞卿招誘契丹邊户，失舅甥之歡，契丹遣使爲言，卿宜審處其事，但嫌隙朝除，則封册暮行矣。如此，於西北爲兩得。"時人服其精誠。元昊歸石元孫，議賜死，賈昌朝争言："自古將帥被執，歸多不死。"上從其言，移鎮山南東道。契丹誘亡卒，號爲南軍，以戰夏人，而邊法卒亡自歸者死。昌朝變其法，有歸者故擢超其任，於是歸者衆，因以知契丹國事。是秋，北虜盛兵雲川，聲言西討，朝廷疑其有謀，議選文才臣密爲經畫，二府薦歐陽修以往，即以龍圖閣直學士、河北轉運使。至則區處官吏，使能者盡力，奏廣御河，漕運造鎖枋船，以絕侵盜，置都作院于磁、相州，一道兵械悉仰給焉。方條列北道利害，欲大其措畫，會范仲俺與同時入相輔者終爲讒説所勝，相繼罷去，一時進用者指爲黨，修慨然上書論救，執政與其朋益怒，極力擠之。

契丹受禮雲中，且發兵會元昊，伐呆兒族，於河東爲近，上問富弼云："虜得無與元昊襲我乎？弼曰："虜自得幽薊，不復由河東入寇者，以河北平易富饒，而河東險瘠，且虞我出鎮定搗燕薊之虛也，今兵出無名，契丹必不爲此。就使妄動，當出我不意也，不應先言受禮雲中也。元昊本與契丹約，相左右以困中國，今契丹背約以結好於我，獨獲重幣，元昊有怨言，故屢築威州寨以備之，呆兒屢殺威寨人，虜疑元昊使之，故爲是役，安得合而寇我哉？"或謂調兵爲備，弼曰："虜雖不來，猶欲以虛聲困我，若調發，正墮其計。臣請任之，虜若入寇，臣爲罔上且誤國。"上乃止，虜卒不動。四月，上曰："自昔小人多爲朋黨，亦有君子之黨乎？"范仲淹對曰："臣在邊時見好戰者自爲黨，而怯戰者亦自爲黨。其在朝廷，邪正之黨亦然，惟聖心所察爾。苟朋而爲善，於國家何害也？"

志趣同者，勢必相合，君子爲徒，謂之同德，如范仲淹、富弼、韓琦、晏殊、杜衍、歐陽修、余靖、尹洙〔一〕、張方平、蔡襄、石介、王舉正、李若谷、宋庠、李紘、王質、葉清臣、鄭戩、吳遵路、蘇舜欽、王洙、刁約、徐綬、徐敏求、江休復、蔡齊、孫甫、王益柔、程琳、王曙、劉巽、周延雋、劉燁、張存、孫復、劉隨、王堯臣、楊察、李京、賈黯、王素、呂溱、劉渙、孔道輔、蔣堂、章岷、馬絳、楊偕、周延讓、叚少連、孫抃、吳育、藤宗諒是也。同惡相濟，小人爲徒，謂之朋黨，如夏竦、張耆、高若訥、王拱辰、李淑、錢明逸、韓縝、曹利用、王欽若、丁謂、劉元瑜、王逵、錢惟演、林瑀、宋禧、馬季良、梁適、劉沆、張士遜、楊崇勳、郭崇勳、韓漬、李絢、陳恢，內臣則藍元震、雷允恭是也。或持公論，或導邪黨，正邪之間者，如呂夷簡、章得象、陳執中、賈昌朝、陳堯佐、王隨等是也。

九月，以杜衍爲平章事兼樞密使。衍爲人勤儉好學，自少清羸，若不勝衣，年過四十，鬚髮盡白，雖立朝孤峻〔二〕，凜然不可屈。好薦引賢士〔三〕，推獎後進，一時知名之士多出其門。居家見賓客，必問時事，聞有善，喜若己出，至有所不可〔四〕，則憂見於色，或夜不寐，如任其責者。諫官蔡襄、孫甫言："宰臣晏殊役官兵治邸舍，懷安苟且，無向公之心。而章懿誕育聖躬，殊

〔一〕 尹洙 原作"尹殊"，據宋史卷二九五尹洙傳校改。
〔二〕 雖立朝孤峻 原脱"孤"一字，據石林詩話、說郛卷八三下葉夢得石林詩話校補。
〔三〕 好薦引賢士 原作"以不爲"，文意不通，據史傳三編卷二九名臣傳二十一宋杜衍校改。
〔四〕 至有所不可 "有"原作"其"，據言行龜鑑卷二德行門杜正獻公衍校改。

誌墓，隱而不言。"乃罷相。初，殊當國，宋祁爲翰林學士，晏愛宋之才，雅欲旦夕相見〔一〕，遂稅一第於旁近，延居之，其親密如此。遇中秋，晏啓宴召宋，出妓飲酒，賦詩達旦。翌日晏罷相，宋當草詞，頗極詆斥，至有"廣營産以殖私〔二〕，多役兵而規利"之語。方祁揮毫之際，餘醒尚在，遽爾詆斥，時議頗薄之。孫甫薦富弼代殊〔三〕，上怒，以謂進用宰相人主之任，臣下不宜有所指陳。未幾，以陳執中參知政事，甫與襄等爭言執中剛愎不學〔四〕，若任以政〔五〕，天下不幸。上不聽，甫等求罷。十月，蔡襄罷諫院，知福州。吕夷簡薨，贈太師、中書令，謚文肅。始王旦奇夷簡，謂王曾曰："君其善交之。"卒與曾並登相位。

十一月壬午，郊。集賢校理蘇舜欽、殿直劉巽並除名勒停，王洙等並落職。洙知濠州，吕溱知楚州〔六〕，章岷〔七〕、刁約爲通判，宋敏求節度判官，江休復、王益柔、周延讓、徐綬爲監稅，降周延雋爲秘書丞。先是，杜衍、范仲淹、富弼等引用一時聞人，欲更張庶事，御史王拱辰等不便其所爲，會進奏院祠神，舜欽循前比，用鬻故紙官錢開宴，會王洙等，拱辰廉得之，諷其屬魚周詢、劉元瑜等劾奏，因欲摇動衍，事下開封治，舜欽等俱黜。世以爲過薄，而拱辰等喜曰："吾一網打盡矣。"獄事起，韓琦言於上曰："昨聞宦者操文符

〔一〕 雅欲旦夕相見　原脱"欲旦夕相見"五字，據東軒筆録卷一〇校補。

〔二〕 廣營産以殖私　"殖"原作"植"，據東軒筆録卷一〇校改。

〔三〕 孫甫薦富弼代殊　原脱"富"一字，據宋名臣言行録前集卷九孫甫校補。

〔四〕 剛愎不學　"愎"原作"複"，據長編卷一五二、宋史全文卷八下、宋宰輔編年録卷五校改。

〔五〕 若任以政　"任"原作"執"，據長編卷一五二、宋史全文卷八下、宋宰輔編年録卷五校改。

〔六〕 吕溱知楚州　"溱"原作"臻"，據長編卷一五三、宋史全文卷八下、太平治迹統類卷一〇校改。

〔七〕 章岷　"岷"原作"岷"，據長編卷一五三、宋史全文卷八下、太平治迹統類卷一〇校改。

捕館職甚急，舜欽等一醉飽之過，止可付有司治之，陛下獨自爲是，何也？"上悔之，拱辰既劾奏宋祁、張方平，又言益柔作傲歌當誅，蓋益柔乃仲淹所薦，因以累仲淹也。及輔臣進白，琦獨言："益柔少年狂語，何足深治。天下大事固不少，近臣同國休戚，置而不言，而攻一王益柔，此其意有所在，不特爲傲歌，可見也。"上悟，稍解。琦奏事每盡言，同列多不悦，上獨識之，曰："韓琦性直。"

十二月，册元昊爲夏國主，更名曩霄。歲賜銀絹二十五萬。种世衡卒。世衡善撫士卒，羌人皆心服。韓琦言："今朝廷若便謂太平，則後有大憂者三；若慮及經遠，則後有大利者一。羌人雖暫稱臣，而歲邀厚賂，且契丹素强，而夏人尚敢與之抗，若使其國充實，我邊備少弛，則必窺圖關輔，此大憂一也。契丹西討不得志，而見朝廷封册曩霄，心必不樂，異日或隳盟誓，此大憂二也。今歲遺契丹五十萬，夏國二十五萬，取之於民，日以朘削，不幸數承水旱之災，則患生腹心，此大憂三也。契丹恃强欲吞夏人而反敗，恐自此交兵未已，若能練將卒，蓄財用，坐待二虜之斃，則幽、薊、靈、夏一舉可圖，此大利一也。陝西四路雖罷招討使，而兵備不可弛，請選近臣爲之主帥，委以久任，使之經營一方。又諸路昨招置宣毅軍僅十一萬，欲乞除河東、河北外，其京東西、淮、浙、江、湖、福建等路人，每指揮可減以三百人爲額。"上悉用其言。

乙酉　慶曆五年正月，右正言孫甫罷，出知鄧州。復言事御史。杜衍罷相，知兖州。陳執中在中書，數與異議，又中書共奏諫院闕，留甫等供職〔一〕，而執中不肯署劄子，吏白衍，衍取劄子壞焚之〔二〕。執中譖衍於上曰〔三〕："衍

〔一〕留甫等供職　"等"原作"甫"，據長編卷一五四、宋史全文卷八下校改。

〔二〕衍取劄子壞焚之　原脱"衍"一字，據涑水記聞卷四、長編卷一五四、宋史全文卷八下、宋宰輔編年録卷五校補。

〔三〕執中譖衍於上曰　"譖"原作"諸"，據長編卷一五四、宋史全文卷八下、宋宰輔編年録卷五校改。

黨顧二人〔一〕，苟欲其在諫院，欺罔擅權，及臣覺其情，遂壞焚劄子以滅迹，懷姦不忠。"上是其言，故與仲淹、弼俱罷。仲淹罷，出知邠州，兼陝西四路沿邊安撫使，富弼知鄆州、京東西路安撫使。仲淹、弼既出使，讒者益甚，仲淹愈不自安，因奏疏乞罷政事。上欲聽其請，章得象譖於上曰："仲俺素有虛名，今一請遽罷，恐天下謂陛下輕絀賢臣，且賜詔宜不允。若仲淹即有謝表，則是挾詐要君，乃可罷也。"上從之，仲淹果奉表謝，上愈信得象言，於是弼自河北還，將及國門，右正言錢明逸希得象等意，言："弼更張綱紀，紛擾國經，凡所推薦多挾朋黨。"又言："仲淹去年受命宣撫河東、陝西，聞有詔戒勵朋黨，心懼彰露，稱疾求醫，纔見朝廷別無行遣，遂乞罷政，欲固已位，以弭人言，欺詐之迹甚明。乞早罷絀，以安天下之心。"疏奏，即降詔罷仲淹、弼。以賈昌朝爲平章事兼樞密使，王貽永樞密使，宋庠參知政事，吳育、龐籍樞密副使。

二月，遣內侍汰諸路兵。三月己未，右諫議大夫韓琦上疏言〔二〕："杜衍爲宰相，方及一百二十日而罷，必陛下見其過失，非臣敢議。范仲淹以夏人新附，自乞鎮邊，朝廷因而命之，固亦有名。至於富弼以正辨屈強虜，忘身立事，古人所難，弼以河朔還朝〔三〕，而責補閑郡，乞改弼知定州，而委以北事。"疏入，不報。而董士廉又詣闕訟水洛城事，輔臣多主之。琦不自安，懇求補外。辛酉，琦罷，出知福州。歐陽修自河北上疏言〔四〕："今杜衍、范仲

〔一〕 衍黨顧二人　"顧"原作"錮"，據涑水記聞卷四、長編卷一五四校改。

〔二〕 右諫議大夫　"右"原作"石"，據太平治迹統類卷九校改。

〔三〕 弼以河朔還朝　"河"原作"何"，據長編卷一五五、宋宰輔編年錄卷五校改。

〔四〕 歐陽修自河北上疏言　原脫"修"一字，據文忠集卷一○七論杜衍范仲淹等罷政事狀、長編卷一五五、九朝編年備要卷一三、宋史全文卷八下校補。

淹、富弼相繼罷去，天下皆知其可用之賢〔一〕，而不聞有可罷之罪。自古小人讒害，其識不遠〔二〕，欲廣陷良善〔三〕，則指爲朋黨；欲動搖大臣，則誣以專權。蓋去一善人，衆善人尚在，則未爲小人之利，欲盡去之，則善人少過，難爲一二求瑕〔四〕，惟是指爲朋黨，則可一時盡逐。自古大臣已被主知而蒙信任〔五〕，則難以他事動搖，惟是專權，是上所惡，方可傾之。夫正士在朝，群邪所忌，謀臣不用，敵國之福。今此四人一旦罷去，而使群邪相賀於内，四夷相賀於外，所以爲陛下惜之也。"疏入，不報，有指修爲朋黨者。八月，降河北轉運使，知滁州。

夏四月丁亥朔，日有食之。章得象罷，以陳執中爲平章事。諫官范鎮嘗論執中無學術，非宰相器。及執中嬖妾笞殺婢，御史劾奏，欲逐去之，鎮言："今陰陽不和，財匱民困，盜賊滋熾，獄犴充斥，執中當任其咎。閨門之私，非所以責宰相。"初，執中以衛尉寺丞知梧州，驛遞上疏，乞立儲貳，真宗嘉其敢言，翌日臨朝，袖其疏以示執政，歎息久之，召爲右正言。然爲王冀公所忌，嘗賦御溝新柳詩以見志，上覽而嘉之。冀公殁，執中遂累歷清要，卒致位公台。樞密使龐籍薦司馬光堪充館職，召試館閣校勘、同知太常禮院，中官麥

〔一〕 天下皆知其可用之賢 "其"下原有"有"一字，"賢"原作"資"，據文忠集卷一〇七論杜衍范仲淹等罷政事狀、長編卷一五五、宋宰輔編年錄卷五、東都事略卷七二歐陽修傳刪、校改。

〔二〕 其識不遠 "識"原作"職"，據長編卷一五五、宋史全文卷八下校改。宋史卷三一九歐陽修傳"識"作"説"。

〔三〕 欲廣陷良善 "欲"原作"如"，據文忠集卷一〇七論杜衍范仲淹等罷政事狀、長編卷一五五、宋史全文卷八下、宋史卷三一九歐陽修傳校改。

〔四〕 難爲一二求瑕 "難"原爲墨丁，"二"原作"一"，據文忠集卷一〇七論杜衍范仲淹等罷政事狀、長編卷一五五、宋史全文卷八下校補、改。

〔五〕 自古大臣已被主知而蒙信任 "已被主"原作"囗王"，據宋史卷三一九歐陽修傳校改、補。文忠集卷一〇七論杜衍范仲淹等罷政事狀、長編卷一五五"已被主知"作"已被知遇"。

允言死〔一〕，詔以允言有軍功，特給鹵簿，光言："孔子不以名器假人，繁纓以朝且猶不可，允言近習之臣，非有元勳大勞，而贈以三公之官，給以一品鹵簿，其爲繁纓不亦大乎？"

七月，石介卒。先是，介奏記於弼責以行伊、周之事，夏竦怨介斥己，又欲去弼，乃使女奴陰習介書，改伊、周曰伊、霍，作介爲弼撰廢立詔草，上聞，不之信。後值弼以樞副守邊，介以病卒，竦既銜介，且欲傾弼，言介實不死，弼陰使其入契丹謀起兵，弼欲以一路兵應之。下詔兗州勘介死虛實〔二〕。宰相、判兗州杜衍會官屬語之，掌書記龔鼎臣獨曰："介平生忠直，富公盡死報國，安有此事。願以合族保介必死。"衍自懷中取奏稿示之，曰："老夫已保介矣，君年少，見義亦必爲之〔三〕。"奏上，朝廷疑之。時弼知鄆州，亟罷京東西路安撫使〔四〕。既而北邊安堵如故〔五〕，竦讒不效，弼自鄆州徙青州，仍領京東東路安撫使〔六〕。竦在樞府，又讒介説虜弗從，更爲弼往登、萊，結金坑凶惡數萬人欲作亂，請發棺驗視。朝廷復詔監司體量，提刑吕居簡曰："今破冢發棺，而介實死，則將奈何？且喪葬非一家所能辦也，必須衆乃濟。若人人召問之，苟無異説，即令結罪保證可矣。"使還奏，上意果釋，介妻子羈管他州者乃得還。石介作慶曆聖德詩曰〔七〕"大姦之去如距斯脱"，大姦指竦也。泰

〔一〕 中官麥允言死 "麥"原作"夌"，據東坡全集卷九〇司馬温公行狀、東都事略卷八七上司馬光傳、宋史卷三三六司馬光傳校改。

〔二〕 下詔兗州勘介死虛實 "勘"原作"劾"，據宋史全文卷八下校改。

〔三〕 見義亦必爲之 "見"原作"忠"，據長編卷一五七、九朝編年備要卷一三、宋史全文卷八下校改。

〔四〕 亟罷京東西路安撫使 原脱"東"一字，據宋史卷八五地理志一、宋史卷三二四趙滋傳校補。

〔五〕 安堵如故 "安"原作"按"，據長編卷一六〇校改。

〔六〕 仍領京東東路安撫使 原脱"東"一字，據宋史卷八五地理志一、宋史卷三二四趙滋傳校補。

〔七〕 石介 原脱"介"一字，據大事記講議卷十校補。

山先生見之〔一〕，曰："子禍始於此矣。"

夷簡與竦兩欲置弼於死地，然其大節難奪，忠義之心可以通天地、感鬼神，安能被小人邪謀而致其死哉！孫沔曰："呂、夏如此奸邪，是張禹不獨生於漢，李林甫復見於今也。"史臣曰："天下人謂丞相之語尚可遲也，參政之言不可違也，是則夏竦之凶，尤出於夷簡之上矣。"

秋九月，置南京留臺。廣州、荆南、岳州地震。上謂輔臣曰："先帝封禪之後不復田獵，五坊之職廢〔二〕，而放鷹犬於山林。朕以四時之田〔三〕，蓋因農隙以講武事，其令職司討閱祖宗校獵制度以聞〔四〕。"十月，獵於楊村，上親射鹿及雉兔，遣使以所獲馳薦太廟〔五〕。宰臣免兼樞密使。

〔一〕 泰山先生見之　原脱"之"字，據宋名臣言行錄前集卷一〇石介徂徠先生校補。按：泰山先生即孫復。
〔二〕 五坊之職廢　"坊"原作"方"，據玉海一四五兵制、宋史卷一二一禮志二十四校改。
〔三〕 朕以四時之田　朱氏與畊堂刊本"田"作"畋"。
〔四〕 其令職司討閱祖宗校獵制度以聞　朱氏與畊堂刊本同，長編卷一五七作"壬戌，詔樞密院討詳先朝校獵制度以聞"。
〔五〕 遣使以所獲馳薦太廟　"所"原作"聚"，"馳"原作"驅"，據朱氏與畊堂刊本、長編卷一五七校改。

卷之九

朝散郎、尚書禮部員外郎、兼國史院編修官李燾經進

宋仁宗三

丙戌　慶曆六年春二月，青州地震。三月辛巳朔，日有食之。登州地震。三月，上試進士賈黯等五百三十八人，擢黯爲第一。夏五月，京師雨雹，地震。六月，有流星出營室南，大如杯，占曰主兵〔一〕。八月，舉賢良方正能言極諫科三人，太常博士錢彥遠、父易、弟明逸。張方平除諫議大夫，尋遷御史中丞，中外之事知無不言，至於宮妾、宦官濫恩横賜，皆力争裁抑之。宰相賈昌朝與參知政事吴育忿争上前，方平將對，昌朝使人約方平，欲以代育，方平叱遣曰："此言何爲至於我哉？"既對，極論二人邪正曲直，然育罷，以高若訥代之。王拱辰請榷河北鹽，既立法矣，而未下，方平見上〔二〕，問曰："河北再榷鹽，何也？"上驚曰："始立法，非再也。"方平曰："周世宗榷河北鹽〔三〕，犯輒處死。世宗北伐，父老遮道泣訴，願以鹽課均之兩税而弛其禁，世宗許之。今兩税鹽錢是也，豈非再榷乎？且今未榷也，而契丹常盜販不已，若榷之，則

〔一〕　占曰主兵　長編卷一五八、宋史全文卷八下"主兵"作"兵出"。
〔二〕　方平見上　原脱"見"一字，據長編卷一五九、九朝編年備要卷一三、宋史全文卷八下、宋史卷一八一食貨志下三校補。
〔三〕　周世宗榷河北鹽　原脱"北"一字，據長編卷一五九、九朝編年備要卷一三、宋史全文卷八下、宋史卷一八一食貨志下三校補。

鹽貴，虜鹽益售，是爲我斂怨而虜獲福也。虜鹽滋多〔一〕，非用兵莫能禁也，邊隙一開，所獲利能補用兵之費乎？"上大悟曰："卿語宰相立罷之。"方平曰："法雖未下，民已户知之，當直以手詔罷，不可自有司出也。"上大喜，命方平密撰手詔下之，河朔父老相率拜迎於澶州，爲佛老會七日，以報上恩，且刻詔書北京，至今父老過其下，必稽首流涕。十二月，上獵於城南之韓村。初，於玉津園降輦乘馬，分騎士數千爲左右翼，節以旗鼓，所由之野徑十餘里，部隊相屬，上親挾弓矢，屢獲禽獸。時道旁居民或蓄狐兔、梟鴟之屬，亦驅于場中，上知之，因謂輔臣曰："獵所以訓武事〔二〕，非專務獲也〔三〕，悉諭縱之。"駕至棘店〔四〕，上御帳殿，召父老問以種植所宜，慰勞久之，遂詔赦所過民田租稅。還次近郊，命衛士更奏技駕前〔五〕，皆兩兩相當，掉鞅挾槊，以相決勝。時交趾李德政獻馴象，上特召見使觀焉。册美人張氏爲貴妃。

　　丁亥　慶曆七年春元旦，杜衍上表願致仕〔六〕，宰相賈昌朝素不喜衍〔七〕，遽從其請。三月，旱。夏，昌朝罷，以夏竦爲樞密使。五月，以韓琦知鄆州、

〔一〕　虜鹽滋多　"滋多"原作"法令"，據東坡全集卷八八張文定公墓誌銘、長編卷一五九校改。

〔二〕　獵所以訓武事　"以"原作"謂"，據長編卷一五九、宋史全文卷八下校改。

〔三〕　非專務獲也　"務"原作"爲"，據長編卷一五九、宋史全文卷八下校改。

〔四〕　棘店　原作"辣店"，據長編卷一六〇、宋會要輯稿禮九校改。

〔五〕　命衛士更奏技駕前　"技"原作"拔"，"駕"原作"於"，據長編卷一五九、文獻通考卷一一〇王禮考五校改。

〔六〕　杜衍上表願致仕　原脱"願"字，宋宰輔編年録卷五、九朝編年備要卷一三均作"上表願還印綬"，今據補。

〔七〕　宰相賈昌朝素不喜衍　原脱"素"一字。據宋宰輔編年録卷五、九朝編年備要卷一三校補。

兼京東西路安撫使〔一〕，以富弼知青州、兼京東東路安撫使〔二〕。河朔大水，民流京東，擇所部豐稔者三州，勸民出粟，得十五萬斛，益以官廩，隨所在貯之，得公私廬舍十餘萬區，散處其人，以便薪水。官吏自前資、待闕、寄居者，皆給其祿，使即民所聚，選老弱病瘠者廩之。山林、河泊之利，有可取以為生者，聽流民自取，其主不得禁。官吏皆書其勞，約為奏請，使它日得以次受賞於朝，率五日輒遣人以酒肉糧飯勞之，出於至誠，人人為盡力。流民死者〔三〕，為大冢葬之，謂之叢冢，自為文祭之。明年，麥大熟，流民各以遠近受糧而歸，凡活五十餘萬人，募而為兵者又萬餘人。上聞之，遣使者相視慰勞，即拜禮部侍郎。弼曰："救災，守臣職也〔四〕。"辭不受。前此救災者皆聚民城郭中，煮粥食之，饑民聚為疾疫，及相蹈籍死，或待次，數日不食，得粥皆僵仆，名為救之而實殺之。自弼立法簡便周至，天下傳以為法。至于今，不知所活者幾千萬人矣。

饑饉之變不足憂，守令非其人為可慮，蓋天災流行，國家代有，此不能免，所恃以為無恐者，守令之得其人爾。守令得其人，則措畫有方，賑濟有術，凡所以矜憐撫掩者無所不至，雖逢水旱，民必無困餒之患矣。漢武帝元鼎中詔以江南之地火耕水耨，懼其饑寒之不救，遣博士諭告所抵無令重困。成帝鴻嘉中，詔關東流冗者衆〔五〕，青、幽、冀部尤劇，未聞在

〔一〕 兼京東西路安撫使　原脱"東"字，據宋朝慣例，知鄆州通常兼任京東西路安撫使，故補。

〔二〕 兼京東東路安撫使　原脱"東"字，據東坡全集卷八七富鄭公神道碑校補。

〔三〕 流民死者　"者"原作"之"，據長編卷一六六、九朝編年備要卷一三校改。

〔四〕 守臣職也　"守"原作"方"，據長編卷一六六、九朝編年備要卷一三校改。

〔五〕 詔關東流冗者衆　"東"原作"中"，據漢書卷一〇成帝紀、兩漢詔令卷一〇西漢十成帝水旱詔、西漢年紀卷二六校改。

位有惻然者，將何以助朕之憂乎〔一〕？遂遣博士巡行郡國。二君之意，其愛民非不切，而當時守令竟未聞有持節擅發倉廩如汲黯之於河南，悉棄倉廩與民如李皋之於永嘉者，必待遣使然後民無失職，則爲守令者豈不負明天子所付托之意邪？觀富鄭公青州賑濟之策，真可謂後世守令治民者之法。

以杜杞爲河北運使，改拜天章閣待制、充環慶路兵馬都部署、經略安撫使、知慶州〔二〕。杞言：「殺降，臣也，宜得罪。將吏唯臣所使，其勞未錄，不敢先受命。」天子爲悉錄將士賞之，乃受命。自元昊稱臣聽誓後數犯約撓邊，邊吏避生事〔三〕，縱不敢爭。杞始至，有酉孟香率千餘人内附，事聞，詔杞如約當遣還。孟香散走匿，夏兵驅殺邊户，掠奪牛馬，而求孟香益急〔四〕。朝議切責亟遣還之。杞言：「夏人違誓，自舉兵，不可與。」因移檄夏人：「不肯償所掠，杞亦不肯還孟香。」夏人後亦不敢動〔五〕。治邊二歲，有威愛。六月，置北京留臺。冬十月，孟、許二州地震。十一月戊戌，郊。貝州王則反。則隸宣毅軍，爲小校〔六〕，以妖術惑衆，據貝州，囚知州張得一，通判董元亨死之，僭號

〔一〕 將何以助朕之憂乎　"何"原作"所"，據朱氏與畊堂刊本校改。漢書卷一〇成帝紀作"孰當助朕憂之"。

〔二〕 改拜天章閣待制充環慶路兵馬都部署經略安撫使知慶州　原脱"改拜天章閣待制、充環慶路兵馬都部署、經略安撫使"二十一字，據文忠集卷三〇兵部員外郎天章閣待制杜公墓誌銘校補。

〔三〕 邊吏避生事　原脱"邊"一字，據文忠集卷三〇兵部員外郎天章閣待制杜公墓誌銘校補。

〔四〕 而求孟香益急　原脱"求"一字，據文忠集卷三〇兵部員外郎天章閣待制杜公墓誌銘校補。

〔五〕 夏人後亦不敢動　原脱"夏人"二字，據文忠集卷三〇兵部員外郎天章閣待制杜公墓誌銘校補。

〔六〕 爲小校　原脱"爲"一字，據長編卷一六一、宋史卷二九二明鎬傳校補。

東平王,國曰安陽,改年號曰德勝。妖言釋迦佛衰謝,彌勒佛治世,旗幟號令皆以佛爲稱。十二月,北京留守賈昌朝以貝州反書聞,上欲遣張方平討王則,方平舉明鎬自代〔一〕,即以明鎬爲河北體量安撫使〔二〕。

戊子　慶曆八年春正月,文彥博宣撫河北〔三〕。時王則未平,上以爲憂,文彥博請行,遂以命之。初以明鎬宣撫,夏竦惡鎬,從中沮之,惟恐其成功。至是彥博請以便宜從事,許之。彥博選壯士穴地道,入城攻之,執則送京師,磔于市。則叛凡六十五日,敗後改貝州爲恩州。貝州平,始析河北大名、定武、真定、高陽四路各置帥〔四〕,更命儒臣以緝邊。韓魏公琦自鄆州徙鎮,則大興方略〔五〕,事無不相親。嘗題養真亭詩曰:"所期清策慮,不是愛精神。"郡圃號衆春,會歲饑,涉春未嘗一遊。陳薦舍人時在幕府,以詩請之,云:"水底魚龍思鼓吹,沙頭鷗鷺望旌旗。"魏公答之,云:"細民溝壑方援手,別館鶯花任送春。"在鎮五年,政聲流聞,天下遂屬以爲相。琦嘗謂"保初節易,保晚節難",故晚節尤著。鎮北門日,重陽燕諸曹於後圃,有詩云:"不羞老圃秋容淡,更看黃花晚節香。"又嘗詠雪云:"危石蓋深鹽虎陷,老枝擎重玉龍寒〔六〕。"當時謂魏公雖在外,未嘗一日不自任天下之重。三月,詔群臣言時政。翰林學士曾公亮薦趙抃可充臺官,召爲

〔一〕　方平舉明鎬自代　"明"原作"胡",據東坡全集卷八八張文定公墓誌銘、宋史卷二九二明鎬傳校改。

〔二〕　即以明鎬爲河北體量安撫使　"明"原作"胡",據本卷下文的"初以明鎬宣撫"、長編卷一六一、宋史全文卷八下校改。

〔三〕　文彥博宣撫河北　"北"原作"東",據長編卷一六二、宋史全文卷八下、太平治迹統類卷一〇校改。

〔四〕　始析河北大名定武真定高陽四路各置帥　"河北"與"大名、定武"原顛倒,原脫"定武"二字,據朱氏與畊堂刊本、石林詩話、說郛卷八三下乙正、校補。

〔五〕　則大興方略　"則"原作"貝",據漁隱叢話前集卷二七韓魏公校改。"則"作"各"。

〔六〕　老枝擎重玉龍寒　"重"原作"動",據宋名臣言行錄後集卷一韓琦魏國忠獻王、事實類苑卷三六韓魏公、錦繡萬花谷前集卷二雪校改。

殿中侍御史，彈劾不避權倖〔一〕，京師號曰"鐵面御史"。其言嘗謂朝廷別白君子、小人，以爲小人雖小過，當力挑而絕之，君子不幸而有詿誤，當保持愛惜以成其德。故言事雖切，而人不厭。溫成皇后葬，始命參知政事劉沆監護其役，及沆爲相而領事如故，抃論其當罷，以全國體。王拱辰奉使契丹還〔二〕，爲宣徽使。抃因論拱辰平生所爲及奉使不法事，命遂寢。復言樞密使王德用、翰林學士李淑不稱職，皆罷去，時議浩然歸重。崇政殿宿尉衛士有夜踰宮垣爲變〔三〕，上語二府以張貴妃有扈蹕之功，樞密使夏竦倡言宜講求所以尊異貴妃之禮〔四〕，陳執中不知所爲。張方平見執中言："漢馮婕妤以身當猛獸，不聞有所尊異，且皇后在而尊貴妃，古無是禮。若果行之，天下謗議必大集於公，終身不可雪也。"執中竦然，敬從其言。胡宿除起居注兼知制誥，入內都知楊懷敏用事久，勢傾中外，未幾，復召故職，宿封還詞頭，不草制，論曰："衛士之變，懷敏得不窮治誅死，幸矣，豈宜復在左右？"其命遂止。武寧軍節度使兼侍中夏竦、武勝軍節度使兼平章事程琳薦尚書屯田員外郎張碩，秘書丞、太子中舍李仲昌，節度掌書記李師錫等可試館職，上曰："館職當用文學之士，名實相稱者居之。近時所舉多浮薄之人，朕甚不取。"於是碩等送審官院記姓名而已。五月，夏竦罷。言者既數論竦姦邪，會京師同日無云而雷震者五，張方平曰："夏竦姦邪，以致天變如此。"上令草制出之。以宋庠爲樞密使，龐籍參知政事。六月，章得象薨，上臨其喪。上開天章閣，召輔臣親策以時事，其終則曰："預備不虞，思濟此務，罔知所從，悉爲朕條畫之。"參知政事宋

〔一〕 彈劾不避權倖 "倖"原作"幸"，據仕學規範卷一七校改。宋大事記講義卷九"倖"作"貴"。

〔二〕 王拱辰奉使契丹還 "拱"原作"供"，據東坡全集卷八六趙清獻公神道碑、東都事略卷七三趙抃傳校改。

〔三〕 有夜踰宮垣爲變 "宮"原作"軍"，據東坡全集卷八八張文定公墓誌銘校改。

〔四〕 宜講求所以尊異貴妃之禮 "講"原作"議"，據東坡全集卷八八張文定公墓誌銘校改。

庠曰:"漢時對策本延巖穴草萊之人,臣等備位大臣,待遇如賤士,非所以尊朝廷。請歸中書合議以奏。"上從之。

己丑 皇祐元年春正月甲午朔,日有食之。張士遜薨,上臨其喪。二月,彗出虛。北虜聚兵近塞,上御便殿,訪近臣以備邊之策〔一〕。三月,三司使葉清臣罷。四月,上試進士四百九十八人,擢馮京爲第一。滑州河溢,魚池埽且決,知滑州陳希亮發禁兵捍之,廬於所當決,吏民涕泣更諫,希亮堅卧不動。人比之王尊。是歲,盜起宛句〔二〕,執濮州通判井淵,上以爲憂,問執政,未及對,上曰:"吾得其人矣。"乃以希亮爲曹州〔三〕,不踰月,悉擒其黨。入判三司户部勾院。榮州煮鹽凡十八井〔四〕,歲久澹竭,而有司責課如初,民破產籍没者三百一十五家,希亮爲言還其籍,歲蠲三十餘萬。三司簿書不治,其留滯者自天禧以來朱帳六百有餘,明道以來生事二百一十二萬,希亮日夜課吏,凡九月而去其三之二〔五〕。八月,賢良方正能直言極諫科一人,殿中丞吴奎。陳執中罷。先是,御史趙抃言執中不學無術,且多過失,章十二上,而河決民流,災異數見,執中乃以足疾辭去。執中在相位雖無所建立,然每事皆依公議,尤愛惜名器,以止僥倖。中書嘗有佳闕,其女壻求之,執中止之,曰:"此非房奫

〔一〕 訪近臣以備邊之策 "訪"原作"詔",據九朝編年備要卷一四、宋史卷二九五葉清臣傳校改。

〔二〕 盜起宛句 "句"原作"白",據東坡全集卷三九陳公弼傳、宋史卷二九八陳希亮傳校改。

〔三〕 乃以希亮爲曹州 原脱"曹"一字,據東坡全集卷三九陳公弼傳、宋史卷二九八陳希亮傳校補。

〔四〕 榮州煮鹽凡十八井 "煮"下原有"九"一字,據東坡全集卷三九陳公弼傳、宋史卷二九八陳希亮傳删。

〔五〕 凡九月而去其三之二 "二"原作"一",據東坡全集卷三九陳公弼傳、宋史卷二九八陳希亮傳校改。

中物，安可固求。"時議偉之。以宋庠同平章事〔一〕。庠天資忠厚，嘗曰："逆詐恃明，殘人矜才，吾終身不爲也。"冬十月，汰諸路兵。

庚寅　皇祐二年夏六月，定學生員。以陳希亮接伴契丹使者，既還，且請補外，出爲京西轉運使。石塘河役兵叛，其首周元自稱周大王〔二〕，震動汝、洛間，希亮聞之，即自輕騎出按，吏請以兵從，不許。賊見希亮輕出，不能測，則相與列訴道周，希亮徐問其所苦，令一老兵押之，曰："以付葉縣，聽吾命。"既至，令曰："汝已自首，皆無罪，然必有首謀者〔三〕。"衆不敢隱，乃斬元以徇〔四〕，而流其軍校一人〔五〕，餘悉遣赴役如初。遷京東轉運使。濰州參軍王康赴官，道博平，博平大猾有號"截道虎"者，毆康及女幾死，吏不敢聞。博平隸河北，希亮移捕甚急，卒流之海島，而劾吏故縱，坐死者數人，山東群盜爲之屏息。徐州守陳昭素以酷聞〔六〕，民不堪命，他使者不敢按，希亮發其事，徐人至今德之。冬十一月，詔中書門下集兩制、太常官，置局於秘閣，詳定大樂。秀州地震。

辛卯　皇祐三年春正月，淮南分東、西路。三月，宋庠罷相。言者論其不戢子弟，在政府無所建明，遂罷。王堯臣爲樞密副使。堯臣持守正法，以身任天下之事，凡宗室、宦官、醫工及嬖倖、近習莫不關樞密而濫恩倖，請隨其

〔一〕 以宋庠同平章事　"事"原作"政"，據九朝編年備要卷一四、宋大事記講義卷八校改。

〔二〕 自稱周大王　"大"原作"文"，據東坡全集卷三九陳公弼傳、宋史卷二九八陳希亮傳校改。

〔三〕 然必有首謀者　原脱"必"一字，據東坡全集卷三九陳公弼傳、宋史卷二九八陳希亮傳校補。

〔四〕 乃斬元以徇　原脱"元"一字，"徇"原作"詢"，據東坡全集卷三九陳公弼傳、宋史卷二九八陳希亮傳校補改。

〔五〕 而流其軍校一人　"而"原作"其"，據東坡全集卷三九陳公弼傳、宋史卷二九八陳希亮傳校改。

〔六〕 徐州守陳昭素以酷聞　"州守"原作"人"，據東坡全集卷三九陳公弼傳校改。

事可損損之,可抑抑之〔一〕,其大者皆著爲定令。由是小人益怨,搆爲飛書,欲毀去之。堯臣得書,自請曰:"臣恐不能勝衆怨,願得罷去。"上愈以堯臣爲忠,下令購爲書者甚急,堯臣益感勵,在位六年,庶職修舉。四月,以曾公亮爲翰林學士。陳希亮移知鳳翔府。于闐使者入朝,過秦州,經略使以客禮享之,使者爲留月餘,壞傳舍什物無數,其徒入市掠飲食,人户晝閉。希亮聞之,謂其僚曰:"吾嘗主契丹使,得其情,虜人初不敢暴橫,皆譯者教之。吾痛繩以法,譯者懼,則虜不敢動矣。况此小國乎?"乃使教練使持符告譯者曰:"入吾境有秋毫不如法,吾且斬若。"取軍令狀以聞。使者亦素聞希亮威名,至則羅拜庭下,命坐兩廊飲食之,護出諸境,無一人譁者。以尚書左丞王舉正行御史中丞。時張堯佐恃貴妃勢,氣焰赫然,上將大用之,舉正留百官班,庭辨堯佐姦媚。上問留班有故事否,舉正言唐明皇任楊國忠時,臺諫有此故事。上默然。堯佐卒不得大用者,舉正有功也。始,堯佐以進士擢第,累官至屯田員外郎,會其姪女有寵於上,册爲修媛,堯佐遂驟遷擢,一日中除宣徽、節度、景靈、群牧四使。是時,御史唐介引天寶楊國忠事爲戒,不報。又與諫官包拯、吴奎等七人論列殿上,既而王舉正留百官班庭辨,卒奪堯佐宣徽、景靈兩使,特加介一品服以旌敢言〔二〕。未幾,堯佐復除宣徽使、知河陽,介謂同列曰:"是欲與宣徽,而假河陽爲名耳,我曹豈可中已耶。"同列依違不前,介獨争之,不能奪,上諭之曰:"差除自是中書。"介遂極言文彦博以燈籠錦媚貴妃而致位宰相,今又以宣徽使結堯佐,請逐彦博而相富弼。又言諫官觀望挾奸,言涉宫掖,上大怒,趣召二府以疏示之,介猶争不已。樞密副使梁適斥介下殿,介猶争愈切,上聲色俱厲,衆恐禍出不測〔三〕。時蔡襄修

〔一〕 可抑抑之　文忠集卷三二尚書户部侍郎參知政事贈右僕射文安王公墓誌銘作"可絶絶之"。

〔二〕 特加介一品服以旌敢言　原脱"介"一字,據東軒筆録卷七、事實類苑卷一七唐質肅校補。

〔三〕 不測　"測"原作"側",據東軒筆録卷七、仕學規範卷二二校改。

起居注，立殿陛，即進言曰："介誠狂直，然納諫容言，人主之美德。伏望全貸。"遂貶介春州別駕。翌日，王舉正救解之〔一〕，改英州別駕。介既南遷，朝中士大夫以詩送者甚衆〔二〕，獨李師中待制一篇頗爲傳誦，詩云："孤忠自許衆不與，獨立敢言人所難。去國一身輕似葉，高名萬古重如山。並遊英俊顏何厚，未死姦諛骨已寒。天爲吾皇扶社稷，肯教夫子不生還。"介至神宗朝果大用，官至執政。時人以爲詩讖之驗。

解者云"並遊英俊顏何厚"，謂吳奎背約不前；"未死姦諛骨已寒"，謂文彥博、張堯佐也。介之南行，挈家渡淮，至中流，大風，波濤泛濫，舟人恐不免飼魚鼈，介兀坐舟中吟詩："聖宋非狂楚，清淮異汨羅。平生仗忠信，今日任風波。"夕濟南岸〔三〕，衆乃欣然。公憩旅亭，復繼其韻云："舟楫顛危甚，魚龍出没多。斜陽幸無事，沽酒聽漁歌。"蓋情動於中，其辭無諂〔四〕，可以感神明而免禍焉。

秋七月，定太學生員，舊制二百人，如不能充數，以百人爲限。復用孔氏知仙源縣。更樂名曰大安。八月，京東、淮、浙等七路饑。九月，賜侍講筵官坐。冬十月，除解鹽禁。文彥博罷相。先是，介深詆之，乃有是命。以龐籍爲平章事。吳奎罷知諫院，包拯言唐介彈大臣并以中奎〔五〕，乞且留奎以供言職。上曰："介言奎、拯皆陰佐文彥博。今觀此奏，非誣也。"十一月，召太子中

〔一〕 王舉正救解之　"正"原作"政"，據東軒筆錄卷七、事實類苑卷一七唐質肅校改。
〔二〕 朝中士大夫以詩送者甚衆　"送"原作"衆"，據自警編卷五校改。事實類苑卷三六作"朝中士大夫以詩送行者頗衆"。
〔三〕 夕濟南岸　朱氏與畊堂刊本"夕"作"舟"。
〔四〕 其辭無諂　朱氏與畊堂刊本"諂"作"不"，且與下連讀。
〔五〕 彈大臣并以中奎　"彈大"原作"鑄鐘"，據九朝編年備要卷十四、長編紀事本末卷三九校改。

舍致仕胡瑗赴大樂所〔一〕，同定鐘磬制度〔二〕。先是，祭明堂，上親閱大樂，而言者以爲鎛鐘特磬大小與古制未合〔三〕，太常言瑗素曉音律，故召之。

　　壬辰　皇祐四年春二月，包拯罷。蔡襄除起居舍人、知制誥、兼判流内銓〔四〕。吕景初、吴中復、馬遵坐論宰相梁適罷臺職，除它官。襄封還詞頭，不草制。其後屢有除授非當者，皆封還之，由是上益知其賢，待之愈厚。是時邵必爲開封府推官，以前任常州失入罪自舉，遇赦而猶罷，監邵武酒税。吴充、鞠真卿發禮院吏代書事〔五〕，吏以贖論，而充、真卿皆出知軍。吕景初、馬遵、吴中復彈劾梁適以罷相，而景初等隨亦被逐。馮京言吴充、鞠真卿、刁約不當以無罪黜，而京亦奪修起居注。御史趙抃皆力言其非是，必以復職，充、真卿、約、景初、遵皆召還京師，復皆許補故闕。自陝西用兵，公私困乏，士大夫争言豐財省費之道，然多不得其要。張方平自爲諫官、御史、三司使，皆爲上精言之。一日，上御資政殿，召兩府、侍從賜坐，手詔問天下事，方平退直禁林，是日有旨鎖院，方平既草制書，又條對數千言，夜半與制書皆上，上驚異之。又以手詔獨策方平，明日復出數千言，大略以謂：太祖定天下，用兵不過十五萬人，今百餘萬而猶言不足，自祥符以來萬事隳弛，務爲姑息，取士任子、磨勘遷補之法皆壞，漸失祖宗之舊，任將養兵亦非舊律，此治亂盛衰之本，不可以不急治。方平既明歷代損益，又周知祖宗法度，悉陳其本末盈虚所

〔一〕召太子中舍致仕胡瑗赴大樂所　"舍"原作"書"，據長編卷一六九、宋史全文卷九上、宋史卷一二七樂志二校改。

〔二〕同定鐘磬制度　"度"原作"置"，據長編卷一六九、宋史全文卷九上、宋史卷一二七樂志二校改。

〔三〕而言者以爲鎛鐘特磬大小與古制未合　"鎛鐘"原作"彈太"，"古"原作"右"，據長編卷一六九、太平治迹統類卷七校改。

〔四〕兼判流内銓　"判"原作"制"，據文忠集卷三五端明殿學士蔡公墓誌銘、仕學規範卷一六校改。

〔五〕發禮院吏代書事　原脱"吏"一字，據朱氏與畊堂刊本、東坡全集卷八六趙清獻公神道碑校補。

以然之狀，及當所以救治施行之略。而其末乃論古今治亂，上下離合之間，比年以來朝廷多引輕險之人，布之言路，違道干譽，利口爲賢，內則臺諫，外則監司，下至胥吏僮奴，皆可以構危其上，自將相公卿宿貴之人皆爭屈體，以收禮後輩，有不然者則毀傷隨之，惟恐不免〔一〕，何暇展布心腹〔二〕，爲國立事哉。此風不革，天下無時而治也。上益異之，書"文儒"二字以賜之。田況除三司使，金穀用度，利害纖悉，罔不備舉，議者謂三司使自陳恕、李士衡之後，惟況爲稱職。撰皇祐會計錄上之，上嘗面諭之曰："卿謀猷深遠，器識寬厚，可任國大事。"未幾，拜樞密副使。五月，范仲淹薨。仲淹內剛外和，爲政忠厚，邠、慶二州民皆畫像立生祠，其卒也，哭之如父。諡文正。

儂智高叛，陷邕州〔三〕，都監張立、司戶孔宗旦罵賊而死，珙以下皆遇害。智高即州建大南國，僭號仁惠皇帝，改元啓曆，進陷橫、貴、龔、藤、梧、封、康、端九郡，攻廣州。趙師旦以贊善大夫守康州，賊至城下，吏民驚擾，相與謀曰："郡無兵甲、城池，賊鋒不可當，不若避之。"兵馬監押馬貴以其言白，師旦叱之曰："汝欲試劍耶？且太守守土，有患難則當之，力不足則死，尚爲忠義，奈何去耶？康定中，西鄙有變，耿傅爲通判，尚死之，我嘗慕其爲人。"監押起拜，曰："如此惟贊善是命。"師旦曰："賊衆我寡，又以疲兵決戰，欲先困我。不若閉門拒守，俟賊大至，然後一戰以決勝負，古亦有以寡擊衆，謝安破苻堅是也。汝守南門，吾守北門。"遂戎服登城，自引弓射死賊五人。明日，賊大至，師旦與監押出戰，兵敗，師旦尚力戰，手殺數十人。度勢不可，乃還坐黃堂，賊至，令之拜，師旦叱之曰："恨力弱，不能斬此賊以謝國家，豈太守而助賊耶？"遂害之。妻擁樹逃去，幼子在褓中，棄之

〔一〕惟恐不免　"惟"原作"然"，據宋名臣言行錄後集卷三張方平文定公改。

〔二〕何暇展布心腹　東坡全集卷八八張文定公墓誌銘"腹"原作"體"。

〔三〕陷邕州　"邕"原作"雍"，據長編卷一七二、九朝編年備要卷一四、元豐類稿卷一五與孫司封書校改。

草間，三日回視之尚不死。詔贈光祿少卿，以子覿爲右侍禁，次子覯爲試將作監主簿〔一〕，弟師涉爲大理評事。是時太子中舍曹覲守封州〔二〕，儂賊迫封境，僚屬勸之去，覲曰："吾父爲忠臣，天下皆知，吾豈敢偷生，使天下指覲曰曹諫議有不肖子邪？"乃取州印自佩，與其妻子訣，曰："可遊民間自全，我爲天子守土之臣〔三〕，不可苟生。"遂與監押陳曄率兵百餘以禦賊，皆不戰而潰。覲遂爲賊所執，賊知其名臣子，屈令拜，覲慢罵不顧，賊不敢殺。不食三日，賊復曰："我王番禺，汝堪丞相。"覲叱之曰："狗彘死在旦夕，尚敢生悖語耶！"遂害之，流屍於河，聞者皆哭，封民爲立祠。詔贈太常少卿，妻劉氏及幼子聞覲死亦死，餘四子皆恩以官。

皇祐初，南方有異氣，如破船，如敗山，又中夜有白氣亘天，其首若鋒刃，如血汗色，占者以南將有變。當時進策者乞益兵南方，選用將帥，以防他變。然太平日久，執政不以爲意，故賊之起如蹈無人之境。若師旦之死，非忠義不足也，力不能救爾。昔李希烈叛，欲臣顏魯公，公曰："汝不聞顏杲卿乎？乃吾兄也。罵安祿山而死，吾豈辱吾兄？"覿覯臨死尚慮玷其父，可謂忠孝兩全矣。覲之心豈在魯公下耶！

六月，以狄青爲宣徽南院使、充荊湖南北宣撫使、提舉廣南盜賊事。

癸巳　皇祐五年春正月，詔止交趾援兵討智高。丁度薨，上臨其喪。廣西鈐轄陳曙擊智高於金城驛，曙素無威令，賊至，士卒猶聚博營中，倉卒而敗。狄青會孫沔、余靖兩將之兵於賓州。先是，陳曙敗於崑崙關〔四〕，青推其首逃

〔一〕　次子覯爲試將作監主簿　原脱"試"字，據朱氏與畊堂刊本校補。

〔二〕　是時太子中舍曹覲守封州　"舍"原作"書"，據朱氏與畊堂刊本校改。

〔三〕　守土之臣　"之"原作"人"，據朱氏與畊堂刊本校改。

〔四〕　陳曙敗於崑崙關　"曙"原作"曉"，據長編卷一七四、九朝編年備要卷一四、宋史全文卷九上、宋史卷二九〇狄青傳校改。下同。

者，自殿直袁用而下凡三十人并曙皆戮之〔一〕，軍中股慄，遂下令更十日進軍，諜者既去，詰旦遂行，至邕州歸仁鋪遇賊，逆戰，前軍少卻，左第一將孫節死之。青親執旗鼓，麾左右蕃落騎兵出賊後〔二〕，大破之，斬首二千二百，獲賊謀主黃師宓、儂建中等五十七人〔三〕，牛羊器具數萬，得所虜男女三千餘人，招復丁壯七千三百，以所得賊財四十餘萬均給戰士，仍築京觀以志功〔四〕。二月，班師〔五〕，還拜樞密使。初，儂智高連陷九郡，江湖之南人心惶惑，青抗章請行，自言：「臣結髮起行伍，顧無以報國。今遠夷跳梁，不足爲陛下憂，願領銳兵數千，當羈叛蠻之頸致之闕下。」上壯其言。智高既敗，入邕州，夜縱火城中而遁。先有童謠云邕破儂出，及青破城而智高已穴地道遁矣。初，有衣金龍之文又金錦神龍於干楯仆死其傍，或言智高已死亂兵矣，有欲亟爲青作奏者，青曰：「安知其非詐也，寧失智高，敢誣朝廷以貪功耶？」後智高爲大理所殺，函首至京師，人始服其先見。青既還，上悉官其子，青固謝曰：「賴陛下神靈，出師大捷，皆諸校力戰之功也。臣之諸子非有勳勞，何敢拜召命。」在樞密四年，自以遭時幸會，夙夜一心，晚以盛滿爲戒。青事親至孝，方秉樞於朝，奉充國太夫人侯氏膝下，天子珍賜其家，使者相繼，殊極榮養。征南之

〔一〕殿直袁用　"用"原作"高"，據長編卷一七四、九朝編年備要卷一四、宋史全文卷九上、宋史卷二九〇狄青傳校改。

〔二〕蕃落騎兵　"兵"原作"置"，據九朝編年備要卷一四、宋史全文卷九上、太平治迹統類卷一〇校改。

〔三〕儂建中　原作"儂達忠"，長編卷一七四、九朝編年備要卷一四、宋史全文卷九上、宋史卷二九〇狄青傳作"儂建中、智忠"，今據改。

〔四〕京觀　原作"宮觀"，據長編卷一七四、宋史全文卷九上、太平治迹統類卷一〇、宋史卷二九〇狄青傳校改。

〔五〕班師　"班"原作"頒"，據華陽集卷四七狄武襄公神道碑銘、名臣碑傳琬琰之集上卷二五王珪狄武襄公青神道碑校改。

日,戒内外不以聞,懼遺其親憂。始至,爲賊毒水上流〔一〕,飲者多死,忽一日泉涌於郊,汲之甘洌,議者以爲孝誠所感,云青在樞府日,有狄梁公之後,持梁公畫像及告身十餘道詣青獻之〔二〕,以爲青之遠祖,青謝之,曰:"一時遭際,安敢自附梁公。"厚贈其人而遣之。

魏之郊也祀舜,唐之郊也祀堯,皆謂其遠祖,欲以誇耀天下,而不免爲有識者嗤誚。甚者郭崇韜既貴,而拜子儀之墓,何無恥之甚。孔子曰:"非其鬼而祭之,諂也。"其斯之謂歟!觀青不肯自附於梁公之後,其優柔而不迫,非武夫庸人之所能爲,近乎古所謂知道者。仁宗待之厚,豈爲過哉?

三月,上試進士鄭獬等五百二十人,擢獬爲第一。故相夏竦卒,詔賜諡曰文正,司馬光曰:"諡之美者極於文正,竦何人,可以當此?"時劉敞判尚書考功,亦語人曰:"此吾職也。"即上疏言:"諡者,有司之事,且竦行不應法,今百司各守其職,而陛下侵臣官。"疏凡三上,天子嘉其守,爲改其諡曰文莊。閏七月,言者論龐籍黨庇親戚,受堂吏賂,罷相,知鄆州。陳執中、梁適爲平章事。八月,制科應詔十八人,宰相不留意,密諭考官只放一人過閣。賢良趙彦中選,及對策又黜之。以唐介爲御史中丞。冬十月丙申朔,日有食之。解唐介言職。旱蝗。十一月己巳,郊。
甲午 至和元年春正月,京師大疫,上出犀角二株〔三〕,付太醫局和藥,

〔一〕 爲賊毒水上流 "水"原作"所",據長編卷一七四、九朝編年備要卷一四、太平治迹統類卷一〇、宋史卷二九〇狄青傳校改。
〔二〕 持梁公畫像 "公"原作"國",據夢溪筆談卷九、古今事文類聚後集卷一校改。
〔三〕 上出犀角二株 原脱"角"一字,據長編卷一七六、九朝編年備要卷一五、宋史卷一七八食貨志上六校補。

分賜貧民，其一通天犀也，内侍李舜卿請留以爲御所服帶〔一〕，上曰："朕以爲帶，孰若以療民疾乎？"立命碎之。以劉敞爲右正言、知制誥。宦者石全彬以勞遷宫苑使兼領觀察使，意不滿，退而慍言，居三月正除觀察使，敞封還詞頭，不草制，其命遂止。貴妃張氏薨。三月，王貽永罷。宋朝外姻未有輔政者，貽永在樞府十五年〔二〕，性清謹，遠權利，歸第則杜門謝客，迄無過失〔三〕。以王德用爲樞密使。秦州叛羌斷古渭路，帥張昇發兵討賊，而副總管劉渙不受命，皆罷之。拜張方平爲侍讀學士、知秦州，方平力辭不受，曰："渙與昇有階級，今互言而兩罷，帥不可爲也。"昇以故得不罷，改户部侍郎，移鎮西蜀。始李順以甲午歲叛，蜀人記之，至是方以爲憂〔四〕，轉運使攝守事。西南夷有邛部川首領者，妄言蠻賊儂智高在南詔，欲來寇蜀。攝守妄人也，聞之大驚擾，爭遷居城中，男女婚會不復以年〔五〕，賤糶穀帛，市金寶埋之地中。朝廷聞之大驚，移兵邊郡〔六〕，益調額外弓手，發民築城，日夜不得休息。詔促方平行〔七〕，且許以便宜從事。方平言："南詔去蜀二千餘里，道險不通，其間皆雜種〔八〕，不相役屬，安能舉大兵，爲智高寇我哉？此必妄也，當以

〔一〕 李舜卿 "卿"原作"舉"，據長編卷一七六、九朝編年備要卷一五校改。

〔二〕 貽永在樞府十五年 原脱"貽"一字，據九朝編年備要卷一五校補。

〔三〕 迄無過失 "迄"原作"遠"，據朱氏與畊堂刊本、九朝編年備要卷一五校改。

〔四〕 至是方以爲憂 "是"原作"以"，據朱氏與畊堂刊本、東坡全集卷八八張文定公墓誌銘校改。

〔五〕 男女婚會 "婚"原作"昏"，據長編卷一七八校改。

〔六〕 移兵邊郡 "郡"原作"部"，據朱氏與畊堂刊本、長編卷一七八、東坡全集卷八八張文定公墓誌銘校改。

〔七〕 詔促方平行 原脱此五字，據長編卷一七八、東坡全集卷八八張文定公墓誌銘校補。

〔八〕 其間皆雜種 "種"原作"户"，據朱氏與畊堂刊本、長編卷一七八、東坡全集卷八八張文定公墓誌銘校改。

靜鎮之。"道遇戍卒兵仗輒遣還〔一〕，入境下令邛部川曰："寇來吾自當之，妄言者斬。"悉歸屯邊兵，罷築城之役，會上元觀燈，城門皆通夕不閉，蜀遂大安。已而得邛部川之譯人始為此謀者，斬之，梟首境上，而配流其餘黨於湖南。先是，青獲智高母子，不殺，欲以招智高，至是乃伏法。復以三司使召還，奏罷蜀橫賦四十萬，蜀人至今德之。夏四月甲午朔，日有食之。秋七月，梁適罷相。八月，以劉沆同平章事。九月，以呂臻、王洙為翰林學士。

　　乙未　至和二年正月，晏殊薨，謚曰文獻。殊雖早貴，而奉養清儉，善於知人，如范仲淹、孔道輔皆出其門，而富弼、楊察乃其壻也。以劉敞奉使契丹。敞素知虜山川道里，虜人言北國迴曲千餘里至柳河，敞曰："自古松亭甚直而近，不數日而至中京。"今不道彼而由此，蓋虜人嘗改迂其路，欲以國險誇使者，且謂莫習山川，不虞敞之問也，相與驚顧羞愧，即吐其實曰："誠如公言。"時順州山中有異獸如馬，而食虎豹，虜人不識，以為問，敞曰："此所謂駮也。"為言其形狀、聲音，虜人益歎服。敞為揚、鄆、永興三州，皆有善政，嘗直紫微閣，一日追封皇子、公主九人，敞方將下直，為之立馬卻坐，一揮九制數千言，文辭典麗，各得其體。其在朝廷議事，如古渭州可棄、孟陽河不可開之類，士大夫多稱之。六月，陳執中罷。以文彥博、富弼同平章事，宣制之日，士大夫相慶於朝，上使小黃門密覘知之，翌日，歐陽修奏事殿上，上具以語修，且曰："古之求相者，或得於夢卜，今朕用此二人，人情如此，豈不賢於夢卜哉？"修頓首稱賀。七月，吳育罷。樞密直學士蔡襄知泉州。襄為政精明，而於閩人尤知其風俗，至則禮其士之賢者，以勸學興善，閩士周希孟以經術傳授學者，常至數百人。襄為親至於學舍，執經講學，為諸生率，延見處士陳烈，尊以師禮，其有德行著稱鄉里者，皆折節下之。閩俗重凶事，其奉浮屠，會賓客，以盡力豐侈為孝，至有親亡，秘不舉哭，必破產辦具而後敢

〔一〕　道遇戍卒兵仗輒遣還　"仗"原作"伏"，據長編卷一七八、東坡全集卷八八張文定公墓誌銘校改。

發喪〔一〕。有力者乘其急而賤買其田宅，而貧者立券舉債〔二〕，終身困不能償。襄曰："弊孰有大於此乎？"即下令禁止。十二月，醴泉觀成。是歲，契丹主宗真死，子洪基立，來告哀。交趾李德政死〔三〕。

  丙申 至和三年。九月改爲嘉祐元年。春正月，大赦，上御大慶殿受朝。前一夕大雨雪，壓折樂架，上跣禱而霽，是日感風眩不豫。契丹使者入辭，上疾作，文彥博以上旨諭使者就驛宴，仍授國書。弼與彥博同入問疾，內侍止之，不可，因以監視禳禱爲名，乞留宿內殿，事皆關白而後行，禁中肅然。三司使張方平建言："今之京師，古之所謂陳留，天下四衝八達之地，非如雍、洛有山河形勢足恃也，特依重兵以立國爾。兵恃食，食恃運河，控引江淮，利盡南海。天聖以前，歲發民浚之，其後淺妄者爭以裁減費役爲功〔四〕，河日湮塞。今仰而望河非祖宗之舊也。"遂書漕運十四策。宰相富弼讀其奏於上前，晝漏盡十刻，侍衛皆跛倚，上嘆息稱善。弼曰："此國計大本，非常奏也。"悉如所啓施行。文彥博、富弼入相，百官郊迎，時兩制不得詣宰相居第，百官不得間見宰相〔五〕。知諫院范鎮言〔六〕："隆之以虛禮，不若開之以至誠。乞罷郊迎

〔一〕 必破產辦具而後敢發喪 "辦"原作"辨"，原脫"喪"一字，據長編卷一八七、九朝編年備要卷一二、文忠集卷三五端明殿學士蔡公墓誌銘校改補。

〔二〕 而貧者立券舉債 原脫"而貧者"三字，"債"原作"償"，據長編卷一八七、文忠集卷三五端明殿學士蔡公墓誌銘補。

〔三〕 李德政 原作"李德進"，據長編卷一八一、九朝編年備要卷一五改。

〔四〕 其後淺妄者 "淺"原作"涉"，據長編卷一八三、東坡全集卷八八張文定公墓誌銘、宋史卷三一八張方平傳校改。

〔五〕 百官不得間見宰相 "間"原作"聞"，據東坡全集卷八八范景仁墓誌銘、宋名臣言行錄後集卷五范鎮蜀郡忠文公、宋史卷三三七范鎮傳校改；原脫"宰相"二字，據朱氏與畊堂刊本校補。

〔六〕 知諫院范鎮 原脫"知"一字，"院"原作"官"，據長編卷一八〇、歷代名臣奏議卷二八五禮臣校補、改。

而除謁禁，以通天下之情。"議減宗子及間歲取士〔一〕，皆鎮發之。又乞令宗室疏屬者補外官。上曰："卿言是也，顧恐天下謂朕不能睦親族爾。"鎮曰："陛下甄別其賢者顯用之，不没其能，乃所以睦族也。"雖不行，至熙寧初悉如鎮之言。時呂溱守徐，蔡襄守泉，吳奎守壽〔二〕，韓絳守河陽，已而歐陽修乞蔡，賈黯乞荆南，御史趙抃上言："近日正人賢士紛紛引去，憂國之士爲之寒心。侍從之臣如修輩無幾，今皆欲請郡者，以正色立朝，不能諂事權要〔三〕，傷之者衆耳〔四〕。"修等由此不去，一時名臣賴之以安。上晚年不豫，而太子未定，及上康復，抃請擇宗室賢子弟教育於宮中，封建任使，以示天下大本，已而求郡，得睦。睦歲爲杭市羊，抃爲移文卻之；民籍有茶稅而無茶地，抃爲奏蠲之，民至今稱焉。五月，京師、諸路大水。秋七月，引對群臣。自上不豫，惟二府得奏事〔五〕，至是始引對群臣。八月庚戌朔，日有食之。李照言王朴樂音高，乃作新樂。狄青罷，以韓琦爲樞密使。九月辛卯，改元嘉祐，時上疾已平矣。冬十月，解范鎮言職。十二月，劉沆罷相。以包拯知開封府。胡瑗管勾太學。

丁酉　嘉祐二年春正月，杜衍薨，謚曰正獻。被病日自作遺疏〔六〕，謂：

〔一〕議減宗子及間歲取士　東坡全集卷八八范景仁墓誌銘、宋史卷三三七范鎮傳均作"議減任子及每歲取士"。

〔二〕吳奎守壽　"奎"原作"珪"，據東坡全集卷八六趙清獻公神道碑、宋名臣言行錄後集卷五趙抃清獻公校改。

〔三〕不能諂事權要　原脱"諂"一字，據東坡全集卷八六趙清獻公神道碑、宋名臣言行錄後集卷五趙抃清獻公校補。

〔四〕傷之者衆耳　原脱"傷""者"二字，據東坡全集卷八六趙清獻公神道碑、宋名臣言行錄後集卷五趙抃清獻公校補。

〔五〕惟二府得奏事　原脱"惟"一字，據長編卷一八三、九朝編年備要卷一五校補。

〔六〕被病日　"病"原作"命"，據九朝編年備要卷一五校改。

無以久安而忽邊防〔一〕，無以既富而輕財用，及早建儲副，以安人心。語不及私。上試進士章衡等三百八十人，擢衡爲第一。材識兼茂明於體用科一人，明州觀察推官夏噩。移趙抃充益州路轉運使。西蜀地遠，吏恣爲不法，窮城小邑民或生不識使者。抃行部無所不至，父老驚喜相慰，姦吏亦竦。以右司諫召，論事不折如前。入内副都知鄧保信引退兵董吉以燒煉出入禁中，抃言漢文成、五利，唐普思、静能、李訓、鄭注多依宦官以結主〔二〕，假藥術以市姦，其漸不可啓。

　戊戌　嘉祐三年春正月，開永通河。以淮南、江、浙、荆湖制置發運使許元爲侍御史〔三〕。元初爲發運判官，久之爲副使，既久爲正使。上謂執政曰："發運使總領六路八十一州軍〔四〕，其貨財調用，幣帛穀粟歲千百萬〔五〕，宜得其人以久任之。今許元累上章求解，朕思之，不若獎勵以盡其材。"乃特賜元進士出身，除侍御史，留久任〔六〕。

　　　漢之倉氏、庾氏爲吏者至長子孫，唐用劉晏領鹽鐵諸使歷二十餘載〔七〕。仁宗久任許元，實與漢、唐同符，而賜第除職〔八〕，所以獎勵又過前代。

〔一〕　無以久安而忽邊防　"久"原作"小"，據長編卷一八五、九朝編年備要卷一五、宋宰輔編年録卷五、宋史卷三一〇杜衍傳校改。
〔二〕　多依宦官以結主　"宦官"原作"官法"，據清獻集卷九奏狀乞斥逐燒煉兵士董吉、東坡全集卷八六趙清獻公神道碑、宋朝諸臣奏議卷八四趙抃上仁宗論董吉燒煉校改。
〔三〕　制置發運使許元　"制"原作"州"，據朱氏與畊堂刊本、盤洲文集卷六四仁宗皇帝久任許元校改。
〔四〕　六路八十一州軍　原脱"軍"一字，據盤洲文集卷六四仁宗皇帝久任許元校補。
〔五〕　幣帛穀粟　"幣"原作"弊"，據朱氏與畊堂刊本、盤洲文集卷六四仁宗皇帝久任許元校改。
〔六〕　留久任　原脱此三字，據盤洲文集卷六四仁宗皇帝久任許元校補。
〔七〕　歷二十餘載　原脱"餘"一字，據盤洲文集卷六四仁宗皇帝久任許元校補。
〔八〕　而賜第除職　"除"原作"同"，據盤洲文集卷六四仁宗皇帝久任許元校改。

蓋中外百官莅一職，掌一事，旬月之間或遷或徙，猶云可也。惟財計之臣非久其官，則不知源流本末〔一〕，若使坐不暖席，雖有研、桑心計，亦無所施其巧。嘉祐聖政其可爲後世法。

二月，以吳及爲右正言〔二〕。三月，范鎮知制誥。先是，嘉祐初上得疾，鎮上疏曰："太祖捨其子而立太宗，此天下之大公也。周王既薨，真宗取宗室子養宫中，此天下之慮也。願陛下以太祖之心行真宗故事，擇宗室賢者異其禮物〔三〕，而試之政事，以繫天下之心。"章累上，不報，因閤門請罪。會有星變，其占爲急兵。鎮言："國本未立，若變起倉卒，禍不可以前料，兵孰急於此者乎？今陛下得臣疏不以留中而付中書，是欲使大臣奉行也。臣兩至中書，大臣皆設辭以拒臣，是陛下欲爲宗廟社稷計，而大臣不欲也。臣切原其意，特恐行之而陛下中變爾，中變之禍不過於死〔四〕，而國本未立，萬一有如天象所告急兵之憂，則其爲禍豈特一死而已哉！願以示大臣，使自擇而審處。"聞者爲之股慄。除兼侍御史知雜事，鎮以言不從固辭不受，執政謂鎮曰："上之不豫，大臣嘗建此策矣，今聞言既入，爲之甚難。"鎮復移書執政曰："事當論其是非，不當問其難易，速則濟，緩則不及，此聖賢所以貴機會也。諸公言今日難於前日，他日不難於今日乎？"凡是上面陳者三，鎮泣，上亦泣，曰："朕知卿忠，卿言是也。當更俟二三年。"章凡十九上，待罪百日，鬚髮

〔一〕 則不知源流本末　盤洲文集卷六四仁宗皇帝久任許元作"則不能知首尾源流"。

〔二〕 以吳及爲右正言　原脱"右"一字，據長編卷一八七、九朝編年備要卷一五、宋史全文卷九下校補。

〔三〕 擇宗室賢者異其禮物　宋史卷三三七范鎮傳作"拔近屬之尤賢者優其禮秩"。

〔四〕 中變之禍不過於死　"死"原作"此"，據東都事略卷七七范鎮傳、九朝編年備要卷一五校改。

爲白，朝廷不能奪，乃罷知諫院，改集賢殿修撰、判流内銓〔一〕、修起居注、知制誥。鎮雖罷言職而無歲不言儲嗣事，以仁宗春秋高，每因事及之。司馬光爲并州通判聞而繼之，上疏言："禮大宗無子，則小宗爲之後者，爲之子也。願陛下擇宗室賢者，使攝儲貳，以待皇嗣之生，退居藩服，不然則典宿衛、尹京尹，亦足以繫天下之望。"疏三上，其一留中，其二付中書。光又與鎮書："此大事，不言則已，言一出豈可復反，願公以死争之。"五月，增國子監生員。以工部尚書張方平知秦州。時諒祚方驕僭〔二〕，閱士馬，築堡篳築城西，壓秦境上，屬户皆逃匿山林。方平即料將士，聲言出塞，實按軍不動。賊既不至，言者因論方平無賊而輕舉，宰相曾公亮倡言於朝曰："兵不出塞，何名爲輕舉？張公豈輕也哉？賊所以不至者，以有備也〔三〕，有備而賊不至，則以輕舉罪之，邊臣自是不敢爲先事之備矣。"議者乃止。六月，文彦博罷，以韓琦爲平章事。包拯爲御史中丞。陳升之除樞密副使〔四〕，諫官趙抃與唐介、吕誨、范師道同言升之結宦官，進不以道，章二十餘上，不省，即居家待罪。詔彊起之〔五〕，乃乞補外〔六〕。又論樞密使宋庠選用武臣多不如舊法。二人皆相次去位，抃與言者亦罷〔七〕。秋七月，命范祥制置解鹽。八月乙亥朔，日有食之。

〔一〕 判流内銓　原脱"判"一字，據東坡全集卷八八范景仁墓誌銘、宋名臣言行録後集卷五范鎮蜀郡忠文公校補。

〔二〕 時諒祚方驕僭　"諒"原作"亮"，據朱氏與畊堂刊本，並參考宋史卷四八五外國列傳一夏國上校改。

〔三〕 賊所以不至者以有備也　原脱"所以""者"三字，據東坡全集卷八八張文定公墓誌銘校補。

〔四〕 陳升之除樞密副使　"之"原作"中"，據東坡全集卷八六趙清獻公神道碑、宋史卷三一六趙抃傳校改。

〔五〕 詔彊起之　"彊"原作"疆"，據東坡全集卷八六趙清獻公神道碑校改。

〔六〕 乃乞補外　原脱"乞"一字，據東坡全集卷八六趙清獻公神道碑校補。

〔七〕 抃與言者亦罷　"亦"原作"俱"，據東坡全集卷八六趙清獻公神道碑、宋史卷三一六趙抃傳校改。

己亥　嘉祐四年春正月，日有食之，用牲祭社。二月，弛茶禁。交趾寇邊。三月，以包拯爲三司使，宋祁出知鄭州。夏四月，録周後，以柴氏子爲崇義公，令奉周祀。復銀臺司封駁制。六月，群臣請加尊號，上以災異數出而崇尚虛文，不受。詔諸州閉糴者以違制論。秋七月，出宮人。冬十月，大祫於太廟。升益州爲成都府，并州爲太原府，皆爲節度。十一月，汝南王允讓薨。

庚子　嘉祐五年春正月，大星隕東南，如雷。趙抃以言事切直，出知虔州。虔地遠而民好訟，人謂抃不樂，抃欣然過家而去。既至，遇吏民簡易，嚴而不苛，悉召諸縣令告之；爲令當自任事，勿以事諉郡〔一〕，苟事辦而民悦，吾一無問，令皆喜，争盡力，虔事爲少，獄以屢空。改修鹽法，疏鑿贛石〔二〕，民賴其利。虔當二廣之衝，歸者常自虔易舟而北〔三〕，抃治事之餘，取公財造舟得百艘〔四〕，移二廣諸郡，曰："仕宦之家有父兄没而不能歸，皆移文以遣，當具舟載之。"至者既悉授以舟，復量給公使物，歸者相繼於道。朝廷聞抃治郡有餘力，召知御史雜事。五月，京師地震。龐籍致仕。置寬恤民力司。召蔡襄爲翰林學士、權三司使。三司、開封世號省府爲難治，而易以毀譽，居者不由以遷〔五〕，則由以敗，遷者不十一，而敗者十常三四。襄居之皆有能名。其治京師，談笑不勞而無餘事，尤喜破姦發伏，吏不能欺，至商財利〔六〕，則較天下盈虛出入，量力以制用，必使下足而上給。下暨有司因循蠹弊，刮磨剗剔，

〔一〕　勿以事諉郡　"諉"原作"委"，據東坡全集卷八六趙清獻公神道碑、仕學規範卷二二校改。

〔二〕　疏鑿贛石　"石"原作"右"，據東坡全集卷八六趙清獻公神道碑、仕學規範卷二二校改。

〔三〕　歸者常自虔易舟而北　"虔"原作"我"，據東坡全集卷八六趙清獻公神道碑、仕學規範卷二二校改。

〔四〕　取公財造舟　"公財"，東坡全集卷八六趙清獻公神道碑作"餘材"。

〔五〕　居者不由以遷　"者"原作"有"，據文忠集卷三五端明殿學士蔡公墓誌銘校改。

〔六〕　至商財利　"商"下原衍"確"一字，據文忠集卷三五端明殿學士蔡公墓誌銘删。

久之簿書纖悉，紀綱條目皆可法。於朋友重行義〔一〕，聞其喪則不御酒肉，爲位以哭，盡哀乃止。其爲文章清遒粹美，尤工於筆法，頗自惜〔二〕，不妄爲人書，故其殘章斷稿人悉珍藏，而上尤稱愛之。御製元舅隴西王碑文〔三〕，詔襄書之，其後命學士撰溫成皇后碑文，又敕令書，則辭不肯書，曰："此待詔職也。"六月，交趾寇邊，都巡檢宋士堯死之〔四〕。八月，蘇洵試校書郎。置陝西估馬司。十二月，以呂公弼知成都府。是歲，以内外官冗，始令臺省六品〔五〕、諸司五品，一郊而任一人者增爲兩郊；兩制而上，一歲而任一人者增爲三歲。

　　辛丑　嘉祐六年春二月，上試進士王俊民等一百八十人，擢俊民第一。富弼以母喪去位，詔爲罷春宴。胡宿爲樞密副使，上疏言契丹與中國通好幾二十年，自古未有也。善待夷狄者，謹爲備而已。今三邊武備漸弛，牧馬著虛名於籍，又謂滄州宜分爲一路以禦寇。上皆從其言。在位六年，邊備修舉，虜不敢犯塞。四月，以包拯爲樞密副使。六月朔，日有食之。故事，執政遇喪皆起復，上待弼而爲政〔六〕，五遣使起之〔七〕，弼以謂金革變禮不可用於平世，卒不從命。以王安石知制誥。司馬光遷起居舍人、知諫院，與諫官王陶同上疏，

〔一〕　於朋友重行義　文忠集卷三五端明殿學士蔡公墓誌銘、東都事略卷七五蔡襄傳"行"作"信"。
〔二〕　頗自惜　原脱"自"一字，據文忠集卷三五端明殿學士蔡公墓誌銘、宋名臣言行錄後集卷四蔡襄忠惠公校改。
〔三〕　御製元舅隴西王碑文　"元"原作"王"，據文忠集卷三五端明殿學士蔡公墓誌銘、東都事略卷七五蔡襄傳校改。
〔四〕　都巡檢宋士堯死之　"堯"原作"饒"，據長編卷一九二、九朝編年備要卷十六、宋史卷一二仁宗本紀四校改。
〔五〕　始令臺省六品　"省"原作"諫"，據朱氏與畊堂刊本校改。按：臺省六品及諸司五品是宋朝文武官員享有恩蔭特權的一個官僚品級。
〔六〕　上待弼而爲政　"爲"原作"用"，據東坡全集卷八七富鄭公神道碑校改。
〔七〕　五遣使起之　原脱"五遣"二字，據東坡全集卷八七富鄭公神道碑、宋宰輔編年錄卷五校補。

願爲宗廟社稷自重,卻罷飲宴,安養神氣,後宮嬪御進見有度,左右小臣賜予有節,厚味臘毒無益於奉養者,皆不宜數御。上嘉納之。諸路大水。八月,策制科三人:河南府福昌縣主簿蘇軾、澠池縣主簿蘇轍、賢良方正能直言極諫科著作郎王介。先是,蘇轍舉直言策入三等,而考官以爲不可收,司馬光言轍於同科四人中言最切直,有愛民憂國之心,不可不收。時宰相亦以爲當黜,上不許,曰:"求直言而以直棄之,天下其謂朕何?"乃收入四等〔一〕。閏月,以曾公亮同平章事。冬十月,皇姪宗實詔起復判宗正寺,時方服濮王喪,固辭不就。先是,韓琦始爲樞密使,乞内建書院,擇宗室賢才者升於内學,聽斷之暇特賜臨幸,以觀講讀。蓋欲先此以感動上心。及爲首相,面謝日,琦即具手疏曰〔二〕:"切見近歲以來,忠孝之臣皆以陛下臨御四海已三十餘年,而皇嗣未育〔三〕,天下無所繫心,不避重誅,繼有論奏。乞於宗室之中擇可教者權立爲嗣,陛下慈仁恭儉,德冠古今,天祚至明,非晚必生聖子,以爲廟社無窮之慶。至擇宗室中權爲嗣者,優加職秩,使之退就宮邸,誠善議也。臣愚切怪陛下何疑而不行乎?然茲事至大,當獨斷於聖心,雖至親近之人亦不可預議。如陛下素有所屬,已得其人,則望宣示中書、樞密院奉行之,以慰中外之望。若謂賢才難審,選擇當慎,則臣急乞求内中建學,取宗室中幼而謹厚、勤於爲學者,升於内學,陛下每於聽斷之暇或休暇之日親幸學舍,其道德進退、應對長短,不數月間必盡知其能否,然後聖慮取其可屬者權而命之,則無重於此者。故昧死盡言,惟聖度寬納,則天下幸甚。"自此陳請不一,終未聞有開可之語,或怒形於色,或悽愴不樂,中外臣僚漸多以爲言,然所上章疏未嘗降出。琦意欲臺諫進言以爲助,知司馬光在并州日嘗上疏乞立皇嗣事,乃命光知諫院,光就職,果面陳之。琦喜曰:"籍此可以復申前説矣。"明日因進呈光

〔一〕 乃收入四等 原脱此五字,據山堂肆考卷八五校補。
〔二〕 手疏 "疏"原作"詔",據忠獻韓魏王家傳卷五校改。
〔三〕 而皇嗣未育 "育"原作"立",據忠獻韓魏王家傳卷五校改。

疏，力請之。又自懷孔光傳於上前開陳漢成帝立定陶王事，曰："漢成帝在位二十五年無子，立帝弟之子定陶王爲子。成帝猶能爲之，以陛下之聖，何憚而不爲？"帝始感悟，乃曰："宗室中誰可？"琦曰："臣等與宗室素不相接，此事豈臣下敢議，願出自聖斷。"上曰："昔嘗有宗室二人養於宮中，大者俊，小者純而惠〔一〕。"琦即贊曰："既屬以此，不惠者固不足論。"上曰："如此，則惟宗實可。"琦曰："陛下既已知，則定矣。"琦曰："議事當有漸，明日且除判宗正寺。"兗國公主下嫁李瑋，以驕恣聞，司馬光上疏言："太宗時，姚坦爲兗王翊善，有過必諫，左右教王詐疾踰月，太宗召王乳母入問起居狀，乳母曰：'王無疾，以姚坦故鬱鬱成疾爾。'太宗曰：'王年少，不知爲此，汝輩教之。'杖乳母數十，召坦慰勉之。齊國獻穆大長公主，太宗之子，真宗之妹，陛下之姑，而謙恭率禮，天下稱其賢。願陛下教子以太宗爲法，公主事夫以獻穆爲法。"已而公主不安於李氏，詔瑋出知衛州，公主入居禁中，而瑋母楊氏歸其兄璋，散遣其家人。光言："陛下追念章懿太后，故遣瑋尚公主，今乃母子離拆，家事流落，陛下獨無雨露之感、悽惻之心乎？瑋既責降，公主亦不得無罪。"上感悟，詔公主降封沂國，待李氏恩禮不衰也。

壬寅〔二〕 嘉祐七年春正月，詔南郊，奉太祖定配。二月，更江西鹽法。諸路大水。夏五月，以司馬光判檢院、權判國子監，除知制誥，力辭至八九，改授天章閣待制兼侍讀，仍知諫院。上疏言："經略安撫使以便宜從事，出於兵與權制，非永世法。及將相大臣典州者，多以貴倨自恃，凌忽轉運使，使不得舉職〔三〕。朝廷務省事，專行姑息之政，至於胥吏譁譁而逐去御史中丞，輦官悖慢而退宰相，衛士凶逆而獄不窮姦，澤加於舊，軍人罵三司使〔四〕，而法官以

〔一〕 大者俊小者純而惠　忠獻韓魏王家傳卷五作"小者俊，大者純而不慧"。
〔二〕 壬寅　原作"辛丑"，據九朝編年備要一六及干支順序校改。
〔三〕 使不得舉職　原脱"使"一字，據東坡全集卷九〇司馬溫公行狀校補。
〔四〕 軍人罵三司使　原脱"使"一字，據東坡全集卷九〇司馬溫公行狀校補。

爲非犯階級〔一〕。"充媛董氏薨,上輟朝成服〔二〕,百官奉慰,定謚,行冊禮,葬給鹵簿。光言:"董氏秩本微,疾革之後方拜充媛,古者婦人無謚,近制惟皇后有之。鹵簿本以賞軍功,未嘗施於婦人,惟唐平陽公主有舉兵佐高祖定天下之功,乃得給。至韋庶人始令妃、主葬日皆給鼓吹,非令典,不足法。"時有司新定後宮封贈法,皇后與妃皆贈三代。光言:"別嫌明微,妃不當與后同〔三〕。袁盎引卻慎夫人坐,正爲此爾。天聖親郊,太妃只贈二代〔四〕,而況妃乎?"上性寬容,務爲仁厚,末年百官多不舉職,諫官孫洙等上言:"切見比年以來國威不立,權綱廢弛,内外官吏因循苟且,習以成風。太祖時王全斌等平蜀,多取金錢,師還,奪其節鎮,十年不問。趙玭辭環衛,斥歸私第,使閤門待罪。王繼勳殘殺奴婢,盡削其爵。石普擅入奏事,真宗械以赴御史府。今臣下驕蹇,恩貸用而威福奪,陛下其亦能之乎?太原之役,荆罕儒戰死,太祖責其部將不效命,斬石進等二十九人。雄武軍白晝掠人於都市,斬及百人。川班訴給賜,盡斬百餘人。衛士上急變,中人夜開閶闔門,捕之,斬十九人。今軍政日弛,衛卒日驕,陛下其亦能之乎?太祖時吏受賕者皆棄市,内酒庫火,其監掌之官坐弛職而死。今贓吏皆獲復用,而百司不任職,陛下其亦能之乎?故臣願陛下操主威以馭臣下,執剛斷以決萬事。"初,上每事委任臺諫,或諫之曰:"陛下當收纜權柄,勿令人臣弄威福。"上曰:"如何是纜權柄?"或人曰:"凡事須管從中出,則威福歸陛下矣。"上曰:"此固是矣,然措置天下事,正不欲自朕出〔五〕。蓋自朕出皆是則可,如有不是,難以更改。不如付之

〔一〕 非犯階級　原脱"階級"二字,據東坡全集卷九〇司馬溫公行狀校補。

〔二〕 上輟朝成服　"輟"原作"輛",據東坡全集卷九〇司馬溫公行狀校改。

〔三〕 妃不當與后同　原脱"妃"一字,據東坡全集卷九〇司馬溫公行狀校補。

〔四〕 太妃只贈二代　"太妃"原作"太后",原脱"代"一字,據東坡全集卷九〇司馬溫公行狀校改、補。

〔五〕 正不欲自朕出　原脱"不"一字,龜山集卷一二餘杭所聞、龍川集卷二論執要之道均作"正不欲專從朕出",今據補。

公議，令宰相行之。有一不便則臺諫得言其失，於是改之爲易矣。"上之識慮深遠如此。七月，河決北京。八月己卯，立宗實爲皇子，賜名曙，稱疾不入。司馬光上疏言："凡人争絲毫之利至相争奪，今皇子辭不貲之富已三百餘日，其賢於人遠矣。有識聞之，足以知陛下之聖，能爲天下得人。然臣聞父召無諾，君命召不俟駕而行，使者受命不受辭，皇子不當辭避〔一〕，使者不當徒反。凡召皇子内臣，皆乞責降〔二〕，且以臣子大義責皇子宜必入。"上與輔臣謀之，韓琦曰："今既爲陛下子，何所間哉？願令本宮族屬敦勸，及遣人諭旨，彼必不敢違。"丁酉，賜皇子襲衣、金帶，詔同判大宗正寺從古、虢國公宗諤敦勸皇子，仍與潤王宮大將軍以上同入内〔三〕，皇子若稱疾，即乘肩輿至。己亥，從古言皇子猶固稱疾，使者往返數四，是夕留禁門至四鼓，皇子終不至。皇子初辭宗正，與記室周孟陽謀之，所上表皆孟陽筆，至是孟陽入見於卧内，曰："主上察知太尉之賢，乃發德音，太尉獨稱疾堅卧，其義安在？"皇子曰："非敢邀福，以避禍也。"孟陽曰："太尉事兩宮以父母，中外所聞，主上爲萬世計而立爲子矣。今固辭不拜，假如得請歸藩，遂得宴安無患乎？"皇子撫榻而起，曰："吾慮不及此。"遂與宗諤等同入内，良賤不及三十口，行李蕭然，無異寒士，有書數廚而已。中外聞之相賀，乃見上於清居殿。九月朔，以皇子爲齊州防禦使、鉅鹿郡公。大饗明堂，奉真宗配。冬十月，賜常平糴本錢〔四〕。十二月，幸龍圖、天章閣，召輔臣、皇子、宗室等觀三聖御書。幸寶文閣，爲飛白書，命學士王珪題歲月及所賜臣僚名以賜之〔五〕。

〔一〕 皇子不當辭避　長編卷一九七"避"作"遜"。
〔二〕 皆乞責降　"責"與"降"原顛倒，據長編卷一九七、東坡全集卷九〇司馬溫公行狀乙正。
〔三〕 同入内　原脱"内"一字，據長編卷一九七、東坡全集卷九〇司馬溫公行狀校補。
〔四〕 賜常平糴本錢　"糴"原作"糶"，據朱氏與畊堂刊本、九朝編年備要卷一六校改。
〔五〕 長編卷一九七載："又幸寶文閣，爲飛白書，分賜從臣，下逮館閣，作觀書詩，韓琦等屬和，遂宴群玉殿，傳詔學士王珪撰詩序，刊名於閣。"

癸卯〔一〕 嘉祐八年春二月，上不豫，詔請皇太后權同聽政。上試進士許將等三十九人，擢將爲第一。三月，上崩於福寧殿，年五十四，在位四十二年，廟號仁宗。夏四月朔，皇子即皇帝位，御東楹〔二〕，見百官。上見輔臣奏事，必問本末，然後裁決，莫不當理，中外翕然，呼爲明主。是日晚忽得疾，不知人，語言失序，復召已責降醫官宋道安等侍疾。及先帝大斂，上疾增劇，號呼狂走，不能成禮。韓琦亟投杖，褰簾持上，呼内人，屬令加意擁護。上自不豫，喪皆禮官執事，群臣奉慰，則垂簾不坐。尊皇后爲皇太后。立京兆郡君高氏爲皇后，瓊曾孫女，母曹氏皇太后親姊。后四歲，與上同育於禁中，既長出宫，婚於濮邸，至是正位。太后垂簾聽政，上方服藥，權居柔儀殿東閤之西室，太后居其東室。輔臣既入西室候問聖體，因奏軍國事，太后獨御東室〔三〕，輔臣各以政事復奏於簾前〔四〕。五月，上初御延和殿，疾猶未未平，命輔臣禱于天地、宗社、嶽瀆、山川。以富弼爲樞密使、同平章事。六月，廣太廟爲八室。停制科。上復以疾不出，惟兩府得入對。上自感疾即厭服藥餌，韓琦嘗親執藥盃以進，帝不盡飲而卻之，藥污琦衣。太后亟出御服賜琦，琦不敢當。上初以憂疑得疾，舉措或改常度，其遇宦者猶少恩，左右多不悅者，乃共爲讒間，兩宫遂成隙，太后對輔臣多及之，韓琦因出危言感動太后，曰："臣等只在外得見官家，内中保護全在太后。若官家失照管，太后亦未得安穩。"太后驚曰："相公是何言？自家更切用心。"琦曰："太后照管，則衆人自然照管矣。"同列爲宿頸流汗，或謂琦曰："亦太過否？"琦曰："不如此不得。"

〔一〕 癸卯　原作"壬寅"，據九朝編年備要卷一六及干支順序校改。
〔二〕 御東楹　"楹"原作"極"，據長編卷一九八、九朝編年備要卷一六校改。
〔三〕 太后獨御東室　原脱"太"一字，"室"原作"殿"，據上文之"太后居其東室"校補、改。
〔四〕 輔臣各以政事復奏於簾前　"政"原作"故"，據長編卷一九八、資治通鑑後編卷七一校改。

間有傳帝在宮中過失事〔一〕，衆頗惑之。琦曰："豈有殿上不曾錯了一語，而入宮門即得許多錯？琦固不信也。"傳者亦稍息。秋七月，上始御殿見群臣。冬十月，葬仁宗於永昭陵。上疾甚，云爲多乖錯，往往觸忤太后，太后不能堪〔二〕，左右讒間者或陰有廢立之謀〔三〕。昭陵既復土，韓琦歸自陵下，太后遣中使持一封文書付琦，琦啓之，則帝所寫歌詞並宮中過失事，琦即對使者焚之，令復奏曰："太后每説官家心神未寧，心神未寧則語言舉動不中節，何足怪也。"及進對簾前，太后嗚咽流涕，具言之，且曰："老身殆無所容，須相公作主。"琦曰"此病故爾，病已必不然。子病，母可不容之乎？"十二月，初御經筵，召吕公著侍講論語，劉敞侍讀史記。置寶文閣，以藏仁宗御書。

〔一〕 間有傳帝在宮中過失事　"間"原作"問"，"事"原作"者"，據九朝編年備要卷一六、宋史全文卷九下、太平治迹統類卷一一校改。

〔二〕 太后不能堪　原脱"太后"二字，據長編卷一九九、太平治迹統類卷一一校補。

〔三〕 廢立之謀　"謀"，長編卷一九九作"議"、太平治迹統類卷一一作"意"。

卷之十
朝散郎、尚書禮部員外郎、兼國史院編修官李燾經進

宋英宗

甲辰　治平元年春三月，以少卿監隸審官院。雨土。出宮人。上以哀毀致疾，慈聖光獻太后同聽政。司馬光時爲諫官，上疏言："章獻明肅太后保佐先帝，進賢退奸，有大功於趙氏，特以親用外戚小人，故負謗天下。今太后初攝大政，大臣忠厚如王曾、清純如張知白、剛正如魯宗道、質直如薛奎者，當信用之。鄙猥如馬季良、讒諂如羅崇勳者，當疏遠之。"司馬光言："皇太后有莫大之德三，陛下奉養之禮若有絲毫不備，天地鬼神其謂陛下爲如何，此不可不留聖心也。"又言："陛下昔在藩邸，事濮王承順顏色，備盡孝道，凡宮中之事，濮王皆委陛下幹之，無不平允。陛下事皇太后當一如濮王，然後可；視天下之政當一如宮中之事，然後可。"上在諒陰，已小祥猶未出，御史中丞王疇言："真宗咸平元年春三月小祥，是歲夏五月親出禱雨，然則祖宗舊典，在諒陰中亦嘗有所臨幸，但不爲燕樂之事。"於是輔臣、諫官亦以久旱請上出禱雨，上乃始出，幸相國寺、醴泉觀，時上疾新愈，人心大悅。五月，上既康復，韓琦久欲太后罷垂簾，嘗一日取十餘事稟上，上裁決悉當，琦即詣東殿覆奏，太后每事稱善。琦因白太后求去，太后曰："相公安可求退，老身合居深宮，每日在此，甚非得已。"琦即稱前代馬、鄧之賢不免貪戀權勢，今太后能復辟，誠馬、鄧所不及，審決以何日轍簾？太后遽起，琦即厲聲命儀鸞司

撤簾，簾既落，猶於殿屏後微見太后衣。司馬光言"治身莫先於孝，治國莫先於公"，其言切至，皆母子間人所難言者。時有司立法，皇太后有所取用，有司奏覆，得御寶乃供。光極論以爲不可，當直下合同司，敕所屬立供，如上所取，已乃具敷奏太后，以防矯僞。曹佾除使相，兩府皆遷，光言佾無功而得使相，陛下以慰母心耳，今兩府皆遷無名，若以還政爲功，則宿衛將帥、内侍小臣必有覬望。已而都知任守忠等皆遷，光復爭之，因論守忠大奸，陛下爲皇子，非守忠意，沮壞大策，離間百端，賴先〔一〕帝不聽。及陛下嗣位，反覆革面，交構兩宫，國之大賊，人之巨蠹，乞斬都市，以謝天下。詔以守忠爲節度副使〔二〕，蘄州安置，天下快之。張方平遷禮部尚書、知陳州，過都，留判尚書省，請鄆州，陛辭，論天下事，上加歎曰："學士其可以去朝廷哉？"方平力請行，加侍讀學士，徙定州，乞歸養，改徐州，上累欲召還，而左右無助之者。一日謂執政曰："吾在藩邸時，見其蒭蕘論及所對策，近者代言之臣未嘗副吾意，若使居典誥之任，亦國華也。"執政乃奉詔拜翰林學士承旨，問治道體要，方平以簡易誠明爲對，言近而指遠，上不覺前席曰："吾昔奉朝請，望侍從大臣，以謂皆天下選，今乃不然。聞學士之言，始知有人矣。"趙抃奉使契丹還，未至，除天章閣待制、河北都轉運使。時賈昌朝以使相判大名府，抃欲按視府庫，昌朝遣其屬來告，曰："前此監司未有按視吾事者，公雖欲舉職，恐事有不應法，奈何？"抃曰："捨大名府則列郡不服矣。"往視之，昌朝不悦。前此有詔募義勇，過期不足者徒二年，州郡不時辦，官吏當坐者八百餘人，抃被旨督其事〔三〕，奏言河朔頻歲豐稔，故募不如數，請寬其罪，以俟農隙。從之。坐者得免，而募亦隨足。昌朝乃愧服，曰："名不虛得矣。"閏

〔一〕 自"甲辰　治平元年春三月"至"賴先"，原脱此七百五十七字，據朱氏與畊堂刊本，並參考九朝編年備要卷一七、宋史全文卷一〇校補。

〔二〕 節度副使　"度"原作"使"，據宋史卷三三六司馬光傳校改。

〔三〕 抃被旨督其事　"被"原作"彼"，據朱氏與畊堂刊本、東坡全集卷八六趙清獻公神道碑校改。

月,以唐介爲御史中丞。司馬光上皇太后疏曰:"臣在闕門之外,無由知禁庭之事,竊聞道路之言,未詳虛實,皆言近日皇帝奉事殿下,恭勤之禮甚加於往時,而殿下遇之太嚴,接之大簡,或時進見,殿下雖賜之坐,如待疏客,語言相接不過數句,須臾之間已復遣去。如此,則子母之恩如何得達,婦姑之禮如何得施?所以使之疑惑恐懼不敢自親者〔一〕,蓋以此也。推本其原〔二〕,蓋由皇帝遇疾之際,宮省之內必有讒邪之人造飾言語,互相間搆〔三〕,遂使兩宮之間介然相失,久而不解,流聞於外,朝野之士有敢竊議其是非者,深可惜也。臣願殿下斥遠其人,勿置左右。自今以後,母子之間當坦然無疑,皇帝、皇后進見之際〔四〕,殿下宜賜以溫顏,留之從容,來往無時,勿加限絕;或置酒笑語,與之歡欣相待〔五〕,一如家人之禮,則殿下坐享孝養,何樂如之?"宰臣韓琦等遷官。樞密使富弼遷户部尚書,富弼奏辭所遷官,曰:"陛下録臣事先帝微勞,曷若報皇太后今日之大恩〔六〕。竊聞陛下初立爲皇子〔七〕,召居禁中,其時先帝爲左右奸人所諜,不無小惑,內外之人以至陛下舊邸諸親,無一人敢通信問者,陛下飲食悉皆闕供〔八〕,皇太后密使人餽遺,調護之力居多〔九〕,陛下

〔一〕 不敢自親者 "敢"原作"親",據朱氏與畊堂刊本、長編卷二〇一、傳家集卷三一上皇太后疏校改。

〔二〕 推本其原 "原"原作"言",據長編卷二〇一、傳家集卷三一上皇太后疏校改。

〔三〕 互相間搆 "搆"原作"諜",據傳家集卷三一上皇太后疏、太平治迹統類卷一一校改。

〔四〕 皇帝皇后進見之際 原脱"皇后"二字,據傳家集卷三一上皇太后疏校補。

〔五〕 與之歡欣相待 長編卷二〇一、傳家集卷三一上皇太后疏"歡欣"作"欣欣"。

〔六〕 曷若報皇太后今日之大恩 原脱"后"一字,據長編卷二〇一、太平治迹統類卷一一校補。

〔七〕 竊聞陛下初立爲皇子 "皇"下原有"太"一字,據長編卷二〇一刪。

〔八〕 陛下飲食悉皆闕供 "食"下原有"以來"二字,據長編卷二〇一刪。

〔九〕 皇太后密使人餽遺調護之力居多 長編卷二〇一作"皇太后亦不敢明然主之,但曉夕惶恐,百方爲計,偷送食物之類者甚多"。

豈不省之乎？洎先帝晏駕，皇太后立陛下於倉卒中，天位遂定。無何，三兩日後陛下以積憂成疾，大臣奏請太后權同聽政，此決不是皇太后本意。陛下纔康復，皇太后即日還政，臣充位樞府，凡百機務，先於陛下處奏定指揮〔一〕，次至簾前關白而已，並無一字可否，一依先得聖旨〔二〕，如此者凡近一年，此足以見皇太后盡至公之心，不以尊且親有所凌壓，而輒生異同也。仁宗洎皇太后於皇族中獨取陛下為嗣，於陛下有天地之恩，而尚未聞所以報，臣何賞之可加？"奏，不報。六月，皇子頊封潁王。增置宗室學官。諸路大水，命監司分詣州軍存恤。九月，復武舉。重陽節當罷講，呂公著、司馬光言："先帝時，無事常開講筵，近以聖體不安，遂於盛暑、盛寒之際權罷數月。今陛下始初清明，宜親近儒雅，講求治術，願不惜頃刻之間，日御講筵。"從之。夏人寇邊。冬十月，詔明堂奉仁祖配。十一月，韓琦奏云："唐置府兵，最為近古。今之義勇，河北幾十五萬，河東幾八萬，勇悍純實，而有物力資產，即唐之府兵也。陝西當西事之初，亦嘗三丁選一為弓手，其後刺為保捷正軍，及夏國納欵，朝廷揀放，所存無幾。河北、河東、陝西事同一體，今若陝西亦點義勇，止刺手背，不復刺面，可無驚駭〔三〕。"詔從之，命徐億等往，除商、虢二州不集，餘悉集義勇。凡主戶家三丁選一、六丁選二、九丁選三，二十至五十材勇者充。歲以十月番上教閱，一月而罷。知諫院司馬光言："今議者但怪陝西獨無義勇，不知陝西之民三丁已有一丁充保捷矣。古者兵出民間，耕桑之所得皆以衣食其家，今既斂農民之粟帛以瞻軍人，又籍農民之身以為兵〔四〕，是一家任二家之事也。臣愚以為河北、河東已刺之民猶當罷散，況陝西未刺之民乎？"上不聽。其後十年，義勇運糧戍邊，率以為常，一如光之言矣。復內侍養子令。

―――――

〔一〕 先於陛下處奏定指揮　"指"原作"旨"，據長編卷二〇一校改。

〔二〕 一依先得聖旨　"聖旨"原作"政事"，據長編卷二〇一校改。

〔三〕 可無驚駭　"駭"原作"該"，據長編卷二〇三、九朝編年備要卷一七、宋史全文卷一〇校改。

〔四〕 又籍農民之身以為兵　原脫"又"一字，據長編卷二〇三、宋史全文卷一〇校補。

十二月，雨土。以內臣爲陝西諸路鈐轄，令體測軍情，治其訴訟，有賞罰則與其帥議，大事以聞，各許歲乘驛奏事。諫官吕誨言："唐舉兵不利，未有不自監軍始者。我朝因循未革，奈何又增置此員。如走馬承受，官品至卑，已不勝其害，今鈐轄重寄，其權與安撫使均矣。欲乞朝廷罷之，精擇帥臣，專制閫外之權。"上不從。

乙巳 治平二年春正月，遣使募京畿、淮南兵。司馬光言："邊臣之請兵無窮，朝廷之募兵無已，倉庫之粟帛有限，百姓之膏血有涯。臣願斷自聖志，罷招禁軍，訓練舊有之兵，自可備禦。"二月，罷修慶寧宫。吕公著言："今京畿諸縣及京東西、淮南饑饉，多有餓殍，力役之事皆宜權罷。"從之。諫官傅欽之奏事〔一〕，上不從，因曰："臺諫有可言事甚多，何不言？"欽之曰："不知方今可言者何事？"上曰："何不言蔡襄？"欽之曰："若襄有罪，陛下何不自朝廷意正典刑責之，安用臣等言？"上曰："欲使臺諫言其罪，以公議出之。"欽之曰："若付之公議，臣但見蔡襄辦山陵事有功〔二〕，不見其罪。臣身爲諫官，使臣受旨言事，臣不敢。"蔡襄罷，出知杭州。上自濮邸爲皇子，一時在廷之臣多有章疏言不當立，樞密使張昇亦以爲言，仁宗頗惑，獨宰相韓琦贊成其事。及即位，猶以襄爲疑，數問襄何如人。一日因其請假，變色謂中書曰："三司事繁，襄多在假，何不用他人？"韓琦爲救解，上意不回。襄既請罷，琦因質於上，上曰："內中不見文字，在慶寧即已聞之。"琦曰："事出曖昧，更乞審察。"曾公亮、歐陽修皆言疑似難明，不可以此陷害忠良。上曰："造謗者因何不及他人？"遂命吕公弼代之，上曰："卿繼襄爲使，襄訟訴不能決，頗多留事。"公弼知上不悦襄，對曰："襄未嘗懈，恐言者妄爾。"上益以公弼爲長者。襄徙南京，未行，丁母憂，明年遂以疾卒於

〔一〕 傅欽之 即傅堯俞。
〔二〕 臣但見蔡襄辦山陵事有功 原脱"有"一字，據仕學規範卷二五、宋史卷三四一傅堯俞傳校補。

家。翰林學士王珪等十餘人列言襄之賢，其亡可惜。神宗初即位，未及識之而聞其名已久，爲之惻然，特官其幼子旻爲秘書正字。以王廣淵直集賢院。司馬光言："廣淵好奔競，善進取，在仁宗時私以文獻陛下，爲忠謹者果如此乎？漢衛綰不從太子飲，景帝待之過於他臣；周張美以錢穀私假世宗，世宗薄之。陛下於廣淵不治其罪，而又賞之，何以屬臣節？"不報。樞密副使王疇薨，上臨其喪。大風晝晦。上試進士彭汝礪二百人，擢汝礪第一。三月，行明天曆。以呂誨爲御史知雜。趙抃除龍圖閣直學士、知成都。抃以寬治，蜀人安之。初，抃爲轉運使，言："蜀人有以妖祀聚衆爲不法者，其首既死，其從之者宜特黥配，以懲其後。"及爲成都，適有此獄，其人皆懼，意必盡法。抃察其無他，曰："是特坐樽酒至此爾，刑其爲首者，餘皆釋去。"蜀人愈愛之。會榮諲爲轉運使，陛辭，上面諭曰："趙某爲成都，中和之政也。"馮京相繼守成都，事循其舊，亦曰："趙公所爲不可改也，要之以惠利爲本。"西戎遣使致祭，而延州指使高宜押伴，傲其使者，侮其國主，使者訴於朝。光與呂誨乞加宜罪，不從。明年，西戎犯邊，殺戮將士。趙滋爲雄州，專以勇悍治邊，光亦論其不可。至是，契丹之民有捕魚界河，伐柳白溝之南者，朝廷以知雄州李中祐爲不材，選將代之。光言："國家當夷狄附時好與之計較小節，及其桀驁又從而姑息之。近者西戎之禍生於高宜，北狄之隙起於趙滋〔一〕，朝廷方賢此二人，故邊臣皆以生事爲能。今若選將代中祐，則來者必以滋爲法，而以中祐爲戒，漸不可長〔二〕，宜敕邊吏，疆埸細故，徐以文檄往反，若輕以矢刃相加者坐之。"夏四月，中書奏請追尊濮安懿王，下兩制，以爲宜稱皇伯，高官大國，極其尊榮，非執政意。更下尚書省集議，已而臺諫爭言其不可，乃下詔罷議，令禮官檢詳典禮以聞。范鎮時判太常寺，率禮官上言："漢宣帝於昭帝爲孫，

〔一〕 北狄之隙起於趙滋 "滋"原作"高"，據東坡全集卷九〇司馬溫公行狀校改。
〔二〕 漸不可長 "長"原作"多"，據東坡全集卷九〇司馬溫公行狀校改。

光武於平帝爲祖〔一〕，則其父容可以稱祖考，然議者猶非之，謂其以小宗而合大宗之統也〔二〕。今陛下既考仁宗，又考濮王，則其失非特漢宣、光武之比矣。凡稱帝若皇考，立廟，論昭穆，皆非是。"於是具列儀禮、漢儒論議爲五篇奏之〔三〕。司馬光言："漢宣帝爲昭帝後，終不追尊衛太子史〔四〕，皇孫光武起布衣，亦不追尊鉅鹿都尉南頓君，惟哀、安、桓、靈入繼大統，追尊其父祖，天下非之。願以爲戒。"六月，親擢御史，以范純仁爲殿中侍御史，呂大防爲監察御史裏行。秋七月，詔減乘輿服御，詔曰："凡郊廟所以奉天地、祖宗者宜如故事，若乘輿服御之費，其務減損。"富弼以足疾求解機務，拜鎮海軍節度使、同中書門下平章事、判河陽，五上書辭使相，且言："真宗以前，不輕以此授人，仁宗即位之初，執政欲自爲地，故開此例，終仁宗之世，執政、樞密罷者皆除使相，至不稱職者、有罪者亦然，天下非之。今陛下初即位，願立法自臣始。"不從。出宮人。賈昌朝薨，諡曰文元。昌朝在侍從爲名臣，及執政不爲善人所與，咸以爲結宮人、宦者，數爲言者所攻。

八月，大水，上降詔責躬求言。學士降詔有"大臣思天變"之語，上夜批出：驟淫雨爲災，專戒不德，命去其語。司馬光上疏，略曰："陛下即位以來，災異甚衆，日有黑子，江、淮之水或溢或涸，去夏霖雨，涉秋不止。京畿東南十有餘州，廬舍沉於深淵，浮苴棲於老木，老弱流離，捐瘠道路，許、潁

〔一〕 光武於平帝爲祖　"平"原作"先"，據長編卷二〇五、東坡全集卷八八范景仁墓誌銘校改。

〔二〕 大宗之統也　"大"原作"太"，據長編卷二〇五、太平治迹統類卷一一校改。

〔三〕 於是具列儀禮漢儒論議爲五篇奏之　"列"原作"別"，據長編卷二〇五、東坡全集卷八八范景仁墓誌銘校改。

〔四〕 終不追尊衛太子史　原脫"史"一字，據東坡全集卷九〇司馬溫公行狀、宋史卷三三六司馬光傳校補。

之間積尸成丘〔一〕。今夏疫癘大作，彌數千里，秋收未獲，暴雨大至，都城之內道路乘桴，官府民居覆沒殆盡，死於壓溺者不可勝紀。陛下安得不側身恐懼，思其所以致此者乎？"司馬光言："陛下將有事於南郊，群臣循襲故事，請上尊號，屬者暴雨爲災，深宜抑損〔二〕，以答天譴。乞拒而不受。"呂誨亦以爲言，上嘉納之。群臣凡五上表，不允。置陝西壯城兵。九月，歐陽修等纂定太常因革禮成。上策制科二人，以范百禄爲秘書丞，李清臣爲著作佐郎，武舉六人。冬十月，雨木冰。呂誨言："臺諫闕員，言路壅塞。"以邵必知諫院。十一月壬午，郊。

丙午　治平三年春正月，范鎮罷。時韓琦求去，鎮在翰林，批答曰："周公不之魯，欲天下之一乎周。"上以鎮不當引聖人比宰相，欲罷內職，鎮遂請外。或曰："鎮以議濮王追崇事忤歐陽修意，修爲上言鎮以周公待琦，以孺子待陛下也。"鎮以是出知陳州。鎮至三日，發庫廩三萬貫石以貸，不及奏，監司繩之急，鎮上書自劾，詔原之。是歲大熟，而貸悉還，陳人至今恩之。立濮王園廟，以宗朴爲濮國公，奉濮王祀。先是，太后手書：濮安懿王、譙國太夫人王氏、襄國太夫人韓氏、仙遊縣君任氏，可令皇帝稱親，尊王爲濮安懿皇，譙國、襄國、仙遊並稱后。上手詔曰："稱親之禮謹遵慈訓，追崇之禮豈易克當。且欲以塋爲園，即園立廟，皇太后已賜兪允，仍改封宗朴。"侍講呂公著上言："稱親之説乃漢史皇孫故事，皇孫即皇帝所生，父宣帝爲昭帝後，是以兄孫遥嗣祖統，無兩考之嫌，故且稱親，其後既立，謐只稱悼園。今陛下以旁支繼大統，建立園廟，以王子承祀，於濮王無絶父之義，於仁宗無兩考之嫌，可謂兼得。其親字，既稱謂難立，且義理不安，乞寢罷。"不報。又上嘗以稱

〔一〕　許潁之間積尸成丘　"潁"原作"頴"，據九朝編年備要卷一七、宋史全文卷一〇校改。

〔二〕　深宜抑損　"抑"原作"益"，據長編卷二〇六、九朝編年備要卷一七、宋史全文卷一〇、傳家集卷三六乞不受尊號劄子校改。

親之議質於天章閣待制兼侍講王獵，獵以爲不可。上曰："王相待素厚，亦當爾耶。"對曰："臣被王恩厚，故不敢以非禮名號加於王，所以爲報也。"御史呂誨知蘄州，范純仁通判安州，呂大防知休寧縣。先是，誨累疏乞依王珪等議，早定濮安懿王追崇典禮，皆不報。乞免臺職，又不報。遂劾韓琦專權導諛，略曰："琦請議濮王典禮，再下兩制，用漢宣、光二帝故事，欲稱皇考，本非陛下之意，皆琦導諛之過也。永昭陵土未乾，玉几、遺音猶在，乃心已革，謂天可欺。言者辨論，半年不決。琦猶遂非，不爲改正，得謂之忠乎？"又與純仁、大防等合奏，論參知政事歐陽修首開邪議，妄引經據，欲累濮王以不正之號，陷陛下於過舉之譏〔一〕。韓琦飾非傅會，曾公亮、趙概備位政府，苟且依違。伏請下修於理，及正琦等之罪。"中書亦以劄子自辨，略云："皇伯之稱，考於經史皆無據。按儀禮喪服記曰：爲人後者，爲其父母服齊衰，期謂之降服者，以明服可降，父母之名不可改也。夫爲人後者既以所後爲父矣，聖人又存其所生父母者，非曲爲之意也，蓋自有天地以來，未有無父而生之子也。既有父而生，則不可諱其所生矣。"誨等論列不已，繳納誥敕，居家待罪，上封還誥敕，趣令供職，不赴。及太后降手書，純仁奏云："皇太后自撤簾之後未嘗聞預外政，豈當復降詔令有所建置，且三代未嘗有母后詔令施於朝廷者，秦、漢以來方預少主之政，自此權臣欲爲非常之事，必假母后之詔令以行其志，往往出於迫脅，而天下卒不知事由權臣。今陛下以長君臨御，於茲四年，何必用母后之命施於長君之朝也。"琦見純仁奏，謂同列曰："琦與希文恩如兄弟，視純仁如子姪，乃忍如此相攻乎？"是日，詔諭誨等赴臺供職，誨等又奏乞罪首啓邪議之臣，未敢承命。上又令中書降劄子趣使供職，誨等繳還劄子，并前後所奏九狀申中書，堅辭臺職。中書進呈，上問："當如何？"琦對曰："臣等有罪，當留御史。若以臣等無罪，則取聖旨。"上猶豫久之，乃

〔一〕陷陛下於過舉之譏　"譏"原作"議"，據長編卷二〇七、九朝編年備要卷一七、宋史全文卷一〇校改。

令出御史。三月，以蘇軾直史館。上在藩邸聞軾名，欲召入翰林知制誥，韓琦曰："軾遠大器也，在朝廷培養，使天下畏慕降伏。今驟用之，人情未必皆以爲然。"上曰："與修起居注可乎？"琦曰："記注與制誥爲鄰，不若召試館職。"上曰："未知能否？故試，若軾，有不能耶？"琦不可，乃試而命之。他日，歐陽修以告軾，軾曰："韓公所以待軾，乃君子愛人以德也。"三月，彗見西方。庚申晨，見於室本，大如月，長七尺許。辛巳昏，見於昴，如太白，長丈有五尺。壬午，孛於畢，如月，至五日没。諫官傅堯俞知和州，御史趙鼎、趙瞻通判淄州、汾州。堯俞、鼎、瞻使契丹還，以嘗與吕誨言濮王事，家居待罪，上數諭留，堯俞等終求去，故出。夏四月，以郭逵同簽書樞密院事。秋八月，吕公著罷。公著嘗言濮安懿王不當稱親及請追還吕誨等〔一〕，不從，即稱疾請外。上曰："學士朕所重，豈得輕去。"家居百日，上遣内侍即家諭勉〔二〕，且戒之曰："公著勁直，宜徐開曉，語勿太迫。"又令公著兄公弼勉之，公著起就職，方數月，復上章請外，出知蔡州。九月戊子朔，日有食之。禁銷金。皇城司嘗捕銷金衣送開封府，推官竇卞上殿請其獄，有以内庭爲言者，上疑之，卞曰："真宗禁銷金自掖庭始。"上曰："然。文王刑於寡妻，至於兄弟，以御於家邦，正謂此爾。"詔如卞請。詔自今待制以上六年磨勘，至諫議大夫止。京朝官四年磨勘，至前行郎中止〔三〕。夏人寇邊。冬十月，詔三歲一貢舉。以簽書郭逵宣撫陝西。十一月，上不豫。十二月，立皇子潁王頊爲皇太子。先是，上久服藥，韓琦等問起居退，潁王憂形於色，顧琦曰："奈何？"琦曰："願大王勿離左右。"曰："此乃人子之職。"琦曰："非爲此也。"王感悟，未幾上疾增劇，琦復奏曰："陛下久不視朝，内外憂

〔一〕 濮安懿王不當稱親 "稱"原作"因"，據長編卷二〇八、九朝編年備要卷一七、宋史全文卷一〇校改。

〔二〕 上遣内侍即家諭勉 "即"原作"郎"，據長編卷二〇八、九朝編年備要卷一七校改。

〔三〕 至前行郎中止 原脱"至"一字，據長編卷二〇八、文獻通考卷三四選舉考七校改。

惶，宜早立太子。"上頷之，琦請上親筆旨揮，上乃書曰："立大大王爲皇太子。"琦曰："必潁王也，煩聖躬更書之。"上又批曰："潁王頊。"即召學士草制，學士張方平至榻前稟命，上憑几不言，賜方平坐，出書一幅八字"來日降詔立皇太子"，方平抗聲曰："必潁王也。嫡長而賢，請書其名〔一〕。"上力疾書，以付方平，既草制，尋充册立皇太子禮儀使。大赦。是歲，契丹國號大遼。

丁未〔二〕 治平四年春正月庚戌朔，大風霾。詔民間私造寺觀，賜名壽聖。上崩於福寧殿，年三十八，在位五年，謚曰憲文肅武宣孝，廟號英宗。上居潛邸以孝聞，閉門讀書終日，未嘗宴遊慢戲，服御儉素如儒者，遇人恂恂，惟恐傷之。教授雖朝夕見，必以朝服，曰："教授吾師也，何敢弗爲禮。"受詔爲皇子〔三〕，辭至十餘奏，及就召，戒舍人曰："善守吾舍〔四〕，有適嗣，吾歸矣。"初，執政奏事，必問朝廷故事如何，於古當何如，命近臣必以官而不名，大臣從容以爲言，上曰："朕雖宫中命小臣亦未嘗名。"郊祀習儀尚書省〔五〕，例賜酒食，有郎官醉飽嘔吐，爲御史所劾，上特令放罪，曰："失儀薄罰也，使士大夫以酒食得過，難施面目矣。"皇太子即皇帝位，是爲神宗。尊皇太后爲太皇太后〔六〕，後名宫曰慶壽。皇后爲皇太后。宫曰寶慈。二月，上始親政，立夫人向氏爲皇后。故相敏中之曾孫女也〔七〕。上爲皇子時納焉，封安國夫

〔一〕 請書其名 "名"原作"右"，據東坡全集卷八八張文定公墓誌銘、宋史卷三一八張方平傳校改。

〔二〕 丁未治平四年春正月庚戌朔 "未"原作"丑"，據九朝編年備要卷一七、宋史全文卷一〇校改；原脱"庚戌"二字，據長編卷二〇九校補。

〔三〕 受詔爲皇子 "皇"下原有"太"一字，據九朝編年備要卷一七删。

〔四〕 善守吾舍 宋史卷一三英宗本紀"善"作"謹"。

〔五〕 郊祀習儀尚書省 原脱"省"一字，據宋朝事實卷五校補。

〔六〕 尊皇太后爲太皇太后 原脱第二個"太"字，據長編卷二〇九、九朝編年備要卷一七校補。

〔七〕 敏中之曾孫女也 原脱"曾"一字，據長編卷二〇九、宋史卷二四三神宗欽聖獻肅向皇后傳補。

人。三月，彭思永自中丞出知黄州，蔣之奇自御史出監道州酒税，朝論以濮王追崇事疾歐陽修，欲擊之，會修妻之從弟薛良孺被劾，修言不可以臣故原貸，良孺怨修，因誣修以帷薄事，事連修長子婦吳氏。劉瑾，修之仇家，於是騰謗，思永聞之，以語之奇，之奇劾修，上疑不然，之奇引思永爲證。修上章乞詔公正之臣爲臣辨理，上取之奇、思永所奏并修章付中書〔一〕，具傳達人姓名以聞。之奇言得自思永，思永辭以出於風聞〔二〕，上曰："豈有致人大惡，而可以風聞爲託？"故思永、之奇並黜，手詔諭修：事理既明，勿恤前言。上舉進士三百五十人，許安世爲第一。歐陽修出知亳州。彭思永等既罷，御史蘇寀、吳申言猶未已，修三上表乞罷職，故有是命。初，英宗以疾未親政，太皇太后垂簾，修與二三大臣主國論〔三〕，前此執政多婀阿不明是非，修必一一數之，曰某事可行，某事不可行，於是怨修者多。英宗嘗稱修性直，不避怨，修亦誦故相王曾之言曰："恩欲歸己，怨使誰當？"既出守，連六表乞致仕，不從。以吳奎參知政事。上初欲用奎，宰相言陳升之有輔立陛下功，上曰："奎輔立先帝。"遂越次用之。奎入謝，因言仁宗本意止在先帝，更無他擇，此天地之恩，不可忘也，追崇濮王事誠牽私意。上曰："此爲歐陽修所誤。"奎對曰："韓琦於此事亦失衆心。"他日，奎進言："陛下在推誠以應天，天意無他，合人心而已。若至誠格物，物莫不以至誠應於上，自然感召和氣。"又曰："帝王之職惟在判別忠邪，自餘庶務各有司存，但不使小人得害君子，君子常居要近，則自治矣。"閏月，更試館職法，舊試詩賦，初令試論策，從吳申之請也。求直言。以王安石知江陵府。初，安石既除喪，詔赴闕，引疾乞分司，上語輔臣曰："安石歷先帝一朝不起，或云不恭。今召之，又不至，果

〔一〕按：長編卷二〇九、九朝編年備要卷一七"付中書"下有"令思永、之奇分析"七字。

〔二〕辭以出於風聞 "出"下原衍"以出"二字，據長編卷二〇九刪。

〔三〕修與二三大臣主國論 "主"原作"正"，據長編卷二〇九、九朝編年備要卷一七、宋史全文卷一〇校改。

病耶?"曾公亮曰:"安石真輔相材,必不欺罔〔一〕。"吴奎曰:"臣嘗與安石同領群牧,備見其迂闊護前〔二〕,萬一用之,必亂紀綱。"上未省,奎重言之,遂有是命。或曰公亮薦安石,乃所以傾韓琦也。同知諫院滕甫言:"中書、密院議邊事多不合,趙明與西人戰,中書賞功,而密院降約束。郭逵修堡栅,密院方詰之,而中書已下褒詔。夫戰守大事也,安危所寄。"敕大臣凡有戰守,令依慶曆故事參議。以吕公著、司馬光爲翰林學士〔三〕,光以不能四六爲辭,上曰:"如兩漢制詔可也。"光曰:"本朝故事不可。"强之,乃受。光乃上疏論修心之要三,曰仁、曰明、曰武;治國之要三,曰用人、曰信賞、曰必罰。且曰:"臣嘗以此六事獻仁宗,其後以獻英宗,今又以獻陛下,誠以臣平生爲學所得至精至要者盡在是矣。"夏四月,王陶罷。先是,召渭州郭逵還領樞密,陶奏用逵非先帝意,外則韓琦薦引,内則高居簡納略,上曰:"事干先朝〔四〕,義實難處。"陶言既不行,即以不赴文德殿押常參班劾琦等,略曰:"忽千官瞻視之庭〔五〕,蔑如房闥〔六〕;艱再拜表儀之禮,重若丘山。"琦與曾公亮待罪,上命翰林學士司馬光爲御史中丞,與陶兩易其職。光入對曰:"王陶論宰相不押班,未行而罷陶職,則中丞不可復爲,請俟丞相押班受命。"上許之。參政吴奎、趙概堅請絀陶於外,上不許,奎又奏:"邇來寒暄不節,

---

〔一〕必不欺罔 "欺"原作"虧",據長編卷二〇九、九朝編年備要卷一七、宋史卷三一六吴奎傳校改。

〔二〕護前 長編卷二〇九同,九朝編年備要卷一七作"護非",宋史卷三一六吴奎傳作"護短"。

〔三〕爲翰林學士 "學士"原作"故事",據九朝編年備要卷一七、宋大事記講義卷一四校改。

〔四〕事干先朝 "干"原作"于",據九朝編年備要卷一七改。

〔五〕忽千官瞻視之庭 "官"原作"言",據九朝編年備要卷一七、宋史全文卷一〇、宋宰輔編年錄卷七、太平治迹統類卷一二校改。

〔六〕蔑如房闥 "如"原作"加","闥"原作"闕",據九朝編年備要卷一七、宋史全文卷一〇、宋宰輔編年錄卷七、太平治迹統類卷一二校改。

暴風屢作〔一〕，時雨愆亢，螟螣滋生，過不在他，止一王陶而已。今陶挾恃舊恩，排抑端良。韓琦、曾公亮不押班事，蓋以久來相承，非是始於二臣。今若除翰林學士，乃是美遷，且使天下待陛下為何如主。王陶不黜，陛下無以責大臣，展布四體〔二〕。臣輒違制旨，合正典刑。"於是卧家乞罷，上封奎奏示陶，陶復劾奎附宰相、欺天子六罪。吳申奏乞留陶供職，劾奎有無君之心。上手札趣知制誥邵亢進入陶學士誥，亢遂言："御史職在糾彈，陰陽不和，咎在執政，奎所言顛倒至是。"上批付中書："王陶、吳申過毀大臣，陶知陳州，申罰銅四十斤。奎位執政而劾中丞，除知青州。"司馬光奏奎名重於陶，望留奎在政府。奎既復位，邵亢更以為言。上曰："此無他，欲起堅卧者爾。"以司馬光為御史中丞。先是，光乞留吳奎，上不懌，告在閤門，上復收入，三日始付中書。六月，以趙抃知諫院。抃獻疏，言任道德、委輔弼〔三〕、別邪正、去侈心、信號令、平賞罰、謹機密〔四〕、備不虞、勿數赦、容諫諍十事。又言吕誨、傅堯俞、范純仁、吕大防、趙瞻、趙鼎、馬默皆骨鯁敢言，久譴不復〔五〕。又論五費，謂宮掖、宗室、官濫、兵冗、土木之費，多見納用。韓絳言京東民有父子二丁將為衙前役者，其父告其子云'吾當求死，使汝曹免凍餒也'，遂自經死。又聞江南有嫁其祖母及老母，析居以避役者；又有鬻田產於官戶，田歸不役之家，而役併增於本等戶。中丞司馬光亦言自罷里正，置鄉戶衙前，而民戶愈困，重至於破家，願詢謀以及天下，使民休息。遂詔逐路條具差役利害。秋七月，詔明堂奉英宗配。宇文之邵致仕。先是，之邵為曲水縣令，歲饑，轉運司以輕薄絹高價使縣配賣，之邵不可，拂轉運使意，罷官而歸。繼又上書言

〔一〕 暴風屢作 "屢"原作"累"，據宋史全文卷一〇、資治通鑑後編卷七五校改。

〔二〕 展布四體 原脫"四體"二字，據宋史全文卷一〇、資治通鑑後編卷七五校補。

〔三〕 委輔弼 "委"原作"東"，據宋史全文卷一〇、太平治迹統類卷一二校改。九朝編年備要卷一七"委"作"重"。

〔四〕 謹機密 "機"原作"幾"，據宋史全文卷一〇、太平治迹統類卷一二校改。

〔五〕 按：太平治迹統類卷一二"久譴不復"下有"無以慰縉紳之望"七字。

事,不報,乃致其仕,屏居十五年而卒。司馬光曰:"吾聞志不行,故禄位如錙銖;道不同,視富貴如土芥。今於之邵見之。"八月,京師地震,上謂輔臣曰:"地震何祥也?"曾公亮曰:"天裂,陽不足;地震,陰有餘。"上曰:"誰爲陰?"公亮曰:"臣者君之陰,子者父之陰,小人者君子之陰,皆宜戒之。"吴奎曰:"但爲小人黨盛矣。"上不懌。葬英宗於永厚陵。九月,祔英宗,祧僖祖。録周後。以王安石爲翰林學士,上謂吴奎曰:"安石真翰林學士也。"奎曰:"安石文行誠高出於人。"上曰:"當事如何?"奎曰:"恐迂闊。"上不之信也。韓琦屢懇求罷相,上曰:"侍中必欲去,今日已降制矣。"上遂泣下,琦亦感泣,乃以琦守司徒兼侍中,出判相州。以張方平参知政事。司馬光言:"方平文章之外更無所長,姦邪貪猥,衆所共知,故仁宗不用。"上曰:"有何實事?"光曰:"請言臣所目見者。"上作色曰:"每除拜,衆言輒紛紛,非朝廷好事。"光曰:"此乃好事也。知人帝堯難之,況陛下乎?陛下新即位,萬一用一姦邪,臺諫不言,陛下何從知之?"司馬光仍翰林學士兼侍讀。光言:"臣昨論方平,未蒙施行。若臣所言果是,則方平當罷政事,若其非是,則臣當遠貶,豈宜復遷美職,未敢祗受新命。"上手詔諭光:"换卿禁林,復兼勤講,蓋欲朝夕討論,以規遺闕,若以言事罪卿,豈復更遷美職?可便受誥。"漳、泉、潮等州地震。冬十月,開經筵。御製通鑑序。种諤復綏州,嵬名山降。初,夏諒祚迫遷横山種落於興州,有嵬名山者因衆不樂,以所統横山部族内附,諤時知青澗城,不俟報即間道通蠟書〔一〕,且言乘釁可復河南地,鄜延經略使陸詵難之,獨轉運使薛向主諤。司馬光上疏極諫,以爲:横山之衆若能勝諒祚,是滅一諒祚生一諒祚;若其不勝,必引衆突塞,不知何以待之?文彦博亦謂諒祚稱臣奉貢,今或襲取其地無名〔二〕。上不

〔一〕 即間道通蠟書 "間"原作"問",據朱氏與畊堂刊本、九朝編年備要卷一七校改。

〔二〕 今或襲取其地無名 "地"原作"他",據涑水記聞卷一一、九朝編年備要卷一七、太平治迹統類卷一五校改。

聽，遣諤及向迎之。取綏州，凡費六十萬。西方用兵蓋始於此。諒祚將以兵報復，西邊皆警，上乃以韓琦判永興、兼陝府五路經略安撫使。琦奏曰：「薛向招誘橫山，已而种諤擅取綏州，環慶李肅之領衆七千破蕩族帳，涇原蔡挺又欲令環慶直趨興、靈，肆意妄作，取怨夷秋。臣引道非難，但須稟朝廷成筭。」琦尋至長安，有詔相度綏州可棄可守以聞。琦奏綏州不可棄，且言西賊誘害沿邊知軍、巡檢，不接詔匿賀登極、正旦，人使更不過界，是不復顧藉和好〔一〕。況綏州見已修就城池，若令降人嵬名山等據之，自然併力扞禦諒祚，萬一失之，亦不係國家邊鄙利害。諒祚戰數敗，國中饑困，將求和，而諒祚死，子秉常立，乃詔存綏州如琦議。

史臣曰：祖宗務廣德，不務廣地，初開并門匪疢匪棘，北棄幽都，西指朔方，四夷左衽，罔不咸賴。由建隆初迄治平末，總一百四年，凡地理沿革無大增損。熙寧始務開拓，未及改元，种諤先取綏州，韓絳繼取銀州，王韶取熙河，章惇取懿、洽，謝景溫取徽、誠，熊本取南平，郭逵取廣源，最後李憲取蘭州，沈括取葭蘆等四寨，雖嘗以河東邊界七百里地與遼人〔二〕，而王安石之議蓋曰：「將欲取之，寧姑與之。」逮元祐更張，舉葭蘆等四寨給賜夏人，而分畫久弗能定。紹聖遂罷分畫，督諸路各乘勢攻討進築，自三年秋迄元符二年冬，凡陝西、河東建州一、軍二、關三、城九、寨二十八、堡十，又取青唐、邈川、寧塞、龍支等城，武節赫然見矣。建中靖國悉還吐蕃故壤，稍紓民力。崇寧亟變前議，專以紹述爲事，蔡京始任童貫、王厚，更取湟、鄯、廓三州二十餘壘，陶節夫、鍾傳、邢恕、胡宗回、曾孝序之徒，又相與鑿空駕虛，馳騖乎元符封域之表。迄於

〔一〕是不復顧藉和好　「顧」原作「故」，據朱氏與畊堂刊本、九朝編年備要卷一七校改。

〔二〕雖嘗以河東邊界七百里地與遼人　「與」原作「乞」，據朱氏與畊堂刊本、宋大事記講義卷一四校改。

重和,既立靖夏、制戎、制羌三城,雖夏人浸衰,而吾民力亦弊,西事粗定,北事踵起,蓋自崇寧以來,梓、益、夔、黔、廣西、荆湖南北迭相視效,斥大土宇,鮮有寧歲。凡所建州、軍、關、城、塞、堡紛然,殆不可勝紀。最後建燕山、雲中兩路,甫及三歲,而禍變遽作,中原板蕩〔一〕,故疆淪喪矣。

〔一〕 中原板蕩 "板"原作"版",據九朝編年備要卷一七、宋大事記講義卷一四、宋史卷八五地理志一校改。

卷之十一

朝散郎、尚書禮部郎員外郎、兼國史院編修官李燾經進

宋神宗一

戊申　熙寧元年春正月甲戌朔，日有食之。復武臣同提刑。以唐介參知政事。增太學生員，初二百員，至是又增置一百員。三月，潭州兩毛。夏四月，王安石入對，上曰："方今治當何先？"安石曰："以擇術爲先。"上問："唐太宗何如？"對曰："陛下當以堯、舜爲法，太宗所知不遠，所行不盡合先王，但乘隋亂，子孫又皆昏惡，所以獨見稱述。堯、舜所爲至簡而不煩，至要而不迂，至易而不難，但末世學者不能通知，常以爲高不可及，不知聖人經世立法以中人爲制也。"六月，錄唐魏徵、狄仁傑後。河決恩、冀等州。秋七月，城筚篥，初秦州生户爲諒祚劫而西徙，有空地百里，名筚篥，知州馬仲甫請城而耕之〔一〕。司馬光權知審官院，百官上尊號，光當答詔，上疏言："先帝親郊不受尊號，天下莫不稱頌，末年有建言者，國家與契丹有往來書信，彼有尊號，而我獨無，深以爲恥，於是群臣復上尊號。昔漢文帝時單于自稱"天地所生日月所置匈奴大單于"，不聞文帝復爲大名以加之也。願陛下追用先帝本意，不受此名。"上大悅，手詔答曰："非卿朕不聞此言，善爲答詔，使中外曉然知朕至誠，非欺衆邀名者。"遂終身不復受尊號。以陳升之知樞密院。升之

〔一〕　知州馬仲甫　"州"原作"府"，據朱氏與畊堂刊本、九朝編年備要卷一八校改。

即旭也〔一〕，避諱，以字行。出將作監主簿、助教告敕七十道〔二〕，募人入粟。知諫院錢公輔言祠部遇歲饑、河決，鬻度牒以濟急，乞自今裁損聖節恩賜，以限剃度之冗〔三〕。從之。京師、河朔地大震。雨水。八月，孫覺罷。復行崇天曆。九月，詔藝祖子孫屬近而行尊者一人，裂地王之。河南北分置監牧使。執政以河朔災傷，國用不足，乞今歲親郊，兩府不賜金帛，送學士院取旨。先言兩府所賜以匹兩計止二萬，未足以救災，宜自文臣兩省、武臣宗室刺史以上皆減半，光與學士王珪、王安石同對，光言救災節用宜自貴近始，可聽兩府辭賜。安石言："常袞辭賜饌，時議以為袞自知不能，當辭位，不當辭祿。且國用不足，非當今之急務也。"光曰："袞辭祿，猶賢於持祿固位者〔四〕，國用不足真急務，安石言非是。"安石曰："不足者，以未得善理財者也，善理財者，不加賦而上用足。"光曰："天下安有是理？天地所生財貨百物止有此數，不在民，則在官，譬如雨澤，夏澇則秋旱，不加賦而上用足，不過設法陰奪民利，其害甚於加賦。此乃桑洪羊欺武帝之言〔五〕，以見武帝不明耳。至末年，盜賊蠭起，幾至於亂。若武帝不悔禍，昭帝不變法，則漢幾亡。"爭議不已。王珪進曰："救災節用宜自近貴始，司馬光言是也。然所費無幾，恐傷國體，王安石言亦是。惟明主裁擇。"

己酉　熙寧二年春二月，以富弼同平章事。時弼以足疾未能入見，間有於上前言災異皆天數〔六〕，非人事所致。弼聞之，嘆曰："人君所畏惟天，若不畏

〔一〕　升之即旭也　"即"下原有"知"一字，據朱氏與畊堂刊本、九朝編年備要卷一八刪。

〔二〕　七十道　原脫此三字，據九朝編年備要卷一八、宋史全文卷一一校補。

〔三〕　乞自今裁損聖節恩賜以限剃度之冗　原脫此十五字，據九朝編年備要卷一八校補。

〔四〕　猶賢於持祿固位者　"猶"原作"由"，據東坡全集卷九〇司馬溫公行狀、東都事略卷八七上司馬光傳、宋名臣言行錄後集卷七司馬光溫國文正公校改。

〔五〕　桑洪羊欺武帝之言　"洪"應作"弘"，此係避宋太祖父趙弘殷諱。

〔六〕　間有於上前言災異皆天數　"間"原作"聞"，據朱氏與畊堂刊本、九朝編年備要卷一八校改。

天，何事不可爲者〔一〕？去亂亡無幾矣。此必姦臣欲進邪説，故先導上以無所畏，使輔弼、諫諍之臣無所復施。"即上書數千言，雜引春秋、洪範及古今傳記人情物理，以明其決不然者。未幾入見，又言："臣聞中外之事漸有更張，此必小人獻説於陛下也。大抵小人惟動作生事，則其間有所希覬。若朝廷守静，則事有常法，小人何所望也。"上改容聽納。又言："今所進用多是刻薄小才，小才雖自可喜，然害事壞風俗〔二〕，恐須進用醇厚篤實之人。"

"宣王遇旱側身修行，欲銷去之；成湯禱雨必剪其爪，以六事自責〔三〕，古人於天戒不敢不祗畏也如此。漢時有日食地震之變，必延郡國賢良之士，以訪闕政〔四〕。祖宗朝有水旱蝗蟲之災，皆避正殿，減膳，徹樂，或出宫人，理冤獄，此皆得古帝王用心，宜其享國長久，受天之佑。若災異之來，一付之天數，則人君之心果何所畏，而人事亦皆棄而不修矣。"熙寧建議之臣，其言及此，真亡國喪家之兆。非富鄭公辭而闢之，天下其亦殆矣。

王安石參知政事，上召對曰："富弼、曾公亮與卿協力，弼聞卿肯任事亦大喜，然須勿爲嫌疑。朕初亦欲從容除拜，覺近日人情於卿極有欲造事傾摇

〔一〕 何事不可爲者 "事"原作"爲"，據朱氏與畊堂刊本、九朝編年備要卷一八、宋史全文卷一一、宋史卷三一三富弼傳校改。

〔二〕 按：九朝編年備要卷一八、宋史全文卷一一、宋宰輔編年録卷七"壞風俗"下有"爲甚"二字。

〔三〕 成湯禱雨必剪其爪以六事自責 古今事文類聚前集卷五湯禱桑林載："湯伐桀後大旱七年，煎砂爍石，太史占之，曰：'當以人禱。'湯曰：'吾所爲請雨者，民也，若必以人禱，吾請自當。'遂齋戒剪髮斷爪，素車白馬，身嬰白茅，以身爲犧牲，禱於桑林之野，持三足鼎，祝於山川，曰：'政不一與，民失職與，宫室營與，婦謁盛與，苞苴行與，讒夫昌與，何不雨之極？'言未已而天大雨。"

〔四〕 以訪闕政 "政"原作"議"，據文意改。

者,故急欲卿就職。朕嘗以吕誨爲忠直,近亦毁卿,趙抃、唐介皆以言捍塞卿進用。朕問曾公亮亦云誠有此,卿且與朕力變此風。且不知卿施設以何爲先?"對曰:"變風俗,正法度,最方今急務也。"上以爲然。初,上問孫固曰:"安石可相否?"固曰:"安石文行甚高,侍從獻納其選也。宰相自有度,安石爲人少容,恐不可。"曾公亮薦安石,唐介曰:"安石好學而泥古,議論迂闊,若使爲政,必多變更以擾天下。"

治平中,邵雍與客散步天津橋上,聞杜鵑聲,慘然不樂,客問其故,雍曰:"杜鵑,洛陽舊無之,今始至,有所主。"客曰:"何也?"雍曰:"不二年,上用南士爲相,多引南人,專務變更,天下自此多事矣。"客曰:"聞杜鵑何以知此?"雍曰:"天下將治,地氣自北而南;將亂,自南而北。今南方地氣至矣,禽鳥飛類得氣之先者也。"

創制置三司條例司,議行新法,命陳升之、王安石領其事。初,安石言:"昔周置泉府之官,以摧制兼并〔一〕,均濟貧乏,變通天下之財,後世推桑洪羊、劉晏粗合此意,學者不能推明先王法意〔二〕,更以爲人主不當與民争利。今欲理財,則當修泉府之法,以收利權。"又曰:"人才難得,亦難知。今使十人理財,其中容有一二敗事,則異論乘之而起。臣謂堯與群臣共擇一人治水,尚不能無敗事,況所擇而使非一人,豈能無失,要當計利害多少,而不爲異論所惑。"上曰:"有一人敗事而遂廢所圖,此所以少成事也。"尋以吕惠卿、蘇轍爲條例司檢詳文字。安石多與惠卿謀,人號安石爲孔子,惠卿爲顏子。安石欲行青苗法,轍曰:"以錢貸民,出納之際吏緣爲姦,錢入民手,雖良民不

────────

〔一〕 以摧制兼并 "摧"原作"榷",據朱氏與畊堂刊本、九朝編年備要卷一八、宋史全文卷一一校改。

〔二〕 先王法意 "王"原作"生",據九朝編年備要卷一八、太平治迹統類卷一三校改。

免妄用，及其納錢，雖富民不免違限，恐鞭箠必用，州縣不勝煩矣。"三月，册秉常爲夏國主。夏四月，河決，地震，旱，避殿，減膳。群臣請上尊號及作樂，上以久旱不許。群臣固請作樂，富弼言："故事，有災變皆徹樂。恐以同天節虜使當上壽，故未斷其請。臣以爲此盛德事，正當以示夷狄。乞併罷上壽。"從之。即日而雨。唐介薨，上臨其喪，諡忠肅。五月，定縣令考績法，分上、中、下三等。弼又上疏：願益畏天威，遠姦佞，近忠良。上親書答回曰："義忠言親，理正文直，苟非意在愛君，志存王室，何以臻此？敢不置之枕席，銘諸肺腑，終老是戒。更願公不替今日之志〔一〕，則天災不難弭，太平可立俟也。"弼既上疏謝，復申戒更願不替今日之志〔二〕，不以異同爲喜怒，不以喜怒爲用捨。弼初見上，上問邊事，弼曰："陛下即位之始，當布法行惠。願二十年口不言用兵，以九事爲戒。"未幾，以疾辭位，拜武寧軍節度使、同中書門下平章事、判河南。御史中丞吕誨言："王安石大姦似忠，大詐似信，推其用捨，係時休否。安石外示樸野，中藏巧詐，驕蹇慢上，陰賊害物。"因疏其十事。安石求去，既留，而誨出知鄧州。趙抃自成都召還，上命知諫院。故事，近臣自成都還，將大用，必更省府，不爲諫官。大臣爲言，上曰："用趙抃爲諫官，賴其言耳。苟欲用之，何傷？"及謝，上謂抃曰："聞卿匹馬入蜀，以一琴一龜自隨，爲政簡易，亦稱是耶！"抃知上意將用其言，即上疏論吕誨、傅堯俞、范純仁、吕大防、趙瞻、趙鼎、馬默皆骨鯁敢言，久譴不復，無以慰縉紳之望。上納其說。郭逵除簽書樞密院事，公議不允，抃力言之，即罷。擢右諫議大夫、參知政事，感激思奮，面議政事有不盡者，輒密啓聞，上手詔嘉之。上嘗曰："朕思祖宗百戰得天下，今以一州生靈付一庸人，常痛心疾首。"司馬光論内臣高居簡姦邪，乞加遠竄，章五上，上手詔問所從知，光

〔一〕 更願公不替今日之志 原脱"公"一字，據宋史全文卷一一、太平治迹統類卷一二、東都事略卷六八富弼傳校補。

〔二〕 復申戒更願不替今日之志 原脱"志"一字，據朱氏與畊堂刊本校補。

曰："臣得之賓客，非一人言。事之有無，惟陛下知之，若無，臣不敢避妄言之罪〔一〕；萬一有之，不可不察。"詔用宮邸官郭昭選等四人爲閤門祗候。光言："國初草創，天步尚艱，故即位之始必以舊人爲腹心耳目，謂之隨龍，非平日之法也。閤門祗候，在文臣爲館職，豈可使厮役爲之？"呂公著薦程顥，授太子中允兼御史裏行，上章論王霸，略曰："得天理之正，極人倫之至者，堯、舜之道也。用其私心，依仁義之偏，爲霸者之事也。王道坦然，本乎人情，出乎禮義，若履大道而行，無復回曲。霸者崎嶇，反側於曲徑之中，而卒不與入堯、舜之道，故誠心而王則王矣，假之而霸則霸矣。"八月，御史劉述、劉琦、錢顗等言王安石專肆胸臆，輕易憲度，而無忌憚之心也。上不聽，乃貶琦監處州鹽酒稅，顗衢州鹽稅，述出知江州。范純仁罷同知諫院，出知河中府。初，純仁自陝西運副召還〔二〕，上問曰："卿在陝西久主漕輓，必精意邊事。"對曰："城郭完全，甲兵粗修，儲糧粗備。"上愕然曰："卿材能如此，朕所倚賴。"又曰："臣願陛下無深意於邊事，恐邊臣觀望，要功生事，結釁夷狄，殘害生靈，耗竭財用，糜費爵賞〔三〕，不惟爲今日目前之害，又將貽他時意外之變。"上嘉納之。純仁雅與安石厚善，至是數言事，多忤安石，最後言薛向不可爲發運使，安石滋不樂。劉琦罷，純仁又言琦不當罷，請速解安石機務，留章不下，純仁力求去，不許。未幾，罷諫院，爲起居舍人。純仁固辭，安石遣所親諭純仁曰："已議除知制誥矣。"純仁曰："是以利怵我也，言不用，萬鍾何加焉？"遂錄所上章申中書省，曰："忽聞今日詔命，以劉琦

〔一〕妄言之罪 "妄"原作"萬"，據朱氏與畊堂刊本、東坡全集卷九〇司馬溫公行狀校改。

〔二〕純仁自陝西運副召還 "運"原作"監"，據朱氏與畊堂刊本、九朝編年備要卷一八校改。

〔三〕糜費爵賞 "糜"原作"厚"，據朱氏與畊堂刊本、宋名臣言行錄後集卷一一范純仁忠宣公、自警編卷八校改。

等言多失實〔一〕，事輒近名，擅去官曹，規喧朝聽，各落御史，充監當官者。夫人臣以率職爲忠，人君以納諫爲美，是以仁宗開廣言路，先帝容納直言，此皆主上所親見。今主上述事繼明，思紹先烈，而二三執政不能以道致君，教化失其前後，刑賞乖於輕重，中書藏其本末，但致外議喧騰。凡居言責敢不論奏〔二〕，而柄臣遂摭其罪，欲其遇事退縮。雖於政府便安，而主上將何所賴？王參政專任己能，不曉時事，性又率易，輕信姦回，欲求近功，忘其舊學，尚法令則稱商鞅，言財利則背孟軻，鄙老成爲因循，棄公論爲流俗，異己者指爲不肖，合意者即爲賢能，薦薛向爲閎才，指呂誨爲無用。而曾相公年高不退，廉節已虧，且欲寬容，依隨苟且。趙參政心知其非，而詞辯不及〔三〕，凡事不能力救，徒聞退有後言。伏望陛下平氣虛懷〔四〕，深爲國計。"安石見之怒，攜以白上，上曰："宜與一善地。"故有河中之命。蘇轍以書抵陳升之、王安石，論遣使按求農田水利徭役之失，又曰："發運之職今將改爲均輸，常平之法今將變爲青苗。夫商賈之事曲折難行，其買也先期而與錢，其賣也後期而取直，多方相濟，委曲相通，倍稱之息，由此而得。今官買是物，必先設官置吏，爲費已厚，然後使民各輸所有，非良不售，非賄不行，是以官買之價必貴；及其賣也，弊復如前。商賈之利何緣可得？徒使謗議騰沸，商旅不行。此均輸之說，轍所未諭也。常平條敕纖悉具在，患在不行，非法之弊〔五〕，必欲修明舊

〔一〕 以劉琦等言多失實　"言"下原有"事"一字，據朱氏與畊堂刊本、九朝編年備要卷一八刪。

〔二〕 凡居言責敢不論奏　"言"原作"官"，據朱氏與畊堂刊本、九朝編年備要卷一八校改。

〔三〕 而詞辯不及　"辯"原作"辨"，據朱氏與畊堂刊本、九朝編年備要卷一八校改。

〔四〕 伏望陛下平氣虛懷　"望"原作"聞"，原脫"陛下"二字，"氣"原作"心"，據范忠宣奏議卷上論劉琦等不當責降、宋朝諸臣奏議卷一〇九范純仁上神宗論劉琦等責降校改、補。

〔五〕 非法之弊　"之"原作"不"，據欒城集卷三五制置三司條例司論事狀校改。

制,不過以時斂之以利農,以時散之以利末〔一〕。今乃改其成法,雜以青苗,逐路置官,號爲提舉,別立賞罰,以督虧欠,法度紛紛,何至如此。況錢布於外,凶荒水旱有不可知,斂之則結怨於民,捨之則官將何賴。青苗之説,轍所未諭也。"且乞補外任,遂授河南府推官。河北流既塞,自其南四十里許家港東決,泛濫大名、恩、德、滄、永静五州軍境。九月,行青苗法,置常平官。初,王安石既執政,出一卷書付條例司,曰:"此青苗法也,諸君熟議之。"以檢詳文字蘇轍力言其不便而止,已而王廣廉者乞度僧牒數千爲本錢,行陝西漕司前所行青苗法,春散秋斂,與安石意合,安石遂請先行於河北、京東、淮南三路,尋乃置河北、陝西提舉常平廣惠倉官,命廣廉等爲之。條例司又請以諸路常平廣惠倉錢,依陝西青苗錢例,取民情願預給〔二〕,令隨税納斛斗,其願請本色,或納時價貴,願納錢者,皆聽從便,仍遣官提舉。從之。時諸路常平廣惠倉錢米略計千五百萬以上貫石,乃復推行其法於諸路。冬十月,富弼累表以疾求去,上勉從之,以使相出判亳州。弼初入相,即除司空、兼侍中,弼固辭得免,及罷,不復加恩,蓋上意不樂其去故也。弼將去,言於上曰:"比見親舊乃知人情大不安,所進用者多小人,諸處地動災變,宜且安静。"上問弼曰:"卿去,誰可代卿?"弼薦文彦博,上默然良久,曰:"安石如何?"弼默然。以陳升之同平章事,上問司馬光曰:"近相陳升之,外議如何?"光曰:"閩人狡險,楚人輕易,今二相皆閩人,二參政皆楚人,風俗何以更得淳厚〔三〕?"上曰:"升之有才智,它人莫及,朕知其才,故使之典軍政,今任之爲相,政欲輔政治之闕失,必能勝其任。"光曰:"升之才智誠如聖旨,但

〔一〕 以利末 "末"原作"未",據欒城集卷三五制置三司條例司論事狀校改。

〔二〕 取民情願預給 "給"原作"結",據宋史全文卷一一、大學衍義補卷二五校改。經濟類編卷三六作"民願預借者給之"。

〔三〕 風俗何以更得淳厚 "何"原作"可",據宋名臣言行録後集卷七司馬光温國文正公、太平治迹統類卷一二、自警編卷七校改。

恐不能臨大節而不可奪爾。昔漢高祖論相〔一〕，以王陵少憨，陳平可以輔之，平智有餘，然難獨任。真宗用丁謂、王欽若，亦以馬知節參之。"上曰："然升之圓甚，朕已戒之。"光曰："富弼老成，有人望，其去可惜。"上曰："朕留之至矣，彼堅欲去，蓋以所言不用，與同列不合也。"上又曰："王安石何如？"光曰："人言安石姦邪，則毀之太過，但不曉事又執拗耳。"論及呂惠卿，光曰："惠卿憸巧，非佳士。"上曰："應對明辨，亦似美才。"光曰："惠卿誠文學辨慧，然用心不端。江充、李訓若無才，何以動人主？"臺官許請對，從張戩、程顥之請也。如有請對，並許直申閤門上殿。十一月，置諸路提舉常平官。程顥謂王安石曰："介甫行新法，人方疑以爲不便，今乃引用一副當小人〔二〕，或在清要〔三〕，或爲監司，何也？"介甫曰："方新法之行，舊時人不肯向前〔四〕，因用一切有才力者〔五〕，候法行已成即逐之，卻用老成者守之。所謂智者行之〔六〕，仁者守之。"顥曰："以斯人而行新法，介甫誤矣。君子難進易退，小人反是，若小人得路，豈可去也。若欲去，必成讐敵，他日將悔之。"安石默然，後果有賣金陵者，雖悔之，何及也〔七〕。京師、郡國地震，元發三上疏，指陳致災之由，大臣不悅，出公知秦州。上面諭曰："秦州非朕意也。"已而留不遣，他日奏事殿中，上曰："朕欲擢卿執

〔一〕 昔漢高祖論相　原脱"昔"和"祖"二字，據長編卷四三〇、宋宰輔編年録卷七、宋名臣言行録後集卷七司馬光温國文正公、太平治迹統類卷一二校補。

〔二〕 引用　宋宰輔編年録卷七作"別用"。

〔三〕 或在清要　"在"原作"爲"，"清"原作"險"，據宋宰輔編年録卷七、宋名臣言行録後集卷七司馬光温國文正公校改。

〔四〕 舊時人不肯向前　"向"原作"而"，據宋宰輔編年録卷七校改。

〔五〕 因用一切有才力者　原脱"者"一字，據宋宰輔編年録卷七、宋名臣言行録後集卷七司馬光温國文正公校補。

〔六〕 所謂智者行之　"智"原作"知"，據宋宰輔編年録卷七、宋名臣言行録後集卷七司馬光温國文正公校改。

〔七〕 何及也　宋宰輔編年録卷七作"無及也"。

政，卿逾月不對，而大臣力薦用唐介矣。"元發曰："臣恨未有死所報陛下知遇，豈愛官職者。"唐淑問、孫覺言元發短〔一〕，上不信，悉以其言示之，所以慰勞之者甚厚。元發頓首曰："陛下無所疑，臣無所愧，足矣。"河朔地大震，涌沙出水，壞城池廬舍〔二〕，命元發爲安撫使，官吏皆幄寢，居民恐懼棄家而芜舍。元發獨卧屋下，曰："民恃吾以生，屋摧民死，吾當以身同之。"民始歸，安其室，乃命葬死者，食饑者，除田税，察惰吏，修堤防，繕甲兵，督盜賊，河朔遂安。使還，大臣將除公并州，上復留。河東行交子法，置務於潞州。邇英進讀至蕭何、曹參事〔三〕，光曰："參不變何法，得守成之道，故孝惠、高后時天下晏然，衣食滋殖。"上曰："漢常守蕭何之法不變，可乎？"光曰："何獨漢也，使三代之君常守禹、湯、文、武之法，雖至今存可也。書曰'無作聰明亂舊章'，漢武帝用張湯言，取高帝法紛更之，盜賊半天下，元帝改宣帝之政，而漢始衰。由此言之，祖宗之法不可變也。"後數日，吕惠卿進讀，因言："先王之法，有一年一變者，正月始和布法象魏是也；有五年一變者，巡狩考制度是也；有三十年一變者，刑罰世輕世重是也；有百年不變者，父慈子孝，兄友弟恭是也。前日光言非是，其意以諷朝廷，且譏臣爲條例司官耳。"上問光："惠卿言何如？"光曰："布法象魏，布舊法也，何名爲變。若四孟月朔，屬民讀法，爲時變月變耶？諸侯有變禮易樂者，王巡狩則誅之，王不自變也。刑新國用輕典，平國用中典，亂國用重典，是爲世輕世重，非變也。治天下譬如居室，弊則修之，非大壞不更造也。公卿侍從皆在此，願陛下問之。三司使掌天下之財，不才而黜可也，不可使兩府侵其事。今爲制置三司條例司，何也？宰相以道佐人主，尚焉用例，苟用例，則胥吏足矣。今爲

〔一〕 唐淑問孫覺言元發短　"元發"原作"公"，原改寫不盡，今據上下文意改。

〔二〕 壞城池廬舍　"壞"原作"懷"，據名臣碑傳琬琰集中卷二三滕學士甫墓誌銘校改。

〔三〕 邇英進讀　"讀"原作"續"，據東坡全集卷九〇司馬温公行狀、東都事略卷八七上司馬光傳校改。

看詳條例司，何也？"惠卿不能對，則詆之曰："光爲侍從，何不言？言而不從，何不去？"光曰："臣上疏指陳得失，如制置條例司皆在其中〔一〕，未審曾達聖聽否？"上曰："見之。"光曰："然則臣不爲不言也，至於言不用而不去，則臣之罪也。"上曰："相與論是非而已，何至是？講畢賜坐户外，將出，上命徙户内，左右皆避去，上曰："朝廷每更一事，舉朝士大夫洶洶，皆以爲不可，又不能指名其不便者果何事也〔二〕。"光曰："朝廷散青苗錢，兹事不便。"呂惠卿曰："公不知此事彼富室爲之則害民，今縣官爲之乃所以利民也。"光曰："青苗出息，富民爲之，尚能以蠶食下户至饑寒流離，況縣官法令之威乎？"惠卿曰："青苗願取則與之，不願不彊也〔三〕。"光曰："愚民知取債之利，不知還債之害，非獨縣官不彊，富民亦不彊也。臣聞作法於涼，其弊猶貪；作法於貪，弊將若何？昔太宗平河東立和糴法以給戍卒，時人稀物賤，米斗十餘錢，草束八錢，民皆樂與官爲市。其後人益衆，物益貴，而轉運常守其價不增〔四〕。歲饑，租税皆免，而和糴不免，遂爲河東患。臣恐異日之青苗猶河東之和糴也。"上復謂光曰："卿勿以呂惠卿言遂不慰意。"光曰："不敢。"遂退。十二月，重失入死罪法。令諸路預給錢和買紬絹。

庚戌　熙寧三年春正月，録周、唐後。青苗錢禁抑配，委提刑察奏，敢阻遏當請者亦如之。知通進銀臺司范鎮言："常平倉始於漢之盛時，賤則貴而斂之，恐傷農也；貴則賤而散之，恐傷民也，最爲近古。青苗錢者，唐衰亂世之所爲。苗青在田，先估其直，收斂未畢，已趣其償，是盜跖之法也。"未

〔一〕　如制置條例司皆在其中　"置"下原有"司"一字，原脱"其"一字，據帝學卷八、太平治迹統類卷二六、事實類苑卷一五删、校補。

〔二〕　又不能指名其不便者果何事也　"能"原爲墨丁，原脱"果何事也"四字，據帝學卷八、太平治迹統類卷二六、事實類苑卷一五校改、補。

〔三〕　不願不彊也　"彊"原作"疆"，據東坡全集卷九〇司馬温公行狀、宋名臣言行録後集卷七司馬光温國文正公、宋史卷三三六司馬光傳校改。下同。

〔四〕　而轉運常守其價不增　朱氏與畊堂刊本"其"作"舊"。

幾，又奏乞罷青苗錢，歸農田水利差役於州縣，而召還使者。乃降是詔。右正言李常、孫覺言："王廣廉在河北，第一等給十五貫，第二等十貫，第三等五貫，第四等一貫五百，第五等一貫。又富者不願取，貧者乃欲得之，即令貧富相兼，十人爲保。民間喧然，以爲不便。"二月，判相州韓琦言："準轉運司及提舉司牒，給散青苗錢，須十户以上爲保，三等以上爲甲頭，等第散錢。更有餘錢，坊郭户願請者，五家爲一保，依青苗例支借。臣竊以爲鄉村自一等而下皆立借錢貫百，三等而上更許增數。坊郭户有抵當者，依青苗支借。又鄉村每保須有物力人爲甲頭。雖云不得抑配，其實官吏防保内下户求納，異時只責甲頭代輸。復峻責諸縣，若人不願請，結罪保明申報。續差官曉諭，苟有願請者，則干繫人別作行遣，或具申奏。官吏畏懼，未免抑配。"上袖琦奏示執政曰："琦真忠臣。朕始謂可以利民，不意乃害民如此。且坊郭安得青苗，而使者強與之。"王安石勃然變色曰："既取情願，則別無所用自不復俵；既有保甲，則難於納者自不能請。"升之曰："但恐州縣避難索之故，抑配上户爾。"安石曰："抑配誠恐有之，但紃責一二人則此弊自絶。縱使州縣抑配上户俵十五貫錢，又必令出二分息，則一户所陪止三貫，因以廣常平儲蓄，以待凶荒，比之前代科率百姓出米爲義倉，未爲不善。況又不令抑配，有何所害？"上曰："須要盡人言。料文彥博、富弼亦以爲不可，但腹誹，韓琦來說，真忠臣也。"安石曰："事之情僞是非若不能察，惟務多納人言，恐非但常平事不可爲矣。"遂稱疾，求分司。翰林學士司馬光批答，略曰："今士論沸騰，黎民騷動，乃欲委還事任，退取便安，卿之私謀固爲無憾，朕之所望將欲諉誰？"安石怒，抗章自辨，上封還其章，諭以失於披閱。安石既入見，固請罷，上獎慰之。司馬光辭樞密副使，奏云："陛下所以用臣，蓋察其狂直，庶幾有補。若徒榮禄位，不能力救生民，則是盜竊朝廷名器以私其身，此臣所以累違詔命，不敢祗受也〔一〕。方今建畫之臣徒見目前之小利，不思久遠之大

〔一〕 不敢祗受也 "敢"原作"能"，據朱氏與畊堂刊本、九朝編年備要卷一八校改。

害，憂政事之不治，不能輔陛下修祖宗之令典，乃變更先王之正法；患財利之不足，不能勸陛下恭儉節用，乃更遣聚斂之臣誅剥齊民。設官則以冗增冗，立法則以苛益苛，使四海危駭，百姓騷然，猶且堅執，不肯自以爲非也。青苗法行，似此抑配〔一〕，臣恐十年之後貧者既盡，富者亦貧〔二〕，不幸國家有邊隅之警，粟帛軍資之費何從取之？兼放散青苗錢凡幾千萬緡，若民力既竭，加以水旱之災，朝廷豈容坐視流亡轉死而督責如故，其勢只得蠲除，是官錢幾千萬緡已放散，不可復收矣。官錢既放散，百姓又困窮，此可以爲善乎？先帝嘗出内藏庫一百萬緡，助天下常平倉作糴本。前此天下常平錢穀共及一千餘萬貫碩，今無故散盡，他日若思常平之法，復欲收聚，何時得及此數乎？至於欲計畝率錢，雇人充役，決汴水以種稻及澆溉民田，與夫洩三十六陂水〔三〕，募人耕佃，若此之類不可悉數，故小大皇皇〔四〕，不能自安。陛下誠能昭然覺悟，采用臣言，罷制置三司條例司，追還諸路常平使者〔五〕，則臣雖盡納官爵，但爲太平之民以終餘年，其幸多矣。若言不見用，雖置諸二府，天下徒指爲貪榮之人。"上章力辭，至六七日，上趣令光入見，且曰："上誠罷制置條例司，追還提舉官，不行青苗、助役等法，雖不用臣，受賜多矣。不然，終不敢受命。"上遣人謂之曰："樞密兵事也，官各有職，不當有他事爲辭。"光言："臣未受命猶侍從也，於事無不可言者。"安石起視事，既入見又累奏辭位。上諭執政罷

――――――――

〔一〕 似此抑配 "似"原作"見"，據朱氏與畔堂刊本、九朝編年備要卷一八校改。

〔二〕 富者亦貧 "亦"原作"益"，據朱氏與畔堂刊本、九朝編年備要卷一八、宋史卷三三六司馬光傳校改。

〔三〕 與夫洩三十六陂水 原脱"六"一字，據九朝編年備要卷一八校補。傳家集卷四四乞罷條例司常平使疏作"及欲洩三十六陂水"。

〔四〕 故小大皇皇 "小"與"大"原顛倒，九朝編年備要卷一八同，傳家集卷四四乞罷條例司常平使疏作"故小大遑遑"，今據此乙正。

〔五〕 追還諸路常平使者 "諸路"原作"條例"，據傳家集卷四四乞罷條例司常平使疏、九朝編年備要卷一八校改。

青苗，曾公亮、陳升之欲奉詔，數日不决。安石入謝，上曰："青苗法，静思此事，一無所害，極不過失陷少錢物耳。"安石曰："但力行之，勿令小人故意壞法。"持之益堅，人言不能入。光亦卒不受命，則以書諭安石，三往反，開諭甚至，猶幸安石之聽而解也。且謂："巧言令色鮮矣仁，彼忠信之士於公當路時齟齬可憎〔一〕，後必徐得其力〔二〕。諂諛之人於今誠有順適之快，一旦失勢，必有賣公以自售者。"意謂吕惠卿。書曰："覆王氏者必惠卿也，小人本以利合，勢傾利移，何所不至？"其後六年惠卿果叛安石，上書告其罪，苟可以覆王氏者靡不爲也。由是天下服光先知。

時有知越州山陰縣陳舜俞，以自劾違旨不散青苗錢，降監南康軍税，五年而卒，蘇軾爲文哭之，稱其學術才能兼百人之器，一斥不復，士大夫識與不識皆深悲之云。許州長葛知縣樂京白提舉常平官言助役不便，使之條悉，又不報，且不肯治縣事〔三〕，丐去〔四〕。提舉官劾之，奪著作佐郎。劉蒙知唐州湖陽縣，常平使者召會諸縣令議免役法，蒙以爲不便，不肯與議，退而條上其害，即投劾去，亦奪官歸鄉。趙抃自除參政後，感激思奮，與富弼、曾公亮、唐介同心輔政，率以公議爲主〔五〕。安石初參政事，下視廟堂如無人，一日争新法，怒目曰："公輩坐不讀書爾。"抃折之曰："君失言矣〔六〕，如皋、夔、稷、契之時有何書可讀？"後與安石議論多不恊，既而司馬光辭樞密副使，臺諫侍從

〔一〕 齟齬可憎 "憎"原作"增"，據九朝編年備要卷二〇、宋名臣言行録後集卷七司馬光温國文正公、宋大事記講義卷一七校改。

〔二〕 後必徐得其力 "徐"原作"深"，據傳家集卷六〇與王介甫書、九朝編年備要卷二〇、宋大事記講義卷一七、東都事略卷八七上司馬光傳校改。

〔三〕 且不肯治縣事 原脱"且"一字，據九朝編年備要卷一八、宋史卷三三一張問傳附樂京傳校補。

〔四〕 丐去 "丐"原作"乃"，據九朝編年備要卷一八、宋史卷三三一張問傳附樂京傳校改。

〔五〕 率以公議爲主 原脱"率"一字，據東坡全集卷八六趙清獻公神道碑校補。

〔六〕 君失言矣 九朝編年備要卷二〇同，聞見後録卷二〇、東都事略卷七三趙抃傳均作"君言失矣"。

多以言事求去〔一〕，抃上疏言："朝廷事有輕重，體有小大。財利之事爲輕，而民心得失爲重；青苗使者於體爲小，而禁近耳目之臣用捨爲大。今不罷財利而輕失民心，不罷青苗使者而輕棄禁近耳目，去重而取輕，得小而失大，非宗廟社稷之福，臣恐天下自此不安也。"言入，即求去，不許。是歲復申前請，乃除資政殿學士、知杭州。抃素號寬厚，杭之無賴子弟皆駢聚爲惡，抃知其意，擇重犯者率黥配它州，惡黨相率遁去。未幾，徙青州，用其樸厚，臨以清淨，青人便之。時山東旱蝗，青獨多麥，蝗自淄川來，及境遇風，退飛，墮水而盡。

東海殺一孝婦，枯旱三年；燕臣無罪而戮，六月飛霜。災祥之來，未有不因人事之所感召。老子曰："大軍之後必有凶年。"言殺氣之多，有傷天地之和耳。蓋天人一理，人事得於此，則天道應於彼。自古守令有善政及民，而能反災爲祥者多矣。劉昆爲江陵令，縣有火災，昆向火叩頭，火尋撲滅，後爲弘農太守，虎皆負子渡河，此皆德政之所致也。趙清獻公知青州，爲政清靜，蝗獨不入其境，其與反風滅火、虎自渡河者何異？此無他，民樂其政，故能以和氣致天地之祥，而災沴之生多緣於虐政也。以此觀之，天人果有二致哉？

御史裏行程顥以言不行乞罷職，除京西提刑，辭不受。先是，程顥嘗與孫莘老於上前言青苗事不便，又嘗與介甫言管仲猶能言出令當如流水以順民心〔二〕，今參政苦要做不順人心事，何耶？介甫言道此則感賢誠意〔三〕。時張天祺於中

〔一〕 臺諫侍從多以言事求去 "事"原作"者"，據九朝編年備要卷一八、東都事略卷七三趙抃傳校改。

〔二〕 出令當如流水以順民心 "當"原作"嘗"，據朱氏與畊堂刊本、宋名臣言行錄外集卷二程顥明道先生純公校改。

〔三〕 感賢誠意 "感"原作"成"，據朱氏與畊堂刊本、宋名臣言行錄外集卷二程顥明道先生純公校改。

書大悖，介甫怒，遂以死力争於上前〔一〕，上爲之一一聽用，從此黨分矣。莘老受約束而不肯行，遂坐貶。顥遂待罪，既而除京西提刑，顥復求對，見上，上曰："有甚文字？"顥曰："今咫尺天顔，尚不能少回天意，文字復何用？"欲去，而上問者再四，顥曰："陛下不宜輕用兵，朝廷群臣無能任陛下事者。"九月，置中書檢正官〔二〕。韓絳宣撫陝西。曾公亮罷。公亮初薦王安石可大用，及同執政，上方向安石，公亮陰助之，而外若不與同者。蘇軾嘗責公亮不正救，公亮曰："上與安石如一人，此乃天也。"然安石猶以公亮不盡阿附己，於是聽公亮罷相。

安石之進始於曾公亮，惠卿之進亦始於公亮，公亮始欲結黨以排韓琦，而不知琦因押班之責未幾而去〔三〕。彼小人易進而難退，變法之禍，公亮可逃其罪耶？

交趾叛，詔郭逵討之。弼言海嶠險遠，不可以責其必進，願詔逵等擇利進退，以全王師。契丹來争河東地界，上手詔問，公弼言："熙河諸郡皆不足守，而河東地界決不可許。"蘇軾罷。先是，詔湖北運司體量蘇軾居喪服除往復賈販、又妄冒差占兵卒事，安石令謝景温劾軾，遂通判杭州。范鎮言青苗法，疏三上，不報。邇英進讀，與吕惠卿争論上前，因論舊法預買紬絹亦青苗之比，鎮曰："預買亦弊法也。若陛下躬行節儉，府庫有餘，當并預買去之，奈何更以爲比乎？"韓琦上疏極論新法之害，安石使送條例司疏駁之。諫官李常乞罷青苗錢，安石令常分析。鎮皆封還其詔，詔五下，鎮執如初。司馬光除

〔一〕遂以死力争於上前　原脱"死"一字，據二程遺書卷二上、宋名臣言行録外集卷二程顥明道先生純公校補。

〔二〕置中書檢正官　"官"原作"司"，據九朝編年備要卷一八校改。

〔三〕未幾而去　"未"原作"知"，據朱氏與畊堂刊本校改。

樞密副使，光以所言不行不敢就職，詔許辭免，鎮再封還之。上知其不可奪，以詔直付光，不由門下。會有詔舉諫官，鎮舉蘇軾應詔，而御史知雜謝景溫彈奏蘇軾。鎮又舉孔文仲爲賢良，文仲對策極論新法之害，安石怒，罷文仲，歸故官。鎮上疏爭之，不報，即上言："臣言不行，無顔復立於朝〔一〕，請致仕。"疏五上，最後指言安石以喜怒賞罰事，曰："陛下有納諫之資，大臣進拒諫之計；陛下有愛民之性，大臣用殘民之術。"安石大怒，自草制，極口詆之，落翰林學士，以本官致仕。聞者皆爲公懼，鎮上表謝，其略曰："雖曰乞身而去，敢忘憂國之心。"又曰："願陛下集群議爲耳目，以除壅蔽之姦；任老成爲腹心，以養和平之福。"天下聞而壯之。安石雖詆之深，人更以爲榮焉。鎮既退居，專以讀書賦詩自娛，客至輒致酒盡歡，或勸之稱疾杜門〔二〕，鎮曰："死生禍福天也，吾其如天何。"上試進士葉祖洽等二百八十九人，擢祖洽爲第一。廷試之策自此始。司馬光罷。初，上諭王安石曰："聞三不足之說否？"安石曰："不聞。"上曰："陳薦言外人云今朝廷以爲天變不足懼〔三〕，人言不足恤，祖宗之法不足守。昨學士院進試館職策〔四〕，其問意專指此三事，此是何理？"蓋策問光所爲也。光屢請外，至是出知永興軍。朝辭進對〔五〕，猶乞免本路青苗助役。宣撫使下令分義勇四番，欲更戍邊，選諸軍驍勇〔六〕，募間

〔一〕 無顔復立於朝 "顔"原作"願"，據東坡全集卷八八范景仁墓誌銘、宋史卷三三七范鎮傳校改。
〔二〕 或勸之稱疾杜門 "杜"原作"北"，據東坡全集卷八八范景仁墓誌銘、宋史卷三三七范鎮傳校改。
〔三〕 天變不足懼 "懼"原作"體"，據宋宰輔編年錄卷七、九朝編年備要卷一八、宋史全文卷一一校改。
〔四〕 昨學士院進試館職策 "進"原作"廷"，據九朝編年備要卷一八、太平治迹統類卷一三校改。
〔五〕 朝辭進對 "對"原作"退"，據朱氏與畊堂刊本、東坡全集卷九〇司馬温公行狀校改。
〔六〕 選諸軍驍勇 原脱"選"一字，據東坡全集卷九〇司馬温公行狀校補。

里惡少爲奇兵，調民爲乾糧麨飯，雖内郡不被邊，皆修城池樓櫓如邊郡，三輔騷然。光上疏極言：“方凶歲，公私困弊，不可舉事。而永興一路城池樓櫓皆不急。宣撫司令，臣皆未敢從。若軍興，臣坐之。”於是一路獨得免。移知許州，不赴，自是絶口不言事。冬十月，雨木冰。陳升之以母喪去位。十二月，立保甲法，十家爲保，五十家爲大保，十大保爲都保，選衆所服者二人爲都保正副，凡保丁聽自置弓箭習武藝。以韓絳、王安石同平章事，王珪參知政事。

安石當國，斥其不附己者，一時排斥新法諸賢，不使之於外任，則貶之於海隅，而用韓絳並相，則同惡相濟矣。

上策賢良，對策者譏議新法，制策中禁切言者，其終篇云：“毋謂古人陳迹既久而不可舉〔一〕，本朝成法已定而不可改〔二〕。其惟改之而適中，舉之而得宜，不迫不迂，歸於至當。其悉以文陳〔三〕，朕亦不憚於有爲焉。”時賢良方正、台州司户參軍孔文仲對策入第三等〔四〕，極論新法之弊，安石不悦。言之上，詔以所對意尚流俗〔五〕，毀薄時政，不足收録，令流内銓告示還任，識者非之〔六〕。

　　辛亥　熙寧四年二月，王安石議更科舉法，罷詩賦、明經諸科，以論策取

〔一〕　毋謂古人　“毋”原作“母”，據朱氏與畔堂刊本、宋文鑑卷一一〇孔文仲制科策校改。

〔二〕　本朝成法已定而不可改　“改”原作“爲”，據清江三孔集卷一制科策、宋文鑑卷一一〇孔文仲制科策校改。

〔三〕　其悉以文陳　宋文鑑卷一一〇孔文仲制科策作“子大夫其悉心以陳”。

〔四〕　孔文仲　“孔”與“文”原顛倒，據朱氏與畔堂刊本、長編卷二一五、太平治迹統類卷二六乙正。

〔五〕　詔以所對意尚流俗　“詔”與“以”原顛倒，“對”原作“當”，原脱“俗”一字，據四朝聞見録卷三第三則乙正，校改、補。

〔六〕　令流内銓告示還任識者非之　“任”與“識”原顛倒，據四朝聞見録卷三第三則乙正。

進士。以司馬光判西京留臺。滕元發除翰林學士。夏國主秉常被篡,元發言:"繼遷死時李氏幾不立矣,當時大臣不能分建諸豪,乃以全地與之〔一〕,至今爲患。今秉常失位,諸將爭權,天以此遺陛下,若再失此時,悔將何及?請擇一賢將,假以重權,使經營而分裂之,可不勞而定百年之計矣。"上奇其策,然不果用。已而除瀛州安撫使,元發入見,頓首曰:"臣知事陛下而已,不能事黨人。願陛下少回昔日之眷,無使臣爲黨人所快,則天下皆知事君爲得,而事黨人爲無益矣。"上爲之改容。以皇考諱辭高陽關,乃除鄆州,治盜有方,不獨用威猛,時有所縱捨,盜爲屏息。三月,夏人寇邊。韓絳罷,以撫寧堡失守也。夏四月,以常秩爲右正言。振河北饑。六月,富弼徙判汝州。歐陽修以老病乞致仕,馮京固請留之,上不許。王安石曰:"修附麗韓琦,以琦爲社稷臣〔二〕,尤惡紀綱立風俗變。"上曰:"修爲言事官,獨能言事。"安石曰〔三〕:"以其後日所爲,考其前日用心,則恐與近日言事官用心未有異。"又曰:"如此人與一州則壞一州,留在朝廷則附流俗壞朝廷,必令留之,何所用?"上以爲然。楊繪言:"今舊臣告歸或屏於外者悉未老。范鎮年六十三,吕晦年五十八,歐陽修六十五而致仕,富弼六十八而被劾引疾,司馬光、王陶皆五十而求閑散,陛下可不思其故耶?"秋七月,楊繪、劉摯罷。八月,以王安石子雱爲太子中允、崇政殿説書。雱欲進用,乃與父謀曰:"執政子雖不可與事,惟經筵可處。"安石欲上知而自用,乃以雱所作策三十篇及注道德經鏤鬻於市,遂傳達於上,而鄧綰、曾布等又力薦之,遂有是命。安石喜雱得親近,能附己,固不復辭。高麗來貢。九月辛卯,大饗明堂。夏人請和。以王安國爲崇文院校書。安國嘗力諫安石以天下不樂新法,皆歸咎於兄,恐爲家禍。安石不聽,安國哭

〔一〕 乃以全地與之　東都事略卷九一滕元發傳、宋史卷三三二滕元發傳"與"均作"王"。

〔二〕 以琦爲社稷臣　原脱"以琦"二字,據長編卷二二四、宋史卷三二七王安石傳校補。

〔三〕 安石曰　原脱"曰"一字,據長編卷二二四校補。

於影堂,曰:"吾家滅門矣〔一〕。"又嘗責曾布以誤惑丞相,布曰:"足下人之子弟,朝廷變法何預足下事〔二〕?"安國勃然怒曰:"丞相吾兄也,丞相若由汝殺身破家,發掘丘壠,累及先人,豈得不預我事耶?"建太學,立三舍法:初入學爲外舍,不限員,外舍升内舍二百員,内舍升上舍一百員,生員各治一經。冬十月,詔差役弊民,其罷之,更出直募人充役,令人户等第輸免役錢。十一月,作中太乙宫。夏人請和。

　　吕中曰:太祖之待李彝興不過世襲之邊將耳。李彝興本姓拓跋,唐末賜姓李,世有夏、銀、綏、宥、静五州之地,繼捧、繼遷皆其後。李繼捧來朝,朝廷不能行太祖收方鎮之法,遽欲使之内屬,而收其故地,所以啓繼遷之叛,其失一也。然繼遷之叛,其始不過邊庭之叛將耳,自其賜以國姓,名以保吉、保忠,名不正,言不順,愈以啓其驕心,其失二也。然屢叛屢服,未至與中國並立,而爲夷狄也。自朝廷力不能制,乃使保吉復入夏臺故地。自保吉既降,朝廷復賜以五州,無故而與之重地,所以啓其入寇之心,其失三也。

　　元昊納節求向别,西夏之爲患大矣。

〔一〕 吾家滅門矣　"滅"與"門"原顛倒,據長編卷二二七、宋史全文卷一一、涑水記聞卷一六乙正。

〔二〕 朝廷變法何預足下事　原脱"朝廷"二字,"預"原作"與",據長編卷二二七、宋史全文卷一一、涑水記聞卷一六校補、改。下同。

卷之十二

朝散郎、尚書禮部員外郎、兼國史編修官李燾經進

宋神宗二

壬子　熙寧五年春正月，置京城邏卒，巡察謗議時政者，收罪之。二月，振兩浙饑。濬二股河。三月，立文武換官法。行市易法。以內侍李憲爲河北沿邊安撫。成都以戍卒爲憂，朝廷選擇大臣爲蜀人所信愛者，莫如趙抃，即日除資政殿大學士〔一〕、知成都，及見，上曰："近歲無自政府往者，卿能爲我行乎？"抃曰："陛下有言即法也，豈顧有例哉。"上大喜，抃乞以便宜從事，即日辭去。至蜀，密爲經略，而燕勞閑暇如他日〔二〕，兵民晏然。一日坐堂上，有卒長在堂下，諭之曰："吾與汝年相若也，吾以一身入蜀，爲天子撫一方，汝亦宜清謹畏戢，以率衆，比戍還得餘貲，持歸爲室家計可也〔三〕。"人知公

〔一〕即日除資政殿大學士　原脫"殿"一字，據朱氏與畊堂刊本、資治通鑑後編卷八〇校補。

〔二〕而燕勞閑暇如他日　"閑"原作"間"，據東坡全集卷八六趙清獻公神道碑、名臣碑傳琬琰之集上卷八蘇軾趙清獻公抃愛直之碑校改。

〔三〕持歸爲室家計可也　原脫"持歸"二字，據朱氏與畊堂刊本、東坡全集卷八六趙清獻公神道碑校補。

有善意，轉相告語，莫敢復爲非。劍州民李孝忠集衆二百餘人〔一〕，私造符牒度民爲僧，或以謀逆告，獄具，抃不畀法吏〔二〕，以意決之，處孝忠以私造度牒〔三〕，餘皆不死。夏五月，置通遠軍，乃唐古渭州也。行保馬法，詔開封府界諸縣保甲願養馬者聽，仍以陝西所市者選給之。六月，王安石求東南一郡，上曰："自古君臣如卿與朕相知極少，朕鄙鈍〔四〕，初未有知，自卿在翰林始聞道德之説，心稍開悟。卿，朕師臣也，斷不許卿出外。"未幾，又求去，上曰："卿無乃謂朕有疑心，朕自知制誥知卿，屬以天下事。如吕晦比卿少正卯、盧杞，朕不爲惑。"安石曰："臣非敢言去就，但乞均勞佚而已〔五〕。"上曰："周公爲成王所疑，故逃居東，及成王不疑則歸周，縱朕於卿有疑，今既相見，無疑矣。"安石固乞退，上固留之，安石復具奏，閤門有旨不許收接安石文字。又令内侍趣見，安石見上，曰："陛下不許臣去，臣不敢固違。然臣實病，若更黽勉半年，不可强，未免再煩聖聽。"上曰："朕不明，每事賴卿扶持。"安石曰："陛下以郭逵誕謾，故許其辭秦州。既而逵譖王韶，陛下又從之。逵知陛下可欺，故敢放縱爲王韶之獄。今杜純奏王韶討奄東事，本不相關，又輒如此誣罔，陛下誠能照姦而斷以義，則無人敢如此。"上曰："只爲事難得分明者。"安石曰："事何嘗不分明，但是陛下不窮究到底，前後小人爲欺，豈是盡無形迹，但以陛下含糊，不肯窮究到底，豈有不分明之理？"

〔一〕劍州民李孝忠 "州"原作"非"，據朱氏與畊堂刊本、東坡全集卷八六趙清獻公神道碑校改。

〔二〕抃不畀法吏 "畀"原作"下"，據朱氏與畊堂刊本、東坡全集卷八六趙清獻公神道碑校改。

〔三〕處孝忠以私造度牒 原脱"造"一字，據朱氏與畊堂刊本、東坡全集卷八六趙清獻公神道碑校補。

〔四〕朕鄙鈍 九朝編年備要卷一九同，長編卷二三三、宋史全文卷一二上"鄙鈍"作"頑鄙"。

〔五〕安石曰臣非敢言去就但乞均勞佚而已 原脱"安石曰臣非敢言去就"九字，"勞"原作"受"，據長編卷二三四、九朝編年備要卷一九校補、改。

復武學。秋七月，初以文臣爲都承旨。閏月，命章惇察訪湖北，議開梅山，猺人納土。八月，王韶復武勝軍，改名鎮洮。歐陽修卒。修年十五六時得韓愈集本學之，獨能棄時俗故步，修文行於世，文體爲之一變。以陳升之爲樞密使、同平章事。貶唐坰。坰自小官上書，乞斬非青苗法者數人，王安石薦之，以本官同知諫院事。一日，坰扣殿言："安石擅作威福，曾布等表裏擅權，王珪曲事安石，元絳、薛向，安石頤指氣使，無異家奴。臺官張商英乃安石鷹犬，非陛下耳目。陛下不聽臣言，不得久居此座。"再拜而出，詔貶潮州別駕。安石曰："此素狂，不足責。"乃改授監廣州軍資庫〔一〕。頒方田均稅法。京西分南、北路。九月，少華山崩。冬十一月，置熙河路，以王韶爲經略安撫等使。御史張商英劾奏密院黨庇吏人任遠等十二事〔二〕，文彥博等皆不入院，送印於中書，乞令有司推治。詔責商英監荆南稅。十二月，雨土。

　　癸丑　熙寧六年二月，王韶克河州。上親試進士余中等四百人〔三〕，擢中爲第一。詔諸路各置教授。三月，置經義局〔四〕，訓詩、書、周禮義，命王安石提舉，以呂惠卿、王雱同修撰。夏人寇秦州，劉惟吉敗之。夏四月申戌朔，日有食之。置律學，教授四員，公試習律令生員義三道，習斷案生員一道、刑名五事至七事；私試義二道、案一道、刑名五事至三事。五月，瀘夷寇邊。置勇敢效用，河東、鄜延、秦鳳、環慶、熙河路各以三百人，涇原路以五百爲額。六月，置軍器監。周惇頤卒。初名惇實，字茂叔，後避英宗舊諱改今名。初用舅氏奏，授洪州分寧縣主簿，部使者薦爲南安軍司理。洛人程珦攝通守事，視其氣貌非常人，與語，知其爲學知道也，使二子顥、頤往受學焉。熙寧初除廣

〔一〕　乃改授監廣州軍資庫　原作"乃有是命"，據長編卷二三七、宋史全文卷一二上校改。

〔二〕　密院黨庇吏人任遠等十二事　"密院"原作"察院"，九朝編年備要卷一九同，據長編卷二四〇校改。

〔三〕　余中　"中"原作"忠"，據長編卷二四四、九朝編年備要卷一九校改。下同。

〔四〕　置經義局　原脱"義"一字，據九朝編年備要卷一九校補。

南轉運判官,改提點刑獄,以洗冤澤物爲己任〔一〕,施設未竟而病作,遂求南康軍以歸,至是卒,年五十七,博學力行,聞道蚤,遇事剛果,有古人風,爲政精密嚴恕,務盡道理,以名節自砥礪,奉己甚約,俸禄盡以周宗族賓友,家或無百錢之儲。及分司而歸,妻子饘粥或不給,而亦曠然不以爲意也。襟懷飄灑,雅有高趣,尤樂佳山水,遇適意處或徜徉終日。廬山之麓有溪焉,發源於蓮花峰下,合於湓江,惇頤家世道州,營道濂溪人也,因寓以"濂溪"之號,而築書堂於上,有太極圖、易説數十篇傳於世。秋七月,河北分東、西路。九月,試武舉二十四人,授緣邊任。王韶克洮、岷、疊、宕四州〔二〕,幅員二千餘里。冬十月,以熙河功,解玉帶賜安石,王韶加資政殿大學士。振兩浙、江淮饑。章惇平懿、洽州蠻。行折二錢,除在京並開封府界外〔三〕,諸路並通行。滕元發知定州,許入覲,乃言新法之害,曰:"臣始以意度其不可爾,今爲郡守親見其害於民者,具道所以然之狀。"至定州以上,已宴郊外,有報契丹入寇,邊民來逃者,將吏大駭,請起治兵〔四〕。元發笑曰:"非爾所知也。"益置酒作樂,遣人諭逃者曰:"吾在此,虜不敢動,使各歸業。"明日問之,果妄,諸將以是愧服。韓忠彦使契丹,楊興公迎勞,問元發所在,且曰:"滕公可謂開口見心矣。"忠彦歸奏,上喜,進公禮部侍郎,使再任。詔曰:"寬嚴得體,邊人安焉。"元發因作堂,以安邊名之〔五〕。公去國久,而心在王室,著

〔一〕 洗冤澤物 "澤"原作"擇",據九朝編年備要卷一九、宋史卷四二七周敦頤傳校改。
〔二〕 王韶克洮岷疊宕四州 "州"原作"月",據長編卷二四七、宋史全文卷一二上校改。
〔三〕 除在京並開封府界外 "並開封府界"原作"及府",據長編卷二四七校改、補。九朝編年備要卷一九作"除在京及府界外"。
〔四〕 請起治兵 "起"原作"知",據東坡全集卷八九故龍圖閣學士滕公墓誌銘校改。
〔五〕 以安邊名之 "名"原作"明",據朱氏與畊堂刊本、東坡全集卷八九故龍圖閣學士滕公墓誌銘校改。

書五篇〔一〕，一曰尊主勢，二曰本聖心，三曰校人品，四曰破朋黨，五曰贊治道，上之。其略曰："陛下神聖文武，自足斡運六合，譬之青天白日，不必點綴，自然清明。"識者韙其言。

甲寅　熙寧七年春正月，熊本平瀘夷，得地二百四十里。未幾，渝州獠人木斗叛，詔本體量安撫，獠人以溇州地來歸〔二〕，得地五百里，爲四寨九堡〔三〕。奏至，上大喜。及本還，命知制誥。二月，董氊將青宜結鬼章數擾河州屬蕃，襲殺采木軍士，害使臣張普等，又以書訹景思立〔四〕，思立不能忍，帥蕃漢兵六千攻之於踏白城，鬼章衆二萬餘，思立與先鋒將王寧、承受李元覬戰没，賊遂圍河州，又圍岷州，道路不通者數月。或請退保，總管高遵裕曰："敢議此者斬。"登西門，選裨將出擊之，賊遂退走。以遵裕爲岷州團練使，旌守城功也。三月，旱。減兩浙預買紬絹。先是，遣沈括察訪兩浙，括言："上供帛元額九十八萬，民間陪備甚多，請罷之，以寬民力。"上從之。遼使奉國書，言沿邊戍壘侵入彼國蔚、應、朔三州，乞行毀徹，別立界至事。使歸，上面諭："俟差官與北朝職官檢視定奪。"上以天下旱蝗，詔求真言。司馬光時已退去洛中，讀詔泣下，欲默不忍，乃復陳六事：一青苗，二免役，三市易，四邊事，五保甲，六水利，此尤病民者，宜先罷。又以書責宰相吳充："天子仁聖如此，而公不言，何也？"凡居十五年，再任留司御史臺，四任提舉崇福宫。天久不雨，河東、河北、陝西饑，民皆流入京城〔五〕，而京城外饑民尤多。福

〔一〕著書五篇　"著"原作"者"，據朱氏與畊堂刊本、東坡全集卷八九故龍圖閣學士滕公墓誌銘校改。

〔二〕獠人以溇州地來歸　原脱"州"一字，據東都事略卷八六熊本傳、九朝編年備要卷一九校補。

〔三〕爲四寨九堡　"寨"原作"塞"，據東都事略卷八六熊本傳、九朝編年備要卷一九校改。

〔四〕又以書訹景思立　原脱"景"一字，據長編卷二五〇、九朝編年備要卷一九校補。

〔五〕民皆流入京城　"流"原作"留"，據九朝編年備要卷一九校改。

清鄭俠時監安上門,畫而爲圖,且上書曰:"陛下南征北伐,皆以勝捷之勢作圖來上,料無一人以天下憂苦、父母妻子不相保、遷移困頓、遑遑不給之狀爲圖而獻者。臣謹按安上門逐日所見繪成一圖,百不及一,但經聖眼亦可流涕,況於千萬里之外哉?陛下觀臣之圖,行臣之言,十日不雨,乞斬臣以正欺君之罪。"上出俠圖及疏示輔臣,問王安石曰:"識俠否?"安石曰:"嘗從臣學。"固乞避位,上不許。於是遂詔韓維、孫永體量免行錢,曾布體量市易,又發常平倉及放商稅,青苗、免役亦行罷催。俠又自劾擅發馬遞,詔開封劾擅發之罪。詔役錢每千納頭子錢五文。夏四月,詔權罷方田及編排保甲,是日雨。雨雹。王安石罷。安石執政六年,先是上侍太后,同岐王顥至太皇太后宫,太皇太后謂上曰〔一〕:"吾聞民間甚苦青苗、助役錢,盡罷之。"上曰:"此以利民,非苦之也。"太皇太后曰:"王安石誠有才學,怨之者甚衆,上欲保全,不若暫出之,歲餘復召之可也。"上曰:"群臣惟安石爲國家當事。"顥曰:"太皇太后之言至言也,陛下不可不思。"上怒曰:"是我壞天下耶,汝自爲之。"顥泣曰:"何至是耶?"皆不樂而罷。安石益自任。一日,太皇太后及皇太后又流涕爲上言新法之不便者,且曰:"王安石變亂天下。"上流涕退,命安石裁損之。會久旱,百姓流離,上益疑新法之不便,欲罷之。安石求去,乃罷相,知江寧,因薦韓絳、吕惠卿以自代。以韓絳同平章事,吕惠卿參知政事,時號絳爲"傳法沙門",惠卿爲"護法善神"。五月,大雨雹〔二〕。罷制科。以吕升卿、沈季良爲崇政殿説書。六月,治臺獄,竄鄭俠。秋七月,吕惠卿言免役出錢未均,令人户具丁口、田宅之實。八月,曾布罷。置提舉保甲官。九月,以章惇爲三司使。三司火。十一月己未〔三〕,郊。十二月,置熙河

〔一〕 太皇太后謂上曰 原脱"太后"二字,據長編卷二五二、九朝編年備要卷一九校補。下同。

〔二〕 大雨雹 "雨"原作"雷",據九朝編年備要卷一九校改。

〔三〕 十一月己未 "己未"原作"丁巳",據長編卷二五四、九朝編年備要卷一九校改。

買馬場。以王韶爲樞密副使。

乙卯　熙寧八年春正月，京東分東、西路。雨木冰〔一〕。二月，以王安石同平章事。時惠卿既得志，恐安石復入，遂逆閉其途。既出安石私書，有曰毋使齊年知及毋使上知者，進之於上，又起李逢獄，事連李士寧。士寧有道術，安石居喪與同處數年，意欲併中安石也。又起鄭俠獄，事連安石弟安國，罪至追勒〔二〕，凡可以害安石者，無所不用其智。又數與絳忤，絳乘間白上復相安石，上從之。惠卿聞安石再相謼然。大閱。行户馬法。三月，遼使復來請地疆，指蔚、朔、應三州分水嶺土隴爲界。沈括報使，括尋於樞密院閲案牘，得契丹頃歲始議地畔書〔三〕，指石長城爲分界〔四〕。今所争乃黄嵬山，相遠三十餘里。表論之，上喜愕〔五〕，謂括曰："兩府不究本末，幾誤國事。"上自以筆畫圖，持責輔臣，使以圖示虜，仍賜括銀千兩，曰："微卿毋以折邊訟〔六〕。"上問張方平以祖宗御戎之策孰長，方平曰："太祖不勤遠略，如夏州李彝興〔七〕、靈武馮暉、河西折御卿，皆因其酋豪許以世襲，故邊圉無事。董遵誨捍環州，郭進守西山，李漢超保關南，皆十餘年，優其禄賜，寬其文法，而少遣兵。諸將財力豐而威令行，間諜精審〔八〕，吏士用命，賊所入輒先知，併力禦之，戰無不克，故以十五萬人獲百萬之用，終太祖之世邊鄙不聳，天下安樂。及太宗平

〔一〕雨木冰　"木"原作"水"，據長編卷二五九、九朝編年備要卷二〇、宋史卷一五神宗本紀二校改。

〔二〕罪至追勒　"勒"原作"勤"，據九朝編年備要卷二〇、聞見録卷九校改。

〔三〕契丹頃歲始議地畔書　"頃"原作"須"，據長編卷二六一、九朝編年備要卷二〇校改。

〔四〕指石長城爲分界　"石"，長編卷二六一作"古"，九朝編年備要卷二〇作"石表"。

〔五〕上喜愕　長編卷二六一同，九朝編年備要卷二〇"愕"作"説"。

〔六〕微卿毋以折邊訟　"折"原作"拆"，據長編卷二六一、九朝編年備要卷二〇校改。

〔七〕如夏州李彝興　原脱"興"一字，據長編卷二五九、九朝編年備要卷二〇、東坡全集卷八八張文定公墓誌銘校補。

〔八〕間諜精審　"精"原作"詳"，據長編卷二五九、九朝編年備要卷二〇、東坡全集卷八八張文定公墓誌銘校改。

并,又欲遂取燕薊〔一〕,自是歲有契丹之虞。曹彬、劉廷讓、傅潛等數十戰,各亡士卒十餘萬,又内徙李彝興、馮暉之族,致繼遷之變,二邊皆擾,而朝廷始旰食矣。真宗之初,趙德明納款,及澶淵之克,遂與契丹盟,至今人不識兵革,可謂盛德大業。祖宗之事大略如此,亦可以鑒矣。近歲邊臣建開拓之議〔二〕,皆行險僥倖之人〔三〕,欲以天下安危試之一擲,事成則身蒙其利,不成則陛下任其患,不可聽也。"時契丹遣泛使蕭禧,上問虜意安在,方平曰:"虜自與中國通好,安於豢養,吏士驕惰〔四〕,實不用兵。昔蕭英、劉六符來,仁宗命二府置酒殿廬,英頗泄其情,六符變色目之,英歸,竟以此得罪。今禧黠,願如故事〔五〕,令大臣與議,無屈帝尊與虜交口。"上曰:"朕以慶曆再和之後〔六〕,中國不復爲善後之備,以修戎事爲應兵爾〔七〕。"方平曰:"應兵,禍之已成者也;消變於未成,善之善者也。"以勝元發知青州。初,元發見知於英祖,未及大用,書其姓名於禁中,神宗知之,既見,姿度雄爽,問天下所以治亂,不思而對曰:"治亂之道如黑白東西,所以變色易位者〔八〕,朋黨亂之也。"上曰:"卿知君子小人之黨乎?"元發曰:"君子無黨,譬之草木,綢繆相附

〔一〕又欲遂取燕薊 "遂"原作"遠",據長編卷二五九、九朝編年備要卷二〇、東坡全集卷八八張文定公墓誌銘校改。

〔二〕近歲邊臣建開拓之議 "議"原作"儀",據長編卷二五九、九朝編年備要卷二〇、宋史全文卷一二上、東坡全集卷八八張文定公墓誌銘校改。

〔三〕皆行險僥倖之人 "僥倖"原作"繳幸",據長編卷二五九、九朝編年備要卷二〇、宋史全文卷一二上、東坡全集卷八八張文定公墓誌銘校改。

〔四〕吏士驕惰 "惰"原作"隋",據長編卷二五九校改。

〔五〕願如故事 原脱"願"一字,據長編卷二五九、東坡全集卷八八張文定公墓誌銘校補。

〔六〕朕以慶曆再和之後 "再"原作"講",據長編卷二五九、東坡全集卷八八張文定公墓誌銘校改。

〔七〕以修戎事爲應兵爾 長編卷二五九、東坡全集卷八八張文定公墓誌銘"以"作"故"。

〔八〕所以變色易位者 原脱"色"一字,據東坡全集卷八九故龍圖閣學士滕公墓誌銘、宋史卷三三二滕元發傳校補。

者必蔓草，非松柏也。朝廷無朋黨，雖中主可以濟；不然，雖上聖不治。"帝太息曰〔一〕："天下名言也。"遂以爲右正言，累遷翰林學士，且大用矣。而元發性疏達不疑，在帝前論事如家人父子，言無文飾，洞見肝鬲，帝知其誠蓋〔二〕，事無臣細，人無親疏，輒以問之。或中夜降手詔，使者旁午，元發隨事解答，不自嫌外。而執政方立新法，天下訩訩，恐公有云而帝信之，故相與造事譏謗，帝雖不疑，然亦出公補外。先是，富弼守青州，嘗置教閱馬步軍九指揮，弼既去，軍稍闕不補。元發至青復完之，溢額數千。其後朝廷屢發諸路兵，或喪失不還，惟青州兵至今爲盛。其謫守池安皆以靜治聞〔三〕，飲酒賦詩未嘗有遷謫意〔四〕。上以虜情無厭，賜前宰臣韓琦、富弼、文彦博、曾公亮手詔，以待遇之要，備禦之方，令密具以聞。琦言："近來朝廷舉事似不以大敵爲恤，虜人見形生疑，必謂我有復燕南之意〔五〕，故引先發制人之説，遣使以争理地界爲名，觀我應之之實如何耳。所以致虜之疑者七事，招高麗一也，建熙河二也，西山植榆柳三也，創保甲四也，築河北城池五也，創都作院、降弓刀新樣六也，置河北三十七將七也。臣竊計〔六〕，始爲陛下謀者必曰：自祖宗

〔一〕 帝太息曰 "太"原作"大"，據東坡全集卷八九故龍圖閣學士滕公墓誌銘、宋史卷三三二滕元發傳校改。
〔二〕 帝知其誠蓋 原脱"蓋"一字，據東坡全集卷八九故龍圖閣學士滕公墓誌銘、東都事略卷九一滕元發傳、宋史卷三三二滕元發傳校補。
〔三〕 其謫守池安皆以靜治聞 "謫"原作"責"，"池安"原作"城池"，據東坡全集卷八九故龍圖閣學士滕公墓誌銘校改。按："池安"是"謹守城池，安集百姓"的簡化。
〔四〕 未嘗有遷謫意 "有"原作"爲"，據東坡全集卷八九故龍圖閣學士滕公墓誌銘校改。
〔五〕 必謂我有復燕南之意 原脱"南"一字，據長編卷二六二、宋朝諸臣奏議卷一三七韓琦上神宗答詔問北邊事宜、宋史卷三一二韓琦傳校補。
〔六〕 臣竊計 "竊"原作"切"，據長編卷二六二、宋史卷三一二韓琦傳校改。

以來因循苟簡〔一〕，治國之本當先富彊〔二〕，則可以鞭笞四夷，復唐之故疆，然後制作，以文太平。故新制日下，更改無常，夫欲攘四夷以興太平，而先使邦國困摇，衆心離怨，此則爲陛下始謀者大誤也。謂宜遣使報聘，優致禮幣，具言朝廷向來興作乃修備之常，豈有他意。如將官之類因而罷之，以釋虜疑。陛下益養民力，選賢任能，使天下悦服，塞下有餘蓄，帑中有羡財，俟虜果有衰亂之形，然後可振威武而復舊疆。"夏四月，罷河南北監牧，湖南水。行奉元曆。録趙普後。五月，雨土及黄毛。陳升之罷知揚州。六月，頒王安石經義於學宫，加安石左僕射兼門下侍郎，吕惠卿、王雱、吕升卿遷秩有差。安石又爲字説二十四卷，學者争傳習之，自是先儒之傳注悉廢矣。韓琦薨。時判相州，未薨前一夕大星殞州治，櫪馬皆驚，上聞訃，輟朝發哀，謚忠獻〔三〕。琦天資忠厚，能決大事，辭氣雍容，人不見其憂喜之色。凡所建明，顧義如何，不私於己。輕財好施，家無餘貲，折節下士，無貴賤禮之如一。獎拔賢俊，苟公論所與〔四〕，雖素所不悦，必收用之。後之論賢相者必曰韓琦。八月庚寅朔，日有食之。蝗，命捕之，易以粟。韓絳罷。絳居相位，數與吕惠卿異議。王安石復相，論政愈駮，絳屢稱疾求罷，出知許州。修京城。九月，立武舉絶倫法。冬十月，御史蔡承禧奏吕惠卿欺君玩法〔五〕，立黨肆姦，罷知陳州。先是，安石遣堂吏齎御史中丞鄧綰章示之，乃上疏自辨，而王、吕之怨日深矣。昔出軫，大

〔一〕 因循苟簡 "簡"原作"遣"，據長編卷二六二、宋朝諸臣奏議卷一三七韓琦上神宗答詔問北邊事宜校改。

〔二〕 當先富彊 "彊"原作"疆"，據長編卷二六二、宋朝諸臣奏議卷一三七韓琦上神宗答詔問北邊事宜校改。

〔三〕 謚忠獻 "謚"上原有"後死"二字，文意不通，據長編卷二六五、九朝編年備要卷二〇刪。

〔四〕 苟公論所與 "所"原作"解"，據九朝編年備要卷二〇校改。

〔五〕 蔡承禧 "禧"原作"傯"，據長編二六九、九朝編年備要卷二〇、宋史翼卷二蔡承禧傳校改。

赦，求直言。十一月，交趾寇邊，言："中國作青苗、助役之法，窮困生民，我今出兵，欲相拯救。"安石怒，薦趙卨爲安南招討，李憲、燕達副之。交人陷邕州，都監張守節死之，知州蘇緘命其家二十六人皆先死，藏屍於坎，縱火自焚。尋贈緘奉國軍節度，謚忠勇。安石不信災異，於彗星乃推之交趾云。

丙辰　熙寧九年，竄沈起、劉彝。自王安石秉政，首用王韶取熙河，以斷右臂，又欲取靈武以斷遼人右臂，又用章惇爲察訪使，以取湖北夔、峽之蠻，於是獻言者謂交趾已爲占城所敗，衆不滿萬，亦可計日以取。安石乃以起知桂州，起至則遣官入溪洞，點集土丁爲保伍，又於融州疆置城寨，誅殺人以千數，交人以爲言，乃罷起，治其擅招納之罪，以彝代之。彝至，復生事，交人大舉入寇，至是竄起鄆州，彝隨州。以郭逵爲安南招討，趙卨副之。雨雹。三月，上策進士徐鐸等四百二十人，擢鐸爲第一，詔自鐸以下並試律義、斷案，考官陳繹等以考第一甲不精並罰銅。西蕃鬼章寇邊，韓存寶敗之。夏四月，茂州夷寇邊，命內侍王中正經制之。冬十月，鄧綰、練亨甫罷。綰始附會安石，居言職。及安石與呂惠卿相傾，綰極力助安石，上益厭安石所爲，綰懼安石出而失勢，屢留之於上，其言無所顧忌。亨甫險薄，諂事安石子雱以進，至是皆斥。王安石罷。安石之再相也，屢謝病求去，及子雱死，尤悲傷不堪，力請解機務。上益厭安石所爲，遂出判江寧府。以吳充、王珪同平章事。十二月，命內侍李憲措置秦鳳、熙河邊事。郭逵敗交趾兵於富良江，去交州三十里，獲僞太子洪真，李乾德請降，得其廣源等五州之地而還。兵志：是年係籍義勇保甲及民兵合七百一十八萬有奇〔一〕。

丁巳　熙寧十年遼太康三年。春正月，以范純仁知慶州，擅發常平封樁粟麥，收恤流亡，多所全活。二月，鬼章寇岷州，种諤敗之。夏四月，河北、京

〔一〕　是年係籍義勇保甲及民兵　原脱"勇"與"及"二字，據九朝編年備要卷二一、文獻通考卷一五三兵考五、宋史卷一九二兵志六校補。

東盜起,遣使安撫。秋七月,河大決,北流斷絕〔一〕。九月,邵雍贈著作郎,諡康節。雍字堯夫,衛州人,慷慨有大志,既學力慕高遠,謂先王之事爲必可致,及其學益老,德益邵,玩心高明,觀天地之運化、陰陽之消長,以達夫萬物之變,然後頽然其順,浩然其歸。嘗適吳、楚,客晉、梁,後徙於洛,蓬蓽環堵,不蔽風雨,躬爨以養其父母,居之裕如。講學於家,而就學者日衆,與人言必依孝悌忠信,樂道人之善,不及人之惡,故賢不肖無不親之。立義倉。十一月甲戌,郊。十二月,張載卒。載年十八慨然以功名自許,上書謁范仲淹,仲淹知其遠器,欲成就之,反責之曰:"儒者自有名教,何事於兵?"因勸讀中庸。載讀其書猶以爲未足,又訪諸釋老之書,盡究其説,反而求之六經。嘉祐初,訪二程於京,共語道學之要,於是盡棄異學,淳如也。退居橫渠,終日危坐一室,左右簡編俯而讀,仰而思,有得則識之,或中夜起坐,取燭以書,集所立言謂之正蒙,出示門人,曰:"此書予歷年致思之所得,其殆與前聖合,然大要發端示人而已。"學者有問,多告以知禮成性、變化氣質之道,學必至聖人而後已。上嗣位之三年,以呂公著薦召入見,上問治道,以漸復三代爲對,上説,曰:"卿宜入見二府議事,朕且將大用卿。"後與執政語多不合,命校書崇文,辭未得謝,復按獄浙東。獄成造朝,會弟戩以言得罪,益不安,乃謁告西歸,行次臨潼卒。

　　戊午 元豐元年春正月,命官詳定郊廟禮文。高麗比年遣使朝貢,上嘉其勤誠,遣安燾使之。閏月,曾公亮薨,上臨其喪,諡宣靖。公亮喜薦士,多得人,然性吝嗇,殖貨至鉅萬,持禄固位,爲世所譏。除張方平太一宫使,進退禮秩皆與執政同。方平在朝雖不任職,然多所建明,上數欲廢易汴渠,方平曰:"此祖宗建國之本,不可輕議。餉道一梗,兵安所仰食?則朝廷無措足之地矣。"非老臣誰敢言此。自安石爲政,罷銅禁,姦民日銷錢爲器,邊關海舶不復譏錢之出,故中國錢日耗,而西南北三虜皆山積。方平極論其害,請詰問

〔一〕 北流斷絶　"斷"原作"繼",據九朝編年備要卷二〇、宋史卷九二河渠志二校改。

安石："舉累朝之令典，所以保國便民者，一旦削而除之，其意安在？"會有星變，詔求直言，方平上疏，論所以致變之故，人爲恐慄〔一〕，上皆優容之，求去愈力。上曰："卿在朝，豈有所惡者歟，何欲去之速也？"方平曰："臣平日未嘗與人交惡，但欲歸老爾。"六月癸卯朔，日有食之。太史言日當食，驗之不食。有大星裂於内階，東南有光燭地，大星出匏瓜，聲如雷。瀘州納溪蠻入寇，命韓存寶經制之。秋九月，交趾來貢，且請還廣源、蘇、茂等州，上賜李乾德詔，俟邕、欽、廉三州人口歸復舊地，即以廣源等處復還之。十二月，復置大理獄。置景福殿庫，上每憤北虜崛強，慨然有恢復幽燕之志，即景福殿聚金帛爲兵費，是年始更庫名。

己未　元豐二年春正月，趙抃致仕。抃自知杭州告老，退居於衢，有溪山松竹之勝，後六年卒。三月，上試進士時彦等三百四十人，擢彦第一。張方平除宣徽南院使、檢校太傅、判應天府。高麗使過南京，長吏當迎送，方平言："臣班視二府，不可爲陪臣屈。"詔獨遣少尹，使者見方平不敢仰視。師征安南，方平以謂舉西北壯士健馬棄之南方，其患有不可勝言者。若社稷之福則老師費財無功而還〔二〕。因論交趾氣俗與諸夷不類，自建隆以來，吳昌文、丁部領〔三〕、黎桓、李公蘊四易姓矣，皆以大校篡立，有唐、五代藩鎮傾奪之風，皆可以計破者也。遂條上九事，時習知蠻事者皆服其精練〔四〕，師還如其言。新法既鬻坊場河渡，司農又併祠廟鬻之，官皆得錢，聽民爲賈區，廟中侮慢穢踐，無所不至。公言〔五〕："宋王業所基，而以火王閼伯封於商丘，以主大火，微

〔一〕　人爲恐慄　"慄"原作"懷"，據東坡全集卷八八張文定公墓誌銘校改。
〔二〕　若社稷之福則老師費財無功而還　東坡全集卷八八張文定公墓誌銘同，宋名臣言行錄後集卷三張方平文定公作"若老師費財無功而還，則社稷之福也"。
〔三〕　丁部領　原脱"領"一字，據玉海卷一三三開寶安南都護、十國春秋卷六〇南漢後主本紀校補。
〔四〕　時習知蠻事者皆服其精練　原脱"者"一字，據東坡全集卷八八張文定公墓誌銘校補。
〔五〕　公言　原脱此二字，據東坡全集卷八八張文定公墓誌銘校補。

子爲宋始封,此二祠獨不可免於鬻乎?"上震恐,批出曰:"慢神辱國,無甚於斯。"於是天下神廟皆不鬻。方平自念將老,無以報上,論事益切,至於兵尤爲反復深言,曰:"老臣且死,見先帝地下,有以藉口矣。"夏四月,幸金明池。冬十月,置籍田,於京城東南度田千畝爲之,置令一員。太皇太后曹氏崩。十一月,雨土。十二月,太學置八十齋,齋容三十人,外舍生二千人,内舍生三百人,上舍生百人,月一私試,歲一公試補内舍生,間歲一舍試,補上舍生。御史舒亶言蘇軾所著詩訕謗時政,爲陛下謹鹽禁,則曰"豈是聞韶解忘味,邇來三月食無鹽〔一〕",其他觸物即事〔二〕,應口所言,無不以訕謗爲主。繫軾御史獄,竄軾汝州,坐受軾詩黜罰者二十二人。

　　庚申　元豐三年春正月,詔審刑院、刑部斷議官失入人罪者〔三〕,歲具數罰之〔四〕。三月,吴充罷,踰月卒,世譏充心正而力不足,知不可而不能勇退云。四月,瀘夷寇邊。秋七月,河決澶州。彗出太微垣。九月辛巳,大饗明堂。國家建官多循唐制,李清臣乞詔有司並加釐正〔五〕,以成一代之法。從之。冬十一月己丑朔,日有食之。陳升之卒。升之姦狡,多術數,善附會以取富貴。丹陽居第壯大踰制,南人驚駭,以爲未識,其他豪侈類此。置元豐庫於司農寺南。熙寧改法,凡稅賦、征榷〔六〕、常貢之利方歸三司,而摘山煮海、鹽場坑冶、絶户没官、禁軍闕額之類皆朝廷封樁,至是置庫貯之。富弼改授開府儀

〔一〕邇來三月食無鹽　"邇來"原作"蓋因",據長編卷二九九、九朝編年備要卷二〇、宋史全文卷一二上、東坡集卷四山村五絶校改。

〔二〕其他觸物即事　"事"原作"物",據長編卷二九九、九朝編年備要卷二〇、宋史全文卷一二上、東坡集卷四山村五絶校改。

〔三〕詔審刑院刑部斷議官失入人罪者　原脱"院"和第二個"刑"字,據長編卷三〇二、宋史卷一六神宗本紀三校補。

〔四〕歲具數罰之　原脱"歲"一字,據長編卷三〇二、九朝編年備要卷二〇、宋史卷一六神宗本紀三校補。

〔五〕並加釐正　"加"原作"改",據長編卷二九八、九朝編年備要卷二〇校改。

〔六〕征榷　"榷"原作"推",據宋宰輔編年錄卷七校改。

同三司。故參知政事王堯臣子王同老上言〔一〕，至和二年仁宗不豫，其父王堯臣與文彥博、劉沆及富弼同決大策，乞立儲嗣，仁宗許之。會翌日有瘳，故緩其事，人無復知者，以堯臣所撰詔草上之。上以問彥博，彥博言與同老等合，上嘉弼勳績如此而自不言，詔以弼爲司徒，且以其子紹京爲閤門祗候〔二〕。

辛酉　元豐四年春正月，命林廣經制瀘夷。明年廣敗乞弟於納江，乞弟遁去，廣軍數萬追乞弟至歸徠州，四日求乞弟不獲，有詔班師。夏四月，親閱保甲。保甲當教時，月給錢三千，日給食，官與戎械、戰袍，乃立團教法，以大保長教保丁焉。詔罷合祭，親祠北郊。五月，有上書乞擇守令者，上謂輔臣曰："天下守令衆至千餘人，其才難以徧知，立法於此，使象之於彼。從之則爲是，背之則爲非〔三〕，以此進退，方有準的，所謂朝廷有政也〔四〕。如漢黃霸妄爲條教，以干名譽，在所當治而反增秩賜金。夫家自爲政，人自爲俗〔五〕，先王之所必誅。變風變雅，詩人所刺，朝廷惟一好惡〔六〕，定國是。守令雖衆，沙汰數年，自當得人也。"六月，命內侍李憲經制熙河。追封程嬰成信侯，杵臼忠智侯。秋七月，舉兵分道伐夏國，高遵裕出環慶，劉昌祚出涇原，李憲出熙河，种諤出鄜延，王中正出河東，分道並進。又詔董氈會師夾攻，而董氈集六部族兵十二萬，分三道來會。憲克蘭州，請城之。种諤攻圍米脂寨，遂乞不受王中正節制。上以其有米脂之功，詔從之。諤入石、夏、銀三州，遵裕復清

〔一〕　故參知政事王堯臣子王同老上言　原脱"王堯臣"三字，據宋名臣言行錄後集卷二富弼韓國文忠公、宋史卷三一三富弼傳校補。
〔二〕　閤門祗候　"閤"原作"閣"，據范忠宣公文集卷一七富鄭公行狀校改。
〔三〕　背之則爲非　"背"原作"倍"，據事實類苑卷五校改。
〔四〕　所謂朝廷有政也　原脱"也"一字，據事實類苑卷五校補。
〔五〕　妄爲條教以干名譽在所當治而反增秩賜金夫家自爲政人自爲俗　原脱"妄爲條教，以干名譽，在所當治而反增秩賜金。夫家自爲政，人"二十四字，據長編卷三一三、宋史全文卷一二下校補。
〔六〕　朝廷惟一好惡　"惟"底本作"爲"，據長編卷三一三、宋史全文卷一二下改。

遠軍，入環、韋二州，中正入宥州，劉昌祚軍大敗夏人于磨哆隘，乘勝至靈州城下，奪門將入，遵裕馳使止之。遵裕繼至，與諸軍合攻城，凡十八日不下，諤之師死者什二三，及他將之師亦以道遠乏糧多至逃死，遂詔班師。韓存寶坐討瀘夷乞弟失律〔一〕，斬於瀘州。十一月癸未朔，日有食之。

　　壬戌　元豐五年春正月，以李憲爲涇原路制置等使、知蘭州李浩副之。种諤知渭州。浩、諤於制置司並用階級法。三月，江西提舉劉誼上疏，論青苗、免役、保甲、市易之弊，及役法十害與賣鹽之患。上批："劉誼既有所見，自合公心陳露，輒敢張皇上書，意欲概壞大法，宜加黜責，以儆在位。"上親試進士黃裳等四百餘人〔二〕，以裳爲一。雨土。夏四月壬子朔，日有食之。官制成，改平章事爲左、右僕射，以王珪、蔡確爲之，仍兼門下、中書侍郎；改參知政事爲門下、中書侍郎，以章惇、張璪爲之。詔以五月朔行官制，始改命百官，以三省統領百職，事無小大，並中書取旨，門下覆奏，尚書施行。曾鞏爲中書舍人。鞏嘗敘戰國策、說苑、諸子及梁、陳書，識者以爲可比劉向。初與王安石善，安石稱其文章，謂世無有。五月，命內侍李舜舉同徐禧如鄜延議邊事。夏人寇邊，鄜延王英死之。六月，召李憲赴闕，罷西師再舉之議。九月，夏人陷永樂城。先是，朝廷從徐禧之議即永樂小川築新城，距故銀州二十五里，城成，賜名銀川寨。夏人聞之，舉兵來爭，禧、舜舉亦自米脂引兵趨銀川禦之。賊二十萬衆攻城，高永能曰："先至者皆精兵，急破之則駭散，後雖有重兵亦不敢進〔三〕，此常勢也。塵埃漲天，必數十萬之衆，使保集則衆寡不支，大事去矣。"禧不聽。鄜延副總管曲珍出戰敗績，將官寇偉死之。永樂城依山無水，將士渴死者太半，至絞馬糞飲之，惟禧、舜舉有水兩壺。一日忽有於城

〔一〕　韓存寶坐討瀘夷乞弟失律　原脫"坐"字，據九朝編年備要卷二一校補。宋史卷一六神宗本紀三作"甲辰，韓存寶坐逗遛無功伏誅"。

〔二〕　上親試進士黃裳等四百餘人　"等"下原衍"千"一字，宋十朝綱要卷八載"元豐五年，取進士黃裳等四百四十五人"，今據刪。

〔三〕　後雖有重兵亦不敢進　"兵"原作"者"，據長編卷三二九校改。

下呼曰："漢人何不降？聞無水已三日矣。"禧以壺水揚於外，以示之，曰："無水，此何物也？"虜笑曰："止此矣。"夜半城遂陷，舜舉及陝西運判李稷死之，兵萬二千三百人皆歿。安化蠻寇邊，宜州守臣王奇、將費萬死之。冬十一月，以李憲爲熙河秦鳳路制置等使。景靈宮殿成，行酌獻禮，詔歲以四孟月朝獻景靈宮〔一〕。

　　癸亥　元豐六年春正月朔，御大慶殿。初，上以朝儀物敝，更造仗衛、輿輅、冠服，至是始陳於殿，及召秘書監劉几赴京議樂，新樂成，奏之。夏人寇邊，將官楊定死之，虜衆數十萬奄至，知蘭州李浩閉城距守，鈐轄王文郁請擊之，浩曰："城中騎兵不滿數百，安可戰？"文郁曰："賊衆我寡，正當折其鋒以安衆心，然後可守。此張遼所以全合淝也〔二〕。"乃募死士百餘，夜縋城而下，持短刃突之，賊衆驚潰。時以文郁方尉遲敬德，既而降詔擢文郁知州事。尋寇麟府，將郭仲紹敗之。寇麟州，知州訾虎敗之。四月，雨土。閏六月，富弼薨，遺表言忠詞杜絶，諂諛日聞，去歲大舉西伐，無有諫者；又言宮閫之臣不可專委兵柄，統制方面；又言興利之臣爲國斂怨；又言西事大爲可憂，若再犯邊，則關陝震蕩，願速下明詔，許其改心效順；又言前舉秦晉之民肝腦塗地，哭聲相聞，窮而無歸，恐生他變，願擇循良之吏賑貸存恤。若夫要道，則在陛下聖心之所存，與所用之人君子小人之辨爾。弼性至孝，恭儉好禮，與人言，雖幼賤必盡敬，氣色穆然，終身不見喜慍，然以單車入不測之虜庭，詰其君臣，折其口而服其心，無一語少屈，所謂大勇者乎！其好善疾惡蓋出於天資，常言君子小人如冰炭，決不可以同器，若兼收並用，則小人必勝，薰蕕同

〔一〕　詔歲以四孟月朝獻景靈宮　原脱"歲"一字，據宋史卷一六神宗本紀三、山堂肆考卷三三朝景靈宮校補。

〔二〕　此張遼所以全合淝也　"全"原作"破"，據長編卷三三三、九朝編年備要卷二一、宋史全文卷一二下校改。

處〔一〕，終必爲臭。平生所薦，如王質與弟素、余靖、孫瑛〔二〕、石介、孫復、吴奎、韓維、杜杞〔三〕、陳希亮之流皆有聞於世，世以爲知人。弼早有公輔之望〔四〕，名聞夷狄，遼使每至必問其出處安否，臨事周悉，不萬全不發，當其敢言奮不顧身，忠義之性老而彌篤。家居一紀，斯須未嘗忘朝廷。訃聞，輟視朝二日〔五〕，發哀於後苑，贈太尉，諡文忠，元祐初配饗神宗廟庭。秋七月〔六〕，以安燾同知樞密院。時西邊用兵久，上益厭之，乃不次用燾。九月癸卯朔，日有食之。夏人納歉，仍乞還侵地，撤邊戍，長爲藩臣。乃賜秉常詔，略曰："藩服不恭，削地示過，咨於故實，非朕所私。其地界已令鄜延經略司旨揮保安軍牒宥州施行，候疆界了日，歲賜依舊。"孟軻封鄒國公。十月丙午，郊，罷合祭。文彦博致仕，時判河南府。彦博之在河南也，與富弼等用白居易故事，就弼等致酒相樂，尚齒不尚官，洛陽多名園、古刹，諸老鬚眉皓白，衣冠甚偉，都人多隨觀之，已而圖形妙覺僧舍，謂之洛陽耆英會。司馬光年未六十，以狄兼蓍故事與焉。趙抃卒，諡清獻。抃爲人和易溫厚，周旋曲密，謹繩墨，蹈規矩，與人言如恐傷之，平生不蓄聲伎，晚歲習爲養氣安心之術，翛然有高舉意，至論朝廷事，分别邪正，慨然不可奪。宰相韓琦嘗稱趙公真世人標表，蓋以爲不可及也。其爲吏誠心愛人，所至崇學校，禮師儒，民有可與與

〔一〕 薰猶同處　東坡全集卷八七富鄭公神道碑"同"作"雜"。

〔二〕 孫瑛　原作"孫懷"，據東坡全集卷八七富鄭公神道碑、宋名臣言行録後集卷二富弼韓國文忠公校改。

〔三〕 杜杞　原作"杜杞"，據東坡全集卷八七富鄭公神道碑、宋名臣言行録後集卷二富弼韓國文忠公校改。

〔四〕 弼早有公輔之望　"輔"原作"弼"，據長編卷三三六、九朝編年備要卷二一、宋史全文卷一二下校改。

〔五〕 輟視朝二日　"輟"原作"輒"，"二"原作"一"，據長編卷三三六、九朝編年備要卷二一校改。

〔六〕 秋七月　原脱此三字，據長編卷三三七、宋史全文卷一二下、宋史卷一六神宗本紀三校補。

之,獄有可出出之。馮京相繼守成都,事循其舊,亦曰趙公所爲不可改也,要之以惠利爲本。然至於治杭,誅鋤彊惡〔一〕,姦民屏迹不敢犯,蓋其學道清心,遇物而應〔二〕,有以過人者。抃少孤且貧,刻意力學,中景祐元年進士乙科,爲武安軍節度推官〔三〕。有告僞造印者,吏皆以爲當死,抃獨曰:"造在赦前,用在赦後,赦前不用,赦後不造,法皆不死。"遂以疑讞之〔四〕,卒免死,一府皆服。閱歲監潭之糧料,歲滿改著作佐郎〔五〕、知建州崇安縣,徙通判宜州,卒有殺人當死者,方繫獄病癰未潰,抃使醫療之,得不死,會赦以免,其愛人之周類如此〔六〕。未幾,以越國喪〔七〕,廬於墓,三年不宿於家,縣榜其所居里孝悌。終喪,起知泰州海陵,復知蜀州江源,後以曾公亮薦,詔爲侍御史。其在言責不專於直爲國,愛人掩其疵疾,蓋東郭順子之清〔八〕、孟獻子之賢、鄭子產之政、晉叔向之言〔九〕,公皆兼而有之,不幾於全乎?夏人數至蘭州河外,而翱翔不進。經制李憲意其必大舉入寇,乃增城守之備〔一〇〕,復募遊兵,隨方應禦,至是果以步騎號八十萬圍蘭州〔一一〕,凡十晝夜,不克,糧盡,引去,城外得賊尸五萬。是歲,高麗王徽卒。

甲子　元豐七年春二月,宗暉封嗣濮王。夏人寇延州,將官吕真敗之;寇

─────────

〔一〕　誅鋤彊惡　"彊"原作"疆",據東坡全集卷八六趙清獻公神道碑校改。

〔二〕　遇物而應　原脫"而應"二字,據東坡全集卷八六趙清獻公神道碑校補。

〔三〕　爲武安軍節度推官　"推"原作"判",據東坡全集卷八六趙清獻公神道碑校改。

〔四〕　遂以疑讞之　"遂"原作"罪",據東坡全集卷八六趙清獻公神道碑校改。

〔五〕　歲滿改著作佐郎　原脫"佐"一字,據東坡全集卷八六趙清獻公神道碑校補。

〔六〕　其愛人之周類如此　"周"原作"故",據東坡全集卷八六趙清獻公神道碑校改。

〔七〕　越國,即趙抃之母徐氏越國太夫人。

〔八〕　東郭順子　"郭"原作"都",據東坡全集卷八六趙清獻公神道碑校改。

〔九〕　晉叔向之言　"言"原作"賢",據東坡全集卷八六趙清獻公神道碑校改。

〔一〇〕乃增城守之備　原脫"佐"一字,據九朝編年備要卷二一校補。

〔一一〕號八十萬圍蘭州　"八"原作"二",據九朝編年備要卷二一、宋史卷四六七李憲傳校改。

定西城,將秦貴敗之;寇静邊寨,鈐轄彭孫敗之。夏人懼,一夕遁去。王師乘勝逐之,斬首數千。秋七月,伊洛溢。河決元城。冬十一月,夏人來貢,表略云:"歷世以來貢奉朝廷無所虧怠,至於近歲尤甚歡和,不意憸人譖間,朝廷遂起大兵,侵奪土地。今乞陛下特還疆土〔一〕,通遐域之貢輸;用息干戈,庶生民之康泰。"上令録本付李憲。十二月,資治通鑑成,授司馬光資政殿學士,仍降詔獎諭。更茶鹽法。詔孟軻配食文宣王〔二〕,封荀況〔三〕、揚雄、韓愈爲伯。

乙丑 元豐八年春正月,上不豫。大赦。上既不豫,宰執入問疾,至朝堂議建儲,蔡確、章惇欲勾致王珪,語知開封蔡京陰戒人執刀將斬珪,珪曰:"上自有子〔四〕,何議之有?"入對,珪言去冬奉聖旨〔五〕,皇子延安郡王來春出閣,願早建東宫〔六〕。凡三奏,首肯,珪書皇太子名進,上頷之。珪等又請皇太后權同聽政〔七〕,上首肯,太后辭避,珪等請至再三,太后泣許。又曰:"皇子侍宴,群臣皆嘗見之,乞再瞻睹。"太后垂簾於福寧殿上,皇子立簾外,太

〔一〕 今乞陛下特還疆土　九朝編年備要卷二一"特"作"將"。

〔二〕 詔孟軻配食文宣王　原脱"文宣王"三字,據長編卷三四五、宋史全文卷一二下、宋史卷一六神宗本紀三校補。

〔三〕 荀況　原作"荀向",據長編卷三四五、宋史全文卷一二下、宋史卷一六神宗本紀三校改。

〔四〕 上自有子　"有"下原有"太"一字,據九朝編年備要卷二一、東都事略卷八〇王珪傳删。

〔五〕 珪言去冬奉聖旨　長編卷三五一、九朝編年備要卷二一、宋史全文卷一二下同,華陽集附録卷五、宋宰輔編年録卷九、東都事略卷九哲宗本紀"旨"作"訓"。

〔六〕 願早建東宫　原脱此五字,文意不完,據長編卷三五一、九朝編年備要卷二一、宋史全文卷一二下校補。

〔七〕 權同聽政　"權"原作"建",據長編卷三五一、九朝編年備要卷二一、宋史全文卷一二下校改。

后諭珪曰:"皇子精進好學〔一〕,略不好弄,已誦論語七卷。自皇帝服藥,手寫佛經祈福。"因出示珪等,所書字極端正,珪等拜賀,遂定立爲皇太子。二月朔,立皇太子,舊名傭,賜名煦。大赦。上崩於福寧殿,年三十八,在位十九年,謚曰英文烈武聖孝,廟號神宗。上在東宮,素聞安石有重名,熙寧初輔政,新法之行,爲天下患,上始不信任安石。上勵精求治,或日昃不食,至兩宮使人趣之,侍臣有以爲言者,上曰:"朕享天下之奉,非喜勞惡佚,誠欲以此勤報之也。"憤北狄倔强,慨然有恢復幽燕之志,聚金帛內府,欲先取靈夏,滅西羌,乃圖北伐。及安南失律,喟然歎曰:"使赤子無罪死,朝廷當執其咎。"永樂之敗,益知用兵之難,於是息意征伐矣。孝友仁儉,根於至誠,平生不御畋游,不治宮室,雖青城小苑,跬步弗幸。謙冲退託,去華務實,終身不受尊號,誠帝王之盛德也。皇太子即皇帝位,大赦。尊皇太后爲太皇太后,宮曰崇慶〔二〕。皇后爲皇太后,宮曰隆祐。德妃朱氏爲皇太妃。上生母也,宮曰瑞聖。太皇太后同聽政。上甫十歲,臨朝莊嚴,左右僕御莫能窺其喜愠。詔沿邊守疆場。罷京城邏卒。詔樞密、三省同議邊事。夏四月,罷戶馬,寬保馬限,法有未便者,以次罷之。詔傳宣內降並由中書、樞密院覆奏。出內侍宋用臣等十三人。召吕公著侍讀。公著入見,奏陳十事:一曰畏天,二曰愛民,三曰修身,四曰講學,五曰任賢,六曰納諫,七曰薄斂,八曰省刑,九曰去奢,十曰無逸。五月〔三〕,京師地震。王珪薨。珪輔政至宰相凡十六年,無所建明,守成而已,時號爲"三旨宰相",以其上殿進呈云取旨,上可否訖云領聖旨,既退諭稟事者云已得聖旨。上以亮陰不親策進士,賜劉逵等千四百人及第、出身有差。以蔡確、韓縝爲左、右僕射,章惇知樞密院,司馬光門下侍郎。光居洛十五年,

---

〔一〕 皇子精進好學 "進"原作"俊",據長編卷三五二校改。九朝編年備要卷二一"進"作"敏"。

〔二〕 宮曰崇慶 原脱此四字,據玉海卷一五八宮室、九朝編年備要卷二一、宋史卷一一○禮志十三校補。

〔三〕 五月 "月"原作"曰",據九朝編年備要卷二一校改。

天下以爲真宰相,田夫野老皆號爲"司馬相公",婦人孺子亦知其爲君實也。神宗崩,赴闕入臨,衛士望見,皆以手加額曰〔一〕:"此司馬相公也。"民爭擁馬首呼曰〔二〕:"公無歸洛,留相天子,活百姓。"所在數千人聚觀之。光懼,歸洛。太皇遣内侍梁惟簡勞光,問爲政所當先者,光言宜開言路,尋上疏,略曰:"人君之德三:曰仁,曰明,曰武;致治之道三:曰任官,曰信賞,曰必罰。"且言:"臣昔以此事仁宗,又以此事英宗,又以此事神宗,今以此事陛下。"既而復上疏,曰:"臣竊見先帝聰明睿智〔三〕,勵精求理,思用賢輔以致太平,不幸所委之人於人情物理多不通曉,足已自是,不知擇祖宗之令典〔四〕,合天下之嘉謀,以啓迪清衷〔五〕,佐佑鴻業〔六〕,而多以己意輕改舊章,謂之新法,其人意之所欲爲,人主不能奪,天下莫能移,與之同者援引登青雲,與之異者擯斥沉溝壑,專欲遂其狠心,不顧國家大體。人之常情孰不愛富貴而畏刑禍〔七〕,於是縉紳士大夫望風承流,競獻策畫,作青苗、免役、市易、賒貸等法。又有邊鄙之臣行險僥倖,大言面欺,輕動干戈,深入敵境,坐守孤城,糧運罄竭,狼狽奔潰,使兵夫數十萬暴骸於曠野,資仗巨億弃捐於異域。又有生事之臣欲乘時干進,建議置保甲、户馬,以資武備,變茶鹽鐵冶等法,增家業侵街商税錢以供軍須〔八〕,遂使九土之民失業困窮,如在水火。

〔一〕 皆以手加額曰 原脱"曰"一字,據九朝編年備要卷二一、宋史卷三三六司馬光傳校補。

〔二〕 民爭擁馬首呼曰 原脱"民"一字,據長編卷三五三校補。東坡全集卷九〇司馬温公行狀作"民遮道呼曰"。

〔三〕 聰明睿智 "聰"原作"聽",據長編卷三五五校改。

〔四〕 不知擇祖宗之令典 "知"原作"能",據長編卷三五五、九朝編年備要卷二一校改。

〔五〕 以啓迪清衷 "清"原作"新",據長編卷三五五、九朝編年備要卷二一校改。

〔六〕 佐佑鴻業 "佑"原作"祐",據長編卷三五五、九朝編年備要卷二一校改。

〔七〕 愛富貴而畏刑禍 "畏"原作"避",據長編卷三五五、九朝編年備要卷二一校改。

〔八〕 以供軍須 原脱"須"一字,據傳家集卷四六乞去新法之病民傷國者疏、長編卷三五五、九朝編年備要卷二一校補。

此皆群臣躁於進取，惑誤先帝，使利歸於身，怨歸於上，非先帝之本志也。比聞有旨罷修城役夫，撤巡邏之卒，止御前造作，斥退近習之無狀者〔一〕，戒飭有司奉法失當，過爲煩擾者，罷物貨等場及民所養户馬，又寬保馬年限，四方之人無不鼓舞聖德。夫爲政在順民心，苟民之所欲者與之，所惡者去之，如決水於高原之上以注川谷，無不行者；苟或不然，如逆陂走丸，雖竭力以進之，其復走而下可必也。今新法之弊，天下之人無貴賤賢愚知之，是以陛下微有所改，而遠近交相賀也。保甲、免役錢、將官三事，皆當今之急務，釐革所當先者。伏望早賜施行。"太皇遣中使諭令供職，曰："嗣君年德未高，吾當同處萬務，所賴方正之士，切欲與君商量政事，卿又何辭？可降詔開言路，須卿供職施行。"光乃受命。詔求直言。六月，程顥卒。神宗素知其名，數召見，前後進説甚多，大抵以正心懲欲、求賢育才爲先，王安石日益信用，每進見，必爲上言君道以至誠仁愛爲本，而未嘗及功利。嘗被旨赴中書議事，安石方怒言者，厲色待之，顥徐曰："天下之事非一家私議，願公平氣以聽之。"安石愧屈。一日，因與安石論事不合，安石曰："公之學如上壁，言難行也。"顥曰："參政之學如捉風。"安石與顥雖道不同，而嘗謂顥忠信人也。李定劾其新法之初首爲異論，罷歸故官。又坐獄逸囚，責監汝州酒稅。上即位，召爲宗正丞，未行而卒。顥與弟頤少聞汝南周敦頤論學，遂厭科舉之習，慨然有求道之志，謂孟軻没而聖學不傳，以興起斯文爲己任。其言曰："道之不明，異端害之也。昔之害近而易知，今之害深而難辨。昔之惑人也乘其迷暗，今之惑人也因其高明。自謂窮神知化，而不足以開物成務；名爲無不周徧，實則外於倫理，窮深極微，而不可入堯、舜之道。天下之學非淺陋固滯，則必入於此。自道之不明也，邪誕妖妄之説競起，塗生民之耳目，溺天下於汙濁。雖高才明智膠於見聞，醉生夢死不自覺也。是皆正路之榛蕪、聖門之蔽塞，闢之而後可以

〔一〕 斥退近習之無狀者　"斥"原作"斤"，據傳家集卷四六乞去新法之病民傷國者疏、長編卷三五五、九朝編年備要卷二一校改。

入道。其教人自致知至於知止，誠意至於平天下，洒掃應對，至於窮理盡性，循循有序，病世之學者捨近而趨遠，處下而窺高，所以輕自大而卒無得也。其死也，識與不識莫不哀傷。文彥博采衆論，表其墓曰"明道先生"。冬十月，詔舉諫官。罷義倉。河決大名。葬神宗於永裕陵。知吉州安福縣上官公穎奏曰："耆壯、户長，法之始行，皆出於雇，及其久也，耆壯之役則歸於保甲之正長〔一〕，户長之役則歸於催税甲頭，是何異使民出錢免役，而又使之執役也？"乃詔並募充，仍等第給雇錢。復坊正，並募人充，給雇錢。十一月，祔神宗，祧翼祖。以鮮于侁爲京東轉運使〔二〕，司馬光曰："今復以子駿爲轉運使〔三〕，誠非所宜，然朝廷欲救東土之弊，非子駿不可。此一路福星也，可以爲諸路模範矣。"十二月，于闐進獅子，卻之。

〔一〕 耆壯之役 "役"原作"後"，據長編卷三六〇、九朝編年備要卷二一、文獻通考卷一二職役考一校改。

〔二〕 以鮮于侁爲京東轉運使 原脱"使"一字，據長編卷三六一校補。

〔三〕 子駿 鮮于侁字子駿。

卷之十三

朝散郎、尚書禮部員外郎、兼國史院編修官李燾經進

宋哲宗一

丙寅　元祐元年春二月，吐蕃酋長董氈死，養子阿里骨代立，授河西節度。閏月，蔡確罷。確與章惇、黃履、邢恕相交結，確、惇倡之於內，履與僚屬和之於外，恕往來傳送，自以爲有定策之功。右正言汪覿首論人主所與共理天下者執政大臣，而治亂安危之所係也。今執政纔八人，姦邪害政者相半，一二元老安得盡行其政。因極言惇、確及韓縝朋邪害正〔一〕。劉摯、朱光庭、蘇轍等累數十疏論劾〔二〕，命知陳州。以司馬光爲左僕射。光以疾乞宮觀，不報。光又言："切見文彥博沉敏有謀，略知國家治體，能斷大事，光輔四朝，勳德著明，願乞用之。臣但乞以門下侍郎助彥博爲政，庶有小補。"不聽。及韓縝罷〔三〕，太皇以御札付光曰："如卿所奏，除彥博侍中，行右僕射事，與卿協力贊治。"即遣使召。彥博年已八十，蓋用光奏云。光又言："近歲士大夫以言爲諱，閭閻愁苦於下，而上不之知，明主憂勤於上，而下無所訴，此罪在群

〔一〕　朋邪害正　"正"原作"政"，據九朝編年備要卷二一校改。

〔二〕　蘇轍　原作"蘇軾"，據欒城集卷三六乞罷左右僕射蔡確韓縝狀、長編卷三六八、九朝編年備要卷二一校改。

〔三〕　及韓縝罷　"韓縝"原作"韓稹"，長編卷三七四載"及將罷韓縝"，今據改。

臣，而愚民無知，怨歸先帝。宜下詔首開言路。"從之。光又言："治亂之機在於用人，邪正一分則消長之勢自定。每論事必以人物爲先，凡所進退皆天下所當然者，然後朝廷清明，人主始得聞利害之實。遂罷保甲團教，依義勇法歲一閱〔一〕；保馬不復買，見在者還監牧，給諸軍；廢市易法，所儲物皆鬻之，不取息；而民所欠錢者，皆除其息。京東鑄鐵錢，河北、江西、福建、湖南鹽及福建茶法皆復其舊，獨川陝茶以邊用未即罷，遣使相視，去其甚者。户部左右曹錢穀皆領之尚書，凡昔之三司使事，有散隸五曹及寺監者，皆歸户部，使尚書皆周知其數，量入以爲出。於是天下釋然，曰："此先帝本意也，非吾君之子不能行吾君之意。"時獨免役、青苗、將官之法猶在，而西戎之議未决也。上初即位，當時進説者以爲三年無改於父之道，欲稍損其甚者，毛舉數事以塞人言。光慨然争之，曰："先帝之法其善者，雖百世不可變，若安石、惠卿等所建，爲天下害，非先帝本意者，改之當如救焚拯溺猶恐不及。昔漢文帝除肉刑，斬右趾者棄市，笞五百者多死，景帝元年即改之；武帝作鹽鐵榷酤、均輸等法，昭帝罷之。唐代宗縱宦官公求賂遺，置客省拘滯四方之人，德宗立未三月罷之〔二〕；德宗晚年爲宮市〔三〕，五坊小兒暴横，鹽鐵使月進羨餘，順宗即位罷之〔四〕。當時悦服，後世稱頌，未有或非之者也。況太皇太后以母改子，非子改父。"衆議乃定。或謂光曰："元豐舊臣如章惇、吕惠卿輩俱小人，他日有以父子之議聞於上，則朋黨之禍作矣。"光起立，拱手厲聲曰："天若祚宋，

〔一〕 依義勇法歲一閱　"閱"原作"關"，據東坡全集卷九〇司馬温公行狀、宋宰輔編年録卷九、東都事略卷八七下司馬光傳校改。

〔二〕 德宗立未三月罷之　原脱"立未三月"四字，據東坡全集卷九〇司馬温公行狀、東都事略卷八七下司馬光傳校補。

〔三〕 德宗晚年爲宮市　原脱"市"一字，據東坡全集卷九〇司馬温公行狀、東都事略卷八七下司馬光傳校補。

〔四〕 順宗即位罷之　原脱"即位"二字，據東坡全集卷九〇司馬温公行狀、東都事略卷八七下司馬光傳校補。

必無此事。"遂改之而不疑。安石嘗歎曰："終始謂新法爲不便者，司馬君實爾。"嗚呼！若曰常參用元豐舊臣，共變其法〔一〕，實光之所不取也。自國朝治亂論之，曰元祐黨者，豈非天哉！是年正月，光始得疾，詔光與尚書左丞呂公著朝會與執政異班〔二〕，再拜而已，免舞蹈。疾益甚，光歎曰〔三〕："四患未除，吾死不瞑目矣。"乃力疾上疏，論免役五害，乞直降敕罷之〔四〕。又論西戎，大略以和戎爲便，用兵爲次，時異議者甚衆，光持之益堅。其後太師文彥博與光合，衆不能奪。又論將官之害，詔諸將兵皆隸州縣，委守令通決之。又乞廢提舉常平司，以其事歸之轉運使及提點刑獄。光以監司多新進少年，務爲刻急，天下病之，乞自太中大夫待制已上，於郡守中舉轉運使、提點刑獄，於通判中舉轉運判官。又以文學、德行、吏事、武略等爲十科，以求天下遺才，皆從之。及拜左僕射，入對延和殿，遂罷青苗錢，專行常平糴糶法，以歲上、中、下熟爲三等，穀賤及下等，則高價糴；貴及上等，則減價糶；惟中等則否。及下等而不糴，上等而不糶者，皆坐之。時二聖恭儉慈孝，視民如傷，虛己以聽，光知無不爲，以身任天下之責。天不假年，惜哉！三月，以程頤爲崇政殿説書。置理訴所，許熙寧得罪者自言。夏四月，韓縝罷。振淮南饑。蠲旱傷租。章惇罷。惇與司馬光爭論役法，惇謂光曰："後日安得奉陪喫劍〔五〕。"於是中丞劉摯，諫官王巖叟、朱光庭言惇凶險，乞行顯黜。韓縝素切齒惇等誣定策事，至於簾前白之，太皇與外廷始知其詳。太皇怒，遂罷惇樞密院事。四

〔一〕 共變其法 "其"原作"之"，據九朝編年備要卷二二、宋宰輔編年録卷九校改。

〔二〕 詔光與尚書左丞呂公著 "與"原作"爲"，據名臣碑傳琬琰集中卷五一司馬文正公光行狀校改。

〔三〕 光歎曰 原脱"光"一字，據宋史卷三三六司馬光傳校補。

〔四〕 乞直降敕罷之 "敕"原作"數"，據傳家集卷四九乞罷免役錢依舊差役劄子、長編卷三六五校改。

〔五〕 後日安得奉陪喫劍 長編卷三七〇作"他日安能奉陪喫劍"，聞見録卷一一作"異日難以奉陪喫劍"。

月,以吕公著爲右僕射〔一〕,文彦博平章軍國重事。王安石薨,司馬光於病中聞之,簡吕公著曰:"介甫文章節義過人處甚多,但性不曉事,而喜遂非,致忠直疏遠,讒佞輻輳,敗廢百度,以至於此。今方矯其失,革其弊〔二〕,不幸介甫謝世,反覆之徒必詆毁百端,光意以爲朝廷宜加厚禮〔三〕,以振起浮薄之風。庶前力主張則全仗誨叔也〔四〕。"詔再輟視朝,贈太傅,與遺表恩七人,命所在應副葬事。五月,贈吕誨官。先是,誨言安石居廟堂之上,必無安静之理,又曰誤天下蒼生者必此人也。誨貶外而卒,至是贈官。六月,禁科舉用王安石字説。竄吕惠卿,貶鄧綰〔五〕。七月,夏人來議疆事。九月,司馬光薨於西府,享年六十有八。上臨其喪,贈太師、温國公,謚文正。光忠信孝友,恭儉正直,出於天性。自少及老,語未嘗妄,其好學如饑渴之嗜飲食,於財利紛華如惡惡臭。人化其德,法其儉,有不善,曰:"君實得無知之乎?"博學無所不通,音樂、律曆、天文、書數皆極其妙,晚節尤好禮,爲冠婚喪祭法,適古今之宜。不喜釋老,曰:"其微言不能出吾書,其誕語不信。"不事生産,買第洛中,僅庇風雨,有田三頃,喪其夫人,質田以葬,惡衣菲食,以終其身,躬親庶務,不捨晝夜。賓客見其體羸,曰:"諸葛孔明罰二十以上皆親之,以此致疾,公不可以不戒。"光曰:"死生命也。"爲之益力。冬十月,改衍聖公爲奉聖公,仍置教授一員,教孔子子弟。十一月,詔監司分巡州縣。

丁卯　元祐二年春正月,册李乾順爲夏國主。二月,河北災,遣使振之。韓維上言:"范鎮在仁宗朝首開建儲之議。其後大臣繼有論奏,先帝追録其言,存没皆推恩。而鎮未嘗以語人,人亦莫爲言者〔六〕。雖顔子不伐善,介之推

〔一〕　以吕公著爲右僕射　原脱"光"一字,據九朝編年備要卷二二校補。
〔二〕　革其弊　"弊"原作"幣",據九朝編年備要卷二二、太平治迹統類卷一三校改。
〔三〕　朝廷宜加厚禮　"加"原作"知",據長編卷三七四、九朝編年備要卷二二校改。
〔四〕　庶前力主張則全仗誨叔也　原脱"力"一字,據長編卷三七四、九朝編年備要卷二二校補。
〔五〕　貶鄧綰　"鄧"原作"鄭",據長編卷三八一、九朝編年備要卷二二校改。
〔六〕　人亦莫爲言者　宋名臣言行録後集卷五范鎮蜀郡忠文公作"人亦莫敢爲言者"。

不言禄,不是過也。"悉以鎮十九疏上之,拜端明殿學士,且起公兼侍讀,提舉中太乙宮〔一〕。詔語有曰:"西伯善養,二老來歸;漢室卑辭,四臣入侍。爲我彊起〔二〕,無或憚勤。"鎮固辭不起,天下益高之。三月,以雨雪不時,止天下營繕三年,散遣兵匠。分畫西夏地界,以米脂等四寨與夏人。夏四月,旱。陳師道,徐州人,侍從合薦,授本州教授,遷太學博士。張商英上言:"三年無改於父之道,今先帝陵土未乾,奈何輕議變更?"又簡蘇軾曰:"老僧欲住烏寺,呵佛罵祖一巡〔三〕。"其意欲作言事官也。或以告吕公著,公著不悦,出商英爲河東提刑〔四〕。韓維面奏范百禄所爲不正,罷門下侍郎,出知鄧州。八月,賈易罷。程頤罷。詔西邊嚴備。復洮州。九月,夏人寇邊。禁造箔金。冬十一月,更科舉以經義、詩賦、論策通定去留高下,增論語、孝經義爲五場。

戊辰　元祐三年春正月,復廣惠倉。二月,以豐稷爲國子司業。三月,親試舉人,賜李常寧以下及第、出身有差。夏人寇邊,德清寨張誠敗之。夏四月,以吕公著爲司空、同平章軍國事〔五〕,吕大防、范純仁爲左、右僕射。夏人寇邊,塞門寨朱贇、郝普等死之。秋八月,渠陽蠻寇邊。邢恕爲太皇太后姪公繪作書,上太后乞尊禮太妃〔六〕,爲高氏異日之福〔七〕。太后怒,乃罷恕。閏

〔一〕　提舉中太乙宮　原脱"舉"與"中"二字,據宋文鑑卷一四三蘇軾范蜀公墓誌銘、長編卷三九二校補。

〔二〕　爲我彊起　"彊"原作"疆",據東坡全集卷八八范景仁墓誌銘、長編卷三九二校改。

〔三〕　呵佛罵祖一巡　"巡"原作"處",據宋宰輔編年録卷一一、宋史全文卷一三中、九朝編年備要卷二二校改。

〔四〕　出商英爲河東提刑　"河東"原作"江東",據長編卷四〇三注文、宋宰輔編年録卷一一、東都事略卷一〇二張商英傳、宋史卷三五一張商英傳校改。

〔五〕　同平章軍國事　"國"下原有"重"一字,據長編卷四〇九、九朝編年備要卷二二、宋史全文卷一三中、宋史卷三三六吕公著傳刪。

〔六〕　乞尊禮太妃　原脱"太妃"二字,據長編卷三六三、九朝編年備要卷二二、宋史全文卷一二下校補。

〔七〕　爲高氏異日之福　原脱"爲"一字,據長編卷三六三、宋史全文卷一二下、東都事略卷九九邢恕傳校補。

十二月，范鎮卒，謚曰忠文。熙寧、元豐間，士大夫論天下賢者，必曰君實、景仁，其道德風流，足以師表當世，其議論可否，足以榮辱天下，爲世所重。三省言："乞詔内侍省裁省禁中之費，以報有司。"從之。

己巳　元祐四年春，罷回河及修減水河〔一〕。二月，吕公著薨，上臨其喪，贈申國公，謚正獻。公著識慮深敏，量閎而學粹，苟便於國，不以私利害動其心，與人至誠，不事表襮。其好士樂善出於天性，士大夫有以人物爲意者，必問其所知，與其所聞相參覈，以待上求。神宗嘗曰："吕公著之於人才，其言不欺，如權衡之稱物。"上前議政事，盡誠去飾，博取衆人之善以爲善，至其所守，毅然不可回奪也。上題其碑曰"純誠厚德"。初，神宗朝有欲復肉刑者，詔輔臣議。公著曰："後世禮教疏而刑獄繁，肉辟不可遽復，將有踊貴屨賤之譏。"宰臣吴充議復圜土，衆亦以爲難行。參政王珪欲取天府死囚試劓、刖之，公著曰："不可。刖而不死，則此法遂行矣。"遂寢議〔二〕。晝有流星出東北。翰林學士蘇軾以疾辭免，命知杭州。夏五月，蔡確責授英州别駕，新州安置。先是，知漢陽軍吴處厚言："確昨謫安州，包藏怨心，作夏中登車蓋亭十詩，五涉譏訕，而二篇尤甚。"詔安州繳進元題詩本，太后怒，貶確分司南京。臺諫論確不已，遂有是命。吕大防、劉摯皆以確母老，不欲令過嶺。太皇曰："山可移，州不可移。"大防等遂不敢言。范純仁復留身，揖左丞王存進說，以爲不宜置確於死地，不聽。純仁退，謂大防曰："此路荆棘八十年矣，奈何開之？吾曹政恐不免爾。"李常坐爲御史中丞不言確，爲諫官所攻，罷新除兵部尚書之命，知鄧州。司諫吴安詩、正言劉安世交章論范純仁黨蔡確，太皇曰："人言純仁黨蔡確則不然，但所見偏繆爾。"罷相，出知潁昌〔三〕。

〔一〕及修減水河　原脱"減"一字，據長編卷四二一、九朝編年備要卷二三、宋史全文卷一三中、宋史卷九二河渠志二校補。
〔二〕劓刖之公著曰不可刖而不死則此法遂行矣遂寢議　此二十一字原作"成"，據九朝編年備要卷二三、東都事略卷八八吕公著傳校補、改。
〔三〕潁昌　原作"穎昌"，據長編卷四八四校改。

邵伯溫論曰：公卿大夫當知國體。以蔡確姦邪投之死地，何足惜。然嘗爲宰相，當以宰相待之。范忠宣公有文正公餘風，知國體者也。故欲薄確之罪，言既不用，退而行確詞命，然後求去，君子長者仁人用心也。確死南荒，豈獨有傷國體哉？劉摯、梁燾、王巖叟、劉安世忠直有餘，然疾惡已甚，不知國體，以貽他日縉紳之禍，不能無過也。蓋君子、小人相爲消長，能使君子在上，小人在下，君子在內，小人在外，各安其分足矣，豈可殺而絕之哉？一吴處厚以前宰相詩爲譏謗，非所以厚風俗，罪之可也。蔡確故大臣，不問以愧其心可也，朝廷當治確及其黨妄貪定策之功〔一〕，令同時執政各具立皇太子事，使誣罔之迹曉然，以詔天下後世，罪其造謀者可也，詩不當罪也。嗚呼！紹聖初亦賢者可以有爲之時也，而用章惇之凶暴、蔡卞之姦邪，一時輕躁險薄之徒，使宣仁被謗，哲宗致疑，離間骨肉，禍患幾五十年不解，卒致夷虜之亂，悲夫！"

六月，夏人入貢，以米脂四寨與夏人。立縣令課績法。九月辛巳，大饗明堂。

庚午　元祐五年春正月，錄石介後。二月，文彥博以兩鎮節度致仕。夏四月，詔經筵留對。知樞密院孫固薨，上臨其喪。五月，雨。自去冬無雪，至是始雨。六月，夏人寇邊。九月，復集賢院學士。冬十月，罷修河司。

辛未　元祐六年二月，以劉摯爲右僕射，王巖叟簽書樞密院。三月，親試舉人，賜馬涓以下進士及第有差。夏四月，罷賞花釣魚之會。五月己未朔，日有食之。六月，夏人寇邊。浙西水，杭州死者五十萬，蘇州三十萬。秋七月，復制置解鹽使。八月，蘇軾、賈易罷。先是，易上疏言："右丞蘇轍厚貌深情，險於山川，詖言珍行，甚於蛇豕。其兄軾既立異以背常，先帝尚蒙恩宥，全其首領，先帝厭代，乃作詩自慶，曰"山寺歸來聞好語，野花啼鳥亦欣

〔一〕　朝廷當治確及其黨妄貪定策之功　"確"原作"推"，據宋宰輔編年錄卷九、九朝編年備要卷二三、宋大事記講義卷一九校改。

然”，書於揚州上方僧寺，後及作館職策題，又行譏毁，言者因嘗論之。其作吕大防麻制尤更悖慢。先朝行免役，則以差役爲良法；及陛下復行差役，則以免役爲便民。其在杭州決配顔章兄弟，皆是無罪之人。累年災傷，軾張大以爲甚於熙寧七年之患，浚治西湖，科借居民什器，虐使捍江廂卒〔一〕，以爲遊觀。監司畏之，無敢觸其鋒者，况敢檢按耶？今既召還，必求外補。伏望睿斷，特行遠斥。”疏奏，簾前宣諭曰："賈易排擊人太深，須與軾俱罷。"閏月，夏人寇麟州。九月，定太學生員〔二〕，上舍生一百人，内舍生三百人，外舍生二千人。策制科，得王普、司馬槱二人。上清儲祥宫成。出内庫五十萬緡助邊。冬十月，幸太學。建諸宫院小學。十一月，鄭雍論劉摯威福自恣，乞罷摯。又論王巌叟三十人皆爲摯黨。然雍之攻摯，人以爲附左相吕大防云。傅堯俞薨，太皇歎曰："傅侍郎清直一節，終始不變，金玉君子人也。"謚獻簡。行觀天曆。

　　壬申　元祐七年夏五月，納皇后孟氏。城定遠。罷侍從轉對。六月，寬淮、浙積逋。以蘇頌爲右僕射。秋七月，復翰林侍讀學士，以范祖禹爲之。八月，王存罷。時在廷朋黨之論寖熾，存入對〔三〕，首言："人臣朋黨誠不可長，然不察則濫及善人，東漢黨錮之獄是也。慶曆中，或指韓琦、富弼、范仲淹、歐陽修爲朋黨，賴仁宗聖明不惑。今日果有進此説者，望陛下察之。"由是與用事者不合，乃自吏部尚書出知大名。九月，永興軍、蘭州、鎮戎軍、環州地震。冬十月，夏人寇邊，圍環州，七日解去。知慶州章楶數遣兵出討，斬獲甚衆。十一月癸巳，冬至，郊，復合祭。

　　癸酉　元祐八年正月，范祖禹上仁皇訓典。三月，蘇頌罷。夏五月，董敦逸、黄慶基罷。時敦逸與慶基並爲監察御史，言禮部尚書蘇軾爲舍人時，因

〔一〕　虐使捍江廂卒　"虐"原作"虚"，據長編卷四六三、九朝編年備要卷二三、咸淳臨安志卷八九校改。

〔二〕　定太學生員　"員"原作"圓"，據九朝編年備要卷二三校改。

〔三〕　存入對　"入"原作"日"，據九朝編年備要卷二三、東都事略卷九〇王存傳校改。

行吕惠卿等詞指斥先帝。而其弟尚書右丞轍怙勢曲法，相爲肘腋，當正典刑。吕大防曰："近來言官擊人，多以謗先帝爲辭，非惟中傷正人，亦欲動搖朝廷。亟宜禁止。"遂解言職。六月，尚書左丞梁燾以議邊事不合，辭疾，出知潁昌。上遣內侍賜茶藥，宣諭曰："已用卿言，復相范純仁矣。"秋七月，令陝西沿邊專行鐵錢。召范純仁爲右僕射。侍御史來之邵論純仁師事程頤，闇狠不才，於國無補，不可復相。楊畏亦攻純仁，皆不報。純仁辭，不允，入謝，太皇宣諭曰："相公且與吕大防同心協力。"八月，兩京、河北、淮南水。九月，太皇太后崩。先是，太皇太后疾〔一〕，吕大防等入崇慶殿問聖體，太皇曰："老身受神宗顧托〔二〕，同官家御殿聽斷，公等試言九年間曾施恩於高氏否？"大防對曰："陛下以至公御天下，何曾以私恩及外家。"太皇曰："固然只爲至公，一兒一女，病且死皆不得見。"言訖泣下。又曰："政欲對官家説破，老身没後，必多有調戲官家者，宜勿聽之。公等亦宜早退，令官家別用一番人。"乃呼左右，問曾賜出社飯否，因曰："公各去喫一匙社飯，明年社飯時思量老身也。"太后同聽政九年，至是而崩。

冬十月，上始親政。翰林學士兼侍讀范祖禹疏，略曰："陛下初攬庶政，延見群臣，此乃宋室隆替之本〔三〕，社稷安危之機，天下治亂之端，生民休戚之始，君子小人消長進退之際，天命人心去就離合之時，不可不謹也。太皇太后內定大策，擁立陛下，百姓呼迎，未嘗有毫髮假借族人，不惟族人而已，徐王、魏王皆親子也，以朝廷之故疏遠，隔絕，魏王病既没，然後一往。太皇太后疾已革，然後徐王一入。進退群臣必從天下之望，不以己意爲喜怒，賞罰至公無私，焦勞刻苦，凡皆爲趙氏社稷、宋家天下，專心一意保佑陛下也。斥絕

〔一〕 太皇太后疾　原脱"太皇太"三字，據九朝編年備要卷二三校補。

〔二〕 老身受神宗顧托　"受"原作"授"，據九朝編年備要卷二三、宋史紀事本末卷一〇元祐更化校改。

〔三〕 此乃宋室隆替之本　"室"原作"朝"，據九朝編年備要卷二三、宋史全文卷一三下、東都事略卷七七范祖禹傳校改。

姦邪,裁抑僥倖,九年之間始終如一,故雖德澤深厚結於百姓,而小人怨者亦不少矣。今必有小人進言,曰太皇太后不當改先帝之政,逐先帝之臣。此乃離間之言,不可不察也。當陛下即位之初,中外臣民上書言政令不便者以萬數,太皇太后因天下人心之欲改,與陛下同改之,非以己之私而改也。既改其法,則作法之人及主其人者有罪當逐,陛下與太皇太后亦以人言而逐之,其所逐者皆上負先帝,下負萬民,天下之所讎疾而欲去之者也。太皇太后豈有憎愛於其間哉?顧不如此,則天下不安爾。惟陛下清心照理,察其是非,有以此言惑聖聽者,宜正其罪,痛懲一人,以儆群慝,則帖然無事矣。陛下若稍入其語,則姦言繼進不已,萬一追報之禮少有不至,此於太皇太后聖德無損,而虧陛下孝道,必有以大失人心。人心離於下,天變見於上,陛下雖欲救之,無及矣。今乃小人乘間之時也,此等既上誤先帝,又欲復誤陛下,天下事豈堪小人再破壞耶。"蘇軾先約祖禹皆上章論列,軾章已就,見祖禹章,曰:"公之文經世之文也。軾於朝廷文字失於過當,不若公之言皆可行也。願附名,只於臣下加一等字。"召内侍劉瑗等十人並爲入内供奉官,尋又以内侍劉惟簡、梁從政爲内侍省押班。中書舍人吕希純封還詞頭,吕大防等進呈,上曰:"只爲禁中闕人,兼有近例。"蘇轍曰:"此事非謂無例,蓋爲政之初,先擢内臣,故衆心驚疑爾。"劉奉世曰:"雖有近例,外人不可户曉。"上釋然曰:"除命且留,俟祔廟取旨可也。"范祖禹言:"漢有天下四百年,唐有天下三百年,及其亡也,皆由宦官,同一軌轍,蓋與亂同事,未有不亡者也〔一〕。漢自元帝任用石顯,委以政事,殺蕭望之、周堪,廢劉向等,漢之基業壞於元帝。唐自明皇使高力士省決章奏,宦官始盛,李林甫、楊國忠皆自力士以進,唐亡之禍基於開元。熙寧、元豐間,内臣中李憲、王中正、宋用臣者三人最爲魁傑,憲總兵熙河,中正總兵河東,其勢震動内外。憲陳再舉之策,以至永樂陷没。用臣興土木之役,爲國斂怨。此三人者,雖加誅戮,未足以謝萬姓。朝廷只從寬典,

---

〔一〕 未有不亡者也 原脱"者"一字,據范太史集卷二六論宦官劄子校補。

量加廢黜，雖憲已死，中正、用臣猶存，陛下近召內臣十人，續又召數人，而李憲、王中正之子皆在其中，又除押班二人、帶御器械一人，中外無不駭愕。既而聞二人以執政言其有過先罷，三人以舍人繳詞頭且輟，然前來指揮首違故事。又李憲、王中正之子既得入侍，則中正、用臣亦將進用，人心不得不憂，臣所以敢極言之。陛下與太皇太后同聽政之初，外逐蔡確、章惇、呂惠卿等及羣小人，故朝廷清肅；內逐李憲、王中正、宋用臣等及羣小人，故宮禁清肅。內外皆無凶人，故天下安靜，蓋非如今日也。陛下誠能聽臣之言，悉追罷除用內臣指揮，未到者別與差遣，已入者復授外官，則內外之人稱頌聖德，萬口一辭矣。"上曰："所召內臣，朕豈有意任用，止欲各與差遣爾。"祖禹乃退。十一月，楊畏為禮部侍郎，首叛呂大防，上疏言："神宗更法立制，以垂萬世，乞賜講求〔一〕，以成繼述之道。"上即召對，詢以先朝故臣孰可召用者，畏即疏列章惇、安燾、呂惠卿、鄧溫伯〔二〕、李清臣等行義，各加品題，且言神宗所以建立法度之意，乞召惇為相。上皆納焉。十二月，章惇除資政殿學士，呂惠卿復中大夫，王中正復遙郡團練使，給事中吳安詩不書惇錄黃，中書舍人姚勔不草惠卿、中正誥詞，皆不聽。是歲，河決內黃。

〔一〕 乞賜講求 "講"原作"省"，據宋宰輔編年錄卷一〇、九朝編年備要卷二三、宋史全文卷一三下校改。

〔二〕 鄧溫伯 "溫"原作"過"，據九朝編年備要卷二三、宋史全文卷一三下、太平治迹統類卷二四校改。

卷之十四

朝散郎、尚書禮部員外郎、兼國史院編修官李燾經進

宋哲宗二

　　甲戌　紹聖元年春正月，駙馬都尉韓嘉彥於長公主虧禮不遜〔一〕，擅宿外第〔二〕，責置蘄州。除河東大銅錢禁。二月，以李清臣爲中書侍郎，鄧温伯尚書左丞。葬宣仁聖烈皇后。三月壬申朔，日有食之，雲霧不辨〔三〕。殿中侍御史來之邵乞逐大防，以破朋黨，因疏神宗所簡拔之人章惇、安燾、吕惠卿以備進用。大防亦自求去，乃罷相。親試舉人，賜畢漸以下及第、出身有差。蘇轍罷知汝州。夏四月，侍御史虞策論蘇軾所作誥詞文字語涉譏訕，有旨落職，降知英州。曾布請復先帝政事，且乞改元，以順天意，詔改元祐九年爲紹聖元年。定神宗實録〔四〕，請取王安石日録參照編修〔五〕。六月，臺臣論吕大防等擅作威福，誣窜吕惠卿、蔡確，乞各正其罪。大防自永興知隨州，劉摯知黄州，蘇轍知袁州，軾安置惠州，吕希純自崇政説書知懷州。周秩上書忤上意，貶廣德

〔一〕　韓嘉彥　"韓"原作"禕"，據九朝編年備要卷二四校改。

〔二〕　擅宿外第　"第"原作"弟"，據九朝編年備要卷二四校改。

〔三〕　雲霧不辨　"辨"原作"辦"，據宋史全文卷一三下校改。

〔四〕　定神宗實録　原脱"定"一字，據九朝編年備要卷二四校補。

〔五〕　參照編修　"修"原作"詳"，據九朝編年備要卷二四校改。

軍。除字説禁〔一〕。張商英自開封推官出，五年不召，及爲諫官，故攻元祐大臣不遺餘力，言燾及范祖禹、吴安詩、劉安世、劉唐老、孫升、韓川，當吕大防擅權時，並以親舊相爲表裏，通傳指意。今首惡雖已貶黜，而燾等猶未明示竄殛。於是降燾知鄂州，安世知南安軍，川知坊州，升知房州，安詩監光州鹽酒税。又上疏，略曰："我神考發明道德之意，以作成人才，同一風俗，大志未集，神靈在天。宣仁太后保祐陛下，託心腹於輔弼，寓視聽於臺諫，而勢利之下是非蠭起，阿諛附會，一旦烏合，上叛君親之恩，下背師友之訓。或以小合傳緘，白晝告急；或手扇障面，夜半造門；或苞苴結子弟之歡，或伏地修門下之敬。於是浮言競作，鄙謗交興，川、洛異黨，秦、汶分朋。撥而後動謂之天平子，大而無見謂之盲大蟲，交通相紐謂之八關，陰私搆架謂之五鬼。誰何門户謂之約闌，抱持其足謂之小鬼，捨所親而去謂之過房，失所合而還謂之歸宗，伺候報探謂之滅門磴、走馬韃，勢盡相圖，謂之徒中反告。嗚呼，學士大夫平日不素講聞師儒先生之高誼，不自慎重，身被譏議，亦有足悲者。若滋長不已，則憎愛恩怨未易改也。臣願陛下以臣此章降手詔戒勵，仍揭朝堂。"范祖禹屢乞補外，出知陝州。范純仁罷相。初，純仁爲右僕射，於事無所私隱，同列或病之。吕大防引楊畏爲諫議大夫，以自助。純仁以畏不靖，不可用。大防曰："豈以畏嘗言相公耶？"門下侍郎蘇轍從旁誦其彈文，純仁遂力丐去〔二〕，出知潁昌〔三〕。以王安石配饗神宗廟庭。章惇爲右僕射。罷五路開寶通禮科。復元豐免役法。閏月，復提舉常平等官。罷十科。復義倉。復元豐改官員，每歲毋過一百四十人〔四〕。上親政，修復元豐故事，士大夫爭獻所聞，吏部尚書彭汝礪一無所論，而知壽州朱服賀改元表力詆元祐變法，章惇乃出汝礪知

〔一〕 除字説禁 "除"原作"徐"，據九朝編年備要卷二四、宋大事記講義卷二〇校改。

〔二〕 純仁遂力丐去 底本脱"純仁"二字，據九朝編年備要卷二四校補。

〔三〕 出知潁昌 "潁"原作"穎"，據九朝編年備要卷二四、宋宰輔編年録卷一〇校改。

〔四〕 每歲毋過一百四十人 原脱此九字，據九朝編年備要卷二四校補。

成都府，而召服爲中書舍人。五月，罷進士習賦，令專治經術，各專大經一、中經一，願專二大經者聽。立宏詞科，明年禮部立試格，除詔、誥、赦、敕不試外，章、表依見體式，賦如唐人斬白蛇、幽蘭、渥洼、馬賦之類，頌如韓愈元和聖德詩、柳宗元平淮夷雅之類，箴如揚雄官箴、九州箴之類，銘如柳宗元塗山、張孟陽劍閣銘之類〔一〕，戒諭如近體戒諭風俗、戒百官之類，序如顏延之〔二〕、王融曲水詩序之類，記亦用四六，詞理俱優者爲上等，次優者爲次等，詞格超異者取旨。曾布奉詔修察，具言不實，乃罷言職。除字説禁〔三〕。秋七月，追奪司馬光及呂公著贈謐，貶呂大防、劉摯、蘇轍、梁燾、劉安世官，分鄭、蘄、筠、鄂、南安軍居住。初，章惇欲用蔡卞議，光及公著並發冢斲棺，上不聽。復免行錢。上謂章惇曰〔四〕："須從民便，不願者勿強也。"置府界孳生監。八月，開洛口新河。九月，罷制科。廢廣惠倉。冬十月，呂惠卿自江寧改除樞臣。韓忠彥、曾布曰："惠卿在朝，善人君子何以自立。"上曰："只令知北京，豈可留也。"又曰："王安禮勝惠卿。"又曰："吕嘉問、吳居厚皆刻薄。"布因言："章惇專權日甚一日，若以舊恩欲保全之，則不若制之於初。先帝體貌王安石，言聽計從，亦未嘗敢爾也。"以常安民爲監察御史。振河北饑。十二月，河東鹽復官賣法。嚴銅錢出界禁。范祖禹等修神宗實錄，坐詆誣罪，竄祖禹永州，趙彥若澧州，黃庭堅黔州，並安置。

乙亥　紹聖二年春二月，振河北饑。夏四月，以邢恕知青州。置律學博士。秋八月，録趙普後。罷熙河等路分畫地界。時章惇、曾布方謀用兵，開邊自此始。九月辛亥，大饗明堂。知陳州范純仁上疏，言："望陛下於日近進擬赦文之際特降御批〔五〕，令添入昨來吕大防等坐貶謫，各指定州軍居住及安置

〔一〕　張孟陽劍閣銘之類　原脱"張孟陽"三字，據九朝編年備要卷二四校補。
〔二〕　顏延之　"延"原作"廷"，據九朝編年備要卷二四校改。
〔三〕　除字説禁　"除"原作"徐"，據九朝編年備要卷二四校改。
〔四〕　上謂章惇曰　"曰"原作"田"，據九朝編年備要卷二四校改。
〔五〕　望陛下於日近進擬赦文之際　"近"原作"久"，據九朝編年備要卷二四校改。

者，並特許於外州軍取便居住。如此，則澤及幽顯，和氣充盈，太皇太后神靈在天亦當欣懌。"凡五上奏，上有從意，章惇力主前議，且謂純仁同罪未録，落職改隨州。監察御史常安民上疏，言："蔡京之姦足以惑衆，辨足以飾非〔一〕，巧足以移奪人主之視聽，力足以顛倒天下之是非。內結中官，外連臺諫，今在廷之臣京黨過半，若不早逐，他日羽翼已成，嗟無及矣。"又言："今大臣爲紹述之說者，其實皆借此以報私怨。周秩在元祐間爲太常博士，親定司馬光謚爲文正，及近爲正言，則上疏論司馬光、吕公著，乞斲棺鞭屍。陛下察此輩之言，果出於公論乎？權臣橫恣，朋黨滿朝，惟知論元祐舊事，力攻已去臣寮。臣荷陛下獎拔，不敢負恩，摧枯拉朽之事，臣實恥爲之。舉朝疾臣，誣陷非一，臣賦性愚直，終恐不能勝朋黨之論，願乞外以避之。"上命與安民知軍，惇乃進擬爲監當官。冬十月，河南府地震。十一月，安燾罷。蔡確追贈太師，謚忠懷。十二月，詔察官免言事，舉臺諫毋限資〔二〕。編元祐章疏。蘇州地震。

丙子　紹聖三年春正月，以楊畏知虢州。右正言孫諤言："畏在元豐間爲御史，議論皆與朝廷合，元祐末吕大防、蘇轍用事，則盡變而從之，紹聖初陛下親政，則又偷合詭隨，締交執政，天下之人謂之三變。望顯黜之。"有詔落職中書舍人。出內庫金帛赴五路經略司封樁，以助邊費。二月，罷富弼配饗。三月，以禁中屢火，罷春宴。尚書省火。劍南東川地震。夏四月，命河東鑄當三鐵錢。復罷宣徽使。五月，孫諤言役法不均，詔罷言職補外。秋九月，滁、沂州地震。廢皇后孟氏。初，后朝謁景靈宫，訖事就坐，諸嬪御侍立，劉婕妤獨背立簾下，后閤中陳迎兒喝曰〔三〕："綽開。"婕妤背立如故，由此閤中皆忿。冬至，朝隆祐宮，候見，后所御坐朱髹金飾，婕妤頗愠，從行者爲易坐，

〔一〕　辨足以飾非　"辨"原作"辦"，據九朝編年備要卷二四、東都事略卷一〇〇常安民傳校改。

〔二〕　舉臺諫毋限資　"毋"原作"母"，據九朝編年備要卷二四校改。

〔三〕　后閤中陳迎兒　"閤"原作"閣"，"迎"原作"留"，據九朝編年備要卷二四、東都事略卷一四哲宗昭慈聖獻皇后孟氏世家校改。下同。

製與后等，衆皆不平，故傳唱曰："皇太后出。"后去所〔一〕，婕妤亦起立，或已徹婕妤坐，尋復所，遂頓於地，婕妤不復朝，泣而去，遂訴於上。時内侍郝隨用事，謂婕妤曰："毋以此戚戚，蚤爲大家生子，此坐正當爲婕妤有爾。"會福慶公主病，后有姊頗知醫〔二〕，嘗出入掖庭，投公主藥不效，乃取道家治病符水以入，宮嬪以示后，后變色問曰："此何從來？"嬪對以實，后曰："六姊寧知中禁嚴密，與外舍異耶。"戒令存之，后持以告上，上曰："此亦人情之常爾。"后即取符爇於前，宮禁相傳厭魅之端作矣。未幾，后養母聽宣夫人燕氏、尼法端與内供奉官王堅以左道爲后禱祠，事聞，上召宰相謀之。章惇請禮官共議，蔡卞乞掖庭置獄，差宦者推治〔三〕。遂詔内侍梁從政、蘇珪即皇城司鞫之。御史陳次升言："廢后事重，乞選侍從、臺諫置獄，庶獲情實。"獄具，堅坐與法端以楓木即光教院造雷公式，作后禱祠，有"所厭者伏，所求者得"等語。又嘗令堅求閭巷間所謂"驢駒媚蛇霧""叩頭蟲"者以進后，令佩往上寢殿。燕氏坐燒"歡喜"字符，取灰欲置茶中進上而未果，又燒符和水洒御路，冀上數來；又令堅繪劉婕妤像，以大釘釘其心；又欲取瘵死宮人燒屍灰致劉寢〔四〕，覬其亦以此疾惡死；又取七家針各一，燒符灰，置劉閤中〔五〕，皆以厭呪，卒無驗。尋命侍御史董敦逸録問，遂詔廢后，遷居瑤華宮，王堅、法端、燕氏皆處斬，陳迎兒因造爲語言激怒中宮，杖脊逐出。詔獄初起，箠楚甚峻，録問罪人過庭下者氣息僅屬，或肢體已毁折，至有無舌者，無一人能聲。敦逸秉筆，疑未下，郝隨從旁脅之，乃以奏牘上。蓋宰相章惇迎合於外，而郝隨擠排於内，莫敢有異議者。詔下之日，天爲之陰翳，人皆冤之。冬十月，夏

〔一〕 后去所　宋史卷二四三哲宗昭慈聖獻孟皇后傳作"后起立"。
〔二〕 后有姊頗知醫　"后"原作"後"，據九朝編年備要卷二四校改。
〔三〕 差宦者推治　"推"原作"惟"，據九朝編年備要卷二四校改。
〔四〕 又欲取瘵死宮人燒屍灰致劉寢　"致"原作"到"，據九朝編年備要卷二四校改。
〔五〕 置劉閤中　"閤"原作"閣"，據九朝編年備要卷二四校改。"置"，九朝編年備要卷二四作"致"。

人大舉入寇，鄜延經略使呂惠卿制爲十一軍，而自行主將事〔一〕。及至延州，賊見有備，即拔寨北去〔二〕。雷，大雨雹。築汝遮城，賜名安西。

　　丁丑　紹聖四年春正月，田嗣宗坐指斥抵罪，李清臣以嗣宗親黨出知河南府。授瞎征節度。去秋，阿里骨卒，子瞎征嗣立，至是加封。二月，三省言司馬光、呂公著唱爲姦謀，詆毀先帝，變易法度，罪惡至深。當時凶黨雖已死及告老，亦宜薄示懲沮〔三〕。光追貶清海節副，公著建武節副，王巖叟、傅堯俞、趙瞻並奪所贈官，追韓維致仕及孫固、范百禄、胡宗愈遺表恩。是夏，復追貶光朱崖軍司户，公著昌化軍司户。先是，邢恕嘗謂章惇言：「神宗晏駕時，范祖禹赴召，光送別，謂祖禹曰：『方今主少國疑，宣訓事不可不慮。』」宣訓者，北齊武明婁太后宫名也，后廢其孫少主殷，立其子常山王演。恕常謗宣仁有廢立意，故造爲此説〔四〕。惇雖知其妄，但借此以罪光，謂光志在傾搖，猥以武明事擬宣仁，併公著追貶之。三省言：「呂大防等爲臣不忠，罪與司馬光等無異，頃朝廷雖嘗懲責，而罰不稱愆。内范純仁又自因别過落職，於本罪未正典刑，生死異罰，無以垂示萬世。」遂貶大防、劉摯、蘇轍、梁燾、范純仁爲散官，安置於循、新、雷、化、永五州。劉奉世郴州居住，韓維落職致仕，王覿通州〔五〕，韓川隨州，孫升峽州，吕陶衡州，范純禮蔡州，趙君錫亳州，馬默單州，顧臨饒州，范純粹均州，孔武仲池州，王欽臣信州，吕希哲和州，希純金州，希績光州，姚勔衢州，並居住。吴安詩連州安置，王汾落職致仕，張耒、晁補之、賈易並監當，程頤追毁出身以來文字，秦觀移横州編管，並依紹聖二年八月二十一日指揮永不收叙。朱光庭、孫覺、趙卨、李之純並追奪。尋降文彦博太子太保，諸子並勒解官。司馬康奪贈官。

〔一〕　而自行主將事　原脱"事"一字，據九朝編年備要卷二四校補。

〔二〕　賊見有備即拔寨北去　原脱"賊"一字，據九朝編年備要卷二四校補。

〔三〕　亦宜薄示懲沮　"沮"原作"泪"，據九朝編年備要卷二四校改。

〔四〕　故造爲此説　"説"原作"謀"，據九朝編年備要卷二四校改。

〔五〕　王覿通州　"州"原作"判"，據九朝編年備要卷二四校改。

史臣留正曰：邪正不可並用，君子與小人共事，終必爲小人所攻，從古然也。元祐之末，劉、呂主調停之說，則臺諫給舍參用小人，如來之邵、鄧温伯、鄭雍、楊畏、陸佃、周秩之徒俱進，莘老、微仲君子亦分其黨，互相非毁，則大往小來，群邪並起，小人反覆，易於反掌。前日進侍無恥來見公著爲入身之計者張商英也，今日乞毁公著碑亦商英也；前日定謚司馬光者周秩也，今日乞以罪加司馬光者亦周秩也，此猶可也。而章惇、蔡卞、張商英之徒既謫貶范純仁以下三十餘人，又追貶司馬公、呂晦叔一十餘人〔一〕，竄吕大防、劉摯、梁燾皆已致之死地，而欲盡殺元祐諸賢。既廢逐孟后，且又欲追廢宣仁，章惇之罪，可勝誅哉！

閏月，上書人張天說抵死。以曾布知樞密院，林希同知。章惇之拜相也，布在翰林，草制極其稱美〔二〕，望惇用爲同省執政，惇忌之，止拜同知樞密院，又遷知樞密院。樞密院日得獨對〔三〕，惇疑布，更引希同知，使察之。希尋爲布所誘，亦背惇。布與惇益不合，卒傾惇，奪其位。大雨雹。三月，親試舉人，賜何昌言以下及諸科六百餘人及第、出身有差。幸金明池。殿中侍御史陳次升上疏，略曰："伏聞金明池新造龍船費用萬貫。肆爲侈靡，窮極工巧，必非陛下意也。陛下躬不世之資，襲祖宗之慶，勤儉過於夏禹，天下之所共仰，有司不能宣明德意，所造不乘之舟其費如此，而游幸之日天乃大風，豈非愛祐陛下而使覺悟有司之過乎？"夏四月，陳瓘罷。初，太學博士林自用蔡卞之意〔四〕，唱言於太學：神考知王安石不盡，尚不及滕文公之知孟子也。士大夫皆駭其說，校書郎陳瓘謁章惇求外任，因具以告，惇大怒，召自而罵之。章、蔡由是不咸。

────────

〔一〕 呂晦叔　"晦"原作"誨"，據宋史卷三三六吕公著傳校改。
〔二〕 草制極其稱美　"制"原作"創"，據九朝編年備要卷二四校改。
〔三〕 樞密院日得獨對　原脫"日得獨"三字，據朱氏與畊堂刊本校補。九朝編年備要卷二四作"布得獨對"。
〔四〕 用蔡卞之意　九朝編年備要卷二四"用"作"阿"。

瓘自爲小官時即特立敢言，紹聖初，惇以宰相召，道過山陽，瓘適相遇，隨衆謁之，惇素聞瓘名，獨請登舟共載而行，訪以當世之務，曰："計將安出？"瓘曰："請以所乘舟爲諭，偏重其可行乎？或左或右其偏一也，明此則可以行矣。"惇默然，瓘復曰："上方虛心以待公，公必有以副上意者，敢問將欲施行之叙：以何事爲先，何事爲後；何事當緩，何事當急？誰爲君子，誰爲小人？"惇良久曰："司馬光姦邪，所當先辨。"瓘曰："相公誤矣。此猶欲平舟勢而移左以置右也，果然，將失天下之望。"惇厲聲視瓘曰："光輔母后，獨宰政柄，不務慕紹先烈，大改成緒，誤國如此，非姦邪而何？"瓘曰："不察其心，而疑其迹，則不爲無罪，遂以爲姦邪，而欲大改其已行，則誤國益甚矣。"乃爲之極論熙豐、元祐之事，以爲元豐之政多異熙寧，則先志固已變矣。温公不明先志，而用母改子之説，行之太驟，所以紛紛至於今日。爲今日之計，惟當絶臣下之私情，融祖宗之善意，消朋黨，持中道，庶幾可以救弊。若又以熙豐、元祐爲説，無以厭服公論，恐紛紛未艾。瓘議論勁正，惇雖忤意，亦頗驚異，遂有兼取元祐之語。惇到闕，召瓘爲太學博士，瓘聞惇與蔡卞合，知必害正論，遂以婚嫁爲辭，久而赴官，於是三年不遷，至是出爲涪州通判。當瓘爲博士，薛昂、林自之徒爲正録，皆卞黨也，競尊安石而排元祐。卞方議毀資治通鑑板，瓘聞之，因策士題特引序文，以明神考有訓，自愧慊〔一〕，遽以告卞，密令置板高閣，不復敢議毀矣。吕大防卒於虔州，上始聞之，曰："大防何以至虔州？"及請歸葬，即許之。議者由是知痛貶元祐黨人皆非上意也。紹興初，追封宣國公，謚正愍。成都路復榷茶。以西邊進築，赦陝西、河東。追貶王珪萬安軍司户。三省言："元豐末，兩府大臣嘗議奏請皇子就傅建儲事時〔二〕，有王珪輒語李清臣云："他自家事，外庭不當管。"蔡

―――――――――――――――――――――

〔一〕　自愧慊　"愧"原作"魏"，長編卷四八五、宋史全文卷一三下作"林自辭屈愧歉"，九朝編年備要卷二四作"昂、自愧"，今據改。
〔二〕　兩府大臣嘗議奏請皇子就傅建儲事時　"皇"下原有"太"一字，據長編卷四八六删。

確、章惇聞之，對衆窮其所立，珪不得已方云："上自有子。"確、惇宣言於衆，其議遂定。給事中葉祖洽言："若以珪之罪無實跡，則當時二三執政尚在見今侍從間，甚有知其詳者，皆可考。況臺官黃履論之於前，諫官劉拯論之於後，近日高士京又極諫其狀，望陛下決於獨斷，以慰中外。"遂有是命。復侍從轉對。五月，文彥博薨。彥博凝簡莊重，顧盼有威，逮事四朝，薦更二府，七換節鉞，爲將相五十餘年，兩以太師致仕，英傑奇雋，名聞四夷。熙寧中彥博在樞府，尼惠普以妖妄就逮，有司奏縉紳所與簡牘，一時公卿多有之，獨彥博無有。神宗問其故〔一〕，對曰："臣但不知爾，如知之，亦當有。"時人美其分謗云，謚忠烈〔二〕。復濬洛通汴。六月癸未朔，日有食之，陰暗不見。太原府地震。秋七月，大内火。火入鬼、輿，太史奏主賊在君側，上召太史詰之，對曰："讒慝之人皆賊也，惟親近正人修德，乃所以備之。"八月，治同文館獄〔三〕。太府寺主簿蔡渭奏〔四〕："臣叔父碩嘗於邢恕處見文及甫元祐中所寄恕書，具述姦臣大逆不道之謀。及甫，彥博子也，必知姦狀。"詔翰林承旨蔡京、吏侍安惇同究問。初，及甫與恕書，自謂畢禫當求外，入朝之計未可必聞〔五〕，已逆爲機穽，以榛塞其塗。又謂司馬昭之心，路人所知；又云濟之以"粉昆"，朋類錯立，欲以"眒躬"爲甘心快意之地。及甫嘗語蔡碩謂司馬昭指劉摯，"粉昆"指韓忠彥，"眒躬"及甫自謂，蓋俗稱駙馬都尉爲"粉

〔一〕 神宗問其故 "問"原作"間"，據九朝編年備要卷二四、名臣碑傳琬琰之集下卷一三文忠烈公彥博傳校改。

〔二〕 謚忠烈 "烈"原作"彥"，據九朝編年備要卷二四、東都事略卷六七文彥博傳校改。

〔三〕 治同文館獄 原"同文"二字漫漶，據九朝編年備要卷二四校定。

〔四〕 太府寺主簿蔡渭奏 "蔡"原作"察"，據長編卷四九〇、九朝編年備要卷二四、宋史卷二〇〇刑法志二校改。

〔五〕 入朝之計未可必聞 "聞"原作"問"，據長編卷四九〇、九朝編年備要卷二四、宋史卷二〇〇刑法志二校改。

侯"〔一〕,人以王師約故,呼其父堯臣爲"粉父",忠彦乃嘉彦之兄也。及甫除都司,爲劉摯論列;又摯嘗論彦博不可除三省長官,故止爲平章重事。及彦博致仕,及甫自權侍郎以修撰守郡,母喪除,與恕書請補外,因爲讒忿詆毁之辭。及置對,則以昭比摯如舊,"眇躬"乃以指上,而"粉昆"乃謂指王巖叟。面如傅粉,故曰"粉";燾字況之,以況爲兄,故曰"昆"。斥摯將謀廢立,不利於上躬。京、惇言事涉不順,及甫止聞其父言,無他證佐,望別差官審問。乃詔中書舍人蹇序辰審問〔二〕,仍差内侍一員同往。京、惇之意,將大有所誅戮。會星變,上怒漸息。然京、惇極力煅煉不少置。已而梁燾先卒於化州,後七日摯亦卒於新州,衆皆疑兩人不得其死。明年二月,朝廷乃聞摯死,不許歸葬,家屬令於英州居住。其五月,獄乃罷。彗出氐,斜指天市垣,光芒三尺餘,掃巴星未幾犯宦者,復犯帝座。九月,大赦,求直言。曾布言:"熙寧乙卯歲十月,彗在翼、軫,吳楚分野之外,尋有交州之變,陷邕、欽、廉三州〔三〕。光芒掃長沙,長沙民大饑疫〔四〕,死者相枕藉。自丙辰春出師討交趾,丁巳春師還,死者數十萬。今掃巴星,則巴蜀不可不慮。臣等更當講求邊備,兼星在氐羌,邊事誠不可不戒。"冬十月,以邢恕爲御史中丞。十一月,梁燾卒於化州,乞歸葬,不許。竄程頤涪州,以其與司馬光相厚也。黃庭堅尋自涪移戎。復市易務,許用見錢交易,以息不過二分,不許賒請。十二月,劉摯卒於新州。兩浙旱。

戊寅　元符元年春二月,罷翰林侍讀、侍講學士。三月,建懿親宅,以處五王。内臣陳衍抵死。紹聖初,張商英言内臣陳衍乃陛下家奴,與宰相交通,

---

〔一〕　蓋俗稱駙馬都尉爲粉侯　"蓋"原作"盡",據長編卷四九〇、九朝編年備要卷二四、宋史卷二〇〇刑法志二校改。

〔二〕　蹇序辰　"蹇"原作"寨",據長編卷四九一、九朝編年備要卷二四、宋史卷二〇〇刑法志二校改。

〔三〕　三州　"州"原作"月",據九朝編年備要卷二四、夢溪筆談卷二五校改。

〔四〕　長沙民大饑疫　原脱"長沙"二字,據朱氏與畊堂刊本、九朝編年備要卷二四校補。

干預大政。詔除名,白州編管。三年,又與其州官往來,配朱崖軍。至是,蔡京、安惇究治到前皇城使張士良所言陳衍事狀,乃下詔衍處死。士良先已竄雷州,至是徙白州。章惇、蔡卞請追廢宣仁聖烈皇后。先是,惇、卞恐元祐舊臣一日復起,日夜與邢恕謀所以排陷之計,既再追貶呂公著、司馬光及謫呂大防等過嶺,意猶未快,仍用黃覆疏、高士京狀,追貶王珪,皆誣以圖危上躬,其言寖及宣仁。上頗惑之,最後起同文館獄,將悉誅元祐舊臣。內結宦者郝隨爲助,專媒孽垂簾事〔一〕,欲追廢宣仁,惇、卞自作詔書,請上詣靈殿宣讀。皇太后方寢,聞之遽起,不及納履,號謂上曰:"吾日侍崇慶,天日在上,此語曷從出?且上必如此,亦何有於我?"皇太妃同皇太后諫上,語極悲切,上感悟,取惇所奏就燭焚之,禁中相慶。郝隨覘知,以語惇、卞,明日再具奏,堅乞施行,上怒曰:"卿等不欲朕入英宗廟乎?"抵其奏於地。張士良者前竄雷州,惇、卞起詔獄,欲使誣宣仁果有廢立意。及士良至,既以舊御藥告,復列鼎鑊刀鋸置前,謂曰:"言有,即還舊官;言無,則死。"士良仰天哭,曰:"太皇不可誣,天地神祇不可欺,乞就戮。"京、惇無如之何。但以陳衍罪狀塞詔,宣仁追廢之議遂息。蔡京、章惇進呈劉摯等事,上曰:"元祐人果如是乎?"京、惇曰:"誠有是心,然反形未具。"上曰:"摯等已責遐方,朕遵祖宗遺志,未嘗戮大臣,其釋勿治。"夏四月,邢恕罷,出知汝州。恕每登對必移時,章惇疑其傾己,排而出之。建顯謨閣,藏神宗御書。復汴河堤岸司。五月朔,御殿,受傳國寶。初,咸陽民段義郊居〔二〕,因造屋屬地得玉璽,其文曰"受命於天,既壽永昌",玉甚瑩,色正綠。御史臺主簿李公麟云:"藍田之玉如藍,此真秦寶也。"六月,改元。中丞安惇言:"陛下未親政時,姦臣置訴理所,凡得罪於熙豐之間者咸爲除雪,歸怨先朝,收恩私室。乞取公

〔一〕 專媒孽垂簾事 "媒"原作"謀",據長編卷四五九、九朝編年備要卷二四、宋史全文卷一三下校改。

〔二〕 咸陽民段義郊居 "郊"原作"殆",據朱氏與畊堂刊本、九朝編年備要卷二五校改。

案看詳從初加罪之意，復依元斷施行。"時章惇猶豫未應，蔡卞即以相公二心之言迫之，惇懼，即日置局，命蹇序辰同安惇看詳，於先朝言語不順者，具名以聞。秋七月，地震。八月，詔自今三省、樞密院擬進在京文臣及武官橫班使副、諸路監司、帥臣，並召對。三省言："駙馬都尉郭獻卿卒哭，當起復。"上曰："不以金革從事而起復，雖有故事，非古也，其除之。"九月，復竄鄭俠。看詳訴理所言〔一〕："監安上門鄭俠上言謗訕朝政，並王安國非毀兄安石等罪名〔二〕，元祐元年除雪不當。及王旂、王斿進狀內言父安國冤抑未除，又云先臣不幸不得出於此時。"詔元祐指揮更不施行，並令改正。俠除名勒停，依舊英州編管；旂、斿並降監當。賜故相王安石第，就京師賜第百間。冬十月，夏人以兵三十萬犯塞，國主與其母自將攻平夏城，城守益堅，寇乃造高車以臨城，載數百人，填壕而進，俄有大風震折，寇一夕遁去。嵬名阿里、妹勒都逋二人乃西羌之將，皆勇悍善戰，屢爲邊患。涇原經略章楶諜知其虛可襲，十二月遣折可適等間以輕騎二千出盪羌，六道分進，寇不及知，夜入其室執之，盡得其家屬，俘馘三千餘人，獲牛羊不啻十萬，詔送闕下，並貸其命。范祖禹卒於化州。祖禹平居恂恂，口不言人過，至遇事別白是非，不少惜隱，在邇英守經據正，獻納尤多。嘗讀尚書至"內作色荒，外作禽荒"之語，拱手再誦，卻立云："願陛下留聽。"上首肯再三，乃退。蘇軾稱爲講官第一，自以爲不及也。十一月甲子，冬至，郊，罷合祭。十二月，澶州河溢。

己卯 元符二年春三月〔三〕，遼人遣使請緩夏師，其國書略云："粵惟夏臺，實乃藩輔。累承尚主，迭受封王。近歲以來，連表馳奏，稱南兵之大舉，入西界以深圖。懇求救援之師，用濟攻伐之難。理當依允，事貴解和。蓋遼之於宋，情重祖孫；夏之於遼，義隆甥舅。必欲兩全於和合，豈宜一失於綏

〔一〕 看詳訴理所言 "訴"原作"殆"，據長編卷五〇二、九朝編年備要卷二五校改。

〔二〕 王安國 "王"與"安"原顛倒，據長編卷五〇二、九朝編年備要卷二五乙正。

〔三〕 己卯元符二年 "己"原作"巳"，據九朝編年備要卷二五、宋史全文卷一三下校改。

存〔一〕。而況於彼慶曆、元豐中曾有披聞，皆爲止退，寧謂輒違先旨，仍事遠征。儻蔽議以無從，慮造端而有自。"報書云："惟西夏之小邦，乃本朝之藩鎮，雖於北嘗與婚姻之親，而在南全居臣子之分。累歲以來，無復事上之禮，賜以金繒而不已，加之封爵而愈驕，殺掠吏民，圍犯城邑，推原其惡，在所討除。去歲之冬，來攻近寨，凡涉兩旬，自取死傷，數以萬計，糧盡力屈，衆潰宵歸。更爲詭誕之辭，往求拯救之力，必謂深加沮卻，乃煩曲爲勸和。示以華緘，禮雖形於厚意，事實異於前聞。緬料雅懷，誠非得已，顧於信誓，殊不相關。惟昔興宗致書仁祖，諭協力蕩平之語，深同謀外禦之情。至欲全除，使無譙類，謂有稽於一舉，誠無益於兩朝。今者詳味縟辭，有所未諭，輒違先旨，諒不在玆。"仍詔遣郭知章報聘，遼使蕭德崇堅乞於國書内增"休退兵馬，還復土疆"等語，卒不從之。夏五月，以涇原路建西安州及建大都等寨，諸路築據要害，邊面各徑直相通，率百官稱賀，乃降德音：陝西、河東路死罪囚流以下釋之。六月，河決内黄口，東流斷絶。秋七月，置湟水軍。初，吐蕃酋長瞎征、隴拶爭國，於是錢羅結奔河州，説權知州王贍以取青唐，熙河經略司屬官王厚乃與贍同畫策，遣客詣章惇，惇下其事於經略使孫路，遂大發府庫，招徠羌人，既而河南酋長以講朱、一公、錯鑿、當標四城來降。贍奏乞速取青唐，朝廷許之。曾布對上曰："先帝初以熙河洮岷爲一路，今方得洮，又以熙河蘭會爲一路，今方得會，非天時人事符合，何以至此？"孫路以總管王愍爲將，而以贍副之，遂出塞，自密章渡河，趨邈川，贍忌愍分功，紿愍明朝食畢乃發，贍夜半忽傳發，平明入邈川，愍日午始至，贍徑上捷書，不復由帥府矣。邈川，古湟中之地，部族繁庶，形勢險要，南拒河州，東拒蘭州，皆二百里。於是，孫路請建爲湟水軍。

史臣曰：吐蕃之裔守護西塞，爲不侵不叛之臣，固嘗宣力王家，奮

〔一〕 豈宜一失於綏存 "宜"原作"知"，九朝編年備要卷二五同，據長編卷五〇七、契丹國志卷九校改。

擊夏虜，而熙寧、元符、崇寧間三用師於其國，蓋其始也王安石主王韶取洮河，中而章惇主王贍夷青唐，而蔡京主王厚復湟鄯，遂建熙河一道郡縣而置之。功雖訖成〔一〕，邊患不息。唃氏子孫無罪而就覆亡，及金戎得秦隴，乃得求其後，而續其血食，孰謂夷無人哉！

八月，太原地震。復會州，以知鎮戎軍姚雄爲知州。安化蠻寇邊。九月，立賢妃劉氏爲皇后。隴拶以青唐降，尋改爲鄯州。瞎征爲其下所逐，徙居青唐新城，尋削髮爲僧，領衆趨宗哥城〔二〕，王愍受其降。瞎征既降，其首領籛羅結與心牟欽氈迎立董氈疏族溪巴溫次子隴拶爲主〔三〕，入居青唐，至是心牟欽氈、籛羅結幽隴拶於別室，遣使詣王贍通欵，贍舉兵至青唐，隴拶出降，贍引兵入城。閏月，改青唐爲鄯州，邈川爲湟州，宗哥城爲龍支城，並隸隴右，以廓州爲寧塞城。十月，心牟欽氈結山南諸羌悉叛，圍鄯州，部將李忠擊敗之。王贍戮心牟欽氈等九人及城中諸羌甚衆。羌人又圍湟州，王愍擊敗之。又圍宗哥城，九十日而解。是月，洮河總管苗履、秦鳳路總管姚雄及將高永年破籛羅結於青唐，羌人霄潰，屬羌郎阿章因河水叛，率鬼臚族拒官軍。熙河經略胡宗回遣河州都監王吉將五百騎討阿章，全軍陷沒。又遣開封第八將魏釗討之，釗亦敗。宗回請以种朴知河州，討阿章。羌知朴來，設伏以待，朴逾一公城，墮伏中，爲羌刺死，羌乘勝追北，我師遇隘不可兼行〔四〕，羌以萬騎來薄。有王舜臣者善射〔五〕，有六七羌人厚甲馳騎而來，舜臣引弓一發，矢中其面，三發殪三人，餘四人返走，皆貫其背，萬騎洶懼，不敢前。舜臣因得整軍向敵。一公、錯鑿、講朱、當標四城咸在重山複嶺中，惟微徑僅通人行，羌既反，乃於

〔一〕 功雖訖成　"雖"原作"須"，據文獻通考卷三三五四裔考十二校改。
〔二〕 領衆趨宗哥城　"哥"原作"歌"，據九朝編年備要卷二五校改。
〔三〕 迎立董氈疏族溪巴溫次子　原脫"疏族"二字，據九朝編年備要卷二五補。
〔四〕 我師遇隘不可兼行　原脫"我師"二字，據長編卷五一七、九朝編年備要卷二五校補。
〔五〕 有王舜臣者善射　原脫"有王舜臣者"五字，據長編卷五一七、九朝編年備要卷二五校補。

沮峻處以水漑,道滑不可登,故漢兵三入三敗,河、岷及諸城堡寨日虞羌至,於是青唐道路復不通。籛羅結等共立小隴拶爲主,溪巴温第三子也。先是,惇白上將乘兵勢滅夏國,而湟州告急,惇意沮。自經營湟鄯,死傷又倍於安西之役,關中民由此大困,而湟州歲費三百餘萬緡。潭州通判畢漸請毁元祐碑刻,上從之。右正言鄒浩上疏言:"立后以配天子,不可不謹,况孟氏罪廢之初,天下皆料必以賢妃爲后,及讀詔書有别選賢族之語,今竟立之,則不免上累聖德,乞追停册禮。"詔浩除名勒停〔一〕,竄新州。蔣之奇、吕嘉問、葉祖洽並補外,王回除名勒停,坐與鄒浩語言交通也。王琳、吴師禮、李友諒、陳舉、朱紱、傅楫、胡安修、范致君、王溥勒停。白時中、岑穰、張庭堅、畢漸、蔡蹈、范致虚、蔣球〔二〕、葉承各責罰,坐以錢銀遺浩,且致簡敘别也。十一月,諸州置教授處〔三〕,依太學選補學生〔四〕,歲貢上舍一人、内舍二人,又詔諸路各選監司一員提舉學事,仍令逐郡知通專一掌管。十二月,夏人納欵。先是,西方之力已疲,而其母梁氏死,乾順乃遣人欵塞告哀,謝罪請和,其表略曰:"伏念臣起,國禍之基,由祖母之世,蓋大臣萌僭竊之事〔五〕,故中朝興弔伐之師。今母氏殞殂,姦人追竄,故得因持哀使附上謝章,願追列祖之前獻,特賜曲全之大造,俾通常貢,獲紹前盟。"詔答曰:"省所上表具悉,爾國亂常,歷年於此,迨爾母氏復聽姦謀,屢興甲兵,擾我疆場。天討有罪,義何可容。今姦黨既除,爾既親事,而能抗章引慝,冀得自新。朕喜爾改圖,姑從矜貸,已指揮諸路,令各據巡綽所至處明立界至,并約束城寨兵將官,如西人不來侵犯,不得出兵過界。爾亦嚴戒沿邊首領,毋得侵犯邊境。候施行訖,遣使進結誓表,當議許令收接之。"至是,來上誓表,有"飭疆吏而永絶争

〔一〕 除名勒停 "除"原作"追",據長編卷五一五、九朝編年備要卷二五校改。

〔二〕 蔣球 "球"原作"求",據長編卷五一八、太平治迹統類卷二四校改。

〔三〕 諸州置教授處 "州"原作"生",據九朝編年備要卷二五校改。

〔四〕 依太學選補學生 "生"原作"士",據九朝編年備要卷二五校改。

〔五〕 蓋大臣萌僭竊之事 "萌"原作"專",據九朝編年備要卷二五校改。

端[一]，誡國人而常遵聖化[二]。若違茲約，則咎凶再降；儻背此盟，則基緒非延"等語。詔略答曰："嘉爾自新，俯從厥志。爾毋爽約，朕不食言。宜諭國人永遵信誓[三]，疆界並依已降詔旨，兼邈川、青唐已係納土歸順，各有久來界至，令並依。漢地及本處部族有逃叛入夏國者，即係漢人，其餘一應約束事件，並依慶曆五年正月一十二日誓詔施行。自令已後，恩禮歲賜並如舊例。"

庚辰 元符三年春正月，上不豫。大赦。上崩於福寧殿。壽二十五，在位十五年，謚曰欽文睿武昭孝，廟號哲宗。皇弟端王即皇帝位，皇太后權同聽政。哲宗崩，太后哭謂宰執曰："皇帝無子，事須早定。"章惇曰："在禮律當立母弟簡王。"太后曰："神宗諸子，申王長，有目疾。次即端王當立。"惇曰："以年則申王爲長，論禮律則同母之弟簡王當立。"太后曰："俱是神宗子，豈容如此分別。兼先帝嘗言端王有福壽又仁孝。"蔡卞曰："當依聖旨。"乃召端王，王入，太后諭曰："先帝無子，端王當立。"對曰："申王兄也。"固辭。惇等進曰："天命所屬，大王當爲宗廟社稷計。"上遂即位。尊皇后爲元符皇后，尋又尊皇太妃朱氏爲聖瑞皇太妃，追尊母貴儀陳氏爲皇太妃。罷增邐卒。二月，立夫人王氏爲皇后。復鄒浩等官，同時坐累者王回等二十六人悉牽敘有差。斥內侍郝隨、劉友端。布因問故，上曰："彼自乞宮觀。"因言禁中修造，華侈太過，無非金翠，皆隨、友端所創也。以韓忠彥爲門下侍郎。范純仁等並收敘。純仁、劉奉世、呂希純、王覿、吳安詩、韓川、唐義問並分司，鄧、光、唐、和、灃、隨、安州居住。呂希哲、希績、呂陶、

[一] 飭疆吏而永絕爭端 "永"原作"來"，據九朝編年備要卷二五、宋史卷四八六外國列傳二夏國下校改。

[二] 誡國人而常遵聖化 九朝編年備要卷二五"誡"作"諭"，長編卷五一九"常"作"恆"。

[三] 宜諭國人永遵信誓 "永"原作"來"，據長編卷五一九、九朝編年備要卷二五校改。

鄭佑並宮觀〔一〕，任便居住。蘇軾、蘇轍、劉安世、秦觀、程頤移廉、永〔二〕、衡、英、峽等州，王古、楊畏、王欽臣、范純禮、純粹知潤、襄、充、亳、信等州，晁補之、張耒河中府、黃州通判，劉唐老武勝軍判官，鄒浩、黃隱、黃庭堅、賈易、王回並與監當差遣。尋詔劉摯、梁燾許歸葬。摯、燾、王珪、呂大防、范祖禹、王巖叟、劉安世、朱光庭諸子並許敍復。三月，以龔夬爲殿中侍御史，陳瓘、鄒浩爲左、右正言。布因言於上曰："言路得人，但章惇、蔡卞不樂爾。"瞎征與隴拶入見，以隴拶爲懷遠節度，趣令之鄯州。瞎征爲寧遠節度。求直言，奉議郎鍾世美應詔上言："乞復熙寧、紹聖故事，以謂神考道過百王，庶事具舉，没猶未久，而匹夫之臣相與誣毁，傳播當年曾不及中材庸主。哲宗振起斯文，六七年間天下大治，復見熙寧之盛，不折尺箠而西羌納土，不勤師旅而盡復故疆。若謂神考不當創法，先帝不當追述〔三〕，則何以致巍巍赫赫之功。若謂元祐改更而當，則何以致官府廢墜，財用匱乏，京師累月冰雪，河朔連年災荒，西賊長驅寇邊，如入無人之境。臣嘗至西塞，備見元祐削弱之患，直可痛傷而太息也。"永興民王懷進玉器，詔卻之。振河北饑〔四〕。夏四月丁酉朔，日有食之。棄鄯州，時西羌復叛，共立小隴拶爲主，詔王贍棄鄯州，引兵歸湟州。蔡京復翰林承旨。以韓忠彥爲右僕射兼中書侍郎，李清臣爲門下侍郎。皇長子生，大赦。范純仁二十五人並收敍。純仁宮觀，許歸潁昌〔五〕。劉奉世宮觀，許歸陳州。王覿、韓川、吕希純、吴安詩、唐義問並宮觀，任便居住。王欽臣知潁昌府〔六〕，楊畏復官，依舊知襄州。呂陶、張耒、劉當時並

〔一〕 鄭佑並宮觀　"佑"原作"祐"，據九朝編年備要卷二五校改。
〔二〕 永　原作"州"，據九朝編年備要卷二五、宋史全文卷一四校改。
〔三〕 先帝不當追述　原脱"述"一字，據九朝編年備要卷二五校補。
〔四〕 振河北饑　九朝編年備要卷二五"振"作"賑"。
〔五〕 潁昌　"潁"原作"穎"，據長編拾補卷一五校改。
〔六〕 潁昌府　"潁"原作"穎"，據長編拾補卷一五校改。

與知州。呂希哲、希績、賈易並與小郡。劉唐老、黃隱並與堂除知軍〔一〕,晁補之與堂除通判〔二〕,黃庭堅與堂除簽判〔三〕。蘇軾、蘇轍、劉安世、秦觀移永、岳、鼎、衡州居住。程頤復官,任便居住。鄭俠放逐便。左正言陳瓘言:"陛下欲開言路〔四〕,首還鄒浩〔五〕,取其有既往之善,可謂得已試之才,允合人心,無可正救。而聞御中安惇論浩罪惡,欲寢已成之命,自明前舉之當。"又言:"惇奏浩是先朝所棄,不當復用,國是所係,不可輕改。臣竊惟是非之心人皆有之,古聖王以百姓之心爲心,故朝廷之所謂是非者,乃天下之公是非也。是以國是之說,其文不載於二典,其事不出於三代,惟楚莊王之所以問叔孫敖者,乃戰國一時之事,非堯、舜之法也。然其言曰夏桀、商紂不定國是,而合其取捨者爲是,不合其取捨者爲非,則是叔孫敖之意,亦不敢以取捨之私而害天下之公是非也。若是非取捨簡擇一以私意,合我者是,異我者非,此楚莊所不敢也。豈聖時所宜用哉?因錄國是故事上之。人言鄒浩盡忠之言,以愛君憂國爲心。先帝一時之怒,無終絕言者之意。惇居風憲,理當助浩,默而坐視,愧責已多〔六〕,況如前日之所爲乎?極天下公議所非以爲國是,極人臣不改之孝以爲善述,昔以誤朝,今以非上,原情定罪,安可已乎?"惇聞瓘章已出,求去,乃罷中丞,出知潭州。右僕射韓忠彥言:"先帝即位,嘗詔天下實封言事,獻言者以千百計〔七〕。章惇既相,乃置局編類,摘取其語,以爲謗訕。今陛下又求直言,若復編類之,則士必懷懼。臣願陛下亟詔罷局。"於是詔取

〔一〕 黃隱並與堂除知軍 "黃"原作"鼓",原脱"並與堂除知軍"六字,據九朝編年備要卷二五校改、補。
〔二〕 晁補之與堂除通判 原脱"與堂除通判"五字,據九朝編年備要卷二五校補。
〔三〕 黃庭堅與堂除簽判 "與堂除簽判"原作"並與堂除",據九朝編年備要卷二五校改。
〔四〕 陛下欲開言路 "言"原作"元",據九朝編年備要卷二五、宋史全文卷一四校改。
〔五〕 首還鄒浩 "浩"原作"洪",據九朝編年備要卷二五校改。
〔六〕 愧責已多 "愧"原作"魏",據九朝編年備要卷二五校改。
〔七〕 獻言者以千百計 原脱"獻言"二字,據宋宰輔編年錄卷一一校補。

以入，且面諭忠彦等曰："已焚之矣。"賜李釜以下五百餘人及第、出身有差。五月，姚雄奏青唐、邈川始因王瞻貪功生事，招誘羌酋，收復窮遠之地，費財勞師。自據青唐、邈川府庫財物，瞻與王厚各有侵盜，迹狀分明。乃竄王瞻於房州。太原府地震。復廢后孟氏爲元祐皇后。初，孟氏之廢也，哲宗有悔悟意，嘗曰："章惇害我名節。"會有布衣請復瑤華者，遂命以官。上因韓忠彦曲謝，乃諭以復瑤華之事。議復位號，既而瑤華廢后用犢車還宮中，太后先遣人以冠服易其道衣乃入，中外歡呼。時欲廢元符劉后，曾布曰："上則章先帝之短，次則主上以叔廢嫂未順。臣等議皆以兩存爲便，太后亦以爲然。"制詞略曰："雖元符建號已正位於中宫，然永泰上賓固無嫌於並后。"冬十月，蔡京復廢元祐太后，向太后力爭不可，遂尊劉皇后爲元符太后。置平準務，改市易務爲之。諫官龔夬、任伯雨、陳瓘皆言尚書左丞蔡卞過惡。夬曰："卞爲安石之壻，妄謂盡得其學，以欺朝廷，而一時嗜利者助成其説。今乃參預政機，清議沸騰，望重黜之。"瓘曰："章惇前日所爲皆卞教之，卞以繼述神宗爲名，以纂紹安石爲主，立私門之所好以爲國是，奪宗廟之大美以歸私史。"伯雨曰："卞之惡有過於惇，如誣罔宣仁聖烈保祐之功，致元祐皇后疑似之罪。安惇作理訴所，而士大夫得罪者八百三十家；蹇序辰編排章疏，而語言被罪者數千人。先帝親政六年未嘗有失，獨此數事，皆卞爲之。"上諭宰執曰："臺諫攻卞，只説與章惇，則卞自知矣。"卞請去，出知江寧。九月，殿中侍御史陳師錫言："知江寧府蔡卞與京兄弟同惡，迷國誤朝，爲害甚大，乞正典刑。"又言："向宗良、宗回亦陰爲京游揚，進列要路，是皆國之深患。臣非自愛而憂之，蓋爲陛下憂，爲宗廟憂，爲天下賢人君子憂。若黜京於外，則間言不入於慈闈，聖慮可忘於憂患。"上曰："事礙東朝，卿當熟慮。"師錫亦奏疏東朝，委曲陳論，皆不報。未幾，貶卞太平州居住。侍御史龔夬言："臣伏聞蔡卞落職太平州，天下之民共仰聖斷。然臣竊見京、卞表裏相濟，天下共知其惡，民謠有云'二蔡二惇，必定滅門[一]，籍没家財，禁錮子孫'；又曰'大惇小惇入地無門，大蔡小蔡還他命債'。夫民至愚而神，其不可欺如此。元祐初推行差役，京率先而辦，及紹聖講復免役，復預討論[二]。又昨者卞在朝廷，與京表裏相濟，而今自謂趨向不同，此尤可怪。蓋其爲人反覆趨利，頗爲難察。願博加採訪，以辨忠邪。"築湟州臒歌城，賜名寧川堡。增太廟爲九室，祔哲宗，不祧宣祖。韓忠彦白上以元祐生者已被恩，而死者殊未甄復，不有追復，孰慰幽魂。故文彦博、王珪、吕大防、劉摯、韓維、梁燾、司馬光、吕公著、孫固、傅堯俞、趙瞻、鄭雍、王巖叟、范祖禹、趙彦若、錢勰、顧臨、趙君錫、李之純、吕大忠、鮮于侁、孔武仲、姚勔、盛陶、趙卨、孫覺、杜純、孔文仲、朱光庭、李周、張茂則、高士英、孫升並追復。燾、摯比舊猶降一官。罷榷廣西茶。六月，詔以坊場錢輸內藏。左正言陳瓘言："邢恕頃誣司馬光、劉摯、梁燾等幾至滅族，公議不容久矣，宜定其罪。"貶均州。秋七月朔，太后還政。召范純仁赴闕，將以爲相。純仁已疾，聽歸潁昌。熒惑犯房、心，陳瓘言："星文之變昭示天下已數日矣，惟京師陰雨見之最晚，則是遠方之所知，而陛下有所未知也。況房、心爲宋之分野，大星乃天房之位，前星乃太子之位。今幸未陵犯，願陛下預思所以銷禳之。"八月，蔡京請作景靈西宫，以奉神宗神御，而哲宗次之。陳瓘言不可者五，其一謂左宗廟，今乃在西，不合禮經，卒不能易。出內庫金帛助邊。葬哲宗於永泰陵。靈駕發引，至鞏縣遇雨，山陵使章惇先就幕次，大昇輿陷於淖中，臣僚不復隨從，自旦至夜，二膳不時進，竟露宿野次。九月，侍御史陳次升言："章惇自登揆路任私害物，奉使山陵措置乖繆。"於是惇乞罷政，命以特進知越州。踰月，中書檢會瓘並臣僚上言，云惇編類章疏，看詳訴理，受禍千餘家，凡士民暗昧言語，加以刀棓、釘手足、剥皮膚、斬脛、拔舌之刑。責授武昌節度副使，潭州安

[一] 必定滅門 "滅"原作"沙"，據宋宰輔編年録卷一一、九朝編年備要卷二五校改。

[二] 復預討論 "預"原作"與"，據歷代名臣奏議卷一八〇校改。

置。右司諫陳瓘上言云："皇太后不待祔廟果於還政,事光前古,名〔一〕垂後世。陛下所以報皇太后者宜如何哉?臣恐假借外家不足爲報也。"又曰:"宗良兄弟依倚國恩,憑藉慈蔭,所與遊者連及侍從,希寵之士願出其門,裴彥臣無甚幹才,但能交通内外,漏泄機密,遂使物議籍籍,以爲萬機之事、黜陟差除,皇太后至今預焉。良因中外關通,未有禁戒,故好事之人得以益傳爾。"太后聞之,怒至哭泣不食。上再拜,乞貶瓘,而怒猶未解。左右近習或請擢蔡京執政,庶可解太后之怒。群臣皆莫敢言,乃以瓘添差監揚州糧料院。瓘初不知被責,復求見上,閣門不許〔二〕,瓘即具劄子,其一論景靈西宫,其二論章惇罷相制所稱國是,其三、其四皆指陳蔡京罪惡。繳進以聞,翌日復有旨除瓘知無爲軍〔三〕,瓘即露章辭免,云:"蔡京交通關結,其勢益牢,廣布心腹,羽翼成就,愚弄朝廷有如兒戲,天下治亂之勢係於一京,不可以不早辨也。陛下若以臣言爲是,則按京之罪,明正典刑,然後改臣差遣。若以臣言爲非,則重加貶竄。"詔不許辭免。冬十月,蔡京罷,知永興軍。以韓忠彥、曾布爲左、右僕射。曾布之相也,御史中丞豐稷欲率臺屬論之,遂遷稷工部尚書,以王覿爲中丞。稷力丐補外,不允。謝表有"内侍已成於怨府,佞人方劾於奏章"。上問佞人爲誰,曰:"曾布。陛下斥布,則天下事定矣。"下詔紹述熙豐之政。

〔一〕 自"惇聞瓘章已出"至"名",原脱此一千七百二十九字,據四庫本、並參考九朝編年備要卷二五、長編拾補卷一六校補。
〔二〕 閣門不許 "閣"原作"閤",據長編拾補卷一六校改。
〔三〕 除瓘知無爲軍 原脱"知"一字,據九朝編年備要卷二五校補。

卷之十五

朝散郎、尚書禮部員外郎、兼國史院編修官李燾經進

宋徽宗一

辛巳　建中靖國元年春正月朔，有流星，光燭地，自西南入，尾抵距星，是夕有赤氣起東北方，亘西方，中出白氣二，將散復有黑氣在傍。任伯雨言："正歲之始，建寅之月，其卦爲泰。年方改元，時方孟春，月居正首，日爲壬戌，是陛下本命，而赤氣起於暮夜之幽。以一日言之，日爲陽，夜爲陰；以四方言之，東南爲陽，西北爲陰；從五色推之，赤爲陽，黑與白爲陰；從事推之，朝廷爲陽，宮禁爲陰；中國爲陽，夷狄爲陰；君子爲陽，小人爲陰；德爲陽，兵爲陰。此宮禁陰謀下干上之證也。漸衝正西，散而爲白〔一〕，而白主兵，此夷狄竊發之證也。陛下以災異爲警戒，不可不深思遠慮。"范純仁薨，口占遺表，勸上清心寡欲，約己便民〔二〕，絕朋黨之論，察邪正之歸〔三〕，毋輕議邊事〔四〕，毋

〔一〕漸衝正西散而爲白　"而"與"西散"原顛倒，據宋朝諸臣奏議卷四四任伯雨上徽宗論赤氣之異、九朝編年備要卷二六乙正。

〔二〕約己便民　"己"原作"已"，據九朝編年備要卷二六、宋史全文卷一四校改。

〔三〕察邪正之歸　"邪"原作"耶"，據九朝編年備要卷二六、宋史全文卷一四校改。

〔四〕毋輕議邊事　"毋"原作"母"，據九朝編年備要卷二六、山堂肆考卷一三五校改。

易逐言官〔一〕，辨明宣仁誣謗，略曰："若宣仁之誣謗未明，至保祐之憂勤不顯，皆權臣務快其私忿，非泰陵實謂之當然。"上聞訃痛悼，謚曰忠宣。皇太后向氏崩，追尊太妃陳氏爲欽慈皇后。以趙挺之爲御史中丞。時曾布與挺之俱在太后陵下，布諭挺之建議紹述，以合上意。挺之自此擊元祐舊臣不遺餘力，而國論一變矣。行入粟補官法。二月，以呂希純知瀛州。時賢士大夫經紹聖貶責者稍稍還朝，曾布忌希純，故出之。雨雹。任伯雨累疏言陛下即位時，章惇簾前異議，乞正典刑。蓋言端王浪子爾，遂貶雷州司戶，自雷三移睦、越、湖州。崇寧四年卒。初，蘇轍責雷州，不許占官舍，遂僦民屋，而惇以爲強奪民居，下州追民究治。及惇責雷州，亦問舍於民，民曰："前蘇公來，爲章丞相幾破家。今不可也。"棄湟州。解任伯雨言職。夏四月辛卯朔，日有食之。復宗學。五月朔，大雨雹。葬欽聖憲肅皇后、欽慈皇后祔永裕陵。六月，集禧觀火。右司諫陳祐前後七章論曾布，不從，罷言職，通判滁州。范純禮剛正，數以言事忤上意，而曾布憚之，遂出知潁昌府。安燾罷。燾將請去〔二〕，密奏紹聖、元符以來用事者，持紹述之虛名以詿惑君父〔三〕，上則欲固位而快恩讎〔四〕，下則欲希進而肆朋附，併爲一談，牢不可破。彼自爲謀則善矣，未嘗有毫髮爲朝廷計也。當熙寧、元豐間，內外府庫無不充衍，自紹聖、元符以來傾府庫，竭倉廩，以供開邊之費。願陛下罷無益之人，厚公私之積，早計而預圖之，則天下幸甚。"遂自知樞密院出知河陽府。蘇軾卒於常州，吳越之人皆咨嗟出涕。軾獎善詆惡，蓋其天性，見義勇爲，不顧其害，用此數困，終不以爲悔。乾道

〔一〕 毋易逐言官　原脱"毋"一字，據山堂肆考卷一三五校補。揮麈後錄卷六"易"作"遽"。

〔二〕 燾將請去　"請"原作"謂"，據九朝編年備要卷二六、宋宰輔編年錄卷十一校改。

〔三〕 持紹述之虛名　"持"原作"特"，據九朝編年備要卷二六、宋宰輔編年錄卷十一、東都事略卷九六安燾傳校改。

〔四〕 上則欲固位而快恩讎　"快恩"原作"挾私"，據九朝編年備要卷二六、宋宰輔編年錄卷十一、東都事略卷九六安燾傳校改。

間，詔贈太師，謚曰文忠。八月，陳瓘罷。瓘奏言："臣嘗乞別修神宗實錄，以成一代之典，而不聞施行，蓋紹聖史臣今爲宰相故也。"不報。時瓘兼權給事中，曾布將薦之即真，或以告瓘，瓘曰："吾與布議事不合，若受其薦進，而復爾異同，則公議私恩兩有愧矣〔一〕。"至是，瓘詣政事堂，以書見布，曰："尊私史而壓宗廟，緣邊費而壞先政，此二者閣下之過也。"布謂瓘所論爲元祐單見淺聞之説。瓘遂申三省，乞劾妄言之罪，遂出知泰州。中書舍人傅楫罷。曾布自以於楫有汲引恩〔二〕，冀其助己，楫巋然守正，凡命令不當，必極言之。又嘗論救王古、范純禮，布滋不悦，出知亳州。晁補之罷。管師仁謂蘇轍皆深毀先帝，而補之、庭堅皆其門下士，不可聚於朝，出知河中府。冬十月，李清臣罷。清臣與曾布有隙，每於上前互相詆毀。諫官陳祐論布過失，上以祐與清臣交結，欲黜布而援清臣。御史彭汝霖遂承布風旨〔三〕，累論清臣之奸。清臣不自安，出知大名。十一月，復平準務。庚辰，郊，罷合祭〔四〕。禮部尚書豐稷罷。先是，上諭曾布："詆毀神考第一是豐稷，其次張舜民。"而稷又言近日建宮以寧神，營寺以崇考，復置御前生活以供內庭之用。而外議不曉，竊謂好修造，尚華美。稷所陳大抵以崇儉愛人爲言，至君子小人之際必反覆究切。既數以論事忤權近，出知蘇州。十二月，邢恕、呂嘉問、路昌衡、安惇、蹇序辰、蔡卞並復宮觀，尋與郡。召張商英赴闕。

言紹述熙豐之政者，蓋欲逐元祐之正人爾。元祐正人如呂希純、任伯雨、陳祐、陳瓘、豐稷、江公望、晁補之、范純禮等，時相曾布憚之，各

〔一〕兩有愧矣　"愧"原作"魏"，據九朝編年備要卷二六、宋史卷三四五陳瓘傳校改。

〔二〕曾布自以於楫有汲引恩　"於"原作"爲"，據陳氏餘慶書堂刊本、宋史卷三四八傅楫傳校改。

〔三〕御史彭汝霖遂承布風旨　"布"原作"望"，據太平治迹統類卷二四元祐黨事本末下校改。

〔四〕罷合祭　"罷"原作"祀"，據九朝編年備要卷二六校改。

各斥去。正人既去,而邪人得以肆行其志。紹聖佞人邢恕、安惇復得進用於朝,由王安石曲學偏見,佞人邪黨至今布滿朝廷〔一〕,而釀成靖康之禍者,良有以也。

河東地震。是歲,遼主洪基死,孫延禧立。洪基將殂,戒其孫延禧曰:"南朝通好歲久,汝性剛,勿生事。"又戒大臣曰:"嗣君若妄動,當力諫止。"延禧即天祚也。女真阿骨打立。

壬午 崇寧元年春正月,河東太原、潞〔二〕、晉、隰、代、石、嵐、岢嵐、威勝、保化、寧化等州軍〔三〕,地震彌旬,晝夜不止,壞城壁屋宇,人畜死者甚衆。詔官給錢瘞奠〔四〕,優恤死傷之家。二月,以蔡確配饗哲宗廟庭。趙諗謀起兵據蜀,事覺伏誅。太妃朱氏薨,追諡欽成皇后。三月,命內侍童貫如杭州〔五〕,監造御前生活。夏五月,詔應被受傳宣〔六〕、內降、特旨,並許三省契勘,若有戾祖宗格法,可明具奏,更不施行。韓忠彥至都堂,左司諫吳材、右正言王能甫以狀申忠彥,云已具論奏,乞罷免。論奏:"大臣因緣爲姦,變神考之法,逐神考之人才,前有司馬光、呂公著,後有韓忠彥、李清臣,此四人罪同惡均,光與公著嘗被追貶,清臣已係沒亡,忠彥據位,若令善去,何以爲姦邪之警?"遂出知大名。諫官彭汝霖等共議,以爲元祐人罪狀〔七〕,有貶

〔一〕 布滿朝廷 "布"原作"滿",據陳氏餘慶書堂刊本校改。

〔二〕 潞 原作"路",據陳氏餘慶書堂刊本、九朝編年備要卷二六、宋史卷六七五行志五校改。

〔三〕 寧化等州軍 "寧化"原作"寧遠",九朝編年備要卷二六同,據文獻通考卷三〇一物異考七、宋史卷六七五行志五校改;原脱"軍"一字,據九朝編年備要卷二六、文獻通考卷三〇一物異考七、宋史卷六七五行志五校補。

〔四〕 詔官給錢瘞奠 原脱"錢"一字,據九朝編年備要卷二六校補。

〔五〕 命內侍童貫如杭州 "如"原作"知",據九朝編年備要卷二六校改。

〔六〕 詔應被受傳宣 原脱"宣"一字,據陳氏餘慶書堂刊本校補。

〔七〕 以爲元祐人罪狀 "以"下原有"光"一字,據九朝編年備要卷二六、太平治迹統類卷二四元祐黨事本末下删。

籍具在，昨元符末敘復太優。曾布用其説，具姓名以進。乃詔司馬光、吕公著、文彦博、吕大防、梁燾、范純仁、劉摯、王巖叟、王存、傅堯俞、鄭雍以下四十四人各奪官有差，惟韓維、孫固以神考潛邸舊臣得免。尋詔毁范純仁神道碑。詔元祐并元符末今來責降人，除韓忠彦曾任宰臣，安燾係前任執政官，王覿、豐稷見任侍從官外，蘇轍、范純禮、劉奉世、范純粹、劉安世、賈易、吕希純、張舜民、陳次升、韓川、吕仲甫、張耒〔一〕、歐陽棐、吕希哲、劉唐老、吳安詩、黄庭堅、黄隱、畢仲游、常安民、劉當時、孔平仲、徐常、王鞏、張保源、晁補之、商倚、張庭堅、謝良佐、韓跂、馬琮、陳彦默、李祉、陳祐、任伯雨、陳郛、朱光裔、蘇嘉、鄭俠、劉昱、魯君貺、陳瓘、龔夬、汪衍、余爽、湯戫〔二〕、程頤、朱光庭、張巽、張士良、曾燾、趙約、譚扆、楊俁、陳恂、張琳、裴彦臣凡五十餘人，並令三省籍記，不得與在京差遣。葬欽仁皇后，祔永裕陵。曾布罷。布初用王安石薦上前，所言皆安石所欲建明也。青苗新法皆布與吕惠卿建議。布又上書，欲上專任安石，以刑罰脅制天下，使無敢言。哲宗親政，宰相章惇托紹述以快私忿，布贊之甚力。惇興大獄，無能救解，或陰擠之。惇逐，而布總右揆，欲以元祐兼紹聖而行，故逐蔡京。至崇寧初，知上意所向，又力排韓忠彦，而專其政，引京以自助。京大與布異，會布擬陳祐甫爲户部侍郎，祐甫之子迪，布之愛壻也。京奏布以爵禄私其親，布忿辨久之，聲色少厲，上不悦。御史錢適言布援元祐之姦黨，擠紹聖之忠良，遂出知潤州，尋落職〔三〕，太平州居住〔四〕，移潭州。言者不已，詔置獄開封，而府尹吕嘉問挾宿憾逮布諸子，煅煉窮治，由是曾紆、曾繰等一百五人坐責有差，降布爲廉州司户，依舊衡州安置，後六年卒。竄鄒浩。初劉后爲賢妃生

〔一〕 張耒　"耒"原作"秉"，據九朝編年備要卷二六、華陽集卷一八看詳元祐黨人狀校改。

〔二〕 湯戫　"戫"原作"戜"，據宋史全文卷一四、華陽集卷一八看詳元祐黨人狀校改。

〔三〕 尋落職　"職"原作"貶"，據九朝編年備要卷二六校改。

〔四〕 太平州居住　原脱"住"一字，據九朝編年備要卷二六校補。

子，時中宮虛位，后因是得立，然纔三月而薨，謚獻愍太子。后之立也，浩三疏諫，隨削其稿，尋得罪貶。上初即位，召浩還朝，首及諫立后事，褒嘆再三，詢諫稿安在，對曰："焚之矣。"退告陳瓘，瓘曰："禍其在此乎〔一〕？異時姦人妄出一緘，不可辨矣。"及蔡京用事，使其黨爲僞疏，謂本宮人卓姬生子，后殺其母而取之。詔暴其事，安置永州。浩母張氏絶賢，浩之爲諫官也，恐貽親憂，欲固辭，母曰："兒能報國，無愧於公議，吾固何憂！"中書省檢會李清臣嘗有劄子，言："哲宗天資仁厚〔二〕，未嘗有過失。及章惇爲相，開導以殘忍殺伐之事，或託謗訕宗廟，或稱謀危上躬，受禍者一千餘家，凡士民有晻昧言語，加以搒釘手足、剥割皮膚、斬脛〔三〕、拔舌之刑；至於道路以目，不敢偶語者，有誤聖時，有傷和氣也。"詔貶武安節副。言者論豐稷、張舜民元符末辭謝言官，上表皆譏刺先朝，於是並責授散官，睦州、商州安置。秋七月，詔臺、省、寺、監、外監司、郡守，並三年成任。蔡京自尚書左丞超拜右僕射，賜京坐延和殿，上曰："昔神宗創法立制，中道未究。先帝繼之，而兩遭簾帷變更。朕欲上述父兄之志，今朕相卿，其將何以教之？"是時四方承平，帑庾盈溢〔四〕，京倡爲"豐亨豫大"之説，視官爵財物如糞土，累朝所儲大抵掃地矣。上嘗出玉盞、玉卮以示輔臣，曰："朕此器久已就，深懼人言，故未用爾。"京曰："事苟當於理，多言不足畏也。陛下當享太平之奉，區區玉器，何足道哉？"置講議司，蔡京提舉。

自曾布罷相，而相位闕者踰月，時知樞密院蔣之奇、門下侍郎許將皆應次補〔五〕，而乃驟用蔡京，天下之亂始於此矣。

〔一〕禍其在此乎　原脱"乎"一字，據九朝編年備要卷二六、宋史卷三四五鄒浩傳校補。

〔二〕哲宗天資仁厚　"資"下原有"世推"二字，據九朝編年備要卷二六删。

〔三〕斬脛　"脛"原作"頭"，九朝編年備要卷二六同，據本書卷一四校改。

〔四〕帑庾盈溢　"庾"原作"庫"，據九朝編年備要卷二六校改。

〔五〕門下侍郎許將　"門"原作"闕"，據陳氏餘慶書堂刊本、九朝編年備要卷二六校改。

焚元祐法。竄張耒，以向者聞蘇軾身亡，出己俸飯僧，縞素而哭，言者以爲軾黨，詔責房州別駕，黃州安置。言者謂置春秋博士非神考意，詔罷之。八月，置安濟坊，以處民之有疾病而無告者；置居養院，以處鰥寡孤獨。復紹聖役法。論變法罪，貶徐彥孚等十一人，降官、落職有差。十月，劉奉世等二十七人皆坐垂簾之際黨與變法，並罷所居官，奉宫觀〔一〕。上以元符末群臣所上書疏付蔡京，京以付其子攸與其客強浚明〔二〕、葉夢得看詳〔三〕，第爲正上、正中、正下、邪等尤甚、邪上、邪中、邪下七等，計五百八十二人。詔中書省籍記姓名，又以元祐謫籍幷元符末敘復過當之人凡一百一十九人〔四〕，御書刻石端禮門。

文臣曾任宰相、執政官：文彥博、呂公著〔五〕、司馬光、呂大防、劉摯、范純仁、韓忠彥、王珪、梁燾、王巖叟、王存、鄭雍、傅堯俞、趙瞻、韓維、孫固、范百祿、胡宗愈、李清臣、蘇轍、劉奉世、范純禮、安燾、陸佃〔六〕。

曾任待制以上官：蘇軾、范祖禹、王欽臣、姚勔、顧臨、趙君錫、馬默、孔武仲、王汾、孔文仲、朱光庭、吳安持、錢勰、李之純、孫覺、鮮于侁、趙彥若、趙卨、孫升、李周、劉安世、韓川、賈易、呂希純、曾肇、王覿、范純粹、楊畏〔七〕、呂陶、王古、陳次升、豐稷、謝文瓘、鄒浩、張舜民。

餘官：秦觀、湯戫〔八〕、杜純、司馬康、宋保國、吳安詩、張耒、歐陽

〔一〕奉宫觀　原脱"奉"一字，據九朝編年備要卷二六校補。

〔二〕強浚明　"浚"原"俊"，據九朝編年備要卷二六、清王昶金石萃編卷一四五元祐黨籍碑本末校改。

〔三〕葉夢得　"葉"原作"乘"，據九朝編年備要卷二六、宣和遺事前集校改。

〔四〕元符末　"末"原作"未"，據九朝編年備要卷二六、宋宰輔編年錄卷一一校改。

〔五〕呂公著　"著"原作"亮"，據陳氏餘慶書堂刊本、九朝編年備要卷二六、宋宰輔編年錄卷一一、華陽集卷一八看詳元祐黨人狀校改。

〔六〕陸佃　"佃"原作"細"，據陳氏餘慶書堂刊本、九朝編年備要卷二六、宋宰輔編年錄卷一一、華陽集卷一八看詳元祐黨人狀校改。

〔七〕楊畏　"楊"原作"王"，據宋史全文卷一四、華陽集卷一八看詳元祐黨人狀校改。

〔八〕湯戫　"戫"原作"馘"，據宋史全文卷一四、華陽集卷一八看詳元祐黨人狀校改。

棐、吕希哲、劉唐老、晁補之、黄庭堅、黄隱、畢仲游、常安民、孔平仲、王鞏、張保源、汪衍、余爽、鄭俠、常立、程頤、唐義問、余卞、李格非、商倚、張庭堅、李祉、陳祐、任伯雨、朱光裔、陳郛、陳瓘、蘇嘉、龔夬、吕希績、歐陽中立、吳儔、吕仲甫、徐常、劉當時、馬琮、謝良佐、陳彦默、劉昱、魯君貺、韓跋。

内臣：張士良、魯燾、趙約、譚扆、王俌、陳詢、張琳、裴彦臣。

武臣：王獻可、張巽、李備、胡田。

尋詔黨人子孫有官、無官並不許到闕。又詔宗室不得與黨人子孫及有服親爲婚姻。二年八月，詔以御書元祐奸黨姓名頒天下，監司、長吏大立石刻記。時有長安石工安民當鐫字〔一〕，辭曰："民愚人，固不知立碑之意，但如司馬相公者，海内稱其正直。今謂之姦邪〔二〕，民不忍刻也。"官府怒，欲加罪，泣曰："被役不敢辭，乞免鐫'安民'二字於石末〔三〕，恐得罪於後世。"聞者愧之。三年六月，重定元符黨，通入元祐黨。宰執司馬光、侍從蘇軾、餘官秦觀以下及上書邪等合爲一籍，通三百九人，書而刻諸石，詔置文德殿門，蔡京自書爲豐碑，頒之天下。餘並出籍。

洛黨以程頤爲領袖，朱光庭、賈易爲羽翼。

川黨以蘇軾爲領袖，吕陶等爲羽翼。

朔黨以劉摯、梁燾、王巖叟、劉安世爲領袖，羽翼甚衆。

兵部尚書劉拯上言："漢、唐失政皆自朋黨始〔四〕，今日指前日之人爲黨，焉知後日不以今日爲黨乎？大抵人之過惡自有公論，因其論之輕重以正典

〔一〕 長安石工安民　"民"上原衍"山"一字，據宋大事記講義卷二一、宋史卷三三六司馬光傳刪。下同。

〔二〕 今謂之姦邪　原脱"邪"一字，據九朝編年備要卷二六、宋史卷三三六司馬光傳校補。

〔三〕 乞免鐫安民二字於石末　原脱"鐫"一字，據陳氏餘慶書堂刊本、宋史卷三三六司馬光傳校補。

〔四〕 皆自朋黨始　"黨"原作"友"，據陳氏餘慶書堂刊本、九朝編年備要卷二七校改。

刑，誰不悦服，何必悉拘於籍而禁錮之哉！"蔡京大不懌，風臺臣劾之，出知蘄州。招陝西、河東弓箭手。蔡京言茶馬司將川交子通入陝西，民已取信，今欲造三百萬貫，令陝西與見錢、鹽鈔兼行〔一〕。從之。冬十月，蔣之奇罷。建外學於國南，以待四方之士，賜名辟雍〔二〕。十一月，置兩京宗正司。十二月，論棄湟州罪，再貶韓忠彦九人。蔡京言十三山場茶，慶曆以前歲收五百餘萬，今歲入不過八十餘萬，欲復行禁榷，令客人於在京榷貨務入納〔三〕，請長短引，赴諸場受茶販易。明年，置淮、浙路茶場。

　　癸未　崇寧二年春正月，辰、沅州蠻納土。論任伯雨等詆誣先朝罪，竄伯雨及陳瓘、龔夬、馬涓、陳祐、李深、張庭堅、江公望、鄒浩、王覿、豐稷、陳次升、謝文瓘、張舜民等一十四人。以蔡京爲左僕射。二月，尊元符皇后爲太后。詔立殿中監尚食、尚藥、尚醖、尚衣、尚舍〔四〕、尚輦凡六局。陳舉奏黃庭堅撰荆南承天院記，曰："天下之善人少，而不善常多，王者之刑賞以治其外，佛者之禍福以治其内，則於世教豈小補哉？而儒者常欲合而軋之，是何理也？"言涉謗訕，竄宜州。内侍郝隨復以修内司進用，於是繕修大内及諸司庶府、景靈宫，工役大作。三月，親試舉人，賜霍端友以下五百餘人及第有差。復市易務抵當庫。夏四月，毀元祐黨人文字唐鑑，蘇、黃等集。論程頤學僻行譎，聾瞽世俗，近以入山著書，竊意妄及朝政。詔除名，所著書令監司嚴切覺察。更鹽法。五月，廢内侍寄資法〔五〕。鑄當五錢。六月，中太一宫火。王厚、

〔一〕　令陝西與見錢鹽鈔兼行　原脱"見錢"二字，據陳氏餘慶書堂刊本、九朝編年備要卷二七校補。

〔二〕　賜名辟雍　"辟"原作"時"，據陳氏餘慶書堂刊本、九朝編年備要卷二六、群書考索後集卷二八校改。

〔三〕　令客人於在京榷貨務入納　原脱"務"一字，參考宋史卷一八二食貨志下四之"在京榷貨務"校補。

〔四〕　尚舍　"舍"原作"米"，據陳氏餘慶書堂刊本、九朝編年備要卷二六校改。

〔五〕　廢内侍寄資法　"寄"原作"減"，據陳氏餘慶書堂刊本、九朝編年備要卷二六校改。

童貫復湟州。詔毋以戚里充執政〔一〕。張商英言蔡京姦邪，志在逢君。中丞石豫等以爲商英非所宜言，自左丞出知亳州，入元祐黨籍。九月，置醫官。定選階。蔡京乞令諸州置崇寧寺觀〔二〕，從之。立考課法，凡三十條。冬十月，置湟州茶馬司。十二月，詔見行新法，如茶鹽、香藥〔三〕、市易、錢法、學校、邊事文字，許直達尚書省。上留意西邊，欲復鄯、鄴，以王厚措置招納，高永年爲統制，置邊事司，專命二人主之。命童貫爲監軍。開遇明河，自真至泗二百餘里。是歲，高麗王顒死。

甲申　崇寧三年春正月，加邢恕官。先是，上諭宰執曰："涇原弓箭手可惜〔四〕，聞恕虐用其人，今逃者已千餘户矣。"蔡京庇恕，乃諭使以奏恕俵糴奉法可賞，遷一秩。鑄九鼎。時朝廷制禮作樂，以文太平，蜀人魏漢津者年九十餘，獻樂議，因議制鼎。四年八月，九鼎成，立大角鼎星祠。初，漢津議制鼎名，以奠八方，曰蒼，曰彤，曰晶，曰寳，曰魁，曰阜，曰壯，曰罡〔五〕，凡八，而中曰帝鼐，皆以九州水土納鼎中。及奉安翌日，上幸九成宮酌獻，至北方曰寳鼎者，忽漏水溢於外，蓋寳鼎取土於雄州界，劉炳謂非燕之正方，或者其謂是乎？當時尤以爲神，其後終於北方致亂。二月，置漏澤園。雨雹。三月，置文繡院，招刺繡工三百人。令諸州築圜土以居強盜，晝則役，夜則拘之。夏四月，幸金明池。復鄯州、廓州。五月，置開封牧尹一員、少尹二員，分左右，罷知府等官，以士、户、儀、兵、刑、工爲六曹。六月，圖熙寧、元豐功臣顯謨閣。以王安石配饗孔子。增置諸州學。置書、畫、筭學。秋七月，

〔一〕詔毋以戚里充執政　"毋"原作"母"，據陳氏餘慶書堂刊本、九朝編年備要卷二六校改。

〔二〕令諸州置崇寧寺觀　"寺"與"觀"原顛倒，據陳氏餘慶書堂刊本、九朝編年備要卷二六乙正。

〔三〕香藥　原脱"藥"一字，據陳氏餘慶書堂刊本、九朝編年備要卷二六校補。

〔四〕涇原弓箭手可惜　原脱"可惜"二字，據九朝編年備要卷二七校補。

〔五〕曰罡　"罡"原作"風"，據政和五禮新儀卷二校改。

復方田。九月，童貫、王厚賜第京師。秦鳳招納司言階州生蕃納土〔一〕，得邦、潘、疊三州，所奏皆誕妄。夏人寇邊，先犯鄜延，又犯涇原，至是又引大軍直犯鎮戎，趨渭州，略數萬口而去。既而又遣渭州蕃落兵士，持檄抵鎮戎軍城下，斥責京、卞弄權，故京、卞必欲舉兵討之，實因此檄也。冬十月朔，大雨雹。定廟制，復翼祖、宣祖。十二月，幸太學及辟雍。罷發解、省試，取士必由學校升貢〔二〕。丙申，郊。

己酉　崇寧四年春正月，以童貫爲熙河等路經略安撫制置使。二月，中書省請擇公卿子弟執戟以衛軒墀，遂命置三衛郎、中郎，親衛郎、中郎，勳衛郎、中郎，翊衛郎、中郎〔三〕。既又改三衛郎爲三衛侍郎。雨雹。閏月，詔河、陝諸路各置招納司。三月，置青海馬監。以趙挺之爲右僕射。挺之爲門下侍郎，奏曰："今內外皆大臣之黨，若以忠告於陛下者〔四〕，乃指爲懷異議沮法度，此大臣恐人議己之私，欲以杜天下之言爾。又以私恩陰結衛士，增侍立食錢，皇城巡鋪增月給錢，又因小隴拶降，請上御樓受之〔五〕，如南郊例支賞。此皆京用私恩以牢籠士卒爾。願陛下深察之。"乃有是命。後京與挺之爭權，挺之屢陳京姦惡，力請補外，而上不久允〔六〕。西羌谿賒羅撒居臨哥城〔七〕，誘夏

〔一〕　秦鳳招納司　"秦"原作"奉"，據九朝編年備要卷二七校改。

〔二〕　取士必由學校升貢　"校"原作"授"，據九朝編年備要卷二七、長編拾補卷二四校改。"必"，九朝編年備要卷二七作"並"，宋史卷一五五選舉志一作"悉"。

〔三〕　翊衛郎中郎　原脫"中郎"二字，據群書考索後集卷一二官制門、玉海卷一三九兵制崇寧三衛、宋史卷二〇徽宗本紀二校補。

〔四〕　若以忠告於陛下者　九朝編年備要卷二七"以"作"有"。

〔五〕　請上御樓受之　"御"原作"登"，據陳氏餘慶書堂刊本、九朝編年備要卷二七校改。

〔六〕　而上不久允　"久"原作"未"，文意不通。九朝編年備要卷二七作"遂與宮觀"；宋史紀事本末卷一一載："六月戊子，趙挺之罷。初，帝以蔡京獨相，謀置右輔。京力薦挺之，遂拜尚書右僕射。既相，與京爭權，屢陳京奸惡，且請去位以避之，遂罷。"今據此改。

〔七〕　臨哥城　疑爲"宗哥城"，待考。

國入寇,迫宣威城下寨,隴右都護高永年用劉仲武發兵禦之〔一〕。仲武大敗,永年帳兵皆所招蕃部熟户,執永年以叛,爲溪羅巴所殺,乘勝犯熙河,城主楊維忠募敢死士接戰〔二〕,殺其酋而還〔三〕。吕惠卿致仕。夏四月,遼使來,言朝廷出兵侵夏,今大遼以帝妹嫁夏國主,請還所侵地。蔡京謂虜書悖慢,京草答書言甚峻〔四〕,上令易之,曰:"夷狄當示包容,今西邊方用兵,北虜不宜開隙。"五月,林攄報聘。六月,陶節夫罷經略五路。梁子美將漕河北,傾漕計以市寵,至用三百萬緡市北珠以進者,召爲户部尚書。蔡京謂汴都無險,請置四輔郡,以潁昌爲南輔〔五〕,以襄邑改輔州爲東輔〔六〕,以鄭州爲西輔,以澶州爲北輔,各屯兵二萬,以侍從官爲之,後四路總管皆京之門人。八月,作大晟樂。置蕃學於熙河蘭湟路。劉正夫使遼。林攄使遼而失虜情,故虜使繼來,正夫酬對敏博,與北人議皆如約,上嘉之。

　　丙戌　崇寧五年春正月,彗出西方,其長竟天。求直言,大赦。劉逵爲中書侍郎,勸上碎元祐黨碑,寬上書係籍人禁,及悉罷蔡京所造。乃詔中外直言闕政〔七〕。夜半遣黄門至朝堂毁石刻,翌日京見之,厲聲曰:"石可毁,名不可滅。"始,上見星變省懼,深察京之姦,除黨人一切之禁,罷方田及諸州歲貢六尚物,尋又罷沿邊諸路科斂,罷鑄當十錢,省非衝要處新置市易務,罷諸路提舉鹽、香、礬、茶、學事、買木、水利等司市易官,罷提舉保甲文臣,差

〔一〕　隴右都護高永年用劉仲武發兵禦之　原脱"年"與"武"二字,據下文之"永年"原作"仲武"補。
〔二〕　城主楊維忠募敢死士接戰　底本脱"主"一字,據九朝編年備要卷二七校補。
〔三〕　殺其酋而還　"酋"原作"囚",據九朝編年備要卷二七校改。
〔四〕　京草答書言甚峻　"答"原作"剳",據九朝編年備要卷二七校改。
〔五〕　以潁昌爲南輔　"潁"原作"穎",據九朝編年備要卷二七,宋史卷二〇徽宗本紀二、卷八五地理志校改。
〔六〕　以襄邑改輔州爲東輔　宋史卷八五地理志一"輔州"作"拱州"。
〔七〕　乃詔中外直言闕政　"政"原作"正",據九朝編年備要卷二七校改。

武臣提舉仍兼提刑。復左降人官，諸徙者盡還之圜土。書、畫、筭、醫學，三衛官以次並罷。二月，蔡京罷。未幾，京令其黨進言於上，以爲京改法度者皆稟上旨，非私爲之。若學校、大樂等數事，皆是紹述神考美意。今一切皆罷，恐非紹述之意。於是上乃復學校教官及香礬司官，又復大樂府，復有用京之意矣。以趙挺之爲右僕射。挺之入對，上曰："蔡京所爲皆如卿言。"挺之因言京援引私黨，布滿朝廷，又建四輔，非國家之利。上曰："行且罷矣。"又曰："天久旱，今京去而雨，可喜。"三月，親試舉人，賜蔡薿以下六百七十餘人及第、出身有差。遼使來爲夏人請地，上曰："先帝已畫封疆，今不復議。若自崇寧以來侵地，可與之。"詔以蔡卞深得王安石淵源之學，加醴泉觀使兼侍讀。卞姦邪，紹聖以來竄斥善類，皆卞密進劄，請哲宗親批，付外行之。而元符中卞爲左丞，託繼述之説，迷惑主聽，皆卞爲之。卞卒於政和七年〔一〕。六月，詹丕遠罷右正言。丕遠論家安國不當獻議移尚書省，人言蔡京欲作第。上曰："寧有此耶？然鄭居中、久中、朱諤嘗請留京賜第。久中且云：'彗特札荒爾，而以罷京，不早還相，天將動威，當復有大雷電之怒。'此語殆脅朕，冀其請之必從。朕容以天變未久〔二〕，遽復相京，天下謂何？賜第當議。"上又曰："比聞中外有三不可之説，謂法度不可變，劉逵不可用，蔡京不可罷，朕得之怵惕不寐者數夕。"丕遠曰："京之誤國，陛下所知也。逵不知何故不可用？"上曰："如碎黨人石刻，寬上書係籍人禁，皆逵首陳，有何不可用〔三〕。"丕遠曰："必有媒孽逵者，逵用否在陛下〔四〕，若京，不可不去。"上默然，尋詔丕遠昏繆迂闊，差知興化軍。夏人納款。八月，竄馮澥。十二月，劉逵罷。

〔一〕 卞卒於政和七年　原脱"卞"一字，據九朝編年備要卷二七校補。

〔二〕 朕容以天變未久　九朝編年備要卷二七同。按：疑"容"爲"答"之誤。

〔三〕 有何不可用　"有何"，九朝編年備要卷二七作"是以"。

〔四〕 逵用否在陛下　原脱"否"一字，據宋韓淲澗泉日記卷上校補。

丁亥　大觀元年春正月，以蔡京爲左僕射。二月，以學校三舍升貢，次第著爲令。諸生自縣養教，升之州學，州學教養，分爲三舍，自外舍升爲内舍，自内舍升爲上舍，貢之辟雍，自辟雍登太學，俟殿試，命以官。三月，趙挺之罷。立八行舉士科。四川改行錢引法。六月，建僖祖殿於景靈宫。京師大水，河北、京西河決。秋七月，伊、洛溢。蔡京諷言官論劉逵妻兄章綖姦濫敗官，倚逵勢盜鑄，往來貿易。捕綖下獄，竄海島。中書省言崇寧五年上書觀望者五百餘人，禁中悉以焚毁，内擇其情重者竄責李景直、曾綖、黄宰、方軫四人。程頤卒。頤崇寧中遷居龍門之南，止四方學者，曰：“尊所聞，行所知可矣，不必及吾門。”頤兄顥嘗言：“異日能使尊嚴師道者，吾弟也。若接引後學，隨人才成就，則予不得遜焉。”其後朱熹論之曰：“明道德性寬大，規模廣闊；伊川氣質剛方，文理密察。其道雖同，而造德各異。”辛亥，大饗明堂，奉神宗配。冬十月，蘇州地震。大雨雹。閏月，鄭居中同知樞密院，蔡京之再相也，居中有力焉。居中責報，京薦之。太廟齋郎方軫上書言：“左僕射蔡京睥睨社稷，内懷不道，專以紹述熙豐之説爲自媒之計，内而執政、侍從，外而帥臣、監司，無非其門人、親戚。京每有奏請，盡作御筆行出，又語人曰‘京實啓之也’，善則稱己，過則稱君，必欲陛下斂天下之怨而後已。”軫又言：“毁元豐所造尚書省，謂之紹述可乎？又建四輔郡，遣門人爲四總管，又建方田法，欲擾百姓，而鹽法朝行夕改，客鈔遂爲故紙。元符末上書之人分爲邪等，黥配編置〔一〕，則誰肯爲陛下言哉！又遣子攸日與陛下遊戲，以花石、禽鳥爲獻，欲愚陛下，使不知天下治亂也。陛下安可愛一國賊而忘社稷之重乎？”詔宣示京，京言：“人臣無將，有必誅之刑。告言不實〔二〕，有反坐之罪。望付有司。”命治御史獄，竄軫嶺南。禁用翡翠。十一月壬子朔，日有食

〔一〕　黥配編置　“黥”原作“黔”，據九朝編年備要卷二七、宋宰輔編年録卷一一校改。
〔二〕　告言不實　九朝編年備要卷二七“告”作“若”。

之。十二月，置黔南路，拓地數千里，塞外諸蠻悉已納土，時雖建城寨〔一〕，而其地荒瘴，遣兵守戍，歲有死亡，無賦可入，皆輦內地金帛輸之。二年，始知開邊拓地實知桂州王祖道妄誕之言，京附和之，乃追貶王祖道散官。乾寧軍黃河清踰八百里，明年以乾寧軍爲清州。盧州雨豆。

戊子　大觀二年春正月朔，御大慶殿，受八寶，乃赦。蔡京表賀符瑞。

京等奏甘露降侍郎廳，延福宮所奏竹生紫花黃蕊，蔡攸言秘閣槐枝連理〔二〕。御筆曰："昨日仙鶴三萬餘隻盤旋雲霄之上。"京又奏有仙鶴數萬隻蔽空飛鳴，又奏建州竹生花，結成稻米，搬入城市貨耀，所收數十萬碩；又奏穰縣生瑞穀，安化縣生芝草，都計五萬本，汝州生瑪瑙山子一百二十坐，及諸州雙頭蓮、連理木、甘露降、仙鶴集、雙爪雙頭芍藥牡丹，凡五千三百種有奇，拜表稱賀。又言冀州黃河清，汝州牛生麒麟，六十二處降甘露，二十處木皆連理，二處祥雲現，三處見毫光祥煙。手詔云："金芝產於艮嶽萬壽峰，宜改名壽嶽。"蔡京導主上酷好祥瑞，而李譓以竹釘豎芝草於蟾蜍背以獻，及至一夕而解，故釘猶存。梁子野進嘉禾，則以膠粘紙纏，皆不之罪。范齊詐稱牛生一物，今已被村民壞了，切慮即麟麟也。程祈言扶邦彥家收得異禽，恐鳳凰也。此等無根之語不可勝數。天大雨雪，都城平地八尺，飛鳥盡死，九街水滑，人馬莫行。臘月之雷，京等指爲瑞雷，三月之雪，以爲瑞雪，拜表稱賀，作詩詠贊，災異不書，其視天變曾不若童稚之可侮〔三〕，盡本安石之言，謂天變不足畏。噫！自古物以罕見爲奇，豈有芝草五萬本，而仙鶴數萬隻〔四〕，竹生米數

〔一〕　時雖建城寨　"寨"，九朝編年備要卷二七作"塞"。

〔二〕　蔡攸言秘閣槐枝連理　原脫"蔡攸言"三字，據宋史全文卷一四校補。

〔三〕　曾不若童稚之可侮　宋大事記講義卷一七作"若童稚之可侮"。

〔四〕　而仙鶴數萬隻　"而"原作"爲"，據四庫本校改。

十萬碩,以爲祥瑞。此等誕誕之語,君臣同爲誣罔,豈不貽笑於後世哉?

蔡京進太師。童貫加武康節度、熙河等路宣撫,內臣建節始於此。五月,加檢校司空,易鎮泰寧。貫由此恃功,稍專軍政,選置將吏,皆取中旨,不復關朝廷矣。河東、北盜起。二月,置諸州曹掾官〔一〕。建徽猷閣,藏哲宗御集。三月,遣內侍譚稹使舒、江、滁、揚等州。夏五月庚戌朔,日有食之。童貫遣統制官辛叔獻領兵復洮州,又克溪哥城,臧征撲奇降,遂據之,以爲積石軍。奏至,百官稱賀,以玉帶賜京,京請佩金魚,遂爲故事。六月,瀘南夷納土,詔以爲珍州。九月,黔南安化上三州及南思州諸峒,并湖北辰靖州諸蠻及涪州、夔州、南平軍夷人並納土,幅員二萬九千餘里,蔡京表賀。置保州敦宗院〔二〕,以處翼祖後宗室也。任氏爲昌州盧氏婦,夫死十年,夫之別居親兄強通之,任不能制,自破其陰以死。獄上,封旌德縣君。冬十月,以石公弼爲御史中丞。十二月,葬靖和皇后。

己丑　大觀三年春三月〔三〕,上親試舉人,賜賈安宅等七百餘人及第、出身有差。詔中外官司輒敢申明衝改御筆處分者〔四〕,以大不恭論。孟翊爲學官,有古學而精於易,嘗與京言:"本朝火德應中微〔五〕,有再受命之象,宜更變庶事以厭之。不然,期將至矣。"未幾,於文德殿進一軸卦象,如平日所言,上大不樂,乃竄翊遠方。六月,蔡京罷。京專國日久,公弼等交論其姦,上亦厭京,遂罷爲太一宮使。初,上爲端王時,太史局有郭天信者言王當有天下,及王即位,言驗得寵,每奏天文必指陳以撼京,密白日中有黑子,上爲之恐,乃疑京,故罷。至冬,京致仕,仍朝朔望,大朝會許立宰相班。以何執中爲左

〔一〕　置諸州曹掾官　"掾"原作"稼",據長編拾補卷二八、宋史卷二〇徽宗本紀二校改。
〔二〕　置保州敦宗院　"州"原作"用",據九朝編年備要卷二七、宋史卷二〇徽宗本紀二校改。
〔三〕　己丑大觀三年春三月　"己"原作"巳",據九朝編年備要卷二七、宋史全文卷一四校改。
〔四〕　中外官司輒敢申明衝改御筆處分者　"輒"原作"輟",據九朝編年備要卷二七校改。
〔五〕　本朝火德應中微　原脫"中"一字,據九朝編年備要卷二七、鐵圍山叢談卷二校補。

僕射，太學生陳朝老上書，言："陛下即位以來，五命相矣。有若韓忠彥之庸懦，曾布之污賊，趙挺之之憃愚，蔡京之跋扈，今復相執中，何爲者耶？是猶以蚊負山也。"夏六月至冬十月不雨，江、淮大旱。冬十月，大雨震電。甘露降尚書省。

庚寅　大觀四年春二月，禁燃頂煉臂自毀者。張商英入對，除中太一宮使。陳瓘之子正彙詣杭州，告京有反狀。知杭州蔡薿執正彙送京師，上命中丞吳執中鞫之。瓘自明州逮入開封制獄，權尹李孝壽使吏脅瓘，使承教正彙妄訴京罪，貶瓘通州，流正彙沙門島。夏五月，停給僧尼度牒三年。改宏詞科，立詞學兼茂科。有星孛於中宮，長數丈，始出王良、造父間，遂歷閣道，逆行入紫宮，幾遍掃垣内外座，已退，俄又進掃帝座者再，前後二十餘日乃滅。求直言，大赦。

星變莫甚於此，掃帝座者再，其後金人犯帝闕者再，若有先兆。

詔蔡京權重位高，人屢告變，全不引避，公議不容，降授太子太保致仕，任便居住。六月，以張商英爲右僕射。時久旱，是夕大雨，上書"商霖"二大字賜之。秋八月，省冗官。石公弼上疏言："自崇寧以來，任事之人專務僥功倖賞，開邊則招納無窮，修造日廣，民力凋瘵，饑疫相繼，死者過半。輓運花石，荒廢農桑〔一〕。黔南之役，湖廣蕭然。上天垂戒，寧不在茲？願息民以承天意。"何執中等毀之，遂自兵部侍郎出知揚州。閏月，以張閣知杭州、兼領花石綱。先是，有朱勔者因蔡京以進，上頗垂意花石，勔初才致黄楊三四本，上已嘉之。後歲歲增加，遂至舟船相繼，號曰"花石綱"。專置應奉局於平江，指内帑爲囊中物，每一發輒數百萬，搜巖剔藪，幽隱不置，雖江湖不測之淵力不可致者，百計出之，名曰"神運"。凡士庶之家有一花一木之妙者，悉以黄

〔一〕　荒廢農桑　"桑"原作"業"，據陳氏餘慶書堂刊本校改。

帕覆之，指爲御前之物，不問墳墓之間，盡皆發掘。石巨者高廣數丈，載以巨艦，輓以千夫，鑿河斷橋，毀堰拆閘〔一〕，數月方至京師，一花費數千緡。一石費數萬緡。勔又即所居創一圃，林樾之勝冠於二浙，後復取旨建神霄殿，塑青華帝君像其中，監司、郡守初到，必朝謁焉。九月丙寅朔，日有食之。罷創增寺觀額。冬十月，立貴妃鄭氏爲皇后。十一月丁卯，郊。張商英請編熙寧、元豐事，號皇宋政典，詔就尚書省置局。商英謂蔡京以紹述爲名，但劫制人主，禁錮士大夫爾，故作政典，以黜其妄。

辛卯　政和元年春正月，毀京師淫祠。夏四月，張商英罷。商英入相不知平心用人，故侍從、臺諫争設智以陷之。會上眷亦衰，言者乞逐商英，乃除觀文殿學士、知河南府，未幾，落職知鄧州。至冬，張克公又論與郭天信交通，漏泄省中語。下開封，獄具，冬十月竄商英於衡州，宣和三年卒於京南。秋九月，鄭允中、童貫使遼。蔡京在杭，聞貫出使，亟附奏曰〔二〕：“貫威名既傳，宜深藏之，使莫測可也，奈何遽遣出疆？”上報京曰：“虜主欲識其面，因遂覘之，不亦可乎？”貫至虜庭，其君臣相聚指笑曰：“南朝人才如此。”歸至盧溝河，有燕人馬植得罪，於燕無所容，遂見貫，陳滅燕之策，因攜歸，改姓李名良嗣，薦于上，遂賜姓趙，復燕之議始於此。再竄陳瓘。先是，王安石嘗著日録八十卷，瓘初謂安石此書詆訕宗廟，及瓘貶廉州乃著合浦尊堯集，以日録詆誣之罪歸於蔡卞，後又著四明尊堯集，痛絶王氏，以發揚熙寧用捨宰臣本末之緒，而自明區區改過之心。書成，藏於家，至是，何執中請治尊堯集詆誣罪，勒停，台州羈管，尋移楚州。

壬辰　政和二年春二月，蔡京復太師，賜第京師。四月，燕蔡京内苑。五月，京落致仕〔三〕，赴都堂議事，三日一至都堂。三月，親試舉人，賜莫儔

〔一〕毀堰拆閘　“拆”原作“折”，據九朝編年備要卷二七校改。
〔二〕亟附奏曰　原脱“曰”一字，據九朝編年備要卷二八校補。
〔三〕京落致仕　“落”下原衍“職”一字，據九朝編年備要卷二八、宋史卷二一徽宗本紀三删。

以下七百餘人及第、出身有差。罷鬻官田。五月，利州路轉運副使張臣獻羨餘三十萬緡，爲言者所論，尋除名竄池州。罷科舉。秋八月，焚元祐制詞。九月，改官名，以太宰、少宰易左、右僕射。十一月戊寅，日南至，御大慶殿，受元圭，大赦。内臣譚稹經營河東邊事，至晉州得異物於民間，似石非石，似銅非銅，長尺餘，闊寸餘，厚二三分，色赤黑，首末素質，中有古篆籀文，其上兩傍橫出兩尖，如雲氣之狀，莫知何物也。稹歸以進蔡京，京見之，謂此爲元圭，即天錫禹者，晉堯所都也。於是行朝會禮，受圭於正殿。蔡京進封魯國公，何執中進少傅，改太宰，仍兼門下侍郎。行給地牧馬法，受田一頃仍蠲其稅，令牧馬一匹，諸路至九萬匹。禁史學。

　　癸巳　政和三年春三月，王安石追封舒王，尋詔封其子雱爲臨川伯，從祀廟庭。二月，崇恩太后劉氏暴崩。后負其才，每曰："章獻明肅大誤矣，何不裹起幞頭，出臨百官。"上嘗謂蔡京曰："朕前日大病，那個便有垂簾意。""那個"者謂后也。又曰："朕不得不關防，使人當殿門，與之劍。若非宣召，勿問何人，入門者便斬之。"至是，后以不謹，無疾而崩，死之日，天爲黄霾異常。始事覺，上諭輔臣以后不謹，且重曰"不幸"。京曰："宮禁比修造多，凡事失防護，宜有此等。且古今自有故事，不足煩聖心憂悶。"何執中忽攙進曰："太后左右，願陛下多置人侍奉，以婦人女子，加之恐懼〔一〕，萬一不虞，則陛下不可負殺嫂名也。"上愕然，因曰："不欲即此決之，晚當召卿來議。"晚果復召輔臣〔二〕，既入殿，議將廢之，而太后已崩，蓋爲左右所逼，自即簾鈎而縊焉。上曰："孟后已廢，今崇恩又廢，則泰陵無配矣。"會其已崩，故掩其事云。罷勳官。三月壬子朔，日有食之。夏四月，玉清和陽宮成，即福寧殿誕聖之地作宮，至是成，奉安道像，上詣宮行禮。七年，改爲玉清神霄宮。時道教之盛，自道士徐知常始賜號冲虛先生，徐守信賜虚静先生，

〔一〕　加之恐懼　九朝編年備要卷二八"恐"作"愧"。
〔二〕　晚果復召輔臣　"復"原作"促"，據九朝編年備要卷二八校改。

劉混康賜葆真觀妙冲和先生，後並贈太中大夫。置俊選士，改内外舍爲之。赦梓夔路，以築溙、椿等八州畢也。是歲，南平夷、戎州保州夷各納土。置議禮局，訪求古禮器。又詔言禮當追述三代之意，開元禮不足法。至是書成，乃頒五禮新儀於天下。又置禮制局，討論古今宮室、車服、冠冕之度，冠昏、喪祭之則。閏月，改公主爲帝姬，易國號以美名二字，兩國者以四字。郡縣主爲宗姬、族姬。五月，葬昭懷皇后。秋七月，頒新燕樂。此樂乃古徵招、角招〔一〕，君臣相悦之樂也。先是，并製匏、笙、塤、箎，八聲始備，詔頒焉。貴妃劉氏薨，追謚明達皇后。九月，保和殿成，乃延福舊址作，殿五楹挾三，東側殿曰出光，西側殿曰葆光，保和之後有殿曰燕頤，兩旁有殿曰怡神，曰凝神，其楹數如保和，總爲屋七十五間，上自記之。冬十一月癸未，郊，上搢大圭，執元圭，以道士百人執儀衛前導，蔡攸爲執綏官，玉輅出南薰門，至玉津園，上忽曰〔二〕："玉津園東若有樓殿重複，是何處也？" 攸即奏："見雲間樓殿臺閣隱隱數重，既而審視，皆去地數十丈。" 頃之，上又曰："見人物否？" 攸即奏："若有道流童子持幡節蓋，相繼而出雲間，衣服眉目歷歷可識。" 攸遂請付史館。

　　甲午　政和四年春正月，置道階凡二十六等，先生，處士八字、六字、四字、二字，視中大夫至將仕郎，而不給俸。重和初，別置道官，自太虛大夫至金壇郎凡十六等，同文臣中大夫至迪功郎。道職自冲和殿侍宸至凝神殿校經凡十一等，侍宸同待制，檢籍同修撰〔三〕，校經同直閣，皆給告身。夏四月，閱雅樂。初閱宗子，次閱太學、辟雍，諸生量與推恩。五月，祭地，奉太祖配，赦。內侍楊戩以製樂傳宣之勞加節度。秋八月，宣和殿檜生玉芝，又詔有鶴三萬餘隻

〔一〕　徵招　原作"祉"，據宋大事記講義卷二二、樂書卷六六校改。

〔二〕　至玉津園上忽曰　原脱此七字，文意不完，據九朝編年備要卷二八、文獻通考卷七二郊社考五校補。

〔三〕　檢籍同修撰　"檢"原作"驗"，據陳氏餘慶書堂刊本、九朝編年備要卷二八、佛祖歷代通載卷一九校改。

盤旋雲霄之上,並許稱賀。延福宮成,記略曰:"乃敵永巷城之西序〔一〕,大興營造,增光前烈,而徙延福於拱宸之北,宮爲南向,適得地中,殿因宮名,次曰蕊珠。又爲之書其亭,曰碧琅玕,晨暉榜於春路,麗澤揭於秋方。其殿則有穆清、成平、會寧、睿謨、凝和、崑玉、群玉,而蕙馥報瓊,蟠桃春錦,疊瓊芬芳〔二〕,麗玉寒香,拂雲偃蓋,翠葆鉛英,雲錦蘭熏。摘金之閣居其東,繁英芳雪,鉛華瓊華,文綺絳葩,穠華綠漪,瑶璧清陰。秋香、叢玉、扶玉、絳雪之閣居其北。會寧之北疊石爲山,而上起殿曰翠微,旁爲二亭,曰雲歸,曰會蠟。其間奇花怪石,巖壑幽勝,宛若生成。"改端明殿學士爲延康殿學士,樞密直學士爲述古殿直學士。女真陷遼國寧江府。初,遼主天祚賞刑僭濫,色禽俱荒。女真東北與五國爲鄰,五國之東接大海,出名鷹,自海東來者謂之"海東青",遼人酷愛之,歲歲求之女真。女真至五國戰鬥而後得,不勝其擾。二年春,天祚如混同江釣魚,界外生女真酋長在千里外者,以故事皆來會,酒酣,使諸酋歌舞爲樂,阿骨打獨不從,天祚謂樞密使蕭奉先曰:"阿骨打意氣雄豪,當以事誅之。"奉先曰:"殺之,傷向化心。"阿骨打知其意,即先舉兵,吞併鄰近部族,秋集女真諸部甲馬二千,犯混同江之寧江州。時天祚射鹿慶州秋山,遣海州刺史高仙壽討之〔三〕,爲女真所敗,失寧江州。有黑氣長數丈,出自齋宮,行一里許,貫於壇壝。

乙未　政和五年春正月,瀘南晏夷叛,尋討平之。二月,立定王桓爲皇太子。以童貫領六路邊事。三月,親試舉人,賜何㮚以下六百九十二人及第、出身有差〔四〕。夏人寇邊。夏四月,建葆真宮。改集賢殿爲右文殿。置宣和殿學士,以蔡攸爲之。六月,天成、聖功二橋成於河陽。秋七月戊辰朔,日有食

〔一〕　乃敵永巷城之西序　"敵"原作"敝",據九朝編年備要卷二八校改。
〔二〕　疊瓊芬芳　原脱"芬"一字,據九朝編年備要卷二八校補。
〔三〕　遣海州刺史高仙壽討之　原脱"之"一字,據九朝編年備要卷二八校補。
〔四〕　賜何㮚以下六百九十二人　"何㮚"二字原空,據九朝編年備要卷二八校補。

之。八月，建明堂，命蔡京爲明堂使。竄陳邦光居池州。先是，邦光爲太子詹事，會蔡京獻太子以大食國琉璃酒器，羅列宮庭，太子怒曰："天子大臣不聞以道德相訓，乃持玩好之具蕩吾志耶。"命左右碎之。京聞邦光實激太子，諷言者擊逐之。流星出柳，急流至濁没，赤黄色，有尾跡照地，占者以爲不祥。京獨以爲天子宗廟有喜，稱賀。浙西水。冬十一月，高麗遣士入學，凡五人，明年親策，賜四人上舍及第，遣歸其國。遼天祚詔親征女真，率蕃漢兵十餘萬，出長春路，命蕭奉先爲御營都統，耶律章奴副之，師至鴨緑江。阿骨打哭謂其部落曰："不若殺我以降。"諸酋皆拜，曰："事至此，當誓死一戰。"三面急擊之，天祚大敗，晝夜馳五百里，退保長春。女真乘勝遂并渤海、遼陽等五十四州。

丙申　政和六年春正月，以童貫爲陝西、兩河宣撫。閏月，置道學，至重和元年，詔州縣學兼養道流，增置士名，自元士至志士凡十三品，歲大比許襴襆就試。宣和二年罷道學。二月，上清寶籙宮成。蔡京命童貫等廣延福宮以媚上，宮成，既跨舊城取壕外地，又自名第六位，跨城之外，浚壕，水深者三丈。東則景龍門橋，西則天波門橋，二橋之下疊石爲固，引舟相通，而橋上人物自通行不覺也，名曰景龍江。江之外爲鶴莊、鹿砦、文禽孔雀諸柵，多聚遠方珍怪，蹄尾動數千寶之。又爲村居野店、酒肆青帘於其間，每歲冬至後即放燈，自東華門以北，並不禁夜，徙市民行鋪夾道以居，縱博群飲，至上元後乃罷，謂之先賞。後又闢之，東過景龍門，至封丘門。時温州林靈素因徐知常得幸於上，託言有天人降，云天上有神霄玉清府長生大帝君及其弟清華大帝，皆玉帝之子。又有左元仙伯〔一〕、書罰仙吏褚慧等八百餘官，乃謂上爲長生大帝君，蔡京爲左元仙伯，而己即褚慧也。上喜，又於景龍門對晨暉門作上清寶籙宮，宮中山包平地，環以佳木、清流，列諸館舍、臺閣，多以美材爲楹棟，不

〔一〕　左元仙伯　"元"原作"言"，據陳氏餘慶書堂刊本、九朝編年備要卷二八校改。

施五彩，有自然之勝，若江南陳後主三品之石、姑蘇白樂天手植之檜[一]，皆取以實之。又於宮前作仁濟、輔政二亭，命道士施水、藥於民，上時登皇城下視之。由是開景龍門，城上作複道，通寶籙宮，以便齋醮之路。上數從複道上往來，未幾則有期門之事矣。明年，又詔創神霄玉清萬壽宮於天下，以舊天寧觀爲之。無觀則以寺充，仍設長生大帝君、青華大帝君像。修御河新隄，科免夫錢。廣京城，繕諸王外第。夏四月，何執中致仕，以太傅就第。以蔡京總治三省事，三日一朝，仍赴都堂，及輪往逐省治事。未幾，又令朝朔望，三日一知印當筆。五月，鄭居中、劉正夫爲太、少宰兼門下、中書侍郎。六月，皇太子納妃朱氏。伯材之女。秋七月，沅州土豪叛，討平之。築震武城，尋升爲軍，自再復湟、鄯、啴廝羅之地悉爲郡縣矣。詔戒群臣挾姦罔上[二]，當"豐亨豫大"極盛之時，毋爲五季變亂裁損之計。榜明堂[三]，刻石尚書省。八月，修玉牒屬籍。改走馬承受爲廉訪使者[四]。兩浙水。九月，詣和陽宮，上玉皇徽號。增置直徽猷、顯謨、寶文[五]、天章閣、秘閣、集英殿修撰並舊爲九等[六]。冬十一月，詔樞密事令童貫與議。己亥，郊。置提舉東南九道坑冶官。十二月，劉正夫致仕。

自張商英罷相，蔡京益變法度，居中在右府，每爲上言之，及爲相，四方欣然望治，訖不能制京。至是，以疾致仕。正夫既罷，厥後王黼誤國召亂，余深、白時中、李邦彥輩皆鄙夫患失之徒，而養成靖康之禍。

[一]　手植之檜　原脱"手"一字，據九朝編年備要卷二八校補。
[二]　詔戒群臣挾姦罔上　"戒"原作"我"，"挾"原作"脅"，據陳氏餘慶書堂刊本、九朝編年備要卷二八校改。
[三]　榜明堂　九朝編年備要卷二八、宋十朝綱要卷一七作"榜朝堂"。
[四]　改走馬承受爲廉訪使者　"爲"原作"置"，據九朝編年備要卷二八校改。
[五]　寶文　"寶"原作"華"，據九朝編年備要卷二八校改。
[六]　並舊爲九等　原脱"並舊"二字，據九朝編年備要卷二八校補。

悲夫!

創公田所,以內侍楊戩主之,皆按民契券而以樂尺打量,其贏則拘入官,而創立租課,謂之公田錢。於是大擾,農民困弊,僅能輸公田錢,而正税不充矣。遼渤海人高永昌殺其東京留守蕭保先,自稱大渤海國皇帝,據遼東五十餘州。遼主遣其宰相張琳討之,至瀋州,女真遣兵來援渤海,琳敗績,乃以燕王淳爲都元帥,淳至乾州,武朝彥等謀殺淳不克,復召淳還。既而女真擊破渤海,斬高永昌,其衆散爲盜,所至虜掠,遼不能制。

丁酉　政和七年春三月,以童貫權領樞密院事。茂州夷寇邊。夏四月,上詔道籙院,略曰:"朕乃上帝元子,爲太霄帝君,憫中華被金狄之教,遂墾上帝願爲人主,令天下歸於正道。卿等可上表章,策朕爲教主道君皇帝,止用於教門。"尋詔王黼、蔡攸、盛章等至宣和殿,觀神霄降臨。黼作記上之。五月,誥玉虛殿,上皇地祇徽號〔一〕,祭地於方澤。六月,改節度觀察留後爲承宣使。雨雹,大如拳,或似一升器物,兩時而止。先是,夏雨,有二魚落殿中省廳事屋上〔二〕,人皆異之。上以釋教經六千卷內惡談毀詞,詆謗道、儒二教,命近臣於道籙院看詳,取索焚棄此等僞造經文。秋七月,熙河、環慶、涇原地震,旬日不止,壞城壁廬舍,居民壓死者甚衆。置提舉御前人船所。先是,諸路進貢繁多,京請節其浮濫,命內侍鄧文誥領之。又詔不許用糧綱船,且戒毀人墳墓及黃封帕蒙人園圃所植凡十餘事,獨令朱勔六人用事。勔由此授節鉞。諸路紛擾,以至大亂〔三〕。八月,鄭居中以母喪去位。至十一月,居中起復太宰,余深少宰。九月辛卯,大饗明堂。盜起淮西,命內侍譚稹討平之。約宗室科條:徒以下宗正訓治,徒以上制勘。十一月,詔蔡京五日一朝。有星

〔一〕誥玉虛殿上皇地祇徽號　九朝編年備要卷二八"誥"作"詔"。
〔二〕殿中省廳事　原脱"事"一字,據九朝編年備要卷二八校補。
〔三〕以至大亂　九朝編年備要卷二八"大"作"於"。

如月，徐徐南行而落，光照人物，與月無異。十二月，天神降坤寧殿。修神保觀，其神俗謂之二郎神也，都人素畏之。自春及夏，傾城男女負土以獻，名曰"獻土"，又有飾作鬼使巡門催納土者，人物絡繹，乘輿亦微幸以觀之。或謂蔡京曰："獻土、納土，非佳語也。"後數日有旨禁絕。作萬歲山。上之初即位也，皇嗣未廣。道士劉混康以法籙符水出入禁中，建言宮城西北隅地協堪輿〔一〕，徜形勢，加以少高，當有多男之祥。始命爲數仞崗阜，已而後宮占熊不絕，上甚喜，於是崇信道教，土木之工興矣。一時佞倖因而逢迎，遂竭國力而經營之。至是，命户部侍郎孟揆築土增高，以象餘杭之鳳凰山，號萬歲山。後因神降，有"艮嶽排空"之語，因名艮嶽。宣和四年始告成，御製記文凡數千言。六年，有金芝産於萬歲峰，改名壽嶽。門號陽華，入門兩旁有丹荔八十株，大石曰"神運昭功"者立其中，旁有兩檜，一夭矯者名曰"朝日昇龍"之檜〔二〕，一偃蹇者名曰"卧雲伏龍"之檜〔三〕，皆玉牌填金字書之。巖曰"玉京獨秀太平巖"，峰曰"卿雲萬態奇峰"〔四〕。又有絳霄樓，金碧相間，勢極高峻在雲表，盡工藝之巧無以出此。運四方花竹、奇石，積累二十餘年。山林高深，千巖万壑，麋鹿成群，樓觀臺殿不可勝計。宣和中，太學生鄧肅進十詩諷諫，末句云："但願君王安百姓，圃中何日不春風。"時朱勔以花石綱媚上，東南騷動故也。上即宣取，時皇太子在側，上曰："此忠臣也。"蔡京奏曰："今不殺肅〔五〕，恐浮言亂天下。"上不答，即詔放歸田里。靖康初，召爲鴻臚簿。

〔一〕 宫城西北隅　"宫"原作"京"，據九朝編年備要卷二八校改。

〔二〕 一夭矯者名曰朝日昇龍之檜　原脱此十二字，據九朝編年備要卷二八、三朝北盟會編卷五二校補。

〔三〕 卧雲伏龍之檜　"雲"與"龍"原顛倒，據九朝編年備要卷二八、三朝北盟會編卷五二乙正。

〔四〕 卿雲萬態奇峰　"卿"，陳氏餘慶書堂刊本、九朝編年備要卷二八作"慶"。

〔五〕 今不殺肅　"今"原作"令"，據陳氏餘慶書堂刊本、九朝編年備要卷二八、長編拾補卷三七校改。

卷之十六

朝散郎、尚書禮部員外郎、兼國史院編修官李燾經進

宋徽宗二

　　戊戌　重和元年春正月，御大慶殿，受定命寶。初，八寶既備，上曰："八寶者，國之神器也，今再創，乃我受命者也。"其文曰："範圍天地，幽贊神明，保合太和〔一〕，萬壽無疆。"二月，夏人寇邊，將官張迪死之。初通使女真，約夾攻遼。去夏，有漢兒高藥師者泛海來，言女真攻遼事，登州守臣王師中以聞，因命師中募人同藥師等齎市馬詔以往，而不能達。繼遣馬政同藥師由海道入蘇州，至其國。阿骨打及粘罕等呼郎君，問遣使之由，政對以："貴朝在大宋太祖皇帝建隆二年時遣使來賣馬，今主上聞貴朝攻陷契丹五十餘城，復通前好，欲與貴朝共行弔伐。雖本朝未有書來，若允許，後必有國使來也。"阿骨打遣渤海人李善慶，生、熟女真二人齎國書并北珠、生金、貂子等來。童貫嘗與熙河鈐轄趙隆議燕雲事，隆極言不可，貫曰："君與此，當有異拜。"隆曰："隆武夫，豈敢干賞以敗祖宗二百年之好，異時釁生，雖萬死不足以謝天下。"赦四川，以城石泉、增築九堡畢功，又平綿、茂州夷，開拓甚廣故也。以蔡京子絛爲宣和殿待制，絛選尚康福帝姬，駙馬都尉帶文階自絛

〔一〕保合太和　"太"原作"大"，據長編卷二九〇、九朝編年備要卷二八、宋史卷一五四輿服志六校改。

始。上親試舉人，賜王昂以下七百八十人及第、出身有差，時皇子嘉王楷赴廷對，有司考爲第一，上不欲令魁多士，升昂爲榜首。淮南運使張根論東南諸路闕乏之由，遂及修造之侈，又言花石綱之擾，落職，監信州商稅。前知峽州王寀、資政殿學士劉昺酬唱詩歌〔一〕，謗訕詩逆，寀伏誅，昺流瓊州。五月壬午朔，日有食之。置經制司，講畫諸路財賦。秋七月，東南大水，遣使振之。九月辛巳，大饗明堂。閏月，上詔曰："自頃庶事大臣以爲可行，朕采諸民，多不謂便，如拘白地與禁榷貨〔二〕，增方田，增酒價，取醋息，河北加折耗米，東南水災，皆掊克苛削，可即日罷之。"蔡京以鹽法尚有未盡，請改袋制，且許所過損其稅〔三〕。袋製既與昔不同，必使更買新鈔，方帶給舊鈔，號"對帶法"，亦曰"帶搭"。旨揮既出，一日間入納者三十餘萬緡〔四〕，上大駭，而後知搭帶之利也，不一二歲又復爲之〔五〕。商人每覺鈔行略滯〔六〕，則貯積以待改法，謂之"趂新鈔〔七〕"，自是鹽商大困。大内火，蓺五千餘間，時天大雨，而火益熾。上是夜微宿於外。録周後〔八〕，除封崇義公外，以其長世世爲宣義郎〔九〕。

〔一〕 酬唱詩歌 "詩"原作"曲"，據長編拾補卷三七、九朝編年備要卷二八校改。

〔二〕 禁榷貨 "榷"原作"確"，據陳氏餘慶書堂刊本、九朝編年備要卷二八校改。

〔三〕 且許所過損其稅 "損"原作"指"，據玉海卷一八一食貨鹽鐵校改。

〔四〕 三十餘萬緡 長編拾補卷三八同，九朝編年備要卷二八作"三千餘萬緡"。

〔五〕 不一二歲又復爲之 長編拾補卷三八、九朝編年備要卷二八"又"均作"必"。

〔六〕 商人每覺鈔行略滯 "覺"原作"舉"，據長編拾補卷三八、九朝編年備要卷二八校改。

〔七〕 趂新鈔 "趂"，長編拾補卷三八作"趁"，九朝編年備要卷二八作"起"。

〔八〕 周後 "周"原作"國"，據陳氏餘慶書堂刊本、長編拾補卷三八、九朝編年備要卷二八校改。

〔九〕 以其長世世爲宣義郎 "其"原作"爲"，據長編拾補卷三八、九朝編年備要卷二八校改。按：東都事略卷一一本紀一一載："丙子，詔曰：昔我藝祖受禮於周，嘉祐中擇柴氏一人封崇義公，而三恪之封不及，禮蓋未盡。除崇義公依舊外，擇柴氏最長見存者爲周恭帝後，以其世監周陵廟，與知縣請給，以示繼絶之仁，爲國三恪。"

冬十月，上御寶籙宮，度玉清神霄秘籙會者八百人。凡天神降臨事，蓋發端於王老志，而極於林靈素。及爲大會，靈素講經據高座，上爲設幄其側，靈素所言無殊絶者，雜以滑稽喋語，上下爲大閧笑，莫有君臣之禮矣。時道士有俸，每一齋施動獲數十萬，每一宮觀給田亦不下數百千頃，皆外蓄妻子，置姬媵，以膠青刷鬢，美衣玉食者幾二萬人，一會殆費數萬緡。貧下之人多買青衣幅巾以赴，日得一飱餐，而襯施錢三百，謂之千道會云。十一月朔〔一〕，改元，大赦。安堯臣上言："陛下臨御之初嘗下詔求言，於是諤士效忠，而憸人乃誤陛下加以訨誣之罪，使陛下負拒諫之謗，故比年天下杜口，以言爲諱，乃者宦寺交結權臣，共唱北伐，而宰執以下無一人肯爲陛下言者。臣謂啓燕雲之役，異時脣亡齒寒，狼子野心必伺吾隙而逞其所欲矣。"時謂其首沮大義，請置諸法。上以言路久壅，宜導以賞，與補承務郎。十二月，置裕民局。女真阿骨打稱帝。女真其初酋長本新羅人，號完顔氏。完顔猶漢言王，女真妻之以女，生二子，其長即胡來也，自此傳三人至楊哥太師，以至阿骨打，身長八尺，狀貌雄偉，沉毅寡言笑，顧視不常，而有大志。有楊朴者，遼東人也，勸阿骨打稱帝，以其國產金，故號大金，遣人詣天祚〔二〕，求封册，天祚遣使備袞冕，册爲東懷皇帝。

　　己亥　宣和元年春正月，詔改佛號大覺金仙，餘爲仙人、大士，僧稱德士，行者稱德童。而冠服之，但道冠有徽，德冠無徽，又以寺爲宮，院爲觀，尋改女冠爲女道，尼爲女德。明年，詔復舊。女真使李善慶來，詔蔡京、童貫及鄧文誥見之，諭以夾攻取燕之意，善慶等唯唯。居十餘日，遣趙有開、馬政齎詔及禮物，與善慶等渡海聘之。初，趙良嗣欲用國書〔三〕，而有開曰："女真

〔一〕　十一月朔　"一"原作"二"，據陳氏餘慶書堂刊本、皇宋十朝綱要卷一八校改。

〔二〕　遣人詣天祚　"詣"原作"請"，長編拾補卷三八同，據九朝編年備要卷二八校改。

〔三〕　趙良嗣欲用國書　原脱"嗣"一字，據九朝編年備要卷二八校補。

之酋止節度使〔一〕，用詔足矣。"有開至登州而死，會謀者言契丹已割遼東，封女真爲東懷皇帝矣，乃詔政勿行，止差平海軍校呼慶持登州牒送善慶等歸〔二〕。呼慶至阿骨打軍前，阿骨打責以中輟，留半年始遣歸，語之曰："吾已獲大遼數路，其他可以俯拾。汝歸見皇帝，果欲結好，請早示國書，若仍用詔，決難從也。"初，高麗來求醫，上遣二醫往，是秋還，以其事奏聞，實非求醫，乃彼知中國將與女真圖契丹，謂苟存契丹，猶足爲中國捍邊，女真虎狼，不可交也，宜早爲之備。上聞之，不樂。以余深爲太宰，王黼少宰。初，上訪大臣以取遼之策，鄭居中、鄧洵武皆以爲不可，獨黼是其計，以身任之。左司倪濤且曰："景德以來虜守約，不敢犯邊，盟誓固在，不可渝也。天下久安，士不習戰，軍儲又屈，無輕議以貽後患〔三〕。"黼怒曰："左司敢沮軍耶？"知湖州葛勝仲與黼連姻，亦與書曰："天下無事則宰相安，宰相生事則天下危。願公享宰相之安，無使天下至於危也。"時謀者云天祚有亡國之相，或言陳堯臣登科爲畫學正，黼薦堯臣使虜，繪天祚像以歸，且云以相法言之，亡在旦夕，並圖其山川險易以進。上大喜，擢堯臣爲右司諫〔四〕，燕雲之役遂決。

啟燕雲之役者，初則童貫得志於西邊，遂謂北方亦可圖。繼而趙良嗣來歸，獻以取燕之策，徽宗如之何而不喜。夫豈知天下久安，士不習戰，

〔一〕 女真之酋止節度使　"止"原作"正"，據陳氏餘慶書堂刊本、長編拾補卷三九、九朝編年備要卷二八校改。

〔二〕 呼慶　長編拾補卷三九引續宋編年資治通鑑、皇宋十朝綱要卷一八、大金國志卷一同，三朝北盟會編卷四、建炎以來繫年要録卷一、長編拾補卷四一、遼史拾遺卷一一均作"呼延慶"。

〔三〕 無輕議以貽後患　"以貽後患"原作"論以爲後患"，據東都事略卷一一六倪濤傳、宋史卷四四四倪濤傳、古今事文類聚新集卷九校改。

〔四〕 擢堯臣爲右司諫　原脫"諫"一字，據九朝編年備要卷二八、咸淳臨安志卷九一、遼史拾遺卷一二校補。

白溝之敗爲金人所笑，遼亡而中國之憂始大矣。

躬耕籍田。二月朔，改元。三月，皇后親蠶，詔建蠶宮、蠶殿。童貫遣劉法進兵攻統安城，法以爲不利，貫迫之而行，士卒陷没者數十萬〔一〕。夏人寇邊，貫以鄜延、環慶兵入西界，大破夏人，平其三城。既又破之於震武軍〔二〕。六月，夏人納欵，詔六路罷兵。初，夏人恃橫山諸族善戰，故用以抗中國。政和以來，合諸路兵出塞進築，遂得橫山之地，夏國失所恃，乃因遼人納欵請和，且以誓表進，許之，前此未有也。夏四月丙子朔，日有食之。五月，都城水高十餘丈，水未作前，雨數日如傾。及齋，開封縣前茶肆人晨起，拭床榻，睹若有大犬蹲其傍，質明視之，龍也，其人驚呼而倒，遂爲作坊兵衆取而食之。都人繪之，若世所畫龍，鱗蒼黑色，驢首，而兩頰如魚頭，色正綠，頂有角座，極長，於其際始分兩岐，有聲如牛，後十日水至。龍降後一夕五鼓，西北有赤氣數十道，亘天犯紫宮、北斗，仰視星皆若隔絳紗，方起時拆裂有聲，然後大發，後數夕又作，聲益大，格格且久，其發更猛。而赤氣出西北數十百道，其中又間以白黑二氣，然赤氣爲多，自西北俄入東北〔三〕，又延及東南，其聲亦不絶，迨曉乃止。秋八月，復鈔旁定帖錢。初，元豐中議者謂民之貿鬻輸納，賴官爲之據，官司亦利其入，遂有所謂鈔旁定帖錢。至是諸路争爲應奉花木事，時兩浙轉運李祉請復其法〔四〕，然息不過得利三分，而朝廷許之。九月，燕蔡京保和新殿，王黼、童貫、蔡攸等預焉。京等請見安妃，許之，酒行無筭，二鼓五籌始罷。京爲記以進。道德院生金芝，上幸觀焉，遂由景龍江泛舟

〔一〕 數十萬　九朝編年備要卷二八同，長編拾補卷三九作"二十萬"，皇宋十朝綱要卷一八作"十萬"。
〔二〕 既又破之於震武軍　"武"原作"威"，九朝編年備要卷二八同，據皇宋十朝綱要卷一八、宋史卷二二徽宗本紀四校改。
〔三〕 自西北　九朝編年備要卷二八作"自西方"。
〔四〕 時兩浙轉運李祉　原脱"時兩浙"三字，據九朝編年備要卷二八校補。

至京第鳴鑾堂，淑妃從，上曰："今歲四幸鳴鑾矣。"賜京酒，於是京作鳴鑾記以進。初，京侍上，每進君臣相悦之說，於是以脩尚主，而攸最親幸。上時輕車小輦幸京第，命坐賜酒，略用家人禮。表謝有云"主婦上壽請酬而肯從，稚子牽衣挽留而不卻"，又曰"輕車小輦七賜臨幸"，邸報傳之四方。初，上之微行也，外人尚未知，因京謝表乃盡知。攸進見無時，便僻趨走，或塗抹青紅，優雜侏儒，多道市井淫媟謔浪之語，以蠱上心。妻宋氏出入禁省〔一〕，攸加開府〔二〕，子行領殿中監，寵信傾其父京矣。始攸嘗勸上曰："所謂人主，當以四海爲家，太平爲娛，歲月能幾何，豈徒自勞苦。"上納其言，遂微行都市，妓館酒肆亦皆遊幸。正字曹輔言上微行之失，編管郴州。政和以後，上輕於出入，巾裹及衣服獨喜同臣庶〔三〕，實欲爲期門之事，而苑囿皆爲白屋，不施五彩，多爲村居野店。又聚野獸、麋鹿、駕鵝〔四〕、禽鳥數百千，蹄跡徧滿苑囿〔五〕。宣和間，都下每秋風夜靜，禽獸之聲四徹，宛若川澤陂野之間，識者以爲不祥。冬十一月乙卯，郊。

　　庚子　宣和二年春二月，女真使同呼慶持其國書來，請別遣使通好。因遣趙良嗣往，猶以買馬爲名〔六〕，其實約夾攻契丹，取燕雲舊地，第面約，不齎國書。時女真出師〔七〕，三路攻遼國上京。是夏，良嗣等至青牛山追及阿骨

─────────────

〔一〕　宋氏　原作"朱氏"，九朝編年備要卷二八同，據東都事略卷一〇一蔡攸傳、宋史卷四七二蔡攸傳、山堂肆考卷一一八校改。

〔二〕　攸加開府　"開府"原作"開封"，據宣和遺事前集、長編拾補卷四〇校改。

〔三〕　巾裹及衣服　"及"原作"乃"，據宋史全文卷一四校改。

〔四〕　駕鵝　宋史全文卷一四"鵝"作"鶴"。

〔五〕　數百千蹄跡　宋史全文卷一四作"動數百千蹄隻"。

〔六〕　猶以買馬爲名　原脱"名"一字，據皇宋十朝綱要卷一八、九朝編年備要卷二九、大金國志卷一校補。

〔七〕　時女真出師　"女"原作"安"，據九朝編年備要卷二九校改。

打〔一〕,遂從至上京觀攻城,不旋踵而破,與阿骨打議約,大抵以燕本漢地,欲夾攻契丹,使女真取中京,大朝取燕京,許之。遂議歲賜,良嗣初許三十萬,而卒與契丹舊數。良嗣曰:"燕京一帶則并西京是也。"阿骨打亦許之,遂以手札付良嗣,約以女真兵自平地松林趨古北口,南朝兵自白溝夾攻,不然,即難依已許之約。仍遣使奉國書,略曰:"大金皇帝謹致書於大宋皇帝闕下:蓋緣素昧,未致禮容,酌以權宜,交馳使傳。趙良嗣等言燕京本是漢地,若許復舊,將自來與契丹銀絹轉交,雖無國信,諒不妄言。若將來貴朝不爲夾攻,即不依得已許爲定,具形弊幅,冀諒鄙悰。"金使以九月至闕,尋以馬政報聘。國書略曰:"大宋皇帝謹致書於大金皇帝:遠承信介,特示函書,致罰契丹,遜聞爲慰。確示同心之好,共圖問罪之師,誠意不渝,義當如約。已差童貫勒兵相應,彼此兵不得過關〔二〕。歲幣依與契丹舊數〔三〕,仍約毋聽契丹講和。"户部尚書唐恪言:"汴渠之運自去秋絶不至,由王黼奪上供綱爲應奉之用,今珍異之物充於大臣之家,而奉上者曾未十一。"上以諭黼,黼取下卸司運數以進,恪言是併應奉司綱在其中,屬户部者十之一二。詔恪罷知滁州。夏五月,祭地。布衣朱夢説上書,論宦寺之權太重,竄池州。六月,蔡京致仕,仍朝朔望。時京子攸、儵、絛,孫行皆至大學士,視執政,而絛尚帝女,他至侍從者二十餘人。尚方賚予無虛日,廝役皆至大官,媵妾至封夫人。然公論益不與,而上厭之。至是請老,詔京致仕,依舊神霄玉清萬壽宫使〔四〕。復元豐保甲舊制。秋七月,詔文臣非邊防勿起復。燕童貫第。冬十月戊辰朔,日有食之。梁師成累遷河東節度,拜太尉。時上留意禮樂符瑞事,師成善於逢迎,凡御筆號

〔一〕 良嗣等至青牛山追及阿骨打　原脱"至"一字,據九朝編年備要卷二九校補。大金國志卷一"至"作"在"。

〔二〕 彼此兵不得過關　原脱"得"一字,據九朝編年備要卷二九、大金國志卷一校補。

〔三〕 歲幣依與契丹舊數　"幣"原作"弊",據九朝編年備要卷二九、大金國志卷一校改。

〔四〕 依舊神霄玉清萬壽宫使　"清"原作"京","宫"原作"觀",據宋宰輔編年録卷一二校改。

令,皆師成主之,多擇善書吏習倣奎畫〔一〕,外庭莫能辨。王黼以父事之,權勢熏灼,嗜進者皆出其門,自稱蘇軾出子,因訴於上,軾之文復出人間。十一月,余深諫上以取閩中花果之擾,王黼曰:"此太平末事,不足罷。"言者謂深使曹輔言事,深求退,出知福州,而以王黼爲太宰。

方臘反。睦州青溪有洞曰幫源,廣四十里,群不逞往往囊橐其間。臘家有漆園,時造作局多科須,而兩浙苦花石綱之擾,臘以妖術誘之,數日之間哨聚至數萬人,遂以誅朱勔爲名,縱火大掠。兩浙都監蔡遵、顏坦擊賊,敗死,遂陷睦州,殺官兵千人。於是壽昌、分水、桐廬等縣皆爲賊所據,僭號,改元永樂。初,臘之亂,王黼方鋪張太平,惡聞有外寇,至且峻責浙西提刑張苑勿張皇生事,賊遂不可制,至連陷數州。上大恐〔二〕,始遣譚稹討之,稹逗留不進,至三年正月賊入杭,乃改譚稹爲兩浙制置使,以童貫爲江、浙、淮南宣撫,討方臘。時北征事起,陝西勁兵多聚麾下,盡發以往。上微行送之,握貫手曰〔三〕:"東南事盡付汝,有不得已者竟以御筆行之。"四月,童貫與王稟、劉鎮兩路軍馬約會於睦、歙間,包幫源洞〔四〕,表裏夾攻,至是鎮與楊可世、馬公直率勁騎奪賊門嶺,平旦入洞,賊二十餘萬抗拒轉戰,至晚大敗,火其屋萬間。稟斬賊五千餘級。鎮亦如之,擒方臘并其親屬、僞相侯王共三十九人,奏捷於朝。臘破六州五十二縣,殺平民二百餘萬。王師自出至凱旋,凡四百五十日。臘至,八月始伏誅,尋赦江、浙、淮南等路,改睦、歙二州爲嚴州、徽州。十二月,以陳過庭爲御史中丞。時睦寇猖獗,過庭言致寇者蔡京,養寇者王黼,竄二人則寇自平。又言朱勔父子本刑餘小人,交結權近,竊取名器,賄賂狼籍,

---

〔一〕 習倣奎畫　長編拾補卷四二同,九朝編年備要卷二九"畫"作"書",宋史卷四六八梁師成傳"奎畫"作"帝書"。

〔二〕 上大恐　九朝編年備要卷二九同,皇宋十朝綱要卷一八"上"原作"王",或係指王黼。

〔三〕 握貫手曰　"手"原作"守",據九朝編年備要卷二九校改。

〔四〕 包幫源洞　"洞"下原衍"裏"一字,據九朝編年備要卷二九刪。

罪惡彰著，宜正典刑，以謝天下。時論韙之。盜宋江犯淮陽及京西、河北，至是入海州界，知州張叔夜設方略討捕，招降之。

辛丑　宣和三年春正月，復熙豐舊制，乃大赦。六月〔一〕，禁衝改元豐法制，犯者以不恭論〔二〕。蘇杭造作局諸色匠人日役數千，而財物所須悉科於民，民力重困。至是以方臘亂浙西〔三〕，悉詔罷之。二月，罷花石綱。初，江、淮發運司於真、揚、楚、泗各有轉般倉綱運，綱運兵士各有地分，每舟虛二分，容私商，以利舟人〔四〕，又載鹽回運，兵士稍便之。後以發運司舟船撥充御前綱以載花石，而轉般倉廢矣，綱多重載，不容私商。又鹽法變更，無回運，舟兵苦之，多逃亡而爲盜。至是禁般載花石，使之般運糧道〔五〕。三月，親試舉人，賜何渙以下六百餘人及第、出身有差。詔梁師成下使臣鄧宏、曹組赴殿試，賜同進士出身。是春，日有眚，忽青黑無光，其中洶洶而動，若鈈金而涌沸狀，日旁有青黑，正如水波周回旋轉，將暮而稍止。是時睦賊未平，人多憂之。夏四月，貴妃劉氏薨，諡明節皇后。劉氏本酒家保女也，性穎悟，能迎旨合意。林靈素以左道得幸，謂上爲長生帝君，謂妃爲九華玉真安妃，每神霄降，必別置安妃位。五月，金使來，詔國子司業權邦彥、內侍童師禮館之。未幾，傳旨曰："遼人已知金人海上往還，難以復如前議，諭金使令歸。"邦彥驚曰："如此則失其歡心，曲在朝廷矣。"復奏得旨：候童貫回議之。使留三月餘，卒以國書付使人歸國，更不復遣使。阿骨打意朝廷絕之，乃悉師趨遼中京。中丞陳過庭乞罷冗官之以御前使喚爲名者，京西轉運張汝霖請罷進花果。王黼劾之，以爲懷姦興謗。過庭貶黃州，汝霖貶均州。王黼言："臣累奏士大夫抑損應奉，意在妄爲譏謗，望特置應奉一司，臣專總領，以杜姦謀。"從之。仍令

〔一〕　六月　"月"原作"年"，據九朝編年備要卷二九校改。

〔二〕　犯者以不恭論　原脫"犯"一字，據九朝編年備要卷二九校補。

〔三〕　至是以方臘亂浙西　"臘"原作"略"，據九朝編年備要卷二九校改。

〔四〕　以利舟人　原脫"人"一字，據九朝編年備要卷二九校補。

〔五〕　糧道　九朝編年備要卷二九作"糧儲"。

梁師成總領於內，乃奪發運漕輓之卒以自用〔一〕，四方珍異之物充牣二人之家，而入尚方者纔什一。每陪扈曲燕，至爲俳優鄙賤之技，以獻笑取容。六月，河決恩州。黑眚出，洛陽、京畿忽有物如人，或如犬，其色黑，不能辨眉目，夜出掠小兒，傷食之，如是二歲乃息。秋八月，童貫進太師，譚稹加節度。未幾，貫復領陝西、兩河宣撫。諸路蝗〔二〕。

　　壬寅　宣和四年春正月，加梁師成開府。

　　　　內侍官謂之家臣，自古無賜坐者，其在禁中則不可知，外庭未嘗見也。時童貫爲太師，領樞密院，視宰相。師成爲開府，亦視宰相。每春秋大燕，巍然坐於執政之上，與人主講勸酬之禮。且家臣爲師傅，於義尤悖。貫以領樞密日與宰相同班，進呈畢，即自屛後入內，易窄衫，與群閹爲伍。出則爲大臣，當體貌之禮，入則爲近侍，執使令之役，古所未有也。

　　二月，雨雹。三月，幸秘書省、太學。金人陷遼中京。先是，天祚有四子，長趙王，次晉王，次秦王，次許王。晉王有人望，秦王母元妃之兄蕭奉先慮秦王不得立，密圖之。會晉王母文妃姊適耶律撻曷里，妹適余覩，撻曷里妻嘗過余覩家，奉先密告其結余覩，將立晉王，尊天祚爲太上皇。撻曷里妻等皆在誅，文妃亦死，獨留晉王。余覩懼，叛歸女真。女真用覩爲先鋒，遼乃殺晉王，死非其罪。天祚率騎兵五千奔雲中，留宰相張琳、李處溫，燕王淳守燕。天祚至雲中，遂取馬三千匹入夾山。李處溫及都統蕭幹挾怨軍謀立淳。淳即位於燕，號天錫皇帝，改元建福，降天祚爲湘陰王。淳主燕、雲、平、上、中京、遼西六路，而沙漠以北諸蕃部天祚主之，遼國自此分矣。金人追至雲中，

〔一〕　發運漕輓之卒以自用　"輓"原作"輀"，據陳氏餘慶書堂刊本、九朝編年備要卷二九校改。

〔二〕　諸路蝗　"蝗"原作"湟"，據九朝編年備要卷二九校改。

蕭查剌降，進追天祚，幾及，凡輜重及其幼女皆俘獲之。耶律淳既立，遣使來告謝，上以天祚在夾山，淳安得擅立，令雄州卻之。至五月耶律淳死，蕭幹與大石林牙立淳妻蕭氏爲太后，改元德興。八月，阿骨打追襲天祚於國崖，擒其都統蕭規，天祚脫身去及夏國，引兵數萬襲天德軍，阿骨打遣偏師七千擊破之，於是乘勝遂因秋成並邊牧馬休兵，屯奉聖州之東。夏四月，下詔復幽燕故地，遂遣童貫勒兵十五萬巡邊，攸副之。仍以三策付貫：如燕人悦而取之，因復舊疆，上也〔一〕；耶律淳納欵稱藩，中也〔二〕；燕人未服〔三〕，按兵巡邊，下也。五月，童貫至高陽關駐軍，用知雄州和詵計，降黃榜招諭，若有豪傑以燕京來獻，除節度使。遂令种師道總東路之兵屯白溝，辛興宗總西路之兵屯范村。耶律淳遣大石林牙領一千五百餘騎屯涿之新城。貫遣張寶、趙忠諭耶律淳舉國内附，淳執二人斬之。貫又遣馬擴齎軍書入燕〔四〕，大石林牙謂其使人王介儒曰："過河語童貫，欲和即還作善鄰，不和請以兵相見。"前軍統制以輕騎數千過界，趍蘭溝甸，爲大石林牙所掩，被傷而退。淳益兵二萬，遣蕭幹統之，將渡白溝河，諸將皆欲迎敵，師道以貫約不可妄殺乃止。翌日，虜來，大兵堅壁不動而退，蕭幹迎戰於范村，興宗遣楊可弼救之，仍自督戰，虜乃卻。凡駐十二日，乃還師退雄州。虜至城下，曰："女真之叛本朝，亦南朝之所甚惡也，捨此不圖，而欲射利棄好，結豺狼之隣〔五〕，基他日之禍，謂爲得計，

〔一〕 上也　原作"土"，且從上讀，據九朝編年備要卷二九、東都事略卷一一徽宗本紀校改、補。

〔二〕 中也　"中"原作"次"，九朝編年備要卷二九同，據東都事略卷一一徽宗本紀校改。

〔三〕 燕人未服　"服"原作"復"，九朝編年備要卷二九同，據契丹國志卷一一、宋史紀事本末卷一二校改。

〔四〕 貫又遣馬擴齎軍書入燕　"擴"原作"廣"，據東都事略卷一二一童貫傳校改。遼史拾遺卷一二載"五月，童貫再遣閤門宣贊馬擴持徽宗手詔撫諭，燕王不從"，亦可爲參證。

〔五〕 捨此不圖而欲射利棄好結豺狼之隣　宋史卷三三五种師道傳作"今射一時之利，棄百年之好，結豺狼之鄰"。

可乎？”貫遣參議官劉鞈議再修好。上聞師敗，遂詔班師。貫之遣也，鄭居中力陳不可〔一〕，又謂蔡京曰：“使百萬生靈肝腦塗地〔二〕，公實爲之。”宋昭上書言遼國不可攻，金人不可隣，異時金人必先敗盟，爲中國患。乞誅王黼、童貫、李良嗣等，言極激切，仍乞親自奉使以和解之。詔昭狂妄，除名，竄海州。加高俅開府。舊制殿帥早朝退至殿門，於宰執閤子階下相揖，捲簾二三尺以爲禮。俅以隨龍人，不數年至太尉，至是又加開府，恩比宰相。每遇王黼於路，則分道而行，傳呼相揖，故事盡廢矣。秋七月，初收經制錢。九月，金使孛堇烏歇、高慶裔來。初，金人取中京，襲破天祚行帳，又占雲中，忽聞童貫舉兵，恐南朝逕取燕京，則歲賂不可得，乃遣使來。烏歇等奏：“聞貴朝大兵厭境，不報本國，故遣臣來聘。”趙良嗣答曰：“聞貴朝取西京，雖不得報，已令童貫舉兵，以應夾攻之約。彼此不報，不足較也。”烏歇等又詣王黼第計事，面授回書，良嗣曰：“縱本朝乘勝下燕，亦與已許歲幣，初不必計先後也。”而以良嗣報使，馬擴副之。初，貫、攸回軍至河間，但招集亡潰，冀保雄州而已，忽知中山府詹度奏耶律淳死，燕人有越境而至者，王黼有請於上，詔貫、攸無歸，異議者斬。召諸道兵三十萬，復用种師道爲帥，師道力辭，又造堂曰：“太祖嘗出收燕山圖示趙普，普曰：‘此必曹翰所爲，然翰能取之，陛下使誰守之？’太祖遂卷圖而入。如師道非才，豈敢望翰。今朝廷謀帥，設有如翰者，又使誰守之？”於是，師道以避事落節度，而更以劉延慶爲都統制，約九月會三關。屬蕭后專政，契丹恐漢人應南軍，將謀殺之，時管常勝軍郭藥師有意歸朝，而四軍蕭幹聞王師再壓境，忽自燕來涿，藥師誘幹降，而幹不從而去〔三〕，藥師遣使奉表，以涿州來降。時高鳳亦以易州來歸。童貫自河間

〔一〕 鄭居中力陳不可　"居"原作"若"，據陳氏餘慶書堂刊本、九朝編年備要卷二九校改。

〔二〕 肝腦塗地　"腦"原作"膽"，據九朝編年備要卷二九校改。

〔三〕 而幹不從而去　原脫"而去"二字，據九朝編年備要卷二九校補。

復回雄州，時已在道，藥師至，受之，以其軍八千並易州義兵五千，並隸劉延慶爲鄉導，軍聲大振。蕭后遣蕭容、韓昉來奉表稱藩，貫、攸視副本止云"納欵稱臣"〔一〕，揮之而去，曰："須納土乃受。"冬十月，劉延慶、郭藥師等自雄州趨新城，劉光世、楊可世自安肅軍出易州〔二〕，遂會於涿。時兵衆五十萬，進駐盧溝河。契丹四軍蕭幹亦於燕城十里外築壘相拒，日遣騎渡河擊我。藥師言："遼以全師抗我，則燕城必虛，宜遣輕騎襲之。"乃選常勝軍并西兵五千騎襲燕，奪迎春門以入。藥師遣人諭蕭氏使降，不從，我師與虜戰至晚不解，蕭幹回兵救燕，人皆死鬭，藥師累敗，奔門不得出，盡棄馬縋城而下，死者過半，還者數百騎而已。時大軍屯盧溝河者未動，而蕭幹兵纔數千，得漢兩人留帳中，夜半僞相語曰："聞漢十萬，吾師三倍，當分左右翼，以精兵衝其中，舉火爲應，殲之無遺。"陰逸一人歸報。衆軍遂潰，自相揉踐而死。幹遣騎來追，至涿水北而還。童貫、蔡攸再舉不能下，密遣其客王瓌由飛狐路約阿骨打以下燕。十二月，阿骨打分三道進兵，粘罕趨南暗口，撻懶駙馬趨北牛口，阿骨打趨居庸關，馬擴隨軍行，阿骨打謂擴曰："我初聞南軍到盧溝有入燕者，我心亦喜，將斂軍歸國。卻聞劉延慶一夜燒焚而遁，何至此耶？一兩日間到關，汝觀我家用兵有走者否。"契丹聞阿骨打至，棄關而遁，遂入居庸關，軍皆蓐食時到燕，蕭氏聞居庸失守，夜率蕭幹等出奔，行五十里，金人遊騎及城，統軍蕭乙信開門納之，宰相以下皆降。蕭氏奔夾山，阿骨打遣五百騎，送馬擴歸朝獻捷。金使來，議割燕山地，而平、灤、營三州不許。至是，趙良嗣、馬擴至奉聖州，國相蒲結以往歲不遣報使，今歲出兵失期爲言，云今更不論元約，特與燕京六州二十四縣。良嗣答以元約山前山後十七州，今乃如此，信義安在？辨論數四，卒不從。於是以國書付良嗣等，使與其使偕來。十一月

〔一〕 貫攸視副本 原脱"貫"一字，"視"原作"祝"，據九朝編年備要卷二九校補、改。

〔二〕 安肅軍 "肅"原作"蕭"，據九朝編年備要卷二九、文獻通考卷三四六四裔考二十三、契丹國志卷一一、大金國志卷二校改。

庚午，郊。是歲，高麗王俣死，子偕嗣位。

癸卯　宣和五年春正月，金使李靖、王度剌、撒母盧與趙良嗣偕來〔一〕。金主謂燕京用本朝兵力攻下，其租稅當還本朝。上意以銀絹代之，靖復請歲幣，上亦特許，遂命良嗣再使，求平、灤地。阿骨打曰："平、灤欲作邊鎮，不可得也。"遂議稅租。阿骨打曰："燕租六百萬貫，止取一百萬，不然還我涿、易舊疆。"良嗣曰："本朝自以兵下涿、易，夫復何言？御筆許十萬至二十萬，不敢擅增。"良嗣等留雄州，以國書遞奏，詔復遣良嗣再使，代稅之物悉從來諭，遂許以遼人舊歲幣四十萬之數外，每歲更添燕山涿、易、順、景、檀、薊六州代稅錢一百萬緡。金人既得所欲，乃許。三月，金使寧述割、王度剌、撒母盧持誓書草來，且言金主許還西京〔二〕，且求犒軍物二十萬，而國書并誓書乃無一語及西京者，蓋良嗣與寧述割欺罔之言〔三〕。乃遣兵部侍郎盧益持誓書，議交燕京日子。盧益等至燕山，先索犒師金帛乃得見，兀室等且索誓書觀之，斥字畫不謹，凡改更三四，王黼皆曲意從之。且索燕人趙溫訊、李處能來歸者，宣撫司縛溫訊與之，其志愈驕矣。至夏月，遣楊璞以誓書及燕京涿、易、檀、順、薊、景六州來，且索米二十萬石。上遣童貫、蔡攸入燕〔四〕。先曰交割，後曰撫定。燕之金帛、子女、職官、民戶爲金人席卷而東，而宋朝捐歲幣數百萬，所得空城而已。粘罕猶欲止割涿、易，阿骨打曰："海上之盟不可忘也。我死，汝則爲之。"時左企弓爲金人謀，嘗獻詩："勸君莫惜捐金議，一寸山河一寸金。"故金人邀求不已。宋朝曲從所請，乃許之。赦兩河、

〔一〕　撒母盧　原脫"盧"一字，據下文之"撒母盧"校補。東都事略卷一一本紀十一作"撒盧母"。

〔二〕　西京　"京"原作"金"，據九朝編年備要卷二九、大金國志卷二校改。

〔三〕　寧述割　"述"原作"术"，據上文之"寧述割"校改。

〔四〕　蔡攸　原作"察攸"，據九朝編年備要卷二九校改。

燕雲路。時信趙良嗣虛辭〔一〕，謂虜許我雲中，故曲赦併及山後云。後以王安中知燕山府，詹度、郭藥師同知。藥師以節鉞，欲居度上，度稱御筆所書有序，藥師不從。兼常勝軍橫甚〔二〕，度不能制，朝廷恐生變，九月以度與知河間府蔡靖兩易其任〔三〕。

燕山之地，易州西北乃金坡關，昌平之西乃居庸關，順州之北乃古北關，景州東北乃松亭關，平州之東乃榆關〔四〕，榆關之東乃金人之來路。凡此數關蓋天所以限蕃漢也，一夫守之可以當百。宋朝之割地，若得諸關，則燕山之境可保矣。然關內之地平、灤、營三州自後唐為契丹陷之，後改平州為遼興府，以營、灤二州隸之，號平州路。石晉以燕山諸郡賂契丹，又改為燕京路，則與平州為兩路矣。始宋朝自海上議割地，但云燕、雲兩路而已，比平、灤所以有辭也。金人既據平州，則關內之地蕃漢雜處，故斡离不入寇至自平州，由當時議割地不明地理之誤也。

五月，王黼加太傅，總治三省事。金太宗吳乞買立。阿骨打號為太祖、大聖武元皇帝，改為天會元年。遼張瑴以平州來降。瑴知契丹必亡，籍丁壯五萬以為備，金人既下燕，使參政康公弼諭意，瑴曰："契丹八路，今特平州存耳。敢有

〔一〕 時信趙良嗣虛辭　"信"原作"習"，據九朝編年備要卷二九校改。宋大事記講義卷二二作："初，朝廷惟信趙良嗣等虛詞，謂金歸我雲中，故曲赦並及山後地，然時實不得山後地也。"
〔二〕 兼常勝軍橫甚　"甚"原作"盛"，據九朝編年備要卷二九校改。"橫甚"，宋史卷四七二郭藥師傳作"肆橫"，宋史紀事本末卷一三、資治通鑑後編卷一○二作"橫暴"。
〔三〕 九月以度與知河間府蔡靖兩易其任　原脫"與"一字，"河間府"原作"中山府"，據九朝編年備要卷二九、三朝北盟會編卷一八校補、改。
〔四〕 榆關　"榆"原作"喻"，據三朝北盟會編卷二二校改。下同。

異志？所以未釋甲者，防蕭幹爾。"公弼以語粘罕，遂改平州爲南京，加毅同平章事。至是，吳乞買新立，遂遣左企弓等歸，時燕民患遠徙，私訴於毅曰："企弓不謀守燕，而使吾民流離至此。近聞天祚復振，若明公仗義〔一〕，首圖興復，先責企弓等罪而殺之，縱燕人歸，南朝宜無不納。如金人復來，内用平州之兵，外借南朝之援，何懼乎？"毅召李石問之，石以爲然，遂殺企弓，石與高履詣燕山，説王安中曰："平州形勝之地，張毅總練之才，足以禦金人〔二〕，安燕境，宜招致之。"安中送石、履赴闕，改石名安弼，履名黨，又趙敏修者，乃遼相李處能也。三人與王黼白事，多從之。張毅又遣其弟來通欵，乃授毅節度、世襲平州。惟趙良嗣以爲不可，恐必招女真之兵，而時相不從。金人聞毅叛，遣兵討之，毅率兵迎拒，金人以兵少而退，大書州門，有"今冬復來"之語。至冬十一月，金人以千騎破平州，得宋朝所賜毅詔，毅走燕山。自是金人歸曲宋朝，累檄宣撫司取毅，乃命王安中縊殺函首送之。未幾，金太子窩里孛由平州路入寇矣。六月，加朱勔節度。秋七月，童貫致仕。貫、攸歸自燕山，頗失上意。王黼、梁師成共薦譚稹爲宣撫副使，貫尋命致仕。譚稹爲宣撫副使，仍駐河東，然金人以燕山地要害，實不我與，但浮沉其辭，而我之使人昧利貪寵，欺誑朝廷，因是日生希覬，出師至太原，會吳乞買初立，猶未暇治山後，故朔州韓正、應州蘇京、蔚州陳栩皆通欵于我，稹即除官，尋遷少保。詔毁蘇軾、司馬光文集板，今後舉人傳習元祐學術者〔三〕，以違詔論。明年又申嚴之。八月辛巳朔，日食，陰云不見。遼將夔离不即蕭幹也。據奚王府，自立爲神聖皇帝，國號大奚，改元天嗣。時奚人饑，幹出盧龍嶺，攻破景州，又敗常勝

〔一〕 若明公仗義 "義"原作"議"，據長編紀事本末卷一四四、九朝編年備要卷二九校改。

〔二〕 足以禦金人 "人"原作"山"，據九朝編年備要卷二九、東都事略卷一二五附録三校改。

〔三〕 今後舉人傳習元祐學術者 "今"原作"已"，原脱"傳"一字，據九朝編年備要卷二九校改、補。

軍於石門鎮，陷薊州，寇掠燕城，其鋒甚銳，有涉河犯京師之意。人情洶洶，頗有謀棄燕者。童貫自京師移文王安中、郭藥師，切責之。已而，安中命藥師大破其衆，幹遁去，爲其下所殺，傳首京師。冬十月，雨木冰[一]。十一月，詔國子監刊御注冲虛至德真經、南華真經，頒之學者。幸王黼第觀芝。黼專結梁師成，既爲相，再賜第於城西，開便門與師成宅對街以相往來。及燕山告功[二]，黼益得志，乃妄言家之屏風生五芝，請上臨幸。上既幸黼第，又自便門過師成，復來黼家駐蹕，因觀芝。黼自出傳旨支賜，命放散侍從百官，於是禁衞諸班直争願見上始謝恩，不肯散，因大訩訩。師成、譚積乃扶持上出撫諭之，諸班直稍定，已而復入。夜漏下五刻，乃開過龍德複道小墻所謂鹿寨門者以還，内官十餘人執兵衞之而去，三衙衞士無一人得入者。是夜，諸班禁從皆集教場，備不虞。殆半日，人心始安。

宣和之臣，昧利貪寵，欺誆朝廷，諂佞成風，竊取威福，不能致天下於平治，而逢君之惡者，首則有蔡京，繼則有王黼、梁師成之徒，危人家國，可勝誅哉！

十二月，金使初來賀正。譚積奏常勝軍恣橫，乞別招一軍以分其權，得五萬人，號義勝軍。

甲辰　宣和六年春正月，御樓觀燈，忽有人躍出，墨色布衣若寺僧童行狀，以手畫簾，出指斥語。上怒甚，命中使傳旨治之，箠掠亂下，又加炮烙，略不語，亦無痛楚之狀。又斷其足筋，俄施刀劀，血肉狼藉，上大不悦，爲罷歡，竟不知何人。明年八月，有都城東門外饟菜夫至宣德門下，忽若迷罔，釋

[一] 雨木冰　原作"兩木水"，據九朝編年備要卷二九、宋史卷二二徽宗本紀四校改。
[二] 及燕山告功　"山"原作"王"，據九朝編年備要卷二九、宋宰輔編年録卷一二校改。

荷擔，向門戟手而言〔一〕，曰："汝壞吾社稷矣。太祖皇帝、神宗皇帝使我來道，尚宜速改也〔二〕。"邏卒捕之，下開封獄，一夕方省，則不知向所云爲者，乃於獄中盡之。置措置書藝所，生徒以五百人。二月，陳瓘卒於楚州。蔡京知瓘才，待之加禮，瓘不肯附麗，恬於進取。雖諸公交薦，逮居言職，所疏奸惡，雖死不避也。閏月，京師、河東、陝西地大震，去冬及正月地震，至是又震，宮中殿門皆搖動且有聲。河東、陝西尤甚，蘭州地及諸山草木悉没入，而山下麥苗乃在山上。乃遣右司郎官黃潛善爲察訪，因按視焉。及歸圖進，曰："震而已，所傳則非也。"上意遂安。潛善又以迎合銅錢事除户部侍郎。夏四月，親試舉人，賜沈晦以下八百人及第、出身有差。時内侍梁師成益通賓客，招賕賂，士人納錢數千緡，即令赴廷試，以獻頌上書爲名而官之至百餘人。五月，金使來告嗣位，以著作郎許亢宗爲賀嗣位使。金國無城郭、宫室，就以所居館燕，悉用契丹舊禮，如結綵山，作倡樂，尋幢角觗之伎，鬥雞、擊鞠之戲，與中國同，但於衆樂後飾舞女數人，兩手持鏡上下〔三〕，類神祠中電母所爲者，莫知其説。其國茫然〔四〕，皆芨舍以居。至是方營大屋數千間，日役萬人，規模盡倣中國，所爲亦宏侈矣。六月，科免夫錢。燕城常勝軍五萬、戍兵九千，月給糧十餘萬石，而他軍不豫焉〔五〕。故悉出河北、河東、山東民力以饋給之，率費十餘石至二十石，始能致一石於燕山。三路俱困，上殊不樂，欲罷王黼。黼作免夫之令，冀得以久其權，乃措置調夫，京西八萬，淮南四萬，兩浙六萬五千，江南九萬七千，福建三萬五千，荆湖八萬八千，廣南八萬

〔一〕 向門戟手而言　"戟"原作"擊"，據九朝編年備要卷二九、宋史全文卷一四、宋史卷六五五行志三校改。

〔二〕 使我來道尚宜速改也　原脱"我來"二字，據九朝編年備要卷二九、宋史全文卷一四、宋史卷六五五行志三校補。

〔三〕 兩手持鏡上下　"鏡"，據九朝編年備要卷二九作"鑑"。

〔四〕 其國茫然　九朝編年備要卷二九作"其國初無城郭，四顧莽然"。

〔五〕 而他軍不豫焉　"豫"原作"與"，據長編拾補卷四八校改。

三千,四川十七萬八千,並納免夫錢。每夫三十貫〔一〕,徧率天下,所得纔二千萬緡,而結怨四海矣。秋七月,置璣衡所〔二〕,以王黼總領,梁師成副之。金人攻陷應、蔚等州。先是,金人以納張瑴屢出怨言,又於三月來宣撫司索所許糧二十萬斛,譚稹曰:"宣撫司未嘗有許糧之文。"其使曰:"去年四月間趙良嗣已許矣。"稹曰:"良嗣口許,豈足憑耶。"終不之與。金人怒,及舉兵亦以此爲辭,遂攻應、蔚,逐守臣蘇京,殺陳翊〔三〕,又陷飛狐、靈丘兩縣,絕山後交割之意。乃罪稹措置乖方,詔落太尉致仕。

金人自滅遼,駸駸有虎視中原之意,而朝廷不知脣亡齒寒〔四〕,早不爲備,而反卑辭厚幣以賃燕山之地,觀其金帛、子女席卷而東,以空城與之,其意亦可見矣。金之欲渝盟而無其釁,幸有納張瑴之降,絕借糧之請,而得以歸曲於我,此皆君臣闇昧,而狂虜得逞其志也。

除童貫落致仕,仍領樞密院事,河東北、燕山路宣撫使。是時,遼主天祚在夾山,上欲誘致之,始遣一番僧齎御筆絹書通意,及天祚許歸,則易書爲詔,待以皇弟之禮,位燕、越二王上,築第千間,女樂三百人,天祚大喜。貫之是行,名爲代稹交割山後土地,其實已約天祚來降,自往迎之也。是冬,貫遣馬擴、辛興宗使粘罕軍,至雲中,會粘罕已歸國,留兀室權元帥,責以庭參禮,卒不相見,第使高慶裔傳言,以朝廷先違誓書〔五〕,招納叛亡,雖山後亦許,難以便交。擴歸告貫,以虜情不測,乞速營邊備,貫不之信。

〔一〕 每夫三十貫 "三"原作"二",據九朝編年備要卷二九、宋史紀事本末卷一二校改。
〔二〕 置璣衡所 九朝編年備要卷二九作"置製璣衡所",宋史卷八〇律曆志十三作"詔以討論製造璣衡所爲名"。
〔三〕 陳翊 本卷前文有"陳栩",故疑係"陳栩"之誤。
〔四〕 脣亡齒寒 "寒"原作"亡",據文意改。
〔五〕 以朝廷先違誓書 "違"原作"遣",據長編拾補卷四八校改。

宋之於遼歡盟歲久，天祚嘗私謂左右曰："若女真必來，吾與南宋爲兄弟，夏國爲甥舅，何憂哉？"宋皇渡海與女真盟，夾攻天祚，謀復燕雲，可謂失計矣。至是而誘致天祚，未知天祚能南歸乎？適足以激金虜之怒，何其愚也。

九月，以白時中爲太宰，李邦彥少宰。先是，上待王黼過於他相，黼以父事梁師成，稱恩府先生，黼第側有複道過師成家，上因觀芝始悟其交結狀，乃拔時中、邦彥以分其權，而師成亦絀。初，上欲大用攸，因曰："蔡六豈堪作相。"攸遂落節鉞，仍領樞密院事。十一月，王黼致仕。罷應奉司。十二月，詔以法式滋多，流品猥衆，僥倖路啓，民力匱乏，令尚書置局講議，命蔡京兼領。蔡京領三省事，時盜賊日熾，内外窘匱，上意大不樂，中宫贊上，召故老大臣，遂決意起京。上又恐京年高，不能朝參，遂命其子絛以時入對殿庭，傳道君臣之意，而攸以弟絛鍾愛於其父，因絛私撰西清詩話，專宗蘇、黄，爲言者所論，攸白上請殺之。上憫京老，不許，止落職勒停，仍詔毁板。由是京父子遂爲仇敵。童貫欲收復雲中，以奏議來上〔一〕，京主其説。右丞宇文粹中對以虜誓書有俟擒天祚五七年後徐議之説，恐今興兵則釁端啓，其議遂已。兩京、河、浙路水〔二〕、是時災異疊見〔三〕，都城有賣青果男子孕而誕子，蓐母不能收，易七人，始娩而逃去〔四〕。又有酒肆號豐樂樓酒保朱氏子，其妻年四十餘忽生髭髯，長僅六七寸，疏秀甚美，宛然一男子，詔度爲女道士。是歲，河北、山東盜起，命内侍梁方平討之。時轉糧以給燕山，民力疲困，以鹽額科斂，加之連歲凶荒，民食榆皮、野菜不給，至自相食，於是饑民並起爲盜，山東有張

────────

〔一〕 以奏議來上　原脱"上"一字，據九朝編年備要卷二九校補。
〔二〕 兩京河浙路水　原脱"水"一字，據九朝編年備要卷二九校補。
〔三〕 是時災異疊見　"是時"原作"京師"，據宣和遺事後集校改。
〔四〕 始娩而逃去　"娩"原作"免"，據宣和遺事後集校改。

仙者衆十萬，張迪者衆五萬，河北有高托山者號三十萬，自餘一二萬者，不可勝計也。

己巳　宣和七年春正月，遣使撫諭河北、京東盜賊、流民，以洪中孚爲宣諭使，詔許招降。中孚急於成功，奏請出降者復當年賦役，軍士依元額收，願削兵籍者聽。由是鄉黨子弟詭爲盜以免稅，卒伍有過，竄名盜中〔一〕，皆得所欲。大名尹徐處仁極言其弊，中孚罷爲宮觀。金人滅遼，遼主天祚竄入陰夾山，金人以力不能入，恨其不出，謂出必得之。天祚亦以畏粘罕兵在雲中，故不敢出。至是，聞粘罕歸，其以兀室代戍雲中，乃使韃靼諸軍五萬并攜其后妃，二子秦、趙王及宗屬南來。大石林牙諫之，不聽，遂越漁陽嶺，而粘罕已回雲中，故爲金人所敗。又畏中國不可仗，乃謀奔西夏，未至，金人擒之，削封海濱王，送長白山，築城居之，踰年卒，遼國遂亡。燕山糧匱，自京師輸米五十萬斛以濟之。罷京東西弓箭社。先是，宣和四年，梁揚祖請置社，既而邀功者取五等之籍悉入之，民不堪擾，滋起爲盜，故臣僚請罷之。三月朔，雨雹。夏四月，蔡京致仕。六月，封童貫廣陽郡王。宋朝異姓非外戚無封王者，蔡京用事，持紹述之説以資姦謀，遂贈王安石舒王，其後何執中贈清河郡王及賞童貫燕山功，遂生封廣陽郡王，王爵於是濫矣。劉安世卒。安世從司馬光學，初除諫官，懼禍，以母老辭，母曰："天子諫臣，當捐身報國，若得罪流竄，毋問遠近〔二〕，吾當從汝所之。"於是正色立朝，面折庭諍，或逢盛怒則執簡卻立，俟天威稍霽復前抗辭，時目曰"殿上虎"。梁師成使吳默持書來啗以即大用，默固勸爲子孫計，安世笑曰："吾欲爲元祐全人〔三〕，見司馬光於地下，又可破戒乎？"蘇軾曰："器之真鐵漢云。"

〔一〕　竄名盜中　"名"下原有"爲"一字，據長編拾補卷四九刪。九朝編年備要卷二九作"竄名賊中"。

〔二〕　毋問遠近　"毋"原作"母"，據九朝編年備要卷二九校改。

〔三〕　吾欲爲元祐全人　原脱"欲"一字，據記纂淵海卷二〇、宋史卷三四五劉安世傳校補。

七月，熙河、河東路地震，有裂十數丈者，蘭州尤甚，倉庫皆没。河東諸郡或震或裂。有狐升御榻而坐，詔毁狐王廟。十一月丙戌，郊，上纔下壇，而虜將入寇，左右秘之不以聞，恐妨恭謝。

十二月，金人分道入寇，東路之軍斡离不主之，建樞密院於燕山，以劉彦宗主院事。西路之軍粘罕主之，建樞密院於雲中，以時立愛主院事。虜人呼爲東朝廷、西朝廷。於是斡离不之軍自燕山直犯河北，粘罕之軍寇河東，陷朔、武、代、忻等州，直趨太原。先是，金人既獲天祚，連遣三使來聘，初曰報謝通好也，次曰告慶得天祚也，又次曰賀天寧節也。使傳繼來，河朔至京供億疲弊，而虜亦因以覘窺道路，使我不疑。及三使北歸，宋禮部郎中陳桷爲送伴使，至境上，已宣言大舉，公爲掠奪，無常儀。桷懼，馳還。時粘罕已蓄南侵之謀，會義勝軍三千叛奔之，具言中國虛實。又易州常勝軍五百人亦叛歸粘罕，由是劉彦宗、余覩、蕭慶力勸，言南朝可圖，仍不必以衆〔一〕，因糧就兵可也。粘罕遂決意入寇，然尚未顯然渝盟。故事，命吏部員外郎傅察爲接伴賀正旦使，行至境上，值斡离不入寇，遂執察等，責令投拜，自副使蔣噩以下皆羅拜臣服，察獨不屈，金人以兵脅之，察亦不顧〔二〕。大酋曰："我以南朝天子失德，故來弔伐。"察曰："胡欲敗盟，以此爲兵端爾。然自古之戰以曲直爲勝負，南北敵國，亦安知爾非送死哉？我惟有死而已，膝不可屈也。"大酋怒，執而殺之，陷檀州、薊州。童貫復宣撫，自太原逃歸。始，金人遣李用和來告慶，紿言於上曰："願詔童貫至河中，當授以雲中之地。"雖謀言不一，而信之不疑，詔貫再行宣撫。貫至太原，遣馬擴、辛興宗往使，且交蔚、應州及飛狐、靈丘縣，餘悉還金國〔三〕。擴等至境，粘罕嚴兵以待，止許吏卒三人從，趣

〔一〕仍不必以衆　原脱"以"一字，據文獻通考卷三二七四裔考四、長編拾補卷四九校補。九朝編年備要卷二九作"人不必衆"，大金國志卷三作"師不必衆"。
〔二〕察亦不顧　"亦"原作"以"，據九朝編年備要卷二九校改。
〔三〕餘悉還金國　原脱"餘悉"二字，據長編拾補卷四九校補。三朝北盟會編卷二二作"其餘地境盡畫還金國"。

擴等庭參，擴等力爭，不可，皆拜之如見金主禮。首議山後事，粘罕曰："大聖皇帝初與趙皇跨海交好，各立誓書，萬世無斁，不謂貴朝陰納張瑴，收燕京逃去官民，本朝累牒追還，第以虛文見紿，今當略辨是非。"擴曰："本朝緣譚積昧大計，輕從張瑴之請，上深悔之。願相國存舊好，不以前事置懷。乞且交蔚、應州，飛狐、靈丘兩縣。"粘罕笑云："爾尚欲兩州、兩縣耶！山前山後我家地，尚復奚論？汝家別削數州來，可贖罪也。"擴自雲中回至太原，具以粘罕所言告貫，貫驚。未幾，金使撒盧拇、王介儒來，且言納張瑴渝盟事〔一〕，其國已興兵。擴曰："兵，凶器，天道厭之。況南朝百年積累之國，若稍飭邊備，豈能遽侵。"撒盧拇曰〔二〕："國相若以貴朝爲可憚，則不敢長驅矣。莫若勸童大王割河東、河北，以大河爲界，用存宗社也。"貫聞之憂懣，不知所爲，即與其屬宇文虛中等遁歸，請太原帥張孝純諭意，孝純曰："金人渝盟，大王當會諸路將，極力支吾。今大王去，人心搖，是將河東與賊，河北亦豈能保？"貫怒目曰："貫受命宣撫，非守土臣。必欲留貫，置帥臣何爲？"孝純撫掌嘆曰："平時童太師作多少威重，臨軍乃畏怯如此！身爲大臣，不能以死排難，止欲奉頭鼠竄，何面目見天下士乎？"貫翌日遂行〔三〕。

　　金人渝盟，上之所恃者童貫而已，貫先逃歸，國何賴焉？貫本庸繆，因京爲助，遂握兵權，夫以師之耳目在大將旗鼓，進退從之，勝負係焉。貫身去敵常數百里，是致將不先敵，士不用命，屢見敗衄。貫之再行，纔見虜勢披猖，即行退遁，誤國之罪莫大於此。觀孝純之言，忠貫日月，其許國之心亦見於此矣。

〔一〕且言納張瑴渝盟事　原脱"納"與"事"二字，據九朝編年備要卷二九、三朝北盟會編卷二三校補。
〔二〕撒盧拇　"盧"原作"离"，據上文之"撒盧拇"改。
〔三〕貫翌日遂行　"翌"原作"翊"，據九朝編年備要卷二九、宋史全文卷一四校改。

斡离不軍至燕山府，知府蔡靖命藥師、張令徽出門爲備，藥師戰於三河，令徽遁歸，藥師諭靖降，靖曰："誓死報國，此何言哉？"引佩刀欲自刎，衆共抱持之。未幾，斡离不至，藥師迎降金人，執靖及都轉運使吕頤浩置軍中。初，蔡攸、童貫力主藥師，謂可任邊事。楊時雍得其通金人書，繳上之，亦屢有告變者，皆不省。至是，果叛。報至京師，時方議封藥師燕王、張徽令郡王，割燕地與之世守，而燕陷矣。斡离不留靖守燕，而引兵向闕。以先驅攻保州、安肅軍不克，圍中山府，詹度禦之。粘罕兵至朔州，守將孫翊出戰，勝負未決，義勝軍開門獻其地〔一〕，進至武州，義勝軍亦爲内應〔二〕，遂失朔、武。長驅至代州，李嗣本率兵拒守，義勝軍擒嗣本以降〔三〕，安撫使史抗父子迎戰，死。都巡檢李翼屯崞縣拒戰，不屈，將吏皆遇害。金人至忻州，守臣賀權開門張樂以迓之，粘罕大喜，遂下令不得入城，遂距石嶺關。太原帥張孝純以冀景守關，景辭，不許，命耿守忠以本部八千助之。守忠至關，開關以獻，景奔還。粘罕遂引兵圍太原。知朔寧府孫翊來救，兵不滿二千，與金人戰於城下，張孝純曰："賊已在近，不敢開門，觀察可盡忠報國。"翊曰："但恨兵少爾！"乃復引戰，金人大沮。粘罕再益兵力，不能敵，翊死焉，無一騎肯降。

金人以斡离不據燕山，以圖入攻河北；以粘罕據雲中，以圖入攻河東。然粘罕不敢由太原深入，而斡离不越三鎮，直犯輦轂者，何哉？蓋是時河東邊外，雖得朔、武、蔚、應四州，而未盡得雲中之地，故舊邊猶不失備〔四〕，粘罕所以不敢輕犯鴈門、石嶺之險，越太原之重地也。河北邊外，宋朝便以燕地爲新邊，竭舊邊之力以禦之，故新邊一失，舊邊亦莫之

────────

〔一〕 義勝軍開門獻其地　原脱"勝"一字，據長編拾補卷五〇校補。
〔二〕 義勝軍亦爲内應　原脱"勝"一字，據長編拾補卷五〇校補。
〔三〕 義勝軍擒嗣本以降　原脱"勝"一字，據長編拾補卷五〇校補。
〔四〕 故舊邊猶不失備　"猶"原作"雖"，據長編拾補卷五〇校改。陳氏餘慶書堂刊本"猶"作"尚"。

禦也，由是斡离不乘隙可入焉。始粘罕、斡离不分路，以圖入攻河東、河北而已，非有直造京闕之志。以粘罕之雄，尚且遠遣撒母使夏國，許割地以爲牽制，猶不敢輕舉，況斡离不才居粘罕下，豈敢直越大河，以犯宋闕耶？實藥師有以告之，以童貫重兵在并州，粘罕由雲中入侵，必與之相持。今京畿内虛，河朔無備，可因粘罕以爲牽制也，故斡离不信而行之。是歲，入侵中原，功居粘罕上，其爲藥師之謀明矣。初〔一〕，粘罕自雲中由懷仁、河陰將侵代州之境，慮家計寨難取，分兵由胡谷寨入焉。其徒兀室、余覩曰："今日至代州，必有數戰，成敗未可知。"直至代州，並無一戰，無何〔二〕，代州三日而陷，石嶺開關以迎，金兵如入無人之境，直趨太原，粘罕始有易中國之心矣。會中原久不知兵，内無賢相，外無猛將，束手無措，坐視中原淪於夷狄，生靈塗炭，可勝哀哉！

斡离不犯慶源府，其太史占帝星復明，大驚，欲回。郭藥師曰："南朝未必有備，不如姑行。"道出陽武縣，知縣蔣興祖兵力不敵，死之。攻陷信德府，執守臣楊信功。

罷花石綱及非泛上供，並延福宮、西城租課、内外製造局。

童貫得虜牒〔三〕，及開折，乃檄書，其言不遜。貫初匿不以奏，李邦彥謂不若以檄書進呈，書上，乃下詔罪己求言。太學生陳東等伏闕上書，數蔡京、童貫、王黼、梁師成、李彥、朱勔之罪，指爲六賊，乞誅之，以謝天下。庚申，上内禪，以道君號退居龍德宮，皇太子即皇帝位，大赦，立妃朱氏爲皇后。李鄴使金虜，告内禪，且求和。門下侍郎吳敏薦李綱，綱入對，綱奏禦敵

〔一〕 初　原脱此一字，據長編拾補卷五〇校補。
〔二〕 無何　原作"夫何"，據陳氏餘慶書堂刊本校改。
〔三〕 童貫得虜牒　"牒"原作"諜"，據陳氏餘慶書堂刊本、九朝編年備要卷二九、三朝北盟會編卷二三校改。

固守之策,且請急召諸路軍馬以壯京師,徐議出征。又言:"國家敦示和好,歲幣、犒師之物,當量以與之。至於疆土,則祖宗之地,子孫當以死守,不可以尺寸與人,願陛下留意,毋爲浮議所摇。"上嘉納之〔一〕,除兵部侍郎。

〔一〕 上嘉納之 原脱"之"一字,據陳氏餘慶書堂刊本、九朝編年備要卷二九校補。

卷之十七

朝散郎、尚書禮部郎員外郎、兼國史院編修官李燾經進

宋欽宗一

　　丙午　靖康元年春正月，金人南侵，内侍梁方平領兵在河北，金人奄至，倉卒奔潰。時南面守橋者望見虜中旗幟，燒斷橋纜，陷没凡數千人，虜因不得濟。方平既潰，何灌軍亦望風奔散，我師在河南者無一人，河冰已合〔一〕，虜遂取小舟以濟，凡五日騎兵方絶，步兵猶未渡也。金人已渡河，乃嘆曰："使南朝若遣二千人守河，我輩怎生得渡。"遂陷相州。金人遣郭藥師爲前驅，藥師疾馳三百里，質明至濬州。己巳，詔親征。詔曰："朕以金國渝盟，藥師叛命，侵軼邊鄙，劫掠吏民，雖在纘承之初，敢忘付託之重。事非獲已，兵出有名〔二〕，已戒六師，躬行天討。應親征合行事件，令有司並依真宗皇帝幸澶淵故事，疾速檢舉施行〔三〕。"以門下侍郎吴敏爲親征行營副使〔四〕，李綱〔五〕、聶山參謀軍事。

〔一〕　河冰已合　"已"一字，文意欠通，疑當爲"未"。

〔二〕　兵出有名　靖康要録卷一、三朝北盟會編卷二七均作"師實有名"。

〔三〕　疾速檢舉施行　底本脱此六字，據靖康要録卷一、三朝北盟會編卷二七校補。

〔四〕　以門下侍郎吴敏爲親征行營副使　原作"以侍郎李綱爲親征行營使"。據靖康要録卷一、長編紀事本末卷一四七校改。

〔五〕　李綱　原作"吴敏副之"，據靖康要録卷一、長編紀事本末卷一四七校改。

竄王黼、朱勔、李彦。道君皇帝出幸南京。白時中請上南幸，或云欲西幸洛陽。吴敏曰："京城百萬生靈，奈何棄之？"會中宫、國公已行，内侍王孝竭曰〔一〕："陛下豈可留此。"上色變，降榻，曰："卿等毋留朕〔二〕，朕將親往陝西起兵以復都城〔三〕，決不可留此〔四〕。"綱泣拜，俯伏以請，會燕、越二王至，亦以固守爲然，上意稍定。乃召中宫、國公還，委綱治兵禦寇。中夜，上遣中使諭宰執〔五〕，欲詰旦決行。質明，綱入朝，見禁衛擐甲，乘輿、服御皆已陳列，綱與殿帥王宗濋入見，曰："陛下已許臣留，今復戒行，何也？且六軍之情已變，彼父母、妻子在都城，豈肯捨去。萬一中道散歸〔六〕，陛下孰與爲衛？且虜騎已迫，彼以健馬疾追，何以禦之？"上始命輟行。

呂中曰：當虜人之入寇也，人以爲車駕不當守京城，使其從行幸之計，可以無蒙塵之禍乎？曰靖康之禍在於無備，而不在於守與避也。爲靖康計者，固當避狄，而亦非倉卒之可避也。使其早從幸閩中之謀，乘虜未至，則車駕行幸，猶可以達。否則，早從上皇治兵西京之訓，集天下勤王之師，京城或可以守。虜既迫京師而謀避狄，乘輿一出，禁衛聞虜至而四潰矣。此李綱所以不主其議也。

辛未，上御宣德樓，宣諭六軍，始定固守之議。命李綱爲親征行營使，侍

〔一〕 王孝竭　文淵閣本三朝北盟會編卷二七作"王孝傑"。
〔二〕 卿等毋留朕　"毋留"原作"母執"，據李綱梁谿集卷一七一靖康傳信錄上校改。
〔三〕 朕將親往陝西起兵以復都城　原脱"朕"和"親"二字，據梁谿集卷一七一靖康傳信錄上校補。
〔四〕 決不可留此　原脱"此"一字，據梁谿集卷一七一靖康傳信錄上、靖康要錄卷一、三朝北盟會編卷二七、宋史全文卷一五、九朝編年備要卷三〇校補。
〔五〕 上遣中使諭宰執　原脱"中使"二字，據宋史全文卷一五校補。
〔六〕 萬一中道散歸　"散歸"原顛倒，據九朝編年備要卷三〇、靖康要錄卷一乙正。

衛親軍馬軍都指揮使曹矇副之〔一〕，治都城四壁守具，以百步法分兵備禦，每壁用正兵萬二千餘人，而保甲、廂軍不與焉。又團結馬步軍四萬人，爲前、後、左、右、中軍〔二〕，軍八千人，有統制、統領、將領、步隊將等〔三〕，日肄習之〔四〕，治戰守之具粗畢，而金人抵城下矣。白時中罷，李邦彦起復太宰〔五〕，張邦昌少宰，都人呼邦彦爲"浪子宰相"。壬申，遣使督諸路帥臣將勤王兵入援。癸酉，斡离不軍至京城西北，屯牟駝崗天駟監，獲馬二萬匹，芻豆如山。蓋郭藥師曾在其地打毬，來導金兵先據之。是夕，金人攻宣澤門，以火船數十順流而下，李綱臨城募敢死士二千人，列布拐子城下，火船至，摘長鈎〔六〕，投石碎之。又於中流排置扠木，及運蔡京家假山石疊門道間〔七〕，就水中斬獲百餘人，迨旦始定〔八〕。

　　李邦彦等建議講和，以緩虜勢，遣李棁、鄭望之相繼使虜營。斡离不以攻城不克，遣王汭偕來，需犒師金銀，欲尊其主爲伯父，歸燕雲之人在漢者，割中山、太原、河間之地，且欲親王、宰相爲質，乃退師。棁歸奏聞，邦彦議以金人所需金二百萬兩、銀五百萬兩、牛五百頭、羊一千口、表段如銀數量，與金八十萬兩、銀二百萬兩、段子如銀之數，牛羊并從所請。上從之。李綱力爭，以謂尊稱及歸朝官固無害，犒師金帛太多，當量與之，三鎮不可割，至於

〔一〕 侍衛親軍馬軍都指揮使曹矇副之　"衛"原作"御"，據宋史全文卷一五、宋史卷二三欽宗本紀校改。

〔二〕 爲前後左右中軍　"右"下原有"軍"一字，據梁谿集卷一七一靖康傳信錄上、靖康要錄卷一删。

〔三〕 步隊將　原脱"步"一字，據梁谿集卷一七一靖康傳信錄上、三朝北盟會編卷二八校補。

〔四〕 日肄習之　"肄"原作"肆"，據梁谿集卷一七一靖康傳信錄上、靖康要錄卷一校改。

〔五〕 太宰　原作"大宰"，據九朝編年備要卷三〇校改。

〔六〕 摘長鈎　梁谿集卷一七一靖康傳信錄上作"即以長鈎摘就岸"，靖康要錄卷一作"即以長鈎捍禦搭就岸"。

〔七〕 蔡京家假山石　原脱"假"一字，據靖康要錄卷一、梁谿集卷一七一靖康傳信錄上校補。

〔八〕 迨旦始定　靖康要錄卷一作"自初夜防守，達旦方定"。

遣使，即宰相當往，親王不當往。今莫若擇使與之熟議，彼以孤軍入重地，勢不能久。种師道及姚平仲以涇原、秦鳳路兵至，請緩給金帛，禁遊騎不得遠略，俟歸扼而殲諸河，女真豈知有孤軍入人境而善其歸乎？宰相皆謂都城破在朝夕，尚何有三鎮，而金帛之數又何足較〔一〕。上默然，綱求去，上曰："不須如此。卿第出治兵益固城守〔二〕，恐金人欺我也。"宰相皆易其言，詔以皇弟康王爲軍前計議使〔三〕，張邦昌副之。時肅王及康王毅然請行，曰："虜必欲親王，臣爲宗社大計豈應辭避。"李鄴、高世則偕行，所求皆與之。綱留三鎮詔書不遣。

乙亥，金人攻通天〔四〕、景陽門〔五〕，綱乞禁衛班直善射者千人以隨，金人方渡濠以雲梯次城〔六〕，班直乘城射之，皆應弦而倒。近者以手砲、檑木擊之，遠者以神臂弓射之，又遠者以牀子弩、坐砲及之。又募壯士數百人縋城而下，燒雲梯數十座，斬獲首者數千級。金人又攻陳橋、封丘、衛州等門，綱登城督戰，自卯至未申間殺賊數千，乃退。武泰節度使何灌死之〔七〕。王孝迪議揭榜立賞括在京軍民官吏金銀，違者斬之。得金二十餘萬、銀四百餘萬。詔金國以大金稱。梁師成伏誅。丁亥，陝西种師道、姚平仲，鄜延張俊、韓射中〔八〕，環慶汪洋、馬遷，熙河姚古，秦鳳种師中及折彥質、折可求等勤王兵並至，號

〔一〕 而金帛之數又何足較 "帛"原作"弊"，據九朝編年備要卷三〇校改。宋史全文卷一五"帛"作"幣"。

〔二〕 卿第出治兵益固城守 "卿"下原有"等"一字，原脱"治"一字，據梁谿集卷一七一靖康傳信録上、九朝編年備要卷三〇、宋史全文卷一五删、校補。

〔三〕 軍前計議使 "議"原作"謀"，據東都事略卷一二二張邦昌傳校改。

〔四〕 通天 九朝編年備要卷三〇、宋史全文卷一五同，宋史卷二三欽宗本紀作"通津"。

〔五〕 景陽門 "門"原作"開"，據宋史全文卷一五、九朝編年備要卷三〇校改。

〔六〕 以雲梯次城 "次"，長編紀事本末卷一四七、三朝北盟會編卷二八作"攻"。

〔七〕 武泰節度使何灌死之 "使"原作"伏"，據長編紀事本末卷一四七、宋史全文卷一五校改。

〔八〕 韓射中 三朝北盟會編卷三二作"韓時中"。按：疑爲"韓世忠"，待考。

二十萬，京師人心稍安。李綱言於上曰："勤王之師漸集，非節制歸一不能濟〔一〕，願敕兩師聽臣節制。"上不許，乃別置宣撫司，以師道同知樞密院事，充京畿、河北、河東路宣撫使，以平仲爲都統制，應四方勤王兵並隸宣撫司〔二〕，又撥前、後軍之在城外者屬之，而行營司所統者獨左、右、中軍而已。上屢申飭兩司不得侵紊，而節制既分，不相統一矣。壬午，統制官馬忠以京西兵至，遇金人於順天門外，乘勢擊之，殺獲甚衆。范瓊將萬騎自京東南營於馬監之側，王師大振。綱奏曰："金人之兵見實不過六萬，吾勤王之師集城下者二十餘萬〔三〕，彼以孤軍入重地，正猶虎豹自投檻穽，當以計取之，不可與角一旦之力。俟其糧乏人疲，然後以將帥檄取誓書〔四〕，復三鎮，縱其歸，中渡而後擊之，此必勝之計也。"上然之。种師道入見，奏云："臣以議和非也，京城周回八十餘里，如何可圍，城高數十丈，粟支數年，不可攻也。若於城内劄寨，而城上嚴兵拒守，以待勤王之師，不逾數月虜自困矣。如其退，即與之戰。四鎮之地不宜割與。"上令與邦彥共議。師道見邦彥曰："師道在西土〔五〕，不知京城堅高如此，備禦有餘。當時相公何事便講和？"邦彥曰："以國家無兵故也。"師道曰："不然。凡戰與守自是兩事，戰不足，守則有餘，京師數百萬衆盡皆兵也。"師道與邦彥議數日不決。

二月丁酉夜，宣撫司都統制姚平仲率步騎萬人宵劫虜寨，以敗還。初，師道以三鎮不可棄，城下不可接戰，俟姚古來，兵勢益盛乃可。而李綱主平仲之

────────

〔一〕 非節制歸一不能濟　"制"下原衍"不能"二字，據長編紀事本末卷一四七、宋史全文卷一五刪。

〔二〕 應四方勤王兵並隸宣撫司　"隸"原作"肄"，據宋史全文卷一五、宋史卷三三五師道傳校改。

〔三〕 吾勤王之師　"王"原作"吾"，據宋史全文卷一五、靖康要録卷一校改。

〔四〕 將帥　"帥"原作"師"，據長編紀事本末卷一四七、宋史全文卷一五校改。

〔五〕 師道在西土　"土"原作"上"，據宋名臣言行録續集卷二种師道忠憲公、三朝北盟會編卷三〇校改。

謀，夜扣金營，欲生擒斡离不，奉康王以歸。謀泄，而虜有備，併力擊之，殺傷相半，楊可勝死之。師道復言劫寨已誤，然今再遣兵攻之，亦一奇也，邦彥畏懦不果用。李綱會行營左右軍將，質明出景陽門，勒兵於班荆館、天駟監，分命諸將解范瓊、王師古等圍，虜騎出沒，鏖戰於幕天坡，斬獲甚衆。復犯中軍，綱親率將士以神臂弓射卻之。既而宰執令臺諫交言西兵勤王之師及親征行營司兵爲虜所殲，無復存者。上大驚，有詔不得進兵，遂罷綱尚書右丞、親征行營使，以蔡懋代之，因廢行營使司，止以守禦使總兵事，蓋欲罪綱，以謝金人也。

太學生陳東上書曰："在廷之臣，奮勇不顧，以身任天下之重者，李綱也，所謂社稷之臣。其庸繆不才，忌嫉賢能，動爲身謀，不恤國計者，李邦彥、白時中、張邦昌、趙野、王孝迪、蔡懋、李梲之徒是也，所謂社稷之賊也。邦彥等嫉綱如仇讎，恐其成功，因綱用兵小不利，遂得乘間，投隙歸罪，然一勝一負兵家常勢，豈可遽以此傾動任事之臣。乞復綱舊職，以安天下之心，付种師道以閫外之事。"又都民數萬人擁伏闕下，會邦彥入朝，乃數其罪，且欲毆之。吳敏傳宣，不退。都民遂搥登聞鼓，山呼震地，乞復綱及師道舊職。開封尹王時雍麾之，不去。耿南仲、王宗濋恐生變，乃入奏，上勉從之。於是遣南仲號於衆曰〔一〕："已得旨宣綱矣。"內侍朱拱之懷詔不行，而後發之使先至，衆取拱之臠而磔之。及綱至，復舊官，俾出東華門宣諭，人心大悅，喧呼而出。

　　呂中曰：自女真叛盟以來，朝廷乍和乍戰，人才乍賢乍否，何其洶洶多變之甚也！寇至之初，始謀避狄，以李綱所言而更爲城守之計。既以堅守，又以李邦彥一言爲卑辭之請。師道既至，又以師道一言而爲不和之謀。師道方遲堅守不戰以困虜，未幾以姚平仲一言而爲急擊之舉。姚平仲

〔一〕 於是遣南仲號於衆曰　"遣"原作"遺"，據九朝編年備要卷三〇校改。九朝編年備要卷三〇"南仲"作"內侍"。

既敗，又以李綱、种師道爲誤國而罷之。諸生伏闕，又以李綱、种師道爲可用而復之。及其後也，又以臺諫之言而逐之。李綱方議備邊，師道亦請防秋，我朝廷之議略定，曾未再閱月，而吳敏、耿南仲、謝克家、孫覿又以三邊爲可割，和議復行矣。吳敏本主和議，未幾復留虜使，陰結遼人，又以爲女真藉口之資矣。二酋已分道入寇，朝廷尚集議者，問以三鎮存棄之便不便。金人之至，則下清野之令，未幾傳言寇猶未至，則又令清野更不施行。戰者不決於戰，和者不一於和，至於城已破，禍已至，而議猶不一，心猶不忠，終始一歲之中多變若此，大抵上下之心，稍急則恐懼而無謀，稍緩則遲遲而又變其謀，靖康之禍蓋坐此也。慶曆、元祐專任君子而去小人，紹聖、崇寧以來，專任小人而仇君子，靖康之際君子、小人雜用焉。嗚呼，可不戒哉！

金使復來，宇文虛中齎李綱所留割三鎮詔書以往〔一〕，仍奉迎康王。先是，康王留金營，與金國太子同射，連發三矢，皆中筈，連珠不斷。金人謂將官良家子，似非親王，豈有親王精於騎射如此。乃遣歸，更請肅王爲質。壬寅，金人進兵咸豐門。先是，蔡懋號令將士：金人近城，不得輒施放，有引砲及牀子弩者皆杖之。綱既登城，令施放自便，能中虜者厚賞。夜發霹靂砲擊之，金人驚散。以沈晦假給事中，從皇弟肅王使斡离不軍。乙巳，康王自金營還。金人圍京城凡三十三日，既得三鎮詔書及肅王至，不俟金幣數足，遣閤門使韓光裔來代朝辭之禮，又遣團練使賈霆代別康王，上令王解所服犀帶付霆，遣斡离不爲贈。丙午，金人退師。种師道請臨河邀擊之，李綱亦謂檄取誓書，復三鎮，俟軍半渡而擊之，並不從。綱又請用澶淵故事護送之，於是盡遣城下兵追斡离不之師，及於邢、洺間，相去二十餘里，金人懼，其行甚速。至是，

〔一〕 李綱所留割三鎮詔書　原脱"割"一字，據九朝編年備要卷三○、宋史全文卷一五校補。

粘罕兵次高平，執政懼，密啓上追兵還〔一〕，綱力爭於上，得旨再遣，而諸將還亦數程矣。再進，猶及金人於滹沱河，然將士知朝論二三，悉解體，不復邀擊，第遙護之而已。

當時行移文字，出於密院者則令追破賊，出於三省者則令護出境，諸將莫知適從，國事安得不誤。

李邦彥立大旗於河東、河北：有擅出兵者並依軍法。金斡离不師抵中山、河間，兩鎮兵民固守不肯下，即以矢石及之而退。沿邊諸郡亦然。詔河北堅守。粘罕陷隆德府。先是，太原堅守，攻之不克，分兵而南，既逾南北關，仰而歎曰："關險如此，而使我過之，南朝可謂無人矣。"二日而城陷。守臣張確叱金人曰："確守土臣，當以死報國，頭可斷，腰不可屈也。"遂見殺。王雲、曹朦使虜軍中，議以三鎮軍民不肯割地，願輸租賦代割地之約。及雲、朦回云："虜有許意。"其實以欺我師，非誠言也，朝廷信之。耿南仲、唐恪尤主其議，意謂非歸租賦則割地以賂之，和可以決成。乃詔宣撫司不得輕易進兵，而議和使紛然矣。种師道罷，中丞許翰奏師道智慮未衰，方時多故，而虎臣置之散地，非策也。乃命种師道為河北宣撫，駐滑州；姚古為河東制置，种師中副之。古總兵以援太原，師中援中山、河間諸郡。

呂中曰：靖康君子皆主不棄三鎮之說，而金人卒以叛盟，然則不棄三鎮之說非歟。曰靖康未始不棄三鎮，特有不棄之說耳。使真不棄，虜安能為我患；使盡以三鎮與虜，虜又能守盟約乎？河東、河北天下之心腹，此斷不可棄也。吾誠不棄，固當外為棄之謀，以不怒虜人，而陰為援之實以

〔一〕 密啓上追兵還　原脫"還"一字，據九朝編年備要卷三〇、宋史全文卷一五校補。

救三鎮，此忠臣義士也〔一〕。今一人言棄之便，則不復念軍民守國之忠，一人言不棄便，則下尺寸不可與人之詔，而未嘗遣一人一騎爲之援，是其所謂不可尺寸與人者，徒以激虜之勢，而反以孤忠臣義士之心，河東、河北無一人負朝廷，而朝廷之負其民多矣。自古蓋未嘗有數十萬不叛之民而不能守其國者，河東、河北之民死不忍忘君父，自宣和迄於紹興迨十年，寧不肯降虜，祖宗之德淪肌浹髓至矣。使其合十萬以爲守〔二〕，誰能陷之？所以不能守者〔三〕，特以權輕兵寡，勢孤力分，迄爲金人所困耳。朝廷坐視其困，其爲棄師棄民大矣，猶可謂之不棄三鎮乎？粘罕已據太原，斡离不已陷真定，兩河咽喉已塞矣，而朝廷至是猶集議存棄三關地孰便，臣下尚相持棄不棄之説，甚矣，其可痛也。金人嘗謂吾使曰："待汝議論定時，我已渡河矣。"大抵國家之患在於多虛文而少實效，多議論而少成功，安得不爲虜所侮乎！

李綱知樞密院事。除元祐黨籍、學術禁，追封范仲淹，贈司馬光、張商英官。詔：自今並遵祖宗舊制，選用大臣，裁抑内侍，不崇飾恩倖，不聽用姦人，不輕爵禄，不濫賜予，不奪爾居以營燕遊之地，不竭爾力以廣浮用之費，凡蠹國害民之事一切寝罷。李邦彥罷，以張邦昌爲太宰，吳敏少宰。三月，張邦昌罷，以徐處仁爲太宰，唐恪中書侍郎。時朝廷召徐處仁，又擢恪，人皆賀，獨給事中謝克家曰〔四〕："州郡失一良守，朝廷得一憸人。"其後附會南仲，乖謬有不可述者。處仁入相，都人傾望，咸謂有所建明。既至當軸，殊無嘉策，又與吳敏議論不合。一日，處仁方秉筆，而敏以語相侵，處仁以筆擲

〔一〕 此忠臣義士也 "此"原作"北"，據宋大事記講義卷二三校改。
〔二〕 使其合十萬以爲守 "守"原作"一"，據宋大事記講義卷二三校改。
〔三〕 所以不能守者 "守"原作"當"，據宋大事記講義卷二三校改。
〔四〕 獨給事中謝克家曰 原脱"中"一字，據九朝編年備要卷三〇、三朝北盟會編卷九六、宋大事記講義卷二三校補。

之，正中敏面，額鼻皆黑，同坐者皆引去。明日，吴敏奏其事，不踰日罷處仁，而以吴敏代之。敏年少，多不習事，不能裁遣〔一〕。其如軍期緊如星火，敏不留意。時語云："敏不理太原而理太學，不理防秋而理春秋，不理砲石而言安石，不理肅王而理舒王〔二〕。"蓋譏其不切事務故也。

　　蔡京竄儋州，至潭而死，年八十。蔡攸竄萬安軍，尋有詔所在斬之。童貫亦遠竄，追斬於南雄。三月，命李綱迎上皇於南京，四月始至京師。夏四月，夏人寇邊，攻震威城。戎酉呼知城朱昭曰："大金約我夾攻，自河以北大金得之，自河以西我國得之。今麟府諸壘悉已歸我，公何恃而不降乎？"攻甚急，城陷，昭死之。復春秋學官。置詳議司，以徐處仁、吴敏、李綱三人領其事，又擇官檢討，分六房，期以半年，去一切之政〔三〕。群臣以爲與熙寧條例司、崇寧講議司相似，條例司欲變祖宗法，講議司欲制禮作樂以文太平，今欲破觚斲凋以濟艱難，其相似者乃名也，而不相似者實也。上弗信，言者不已，尋罷詳議司。詔吏部考覈濫賞，凡由楊戩、李彦之公田，王黼、朱勔之應奉，童貫、譚稹等西北之師，孟昌齡父子河防之役，與夔、蜀、湖南之開疆，關陝、河東之改幣，吴越、山東茶鹽陂田之利，宮觀池苑營繕之功，後苑書藝局、文字庫等之費，又若近習所引獻頌可採、效用宣力、應奉有勞、特赴殿試之流，所叨恩數，一褫奪之。七月，詔罷討論。左正言程瑀争之，以爲可痛憤者三，可深惜者二，不聽。科舉復用詩賦。追復吕公著等官。詔臺諫者天子之耳目，宰執不當薦舉，當自親擢。趙良嗣先竄郴州，就誅之。

〔一〕不能裁遣　"遣"原作"減"，三朝北盟會編卷五一載："敏以少年多不習事，胥吏將文牒至，有所呈覆，吴敏不能裁遣，但云依舊例可也。"今據改。

〔二〕不理肅王而理舒王　"肅"原作"簫"，三朝北盟會編卷五一載："時人有十不管之語，云不管太原卻管太學，不管防秋卻管春秋，不管砲石卻管安石，不管肅王卻管舒王，不管燕山卻管蠹山，不管東京卻管蔡京，不管河北地界卻管舉人免解，不管河東卻管陳東，不管二太子卻管立太子。蓋譏其不切事務故也，咸謂深中時病。"今據改。

〔三〕去一切之政　九朝編年備要卷三○作"去一切之政，協於祖宗成憲"。

金人遣蕭慶來催所許金帛，詔三省同議。議以金人要盟城下，貪而無信，不可復與。於是拘慶於都亭驛，徐處仁、吳敏建議謂慶本契丹人，不如善遇之，使歸與如堵約〔一〕，共興兵以破金人〔二〕。上遣吳敏至驛勞慶，賜如堵書，令慶齎去。慶歸，以書馳致粘罕，由是罕怒，而攻河東愈急矣。五月，募民輸財助軍。楊時請罷王安石配享孔子。种師中進兵，逼逐金人出境，兩鎮無虞。粘罕至太原城下，太原亦堅壁，粘罕屯兵圍之，悉破諸縣，爲鎖城法以困太原。鎖城法者，於城外矢石不及之地築城環遶，分人防守，使内外不相通。雖姚古進師復隆德府、威勝軍，扼南北關，累出兵，互有勝負，而不能解太原之圍。於是，詔師中率兵由井陘道，與姚古相掎角，應援太原。師中進次平定軍，乘勝復壽陽、榆次等縣，有輕金人之意。又輜重賞軍之物悉留真定，不以隨行。金人乘間衝突，諸軍以神臂弓射卻之，欲賞射者，而隨行銀椀只數十枚，庫吏告不足而罷，於是士皆憤怨。又嘗約姚古、張灝兩軍同進，二人不至，師中與虜戰於榆次〔三〕，裹創力戰而死，其餘將士退保平定軍。師中訃聞〔四〕，上哭於禁中，贈使相，官其子孫二十人。姚古屯威勝軍，帳下統制官焦安節妄傳寇至，以動軍情，師潰於盤陀，退保隆德。安節又勸古遁，故兩郡皆潰。古及安節還闕。李綱召安節斬於瓊林苑，師古竄廣州。种師道駐滑州，以老病丐罷。赦河北。以李綱爲兩河宣撫。初，朝廷聞种師中敗，師道又以老病告歸，乃別議選宣撫使，代師道領兵再援太原，耿南仲謂國弱敵強，宜割三鎮以賂之，綱奏：祖宗之地不可棄，割之徒資敵勢，生靈陷於夷狄，豈爲民父母之道哉？上從綱議，爲再援之計。南仲曰：「方今欲援太原，非綱不可。」

〔一〕 使歸與如堵約 "如堵"疑爲"於堵"，即下文之"耶律余覩"。三朝北盟會編卷五八作"伊都"，疑爲同人異名。
〔二〕 共興兵以破金人 原脱"興"一字，據三朝北盟會編卷五八校補。
〔三〕 師中與虜戰於榆次 "於"原作"死"，據東都事略卷一二欽宗本紀、靖康要錄卷五、宋史卷二三欽宗本紀校改。
〔四〕 師中訃聞 "訃"原作"僕"，據九朝編年備要卷三〇校改。

南仲以綱異議，故出之。綱召對，自陳書生不知兵，恐不勝任，且誤國事，踰旬不受命。或謂綱曰："上怒，且不測，奈何〔一〕？"許翰又書"杜郵"二字遺綱，綱乃受命。宣撫司得兵三萬人而闕馬。綱白上曰："戎事非馬無以奮張軍容，欲括都城馬。"尋寢命，不果行，綱以二萬人分為五軍，時勝捷兵叛於河北，遣左軍往招撫之，又遣右軍屬劉韐。時韐除宣撫副使，又以解潛為制置副使，代姚古，以折彥質為河東勾當公事，與潛治兵於隆德府。綱請銀絹百萬，期以六月二十二日啓行。六月，貶陳公輔。下戒勵詔。先是，諫議馮澥言："有公論，有中道，公論天下所同，而中道萬世不易。祖宗之法與元豐之法，擇其可者行之，諸經古注與安石新議，擇其善者而從之，何必此之是，彼之非。"詔榜朝堂。御史李光駁之，不聽。右正言崔鶠奏："馮澥乃熙豐人才之一也。自紹述一道德而天下一於諂佞矣，紹述同風俗而天下同於欺罔矣，紹述理財而公私竭矣，紹述造士而人才乏矣，紹述開邊而胡塵犯闕矣。此用熙豐人才之效也。"於是降詔。

　　呂中曰：自二月金人退師，至十一月金人復入寇，宜上下恊力，以救旦夕危亡之急，而朝廷方爭結立黨與，臺諫方追論前事，士大夫爭法之新舊，辨黨之邪正，鼓為烈焰，漲為洪波而已。夫虜之退師，非吾德足以感之，吾力足以制之，特以二酋之勢未必勝，恐為吾勤王之師所乘耳，故退師以誤我，使吾志怠而師散，然後彼可以得志。而一退之後，吾之上下相與稱慶，迎上皇於東南，散西師於關陝，勤王之師盡歸諸道。宰執、臺諫之論，其號則不棄三鎮，其實則不救三鎮也。其辭則以為內修政事，自可攘夷狄，而其實則藉口以治不急之務也。國家待虜，大抵急則謀之，緩則

─────────

〔一〕或謂綱曰上怒且不測奈何　原脱"或謂綱曰"四字，九朝編年備要卷三〇載："綱踰旬不受命，或謂綱曰：'公知上所以遣行之意乎？此非為邊事，乃欲緣此去公，則都人無辭耳。公堅卧不起，讒者益得以行其説。上怒且不測矣，奈何？'"今據補。

忘之,豈獨靖康哉?

丙辰,太白熒惑歲、鎮,四星聚張。壬戌,彗出紫微垣。虜置元帥府,以諳版孛極烈斜也馬爲都元帥,粘罕、斡离不爲左、右副元帥,撻懶、兀室爲左、右監軍,闍母及耶律余覩爲左、右都監,凡七人〔一〕。是時,粘罕、兀室、余覩三大酋棄太原北去,往返千有餘里避暑,及秋乃還,而我援兵雲集,不能解太原之圍,失計甚矣。秋七月,除元符上書邪等禁〔二〕。彗出東北,長數丈,拂帝座,埽文昌。大臣謂此乃夷狄將衰,非中國憂也。提舉醴泉觀譚益勩面奏垂象可畏,當修德以應天,不宜惑其諛説〔三〕。勝捷軍叛,討平之。初,勝捷軍統制官張師正與金人遇於河北而潰,至大名府,宣撫使李弥大斬師正以徇,不能撫衆,衆皆不自安。又聞童貫已誅,有大校李福者爲首,遂掠青、淄間,脅從至四萬人,弥大遣裨將韓世忠擊之,追至臨淄河,臨陣斬福,餘棄甲而遁。世忠單騎入其軍,曰:"我輩皆西人,平生惟殺番賊,幾曾作賊邪?官家使我招汝,若能降,悉赦汝罪。"皆拜而請命,遂降之。

楊時言:"宣仁皇后保祐哲宗,枉被誣謗,久而未明,乞行改正。昭洗王珪爲臣不忠之名,追奪蔡確冒受封贈之典〔四〕。"上從之。

李綱遣解潛屯威勝軍〔五〕,劉韐屯遼州,幕官王以寧與都統折可求、張思正等皆屯汾州,范瓊率山東兵屯南北關,皆去太原五驛,約以三道並進會城

〔一〕 凡七人 "七"原作"大",據陳氏餘慶書堂刊本、九朝編年備要卷三〇校改。

〔二〕 除元符上書邪等禁 "等"與"禁"原顛倒,據九朝編年備要卷三〇、宋史全文卷一五乙正。宋史卷二三欽宗本紀作"除元符上書邪等之禁"。

〔三〕 不宜惑其諛説 "諛"原作"腴",據九朝編年備要卷三〇、資治通鑑後編卷一〇三校改。

〔四〕 追奪蔡確冒受封贈之典 "蔡確"下衍"蔡確"二字,據宋朝諸臣奏議卷二六楊時上欽宗論宣仁誣謗未明瑤華位號未復、九朝編年備要卷三〇删。

〔五〕 李綱遣解潛屯威勝軍 原脱"潛屯"二字,據陳氏餘慶書堂刊本、九朝編年備要卷三〇、靖康要錄卷一〇校補。

下。時大雨連月，或謂陰盛，以語上，上以綱兵權太重，處仁曰："綱書生耳，夷狄中國之陰。今太原兵圍未解，不以此憂，而憂綱乎？"然綱猶未進兵，而河東七月旦暮已涼，且多江、浙、閩、蜀人，皆弱不可戰。至是劉韐兵先進，凡九戰皆捷，斬虜數百。金人併力禦之，力不敵而退，師遂潰，將領王彥戰死。而解潛相遇於南北關，轉戰四日，殺傷相當，金人增兵，潛兵力不能勝而潰。八月，召李綱，以种師道代之。綱爲宣撫，而副使劉韐、制置使解潛、察訪使張灝、勾當公事折彥質等皆承受御前處分，事得專達。綱奏上以節制不專，恐誤國事。雖降指揮約束，而承受專達自若也。兵出，少衂，綱謂分路進兵，賊以全力制吾孤軍，不若合大兵由一路進。會范世雄以湖南兵至，即薦爲宣撫判官，方欲會合，親率師討賊，而召還矣。師道被命，無兵從行，及次河陽，虜使王汭自燕來，師道聞虜必再舉入寇，亟拜疏請幸長安。大臣以爲怯，未幾召還，命劉韐代之。韐未及行，復命范訥代韐。

韐离不復入寇，張思正師潰。思正之兵在汾州，十七萬號百万，未出戰。金人相謂曰："劉韐、解潛既敗，不足慮也。"乃驅老弱守虛寨，以當平定、威勝之路，而併其兵以禦思正。思正引兵出汾州，執冀璟徇於衆，曰："此不堅守石嶺關遁還者。"斬之。癸丑，中秋月霽，金人於文水縣張飲，諜者以告，思正、灝襲之，斬首數百，幾獲李嗣本。甲寅，復出戰，金人曰："彼衆我寡，而喧囂不整，無能爲也。"以鐵騎三千直衝我師，師潰，相踩踐而死者數萬人，坑谷皆滿。思正以敗卒數千奔汾州，灝以牙兵數百趍慈隰，於是威勝、隆德、汾、晉、絳、澤之民，扶攜老幼渡河南奔者以萬計，州縣邑井皆空矣。

劉岑、李若水分使虜軍，請緩師。使還，言至斡离不軍，止索歸朝官、所欠金銀，見粘罕則專論三鎮。徐處仁、吳敏罷，以唐恪爲少宰，何㮚中書侍郎，陳過庭尚書右丞；許翰罷同知，以聶昌代之〔一〕，李回簽書樞密院事。時門

〔一〕 以聶昌代之 "聶"原作"耳"，據九朝編年備要卷三〇、宋史全文卷一五校改。

下侍郎耿南仲專主和議，上是之，處仁力争，南仲引王雲使虜，密請逐二相，以藉口左正言程瑀上言徐處仁庸常，吳敏、耿南仲昏懦，唐恪傾險，此政事所以曠敗而不振。陛下宜別選英賢，以圖大計。福州軍亂，殺守臣李延俊〔一〕，朝廷命劉領討平之。

九月，金人陷太原。始，粘罕久攻太原不下，乃於城外築舊城居之，號元帥府，已而歸雲中，留銀朱大王攻城。至是，粘罕自雲中復至，乘勝急攻。丙寅，城陷。太原城方四十里，人守甚堅，而百姓自十五以上六十以下皆籍爲兵〔二〕，屋舍盡拆去壁，令其相通，時時出兵劫番賊寨，掠取柴贏，糧食既盡，殺老弱餉軍，饑羸日甚〔三〕。賊知城困甚，以雲梯登城，守城者猶與之戰。城破，軍民猶巷戰。賊怒，縱兵屠其城，盡殺勝捷軍，擒帥臣張孝純，副總管王稟負太原廟御容赴汾水而死〔四〕，轉運韓總、提舉單孝忠三十六人皆被害〔五〕。太原自去年十二月乙卯受圍，凡二百六十日，城中軍民餓死者十八九，固守不下，至是始破。

太原之援，自种師中一敗於榆次，姚古復敗於盤陀，解潛又敗於關南，張灝繼敗於文水〔六〕，四敗之餘，朝廷急召李綱，綱方欲出師決戰，綱歸，而太原更無可援之兵，坐待其亡也。太原陷，凡十五日，上下相

〔一〕 李延俊　九朝編年備要卷三〇作"李庭俊"。

〔二〕 六十以下　"六"原作"二"，據三朝北盟會編卷五三、長編拾補卷五六校改。

〔三〕 饑羸日甚　"羸"原作"薪"，據長編拾補卷五六校改。

〔四〕 副總管王稟負太原廟御容赴汾水而死　原脱"太"一字，據靖康要録卷七、長編拾補卷五六校補。

〔五〕 單孝忠　"單"原作"箄"，據三朝北盟會編卷五三、長編拾補卷五六校改。九朝編年備要卷三〇"單"作"王"。

〔六〕 張灝繼敗於文水　"灝"原作"顥"，"文水"原作"天水"，據長編拾補卷五六、宋史卷二三欽宗本紀及本卷上文校改。

蒙，上皆不知。太原者，京師之藩屏，太原陷，則王室孤矣，內外無援矣。或謂河東之援兵非不多，良將非不用，而竟不能以救太原者，何哉？朝廷之威令不嚴，將帥紀律不一，大臣議論不和，此靖康之所以敗也。

朔州守臣孫翊領兵援太原，敗於城下。翊，河東名將也，金人亦憚之。粘罕既侵太原，反據鴈門，翊自朔不得而入，遂由寧化、憲州出天門關以援太原，營於城下。翊之離朔也，旬餘之間，朔以無守已降於敵，而翊麾下多朔人，至是驅朔之父老以示翊軍，於是軍叛，翊方戰，爲叛卒所害。府州守臣折可求援太原，敗於交城。可求統麟府之師二万衆，自府州涉大河，由岢嵐、憲州將出天門關以援太原，爲敵據關，不克，復越山取松子嶺道出焉，至於交城，遇粘罕之衆，大戰移時，可求遠來新至，勞逸有間，故敗績。

金人初犯太原，翊與可求隨而援之，可謂勤矣，然雖有援太原之心〔一〕，而無援太原之術，何哉？當粘罕自雲中悉衆侵太原之初，翊在朔州由馬邑、懷仁東去雲中無數舍之遠；可求在府州〔二〕，由武、朔東去雲中，路近於交城，且皆是坦途〔三〕，更無關阻。若翊與可求會麟、府、武、朔之師，并力以擣雲中，時粘罕妻子財寶盡在雲中，敵必倉皇歸救根本，太原之軍自可從後襲之，孫臏走大梁而救韓，皆此道也。粘罕失意，則幹离不亦喪氣矣。由是痛翊與可求救太原之無術也。

吳革以閤門舍人充使見粘罕，庭揖不拜〔四〕，責其貪利敗約，氣勁詞直，

〔一〕 然雖有援太原之心 "雖"原作"須"，據三朝北盟會編卷二五校改。
〔二〕 可求在府州 "府"原作"武"，據三朝北盟會編卷二五校改。
〔三〕 且皆是坦途 原脫"且"一字，三朝北盟會編卷二五作"且仍皆坦途"，今據補。
〔四〕 庭揖不拜 "揖"原作"俊"，據靖康要錄卷一二、三朝北盟會編卷五四校改。"揖"，九朝編年備要卷三〇作"立"，大金國志卷四作"參"。

虜相顧動色愧服，爲追回攻威勝軍人馬〔一〕，受書以歸，備得其情狀，報宣撫折彥質，請於朝急備河南，及對，上問割地事，革曰："金人有吞箭之誓，入寇必矣。乞措置邊備〔二〕，起陝西兵爲京城援，不復議和。"乃遣革使陝西勾兵，命諸帥臣講武備。何㮚請置四道總管府，分總四道兵。以知大名府趙野總北道，知河南府王襄總西道，知鄧州張叔夜總南道，知應天府胡直孺總東道，事得專決，財得通用，官得辟置，兵得誅賞，緩急則以羽檄召之入衛京師。

冬十月，竄李綱。言者謂綱專主戰議，喪師費財，又指言十罪，責授節副，建昌軍安置，以綱上疏辨論，謂退有後言，以惑衆聽，再謫寧江。斡离不陷真定府。初，虜人以三鎮未得，復兩道入寇，斡离不之師八月十四日入塞，先以衆攻廣信軍、保州〔三〕，不克，遂越中山，攻真定。先是，真定帥劉韐守禦備具，人恃以安。總管王淵、鈐轄李質訓練士卒數千人，皆可用，虜不敢犯。是時，真定在河朔最爲堅壘，上以太原危急，恐虜東軼侵犯河朔，命韐爲宣撫副使，領兵五萬守遼州，以據其險，又辟淵、質自隨，乃以李邈代守真定。邈措置乖謬，鈐轄劉竧率衆晝夜搏戰城上，虜人初攻北壁，竧身拒之，至是僞移攻城東，邈復趣竧往應，力攻兩日。一夕潛移攻具，薄北城，城中不知也。黎明，虜人忽鼓衆憑堞而上，城陷。李邈不能死，爲虜所擒。竧猶率衆巷戰，麾下稍稍亡去，竧顧其弟曰："我大將也，豈可受賊戮乎〔四〕！"因策馬挺刃潰圍

〔一〕 爲追回攻威勝軍人馬　原脫"攻"一字，"威"原作"成"，據九朝編年備要卷三〇、靖康要錄卷一二、三朝北盟會編卷五四校補、改。

〔二〕 乞措置邊備　"備"原作"地"，據靖康要錄卷一二校改。

〔三〕 先以衆攻廣信軍保州　"先"原作"微"，據九朝編年備要卷三〇校改。靖康要錄卷八"先"作"輒"。

〔四〕 豈可受賊戮乎　"豈"原作"其"，據九朝編年備要卷三〇校改。

欲出〔一〕，而諸門皆爲虜人所守，遂之孫氏園山亭中〔二〕，解縧絕脰而死。邈被執至燕山，不屈死之。

斡离不、粘罕以楊天吉、王芮爲問罪使〔三〕，齎書來責問契丹梁王及余覩蠟書，并元割三鎮並令開門以待。先是，斡离不歸，粘罕聞斡离不獲金帛不貲，而己無所得，遣使求賂。時勤王兵集，有輕敵意，乃拘其使，踰月不遣。有都管趙倫者懼不得歸〔四〕，詐以告館伴邢倞曰："金國有余覩者，領契丹精銳甚衆，貳於金人，願歸大國，可結之以圖二酋。"大臣信之，即以詔書付倫賜覩，仍賜倫銀絹，倫歸白粘罕，罕怒，表聞其主。其主報云："深入攻討，委元師從長措置。"又麟府折可求來獻，言夏國之北有大遼天祚梁王出榜〔五〕，稱金人不道，毀我宗廟，今南朝天子如能合擊金人，立我宗社，則當修好如初。吳敏奏上，令致書梁王，由河東入麟府，爲粘罕遊兵所得，故虜以爲辭。虜使之來也，禮貌甚倨，持其書於上前曰："陛下既不割三鎮之地，又安忍復欲立契丹之後？"上曰："此乃奸人所爲也。"虜使請必割三鎮，要金帛、車輅、儀物及加其主徽號〔六〕，上乃卑辭深明其非朝廷之罪。吏書王時雍實館之，時雍議盡以三鎮所入紐增歲幣，并祖宗內府珍玩悉歸二帥，且厚犒河東之師，虜使頗頷其説，先取犒師絹十萬匹以行。

粘罕陷汾、澤等州。汾雖糧乏兵疲，而知州張克戩堅守以待敵，俄聞朝廷

〔一〕 因策馬挺刃潰圍欲出 "因"原作"困"，據靖康要錄卷八、九朝編年備要卷三〇、宋史全文卷一五校改。

〔二〕 遂之孫氏園山亭中 原脱"亭"一字，據靖康要錄卷八、三朝北盟會編卷五七、宋史全文卷一五校補。

〔三〕 王芮 大金國志卷四作"王汭"。

〔四〕 有都管趙倫者懼不得歸 "管"原作"營"，原脱"懼"一字，據靖康要錄卷九、東都事略卷九九邢恕傳、宋史卷四七一邢恕傳、大金國志卷四校改、補。

〔五〕 夏國之北 "北"原作"比"，據九朝編年備要卷三〇、大金國志卷四校改。

〔六〕 儀物 原脱"物"一字，據九朝編年備要卷三〇校補。

分河東爲兩路，隆德爲東路，平陽爲西路，各命守臣救汾，兵未至而城陷，克戬南向焚香拜舞，乃自引決，其家死於難者凡八人，紹興中諡忠確〔一〕。都監賈亶亦死之。陷威勝軍，執守臣張堯佐。陷澤州，守臣高世由降。陷隆德府，執守臣張有極。陷平定軍。粘罕東攻太原之壽陽，壽陽城小，而百姓死守，凡三受攻，殄虜之衆萬人，竟不能拔，乃攻平定，欲據井陘。其始攻也，喪士三千，復與斡离不合兵攻平定，亦喪二三萬人，拔之。粘罕、窩里孛會議平定，再寇京闕。兀室曰〔二〕："今河東已得太原，河北已得真定，二者乃兩河領袖也，乘此先取兩河〔三〕，徐取東京，不爲晚。先犯東京，不利，則兩河非我有也。兼太子昨已到東京，不能取之。"粘罕曰："東京，天下之根本，我謂不得東京，兩河雖得而莫守。昨東京不能得者，以我不在彼也。"又舒右手作取物之狀，曰："如運臂取物，回首得之矣。"諸酋稱善。上聞新失太原、真定，大以爲憂，乃下哀痛之詔，命兩河互相救援，命諸路合從連衡，見便而動，無拘一律。雨木冰，粘罕陷平陽府。初，金人犯汾州，議者謂汾州之南有回牛嶺，險峻如壁，可以控扼，於是命將以守。朝廷又遣劉琬統衆屯平陽，以扞北邊。時倉廩乏闕，士之守回牛嶺者日給豌豆二升或陳麥而已，士笑曰："軍食如此，而使我戰乎？"金人至嶺下，仰望官軍，曰："彼若以矢石自上而下，吾曹病矣。"徘徊未敢前，俄而官軍潰散，遂越嶺至平陽，琬領兵遁去，城遂陷。斡离不犯慶源府，都統王淵遣兵三百人劫賊寨，賊兵亂，殺賊數百。時宣撫范訥統兵五萬守滑、濬，斡离不知有備，乃由恩州王榆渡而趨大名〔四〕，由

〔一〕 紹興中諡忠確　"諡"原作"贈"，東都事略卷一一一張克戬傳載"事聞，贈延康殿學士，諡曰忠確"，今據改。

〔二〕 兀室　"兀"原作"元"，據陳氏餘慶書堂刊本校改。

〔三〕 乘此先取兩河　"河"原作"取"，據陳氏餘慶書堂刊本、九朝編年備要卷三〇、三朝北盟會編卷五七校改。

〔四〕 王榆渡　九朝編年備要卷三〇、大金國志卷四同，長編拾補卷五七、資治通鑑後編卷一〇四作"古榆渡"。

李固渡濟河。高麗來貢。胡舜陟言高麗事金國，必窺我之虛實以報虜，望止令遞表，卻其使還。

十一月，种師道薨，上臨其喪，後謚忠憲。夏人寇邊，陷懷德軍，守貳劉銓、杜翊世死之〔一〕。詔止援兵。時南道總管張叔夜、陝西制置使錢蓋各統兵赴闕，會唐恪、耿南仲專主和議，語同知聶昌曰："今百姓困匱，養數十萬兵於城下〔二〕，何以給之？"乃止兩道兵，毋得動。議棄守三鎮。太原之陷也，乃命王雲使虜，許以三鎮租稅之數。雲遣從吏李裕歸報已講和，不復議三鎮，止索玉輅、冠冕及上尊號事，且須康王親到，議乃可成。乃命康王出使，未行，雲回，言事已中變，必欲得地。若二十日使不至，即再犯闕。百官集議於延和殿，言不可與者惟梅執禮、呂好問、洪芻、秦檜等三十六人，自范宗尹以下七十餘人皆欲與之。會李若水使歸，亦慟哭於庭，請與之，以紓禍。何㮚持之甚堅，曰："三鎮國家根本，奈何棄之。況虜情變詐，安可保其必信。割之亦來，不割亦來，且河北之民皆爲赤子，棄地則并其民棄，爲民父母而棄其子，可乎？"上然其言。唐恪密啓上以親征爲名，西幸洛京，據秦、雍，以圖恢復，而留太子居守。㮚力詆其不然，上以足頓地曰〔三〕："今當以死守社稷！"㮚退，謂恪曰："割三鎮則傷河外之情，不割則太原、真定已失，不若任之，但飭備以待。"何㮚以堅持三鎮不與金人故罷，以陳過庭爲中書侍郎，孫傅尚書右丞。梅執禮建議清野，詔河東北、京畿，命梅執禮爲清野使，已而京畿民扶攜入城，大擾，遂罷。

粘罕自澤、潞至河陽，宣撫副使折彥質領兵十二萬與之夾河而軍，又簽書李回以萬騎行視黃河上。虜曰："南兵亦衆，與之戰，勝負未可知，不若加以

〔一〕 杜翊世　原作"杜栩"，據三朝北盟會編卷五七、卷六一，東都事略卷一二欽宗本紀、宋史卷二三欽宗本紀校改、補。九朝編年備要卷三〇"杜翊世"作"杜翊"。

〔二〕 養數十萬兵於城下　原脱"兵"一字，據九朝編年備要卷三〇校補。

〔三〕 上以足頓地曰　"曰"原作"日"，據陳氏餘慶書堂刊本、九朝編年備要卷三〇校改。

虚聲。"遂取戰鼓,擊之達旦,王師潰散,京西提刑許高、河北提刑許亢各統兵防洛口〔一〕,亦望風而潰,虜衆悉渡。自河東澤、潞官吏多棄城走,西道都總管王襄與河陽守臣燕瑛皆棄城去,粘罕乘勝陷河陽及西京。

康王使斡离不軍,王雲副之,許割三鎮,并奉冕、輅以行,仍尊其主爲叔,且上尊號十八字。王既出城,雲白王曰:"京城樓櫓天下所無,然真定城高此幾倍,金人使雲等坐觀〔二〕,一時辰破之。此雖樓櫓如畫,亦不足恃也。"金人欲割地,須大臣報聘,以耿南仲使粘罕軍,割河東;聶昌使斡离不軍,割河北,並爲告和使,與王汭偕行。南仲至衛州,衛州欲殺金人王汭,汭走,南仲得脱,遂如相州。昌至絳州,諭令割地,絳人不奉詔,爲鈐轄趙子清所殺,刳其目,碎切之。

范致虚帥師入衛,時知京兆府,命爲陝西五路安撫使。乙酉,斡离不犯京師。虜去歲駐牟馳岡,遂決汴水灌其地,且置塘濼,虜至城下,遂屯劉家寺。自唐恪、耿南仲等散西、南兩道兵,至是,四方兵無一至者,城中惟衛士、上四軍及中軍、效勇、京東西弓手十萬餘人,於是以萬人分作五路,備緩急救護。命姚友仲、辛永宗分領之,以五萬七千人分四壁守禦。京畿提刑秦元集保甲三萬,請先出屯,自當一面。禮部侍郎譚世勣亦謂宜遣元以所統分四寨,直國門,使兵勢相屬,即虜不敢逼城。孫傅深然之,而守禦使劉韐又奏悉取保甲自益,元謀遂塞。時有砲五百餘座在郊外,皆棄不收。兵部則曰屬樞密院〔三〕,樞密院則曰屬軍器監,或謂駕部當收,駕部則曰庫部當收,至是反爲賊用。

吴革累乞出兵城外下寨,使虜不敢近城,且通東南道路。及京城被圍,又密具奏,乞選日諸門併出,分兵期會,爲正兵,爲牽制,爲衝突,爲尾襲,爲

〔一〕 各統兵防洛口 "洛"原作"路",據宋史全文卷一五、建炎以來繫年要録卷六、大金國志卷四校改。

〔二〕 金人使雲等坐觀 "雲"原作"榮",據九朝編年備要卷三〇、宋史全文卷一五校改。

〔三〕 兵部則曰屬樞密院 "曰"原作"田",據九朝編年備要卷三〇、宋大事記講義卷二三校改。

應援，出其不意，可以制勝。上惑於衆議，不果從之。大風拔木。

張叔夜入衛，上以手扎趣兵，叔夜自將中軍，二子伯奮、伯熊將前、後軍，凡三萬人，至尉氏遇賊遊騎，與戰，殲虜數百人，轉鬥而前，己丑至京城，屯於玉津園。東道總管胡直孺爲虜生得，以示城上，都人益恐。尋擢叔夜簽書樞密，以其兵入城，同孫傅措置四壁。叔夜與范瓊同襲虜營，不克。復左、右僕射。滑州軍亂，殺守臣。

閏月，唐恪罷，以何㮚爲右僕射。㮚無經濟大略，從上巡城，都人願擊之，因求去。明年二月，金人來取，㮚恐不免，仰藥而死。粘罕陷鄭州，守臣朱伯友遁。時河東諸郡或降或破殆盡，惟河北頗有堅守不下者。陷懷州，守臣霍安國，通判林淵，鈐轄張彭年〔一〕，都監趙士訴〔二〕、張諶、于潛〔三〕，統制沈敦、張行中及部隊將五人皆死之〔四〕。初，城既陷，粘罕引州官等立其前，傳令問不肯降者爲誰，安國曰："安國是宋朝守臣，率衆不降。"又問淵，對云："淵與知州一體，不肯降。"於是引令東北望金國拜降，皆不屈。粘罕令解衣反縛之，遂害十三人，而釋其餘。安國一門無噍類。明年，贈延康殿學士。

粘罕犯京師，屯青城，遣蕭慶等來議和，力陳本朝失信事，如已許三鎮，兵退便不肯交地。今雖畫河爲界，元帥必須請上出城會盟。乃詔都水監丞李處權等爲報謝使，以書報之，粘罕不受。上以勤王之師未至，時令挑戰，以示敢敵，獨有衛士三萬，每出數百人，雖多獲級，然已十失五六，至是亡亦數

〔一〕 張彭年 原脫"張"一字，據九朝編年備要卷三〇、靖康要錄卷一〇、宋史全文卷一五、長編拾補卷五八校補。

〔二〕 趙士訴 "訴"原作"紵"，據九朝編年備要卷三〇、靖康要錄卷一〇、宋史全文卷一五、長編拾補卷五八校改。

〔三〕 于潛 "于"原作"張"，據九朝編年備要卷三〇、靖康要錄卷一〇、宋史全文卷一五、長編拾補卷五八校改。

〔四〕 五人皆死之 "五"下原有"百"一字，據靖康要錄卷一〇、長編拾補卷五八刪。

百〔一〕。虜遣蕭慶復來，引見，奏曰："聖駕不須出城，只須僕射何㮚議事。"又請上皇、皇太子、越王、鄆王爲質，上曰："朕爲人子，豈可以父爲質。太子方數歲，如何得到軍前。"撒离母曰〔二〕："得親王二人亦可。"明日，遣簽書曹輔、左丞馮澥代宰相，宗室仲溫、士訦代親王，詣軍前請和。粘罕即送之歸，不交一談，已而攻城愈急。召李綱，尋除領開封府。詔以康王構爲天下兵馬大元帥，陳遘爲元帥〔三〕，宗澤副之，速領兵入衛。於是募敢死士，得武學生秦仔皆假閤門祇應以行〔四〕。

　　丙辰，京城失守。先是，有卒郭京者，自言能用六甲法，可以生擒粘罕、斡离不；又有劉孝竭者募衆，或稱六丁力士，或稱北斗神兵，或稱天關大將，大率效京。有識者危之。時京盡令守禦人下城，獨坐城樓上〔五〕，以親兵數百自衛，俄傾金人分四翼鼓噪而進，前軍殲焉，後者悉墜河，城門急閉，京給衆曰〔六〕："須自下作法。"因下城，引餘兵南遁。賊兵登城者纔四人〔七〕，衆皆披靡，城遂陷。王宗濋引殿班下城，傳呼救駕，四壁兵大潰，統制姚仲友死之。上聞城陷，慟哭曰："朕不用師道言以至於此。"春初，虜之去也，師道嘗勸上半渡擊之，不從，曰："異日必爲後患。"至是果然。時上四軍班直猶有萬餘，馬亦數千，及護駕人馬等皆欲奪門而出，指揮使蔣宣、李福率衛士數百人入祥曦殿，欲護駕突圍而出。張叔夜連四日大戰，斬其金環貴將二人，城破，叔夜被創，猶父子力戰，士皆殊死鬥，殺傷相當，所存猶有二萬人，亦以此請。上惑於和議，竟不能從，士卒號哭而散。虜使劉晏請車駕出城，是日留

〔一〕　至是亡亦數百　三朝北盟會編卷六六作"至是所亡已數千人"。
〔二〕　撒离母　"母"原作"月"，據長編拾補卷五八校改。
〔三〕　陳遘　原作"陳搆"，據九朝編年備要卷三〇、宋史全文卷一五、宋史卷三五三何㮚傳改。
〔四〕　秦仔　原作"蔡仔"，據長編紀事本末卷一四五、宋史全文卷一五改。
〔五〕　獨坐城樓上　靖康要錄卷一〇作"獨與張叔夜坐宣化門甕城頭上"。
〔六〕　京給衆曰　"給"原作"治"，據文意改。
〔七〕　賊兵登城者纔四人　九朝編年備要卷三〇"四"作"數"。

都亭驛，都民爭入驛，臠而食之。丁巳，金人令李若水趣何㮚來議事。先是，李若水留軍中久之，及城陷，粘罕首諭若水曰："京城已破，可亟歸報皇帝勿須播遷，五百里內皆吾兵也。"若水入見上，曰："金人止欲得兩河地，須宰相、親王來議。"上遣何㮚及濟王栩爲請命使，㮚詣青城，見罕，罕厲聲曰："南朝拒戰，誰爲之議？"㮚曰："㮚主戰議，皇帝無預。"罕曰："我昔遣使招爾出城，爾何不來？今城已破，來此何也？"答曰："昔不肯來，爲社稷也。今之來，爲生靈也。"罕默然，乃曰："爾亦忠臣也。自古有南即有北，不可相無也。今之所議惟在割地而已。"㮚、栩回，言二酋請與上皇相見，上曰："上皇驚憂已病，不可出，朕當自往。"戊午，上御宣德門，宣諭守禦軍民曰："兩國已有和議，各令歸業。"初，何㮚欲率都民巷戰，聞者爭奮。由是斂兵不下，倡爲和議，惟以割地、責金幣爲辭，以誤戰守之計。而耿南仲力主和議，上以爲然，遂墮其計。己未，㮚又至軍前，二酋乃請上出。是夜，雪霽，彗星見，有白氣出太微垣。庚申，日出，赤如血。辛酉，上如青城，僕射何㮚、陳過庭、孫傅等從至齋宫，與二酋相見。上與語，惟粘罕應答琅然，斡离不但唯唯而已。上以金遺二酋，罕笑曰："城既陷，一人一物皆吾所有，皇帝之來，所議大事。欲分賜，可與臣下議〔一〕。"二酋令孫覿撰降表〔二〕，書成，令上簽名，北望拜發，且云其主欲別立賢君，宜於族中別立一人，以爲宋國主，仍去皇帝號，但稱宋王。上默然。

十二月壬戌朔，上留青城，粘罕遣蕭慶入城，居尚書省，檢視府庫帑藏，凡朝廷之事，必先關白。康王開元帥府於相州。粘罕遣使云："康王已據河北〔三〕，恐

〔一〕 欲分賜可與臣下議　長編拾補卷五八無 "議" 一字，三朝北盟會編卷七一作 "如欲分賜，可與臣下"。

〔二〕 二酋令孫覿撰降表　"覿" 原作 "覯"，據長編拾補卷五八校改。宋史卷四五五馬伸傳載："覿受金人女樂，草表媚之，極其筆力，乃負國之賊。" 可爲參證。

〔三〕 康王已據河北　"已" 原作 "巳"，據三朝北盟會編卷七三、宋史全文卷一五、長編拾補卷五八校改。

諸郡不肯交地，請遣使迎之。"乃命曹輔迎康王〔一〕，輔以不見王而還。癸亥，上自青城回。甲子，上御祥曦殿，百官造朝，金使四人從駕入城者，亦朝見。上詣延福宮，朝太上皇帝，奏曰："金人欲擇賢爲君〔二〕，且以弟康王爲主，不失祖宗社稷之大也。"時韋妃在側，韋妃乃康王母。言曰："二宮今許以康王繼位，而中興可待。然陛下可急作詔書，召四方兵赴京師。金人狡計，必不止於擇賢，禍有不可勝言者。二宮必不肯留於京師，惟陛下熟計之。"金人來索金一千萬錠、銀二千萬錠，縑帛如銀之數，乃令群臣獻金帛，諸王、内侍、帝姬亦如之。又置局收買金銀，命王時雍兼領開封府尹，與徐秉哲分東、西廂根括金帛，而以御史監視之。丙寅，索京城騾馬，隱留者依軍法。於是自御馬而下得七千匹，悉歸之。又索少女一千五百人充後宮祇應，宮嬪逃匿不肯出宮，赴池死者甚衆。戊辰，金人入城，取軍器、甲仗、弓箭。遣陳過庭、劉韐、折彦質如兩河割地，其後過庭死於燕山。尚書省火，延燒民居五百家。雨雹。

　　金人自攻太原以來，惟以講和、割地爲言，以誤戰守之計。吴敏、李邦彦、耿南仲、唐恪皆墮其計。時桌爲右丞〔三〕，孫傅爲尚書，每朝議及割地，必面折執政，以爲地不可割，虜人志不在割地。朝廷由是任之，初無奇策足以濟難，城陷乃反傾意講和。夫不信於造謀之始，乃反信於城破之後，辜天下之望，致乘輿播遷，由惑於和議而戰守不固也。

〔一〕　乃命曹輔迎康王　原脱"曹"一字，據三朝北盟會編卷七三、宋史全文卷一五、長編拾補卷五八校補。
〔二〕　金人欲擇賢爲君　"欲"原作"以"，據上文之"且云其主欲别立賢君"改。
〔三〕　時桌爲右丞　原脱"時"一字，據九朝編年備要卷三〇校補。

卷之十八

朝散郎、尚書禮部郎員外郎、兼國史院編修官李燾經進

宋欽宗二

丁未 靖康二年五月，高宗皇帝即位，改建炎元年。正月辛卯朔，上詣崇福宮，朝太上皇帝。粘罕遣其子真珠大王同虜使八人入賀。上命濟王栩、景王杞如金營報謝。大風霾。是夜，西北陰雪中有如火光。庚子，上如青城。先是，罕遣人催諸州交割地界，索金銀益急，欲縱兵入城，又遣使來曰："農務方興，將歸。上大金皇帝徽號事，請皇帝到營面議。"上曰："朕以十日出城見元帥。"上將幸虜營，乃以孫傅、謝克家輔太子監國，傅仍爲留守，梅執禮副之。至是，上出城，棠以下皆從，都城百姓數萬人扼車駕曰："陛下不可出，若出〔一〕，事在不測。"號泣不與行，帝亦泣下。范瓊怒曰："皇帝本爲生靈屈己求和，今幸虜營，且去〔二〕，暮即返矣。若不使車駕出城，汝等亦無生理。"百姓怒，投瓦礫以擊之，瓊以劍斷其手指及殺死數輩，蓋攀轄之人也。上至青城，與粘罕相見，罕曰："今北朝皇帝別立異姓爲主矣〔三〕。"遂留上於青城，

〔一〕 若出 "若"原作"既"，據宣和遺事後集校改。

〔二〕 且去 長編拾補卷五九"且"作"朝"。

〔三〕 今北朝皇帝 "帝"原作"朝"，本書卷一七有"且云其主欲別立賢君"，大金國志卷五又載"今北國皇帝不從汝請，別立異姓爲主"，今據改。

除親王、宰相、執政、學士院、禮部、太常寺官外，餘並令先歸，留儀衛三百人，命侍衛郭仲荀統之〔一〕，餘七百人遣入城。上日遣中使還城中，云元帥以陰雨打毬之會未成，尚須少留，其實拘留營中，無復可還國矣。

辛亥，加大金皇帝徽號。劉韐死於虜營。韐守真定，有威名，金人欲用之，韐乃手書片紙，遣人遺其子曰："忠臣不事二君，此余所以必死也。"沐浴更衣，酌巵酒，以衣條自縊。而燕人嘆其忠，相與葬於壽聖院之西岡上。及金人去，始斂，凡八十日矣，顏色如生，觀者異焉。中興，贈資政殿大學士，諡忠顯。韐初在陝西，為童貫所知，及是能以忠死，議者不以前失所從為韐罪云。徐揆死於虜營。太學生徐揆詣南薰門，詒言獻金銀，虜遣騎取揆赴軍中，揆以書上虜，請車駕還闕，厲聲抗論，為所殺。虜犯蔡州，知鄂州崇陽縣李涓持兵入援，至城下與虜戰，創甚，猶被血大呼，叱左右負己以戰，遂遇害，士死什七。明年，虜退，蔡人以涓屍歸，朝廷錄其忠，贈朝奉郎，官其二子。

金人根括津搬，絡繹道路，上遣中使歸云："朕拘留在此，候金銀數足，方可還。"於是再增侍從、郎中二十四員，再行根括。又分遣搜掘戚里、宗室、內侍、僧道、伎術之家，凡八日得金三十萬八千兩〔二〕、銀六百萬兩、衣段一百萬，詔令權住納〔三〕，時根括已申了絕。

二月，軍前取過教坊人孟子著〔四〕、內侍藍忻〔五〕、醫官周道隆等稱各有窖

〔一〕 郭仲荀 "荀"原作"苟"，據靖康要錄卷一一、三朝北盟會編卷七四、建炎以來繫年要錄卷一、宋史全文卷一五校改。

〔二〕 金三十萬八千兩 宋史全文卷一五、長編拾補卷五九作"金十三萬八千兩"。

〔三〕 詔令權住納 "住"原作"任"，據宋史全文卷一五、長編拾補卷五九校改。

〔四〕 孟子著 長編拾補卷五九同，靖康要錄卷一一、三朝北盟會編卷七八作"孟子書"。

〔五〕 內侍藍忻 "藍忻"原作"藍折"，據建炎以來繫年要錄卷二、靖康要錄卷一一、長編拾補卷五九校改。

藏金銀〔一〕，乞差人搜取。二酋大怒，遣金牙郎君來責，云："少尹已稱盡數發絶，何由尚有藏匿？"遂發所窖，於是開封府復立賞限，大行根括，凡十八日城内復得金七萬五千八百兩、銀一百十四萬五千兩、衣段四萬八十四匹，納軍前。粘罕以金銀不足，殺提舉官梅執禮、陳知質、程振、安扶四人，胡舜陟〔二〕、胡唐老、姚舜明、王俣各杖數百〔三〕，乃下令曰："根括官已正典刑，金銀或尚未足，當縱兵。"於是再括。丁巳，金人索郊天儀制及監書圖籍、印板。戊午，金人索大成樂器、太常禮制器用，以至琴棋、博戲之具、珍奇圖畫等物，悉置金營，凡四日乃止。

　　二月辛酉朔，上在青城。丙寅，虜塹南薰門路。粘罕遣使召，上出，索馬，使者曰："元帥旨揮不請乘馬。"上大驚，及至帳前，帝欲上階，使者曰："元帥不請上階〔四〕。"天顔大變，左右失色。乃令蕭慶讀金主詔曰："別立異姓，廢淵聖爲陳留王，保州守墳墓。"逼上脫去龍章，盡皆扯裂。時何㮚悉在上側，驚懼莫知所措，獨若水抱上，抗虜曰："皇帝不可廢，龍章不可裭。若水今日有死而已。"虜酋相顧曰："忠臣也。"李若水死於軍營。初，若水爲割地使，粘罕與若水曰："和後背約國當亡，得不念滅亡之定。"聽讀至先皇帝有大造於宋之言，若水曰："金人與大遼相持十三年不能下，上皇一出兵而遼滅，是大宋有德於金，金何造於宋乎？"粘罕曰："不割三鎮，是違誓也。"若水曰："大金渝盟深入，以兵脅地，大臣無謀，反以許人。如大金

〔一〕　醫官周道隆等稱各有窖藏金銀　原脱"稱"一字，據靖康要録卷一一、宋史全文卷一五校補。

〔二〕　"胡舜陟"上原有"胡唐老"三字，據靖康要録卷一一、三朝北盟會編卷八三、九朝編年備要卷三〇、宋史全文卷一五、宋史卷三五七梅執禮傳删。

〔三〕　王俣　原作"王坦"，據建炎以來繫年要録卷二、宋史卷三五七梅執禮傳、大金國志卷五校改。靖康要録卷一一、三朝北盟會編卷八三、宋史全文卷一五、長編拾補卷五九作"王侯"，疑"侯"爲"俣"之形誤。

〔四〕　元帥不請上階　"階"原作"堵"，據陳氏餘慶書堂刊本校改。

祖宗之地而肯割與人乎？前雖曾議割地，百姓不肯爲戎人，咸生怨謗，嗣君皇帝方且誅姦臣以慰衆心，安忍逐赤子於外邦，以苟一己之安乎〔一〕？"又曰："皇帝本非失信，以祖宗積累之難，二世方得河東，陵寝在焉，大河在焉，不敢輕與夷狄，惟義所在〔二〕。"又指粘罕曰："元帥金銀所需之外，種種無厭，貪人土地，害我生靈，是一巨賊爾。自去年變盟，再立主上，承事大國，歃血未乾，又復違背。"又厲聲曰："此皆上皇不明，聽奸臣交結外邦小夷，以滅兄弟之國，故有是報。"粘罕令十壯士擁若水出，若水曰："若水不畏死，當訴於上帝，以滅賊。"被虜擊幾死，掖至青城門廡下，虜中蕭慶太師者數勸之〔三〕，虜使之監視，日三飯飲之，若水絕不食。若水曰："天無二日，寧有二主哉？"其僕亦解曰："侍郎父母老。"若水曰："忠臣事君，有死無二，吾終不顧家矣。汝可徐言吾死於國也。"至是，粘罕又召若水，若水知虜不可以義動，因歷數其失信五事，罕大怒，令人擁至郊壇畔敲殺之〔四〕。臨死，謂其僕謝寧曰："我爲國死，亦累及汝耶！"臨死，爲歌詩一首，末章曰："矯首問天兮天卒不言，忠臣效死兮死亦何愆！"人聞而悲之。死年三十五。建炎初，諡忠愍。

吴开、莫儔自金營持文書至，令推異姓堪爲人主者，從軍前備禮册命，仍邀太上皇帝出城。孫傅等讀詔號絶，以狀墾請乞立趙氏，狀再上，金人以非其主本意卻之。丁卯，太上帝、后同詣青城〔五〕，鄆王以下三十餘人，諸王妃、公主、都尉等皆從。太上將往軍前，張叔夜諫曰："今上皇帝一出不可復歸，陛

〔一〕以苟一己之安乎 "己"原作"巳"，據長編拾補卷五九校改。

〔二〕惟義所在 "在"原作"生"，據長編拾補卷五九、靖炎兩朝見聞錄卷上校改。

〔三〕蕭慶太師者 "慶"原作"愛"，據靖康要錄卷一一、三朝北盟會編卷七八、長編拾補卷五九校改。

〔四〕令人擁至郊壇畔敲殺之 "殺"原作"設"，據建炎以來繫年要錄卷二、九朝編年備要卷三〇、宋史全文卷一五、長編拾補卷五九校改。

〔五〕太上帝后同詣青城 "同詣"原作"妃"，據宋史全文卷一五、長編拾補卷五九校改。

下不可再出。臣當率勵精兵，護駕突圍而出，庶幾僥倖於萬一。縱虜騎追之，臣當以身決於死戰，陛下或可以偷生。天若不祚宋，死於封疆，不猶生陷於夷狄乎？"上皇遲疑未行，欲飲藥〔一〕，爲范瓊所奪。瓊逼上皇出宮，都民擁留之，開封尹捕斬爲首者一人，乃止。徐秉哲以兵衛出南薰門。辛未，皇后、皇太子詣青城，官民奔隨號泣，哭聲震天。自太上皇出郊，孫傅乞留皇后、皇太子以主國事。金人來取太子，傅尚欲以五千金藏太子於民間〔二〕，抗虜上書，乞存趙氏，以身隨太子。吴革陰以兵法部勒，且告急於康王及在外諸大臣，約日大舉。至是，革請以所募士微服潰圍而出，傅不許，而开、儔督脅不已〔三〕，傅言於衆曰："上蒙塵，託孤於傅，豈可自脱，分付與人？請從皇太子往，死生隨之。"遂以留守事付王時雍，從太子往，後陷虜中，不知身没何地。初，太子將出，人情洶洶，瓊慮變生，以危言讋衛士，以所部兵益以北兵，擁護以出〔四〕。都人及士卒争之，瓊幾爲所殺。始，金人取内侍四十五人，除曾管宫閤者〔五〕，餘悉遣還。留守司不悟其計，謂欲效禁中所爲，及开邀上皇并取諸王〔六〕，孫傅欲匿不遣〔七〕，开示以鄧述與管宫閤者所供名字〔八〕，乃盡發焉。述亦内侍，爲真定走馬承受，城陷，爲金人用云。

金人犯雷澤，縣尉宋玠禦之。玠勇而有謀，先掊繩桑下，虜至，挑戰，已

〔一〕 欲飲藥　"欲"上原有"上"一字，據宋史紀事本末卷一三删。

〔二〕 傅尚欲以五千金藏太子於民間　原脱"五"一字，據三朝北盟會編卷八七、長編拾補卷五九校補。

〔三〕 而开、儔督脅不已　"开"原作"拜"，據宋史全文卷一五、長編拾補卷五九校改。

〔四〕 擁護以出　長編拾補卷五九"護"作"衛"。

〔五〕 管宫閤者　"閤"原作"閣"，據長編紀事本末卷一四九、宋史全文卷一五校改。下同。

〔六〕 及开邀上皇并取諸王　"开"原作"拜"，據長編拾補卷五九校改。

〔七〕 孫傅欲匿不遣　"遣"原作"肖"，據宋史全文卷一五、長編拾補卷五九校改。

〔八〕 开示以鄧述與管宫閤者所供名字　"开"原作"行"，據三朝北盟會編卷八一、長編拾補卷五九校改。

而僞遁，虜追奔，馬絓而止，悉斬之。

金人定立張邦昌爲大楚皇帝，抑令官民、僧道人等簽狀推舉。時王時雍爲留守，恐百官不書名，乃自書以率之。張叔夜不書名，惟秦檜獨具單狀，謂邦昌輔相無狀，不能盡臣節，以釋二酋之難，不足以代趙氏，情願押赴軍前。虜不從。开、儔持金帥牒：據文武百官申乞立張邦昌治國事〔一〕，已申本國册立爲皇帝訖〔二〕，令取册寶及一行册命禮數。金人取二王宫，以近屬宗室赴軍前。開封府解發宫嬪一千二百人，親王二十五人，帝姬、駙馬四十九人，宗室南班官等絡繹道路凡數十里。觀文殿大學士唐恪薨。戊子夜，白氣貫斗。延寧宫火。

三月辛卯朔，上在青城。金人遣張邦昌入城，居尚書省令廳，百官班迎南薰門。邦昌卧病不食，金帥令勸進。邦昌謂王時雍等曰："諸公怕死，又撥送與邦昌耶！雖暫假而歸，焉可得免禍？"

吴革謀起兵，先誅范瓊，劫還二帝，期以三月初八日舉事。與謀者吕好問、馬伸、張所、吴給等數人〔三〕。又有内親事官數百人，以不忍屈節立異姓，殺妻奴，焚所居，謀赴。夜有班直班廣等數百人排闥，曰："邦昌以翌日受册，請舉事。"革被甲上馬，時已黎明，北行至咸豐門，四面皆瓊兵。瓊與殿司左言謀，設計若同謀者，紿革至帳下議事，遂斬之，其徒百餘人併戮河上。革至死顔色猶不少變。丁酉，金人册張邦昌爲帝，國號大楚。是日風霾，日色薄而有暈，百官皆慘怛，邦昌亦憂色，惟王時雍、吴开、莫儔、左言、范瓊等欣然若有所得。邦昌不御正殿，不受常朝，不山呼，與執政坐議，必自稱名，不稱聖旨，有面得者爲面旨，由中降祇曰中旨，宣示四方則曰宣旨，易詔曰手書，遇金人至則遽易服，至於禁中諸門悉緘鎖，題以"臣邦昌謹封"，非

〔一〕 據文武百官申乞立張邦昌治國事　原脱"百"一字，據建炎以來繫年要録卷二校補。

〔二〕 已申本國册立爲皇帝訖　原脱"訖"一字，據建炎以來繫年要録卷二、宋史全文卷一五校補。

〔三〕 吴給　原作"吴倫"，據建炎以來繫年要録卷二、九朝編年備要卷三〇、宋史全文卷一五校改。

有僭意。邦昌尋以胡思權户部侍郎，葉宗諤權司農少卿，胡直孺户部尚書，前諫議范宗尹、吏部侍郎謝克家落致仕，中書舍人李擢並仍舊職，李寧靖、詹義並權直學士院，王時雍權樞密院、兼領尚書省，吕好問領門下省，徐秉哲領中書省，尚書左丞馮澥守舊職，李回權右丞，吴开同知樞密院事，莫儔簽書樞密院事，周懿文開封尹，王及之權都水使者。大抵往來議事者开、儔也，逼逐二帝以下者時雍、秉哲也，脅懼都人者范瓊也，遂皆擢用。李回靖康初簽書樞密院事，前執政在城中者惟回一人〔一〕。馮澥、曹輔留虜營，邦昌素善澥，將歸之，而輔不在請中，故以回補其處。時雍既受命，請用二府蓋鞴，許之。時雍，蜀人也，在蜀爲市伍圖利，人謂之"三川牙郎"，至是都人又號爲"賣國牙郎"。开、儔爲虜來須索，朝暮往還賊中，有"捷疾鬼王"之呼。粘罕、斡离不有"了事官人"之稱，都人亦目之爲"賣國吴牙"。

乙巳，邦昌往青城謝粘罕，面議七事：其一，乞不毁趙氏陵廟；其二，乞免取金帛；其三，乞存留樓櫓；其四，乞俟江陵府修繕畢〔二〕，三年内遷都；其五，乞五日班師；其六，乞以帝爲號，稱大楚；其七，乞借金銀犒賞。金人皆許之。又請歸馮澥、曹輔、路允迪、孫覿、張澂、譚世勣〔三〕、汪藻、康執權、元當可、沈晦、黄夏卿、鄧肅、郭仲荀太學六局官〔四〕、秘書省官等，亦從之。先是，金人須六經秀才各五人，至是亦聽回。其八人不回，皆士流不檢者，甘心歸之。

邦昌降僞赦，改赦字爲手書。時四方勤王兵大集，吴开、莫儔爲邦昌散還諸路，故僞赦首及之。至丁卯，監察御史馬伸言於邦昌曰："伏見逆胡犯順，

〔一〕 前執政在城中者　原脱"前"一字，"政"原作"城"，據九朝編年備要卷三〇、建炎以來繫年要録卷三校補、改。
〔二〕 俟江陵府修繕畢　"繕"原作"膳"，據宋史全文卷一五、東都事略卷一二二張邦昌傳校改。
〔三〕 譚世勣　"譚"原作"許"，據靖康要録卷一二、宋史全文卷一五校改。
〔四〕 太學六局官　"六"原作"立"，據靖康要録卷一二、宋史全文卷一五校改。

且逼立相公以定國事，相公所以忍死就尊位者，自信虜退必能復辟也。忠臣義士不即就死，城中之人不即生變，亦以相公必定趙孤也。今虜退多日，吾君之子亦已知所在，獄訟謳歌又皆歸往，相公尚處禁中，不反初服，未就臣列，以爲外挾强虜之威，使人遊説康王且令南遁，然後爲久假不歸之計。一旦喧閧，孤負初心。望速行改正，易服歸省，庶事取太后命而行，仍速迎奉康王歸京，日下開門，撫勞勤王之師，以示無閒。應內外赦書，施恩惠，收人心等事，權行拘收〔一〕，竢立趙氏日然後施行，庶幾中外釋疑，轉禍而福。不然，伸有死而已，必不敢輔相公以爲叛臣也。"自邦昌僭立，凡言事者皆用君臣之禮，至馬伸始貽書稱太宰相公，書入，邦昌一切改正，伸之言壯哉！甲子，邦昌迎元祐皇后復居延福宮，元祐孟太后，哲宗后也。時六宮有位者皆從二帝，惟后以廢得存。其策語有曰："尚念宋氏之初，首崇西宮之禮。"蓋用太祖迎周太后西宮故事，識者議之。

四月庚午，太后垂簾聽政，邦昌以太宰退處資善堂。邦昌僭位凡三十三日。

金人以明珠字菫爲河北統軍，屯濬州；阿离字菫爲河東統軍，屯河陽。發運使翁彥國起東南兵數萬，至泗州不行，知州事賈公望以京城望救責之，彥國始持軍遄程渡淮而進。金人以兵五萬守潼關，扼西來之兵，陝西制置使錢蓋統兵十萬至潁昌〔二〕，聞京城已破，蓋遂棄大兵，挈家往湖北〔三〕，由是襄定至荆門一路騷動。陝西宣撫使范致虛自長安領兵十萬勤王，日與虜戰，攻奪潼關。既得關，乃引兵東去，遂至陝府。粘罕遣將率精鋭騎擊致虛前軍，敗之。致虛不敢進，駐兵潼關，以疑敵而已。先是，裨將李彥仙説曰〔四〕："陝爲軍後，盍少遺之，兵行者利速，多爲支軍，則舍不至淹，敗不至覆。不然，衆屯聚，出

〔一〕 權行拘收　"收"原作"取"，據九朝編年備要卷三〇、建炎以來繫年要錄卷四校改。

〔二〕 潁昌　原作"穎昌"，據宋史卷三六二范致虛傳、長編拾補卷六〇校改。

〔三〕 挈家往湖北　"家"原作"妻"，據九朝編年備要卷三〇、長編拾補卷六〇校改。

〔四〕 裨將李彥仙　"仙"原作"先"，據建炎以來繫年要錄卷三、九朝編年備要卷三〇、宋史卷三六二范致虛傳校改。

殽澠，一蹶於險矣。"致虛不聽。及范致虛既敗〔一〕，統制翟興提兵復西京，擒留守高世由、隨軍轉運張友極，斬之。

丁巳，道君皇帝北狩，寧德皇后及諸親王、妃嬪以下皆行，由滑州路進發，斡离不軍護送。夏四月庚申朔，淵聖皇帝北狩，皇后、皇太子偕行，由鄭州路進發，粘罕軍護送。淵聖皇帝率后、諸王望拜城中，泣別宗廟，哭聲震動青城，日色慘翳，風聲如號，移時方止。大風吹石折木。辛酉，金營始空，其行甚速，以四方勤王兵大集故也。營中所遺象牙、金帛，尤多秘閣圖書。宰相何㮚及孫傅、張叔夜、秦檜、司馬朴等舉家北遷，此五人皆嘗爭論乞存立趙氏者，金人遂驅之北行。㮚初不割三鎮以至罷官，後不肯議和，遂陷虜中，不食嘔血而死。叔夜北遷道中惟飲湯，義不食其粟，五月至白溝河，御者曰："過界河矣。"叔夜乃仰天大呼，翌日扼吭死。司馬朴北行即不食，至燕山而死。可謂全節。

呂中曰：靖康之禍視石晉亦無以異，然契丹三入中國而三敗，契丹極力以攻之，而晉人亦竭力以禦之，晉之力雖疲，而契丹亦斃矣。觀澶州之戰，虜乘風縱火以迫之，而晉軍饑渴之餘乃大呼而求戰，向使如靖康時，則望之而走矣。若非杜威之降虜，晉不亡也。契丹之敗晉，以百戰之力，而靖康之取兩河，再渡河，再迫京師，未嘗有一戰之勞，皆小人之夷狄〔二〕，終始實誤之也。其始也，開釁以召禍；其後也，又幸欲速和以免禍。靖康之賣國降虜，即靖康主和之人也，靖康之主和，即宣和開釁之小人也，宣和開釁，即熙寧、紹聖用兵之遺孽也。履霜堅冰至〔三〕，其來有漸矣。

〔一〕及范致虛既敗　"及"原作"由"，據長編拾補卷六〇校改。
〔二〕皆小人之夷狄　"夷狄"，宋大事記講義卷二三作"庸妄"。
〔三〕履霜堅冰至　"冰"原作"兵"，原脫"至"一字，據宋大事記講義卷二三校改、補。

癸亥，群臣請康王即帝位。先是，靖康元年十一月，康王出使，王雲從行。初，雲使虜過磁、相，勸二郡爲清野計，二郡從之，撤近城民居，令運穀入城。洎虜再至，果以磁、相無糧，由他路入。二郡人怨雲，以爲雲通於虜。磁有崔府君祠，乃東漢之崔子玉也〔一〕，封嘉應侯，號曰"應王"。王至〔二〕，州人擁神馬謂應王出迎，守臣義烏宗澤啓王謁其廟〔三〕，磁人力請其毋北去，謂離北門五六十里即有虜兵〔四〕。知相州汪伯彥蠟書至，亦言虜五百餘騎沿路問王所在〔五〕，於是延禧等皆勸王回相州〔六〕。宗正少卿宗澤嘗論列宰相非其人，宣撫副使提兵不進，幷劾雲使虜張皇事勢，及上疏乞邢、洺、磁、趙、相五州各養精兵二萬，寇至一郡，則四郡相應，凡一路常有十萬兵。上大喜之，嘗以語康王，其後議卒不合。王至磁，澤出迎謁，王問之，澤曰："兵皆在山村，急則召至，殊不費糧。"王喜其言。磁州民遮王馬〔七〕，諫曰："不可北去，肅王已爲人誤。"因指雲曰："清野之人皆姦細也。"雲遂被害。尋相州守臣汪伯彥領兵郊迎，王入宿於州治，因言："是日被朝旨二：一，令本路諸郡召土豪民兵禦賊，節鉞而下皆充賞典；一，河北路不得鼓唱民間起兵生事，有礙和議，同時行下。兼傳聞斡离不於十四日由大名府魏縣李固渡過河，今願大王暫留，審議國計。"

閏月，朝廷議畫河，遣聶昌、耿南仲爲割地使，昌偕虜至絳州，絳人殺

〔一〕 崔子玉　"玉"原作"王"，據中興小紀卷一校改。
〔二〕 王至　"王"原作"上"，據上下文意改。按："王"指康王，其時他還沒有稱帝。
〔三〕 啓王謁其廟　"王"原作"上"，今據文意改。
〔四〕 謂離北門五六十里即有虜兵　"十"下原衍"六"一字，據中興小紀卷一、宋史全文卷一五刪。
〔五〕 沿路問王所在　"問"原作"間"，據中興小紀卷一、宋史全文卷一五校改。
〔六〕 於是延禧等皆勸王回相州　"禧"原作"僖"，據宋宰輔編年錄卷一四、中興小紀卷一校改；"王"原作"上"，據上下文意改。
〔七〕 磁州民遮王馬　"磁"原作"相"，據文意改。按：王雲陪康王拜謁嘉應侯祠時被害，故應該是磁州。

之。南仲偕虜使王汭至衛，衛人幾殺汭，南仲遂如相州見康王，王遂出榜召兵，人情大悅。王登郡圃飛仙亭，因持弓矢呪之曰："若次第中此牌字，則必聞京師。"己酉，王與幕府從容語曰："夜來夢皇帝脫所御袍賜吾，吾解舊衣而服所賜，此何祥也？"頃之，報京師使人來，乃武學生借閤門祇候秦仔賚蠟詔〔一〕，命王爲大元帥，汪伯彥、宗澤副元帥，速領兵入衛。王捧詔嗚咽，軍民感動。先是，侍御史胡唐老言："聞康王出使至磁、相間，爲士民所遏不得進，此天意也。乞就拜大元帥，俾奉天下兵入衛。"宰臣等奏猶以"大"字爲難，唐老力爭曰："今社稷危矣，猶惜一'大'字，非計也。"以己酉開元帥府於相州。耿南仲言軍行先籍糧食，今勤王之師經由河北、京東兩路，乃差河北都漕張慤、京東漕黃潛厚並隨軍應副〔二〕。

十二月，閤門祇候侯章齎蠟書至〔三〕，催發勤王兵。章言："陛辭日，皇帝諭臣曰康王辟中書從行，可令便宜草詔，盡起河北兵，守臣自將入援。"是夜，王命延禧草詔，曉頒諸郡，惟中山、慶源被圍，不得達。元帥府五軍總一萬人，又遣使招劇賊楊青、常景等〔四〕，皆效順，又得萬餘人。王發相州，使臣馳報黃河未凍，衆失色，上禱於天地、河神，至子城渡〔五〕，忽報河凍已合。壬午，副元帥宗澤部兵二千人，自磁州先諸軍至，康王大悅。丙子，王總師渡河，至大名，都漕權府事張慤與北道副總管奉符顔歧率衆郊迓。時京師圍久，及康王駐北門，而四方事皆取決於霸府矣。癸未，知信德府梁揚祖兵萬

〔一〕 借閤門祇候秦仔　"閤"原作"閣"，據九朝編年備要卷三〇、宋史全文卷一五、中興小紀卷一校改。

〔二〕 黃潛厚　"厚"原作"善"，據中興小紀卷一、建炎以來繫年要錄卷一校改。

〔三〕 閤門祇候　"閤"原作"閣"，據三朝北盟會編卷七一、長編拾補卷五八校改。

〔四〕 又遣使招劇賊楊青常景等　"劇"原作"馴"，據中興小紀卷一校改。三朝北盟會編卷七一"劇"作"軍"。

〔五〕 子城渡　"城"原作"河"，據中興小紀卷一、三朝北盟會編卷七二校改。

人〔一〕、馬千匹，知潞州王麟兵一千繼至，諸將如張俊、苗傅、楊沂中、田師中皆在麾下，王問揚祖以諸將孰優，揚祖以俊對，王亦喜俊，自是常在左右。王留揚祖爲隨軍轉運使。澤在磁州，屢乞會兵奪李固渡，斷賊路，衆議不可，澤自遣其將李光弼、張德領兵趨渡，至安城縣，虜騎千餘人過北城，二將出東、西門夾擊之，賊潰，斬首數百級，獲其齎糧，會帥府移文約赴大名，遂還師，先諸軍至，王大悦。

甲申，始聞金虜登城，斂兵未下，淵聖詔：「見通和，卿等兵未可動。」王涕泣〔二〕，知詔書爲虜所爲，宗澤請進師，直趨開德，解京師之圍。汪伯彦以澤爲狂譎不情，澤亦訐伯彦等爲失策，澤曰：「虜寇狡計百端，豈可深信，當速進兵，直指都城，爲言兩國通和，可亟退師。如賊有詭謀，即援兵已到，無能爲也。」伯彦堅守和議，力沮之。戊子，宗澤軍進屯開德，建大元帥旗於軍中，汪伯彦請王移軍東平〔三〕，則措身於安地，身安，國難可除。王問耿南仲〔四〕，亦以爲然，遂決東去。庚寅，王離北京。

二年正月辛卯朔，王入東平府界〔五〕。癸巳，帥臣盧益、漕臣黄潛厚迎康王居於府治〔六〕。丁酉，知冀州權邦彦以兵千人至帥府〔七〕，王命屯開德，隸於宗澤〔八〕。壬寅，知河間府黄潛善與高陽關副總管楊惟忠將數千兵至，潛善請王移書斡离不，與辨曲直，令退軍，通京城之問。耿南仲曰：「使虜知元帥府所

〔一〕 梁揚祖 「揚」原作「楊」，據中興小紀卷一、三朝北盟會編卷七二、九朝編年備要卷三〇校改。下同。

〔二〕 王涕泣 「王」原作「上」，參考上文之「王大悦」改。

〔三〕 汪伯彦請王移軍東平 「王」原作「上」，據上下文意改。

〔四〕 王問耿南仲 「王」原作「上」，據上下文意改。

〔五〕 王入東平府界 「王」原作「上」，據上下文意改。

〔六〕 漕臣黄潛厚 「漕臣」原作「潛」，「厚」原作「善」，據中興小紀卷一校改、補。

〔七〕 權邦彦 原脱「彦」字，據中興小紀卷一、三朝北盟會編卷七四、宗忠簡集卷七遺事校補。

〔八〕 隸於宗澤 「隸」原作「肄」，據中興小紀卷一校改。

在,非利也。"潛善計不行,乞成兵於曹,從之。王留惟忠爲元帥府都統制。丁卯,王以京東漕臣閭丘陞所領濮州兵,及深州守臣姚鵬、博州守臣孫振等兵一萬四千隸宗澤,新降到軍賊丁順及單州王徹、廣濟軍孟世寧等兵三萬七千人隸潛善。壬申,王已約諸路合兵,而東平去京師差遠,與幕屬議進屯濟州。宗澤帥兵至韋城,與虜大戰,敗之。王次濟州,元帥府官軍及群盜來歸者凡八萬人,分屯於河南諸郡。向子諲在宿,何志同在許,趙野、范訥在宋,趙子崧在陳,皆圍遶京師未得進。

三月,宗澤敗虜於長垣,遂得韋城縣,虜欲夜襲,澤知之,因移軍南華,賊果夜至,得空壁。澤自南華遣兵過大溝河擊虜,大敗之,斬首數百。澤謀引兵渡河,據賊歸路而對壘,諸寨一夕解去,澤自臨濮引兵趨滑州,抵大名城,又知張邦昌僭位,擬先行誅討,乃將所部復還屯衛南,復貽書康王,曰:"今日國之存亡,在大王行之得其道與不得其道爾。所謂道者,其説有五:一曰近剛正而遠柔邪〔一〕,二曰納諫諍而拒諂諛,三曰尚恭儉而抑驕奢〔二〕,四曰體憂勤而忘逸樂,五曰進公實而退私僞。"澤謂所親曰:"怨結王之左右矣,不恤也。"元帥府檄諸路云:"賊歸未的,京信不通。或云繫橋,或云結栰。登城之虜,至今不下。講和之説,實欺我師。觀其形勢,虜自詭謀,宜加意往探,如窺伺舊城,未有退師之意,當審觀形勢,進至京城,張大軍聲,遏脅令去。切務持重,毋致誤國。亦無以人兵挑戰,自啓敗盟之釁。"

丁巳,黄潛善以機事赴府稟議〔三〕,且引探事人張宗得金虜僞詔及張邦昌僞赦并迎立孟太后書,王讀畢慟哭〔四〕,期身先士卒,追二聖於河北。諸將曰:

〔一〕 一曰近剛正而遠柔邪 "曰"上原衍"恭儉"二字,據宗忠簡集卷一上大元帥康王劄子、九朝編年備要卷三〇、宋史全文卷一六上、建炎以來繫年要録卷四刪。

〔二〕 三曰尚恭儉而抑驕奢 "恭儉"原作"私僞",據宗忠簡集卷一上大元帥康王劄子、九朝編年備要卷三〇、宋史全文卷一六上校改。

〔三〕 赴府稟議 "府"原作"會",據中興小紀卷一校改。

〔四〕 王讀畢慟哭 "王"原作"生",據陳氏餘慶書堂刊本校改。

"將臣職爾,大王乃宗廟社稷主,不可輕動。"乃檄宗澤促河南北兵依應旨揮。至是,耿南仲、汪伯彥、黃潛善、耿延禧、董耘、高世則、梁揚祖等言:"二聖北狩,邦昌僭竊,天下無主,願以宗廟社稷爲重,速繼大統。"文武官推戴,表無虛日,王不納。丙寅,邦昌遣其甥吳何及王舅韋淵齎咨目詣元帥府,其大略言:"封府庫以待大王,臣所以不死者,以君王之在外也。"又命謝克家齎玉璽至元帥府,其篆文曰"大宋受命之寶",王謙拒再三,慟哭,不受,命伯彥主之。

戊辰,元祐太后遣左丞安岳、馮澥爲奉迎使,右丞江寧、李回副之,又今姪權衛尉少卿孟忠厚持詔〔一〕,往濟州,迎康王,略曰:"王其速驅輿衛,入處宸居,上以安九廟之靈,下以弭四方之變。"時使臣曹勛自河北竄回,進道君御札曰:"便可即真,來救父母。"王慟哭,拜而受之。甲戌,太后再降手詔迎康王,詔略曰:"乃眷賢王,越居近服。已徇群臣之請,俾膺神器之歸。由康邸之舊藩,嗣宋朝之大統。漢家之厄十世,宜光武之中興;獻公之子九人,惟重耳之尚在。茲惟天意,夫豈人謀。尚期中外之協心,同定安危之至計。庶臻小愒,漸底丕平。用敷告於多方,其深明於吾意。"濟之父老請王即位於濟。宗澤言:"邦昌等陰與虜結,未可深信,且開府於南京,乃祖宗受命之地,取四方中漕運尤易。"上然之。

戊寅,王如南京。命宗澤部將士於長垣、韋城、衛南、南華防扥起發,以辛彥宗爲先鋒統制,丁順副之;祁超前軍統制,王徹副之〔二〕;張瓊左軍統制,孔彥威副之;張俊中軍統制,趙俊副之;苗傅右軍統制,劉浩副之;花實後軍統制,張渙副之;楊惟忠都統制,以備護衛。庚辰,王次新興店,鄜延路經略使張深、副總管劉光世自陝州至,以光世爲都提舉。辛巳,康王次單州。壬

〔一〕 權衛尉少卿孟忠厚　原脱"尉少"二字,據三朝北盟會編卷九二、靖康要録卷一二校補。

〔二〕 王徹　原作"王澈",據前文之"王徹"及長編拾補卷六〇校改。

午,康王次虞城縣,西道都總管孫昭遠以所部兵來會。邦昌言:"謝克家回,恭聞車駕徑至南京,所有合排辦輿輦、冠冕、服御、儀物,百官有司各以其職並赴南京,以備册禮。"癸未,康王次應天府,翌日,詣鴻慶宫,朝三殿御容。是日,王時雍、徐秉哲奉乘輿、服御至南京。張邦昌繼至,伏地慟哭,請罪,王慰撫之。甲戌,耿南仲等議改元,曰:"恭惟藝祖皇帝與殿下誕彌之歲皆值丁亥,天元所屬,應有宋火德之祥。藝祖開基,改元建隆,今紹隆前烈,請改元建炎。"戊子,太后遣使齎手書,略曰:"今聞涓辰之吉,受册有期,將同日月之照臨,行布風雷之號令。天命所屬,黎民咸竭於騥心;神器既安,衰老願諧於素志。"乃以五月己丑即皇帝位於南京。